THINK
CHANGE

AI 시대 정보 보호

THINK
CHANGE
AI 시대 정보 보호

백제헌 지음

ITDAM BOOKS

글을 시작하며:
이 책의 가치

요즘은 그 어느 때보다 정보보호와 보안문화의 중요성이 강조되고 있습니다. 그런데 어떻게 해야 정보보호에 대한 인식을 제고하고 보안문화를 만들어나갈 수 있는지 알려주는 연구 자료나 서적이 거의 없습니다.

이 책은 정보보호 인식제고라는 가장 높은 수준의 정보보호를 실현하는 방법을 구체적으로 알려주는 책입니다. 특히 사람의 생각 영역에 있는 보안인식의 수준을 단계적으로 향상시키고, 이를 통해 보안문화를 조성하는 방법 그리고 조성된 보안문화를 유지할 수 있는 실무적인 방법에 대해서 알려줍니다.

그동안 보안인식의 수준을 높이고 보안문화를 조성한다는 것이 어렵게 느껴졌던 이유는, 관련 정보를 얻을 수 있는 자료나 강좌가 없었기 때문입니다. 이런 배경에서 볼 때 이 책은 보안인식의 수준을 향상시키고 보안문화를 조성하는 방법에 대해서 구체적이고 체계적인 정보를 제공하는 최초의 책이라고 할 수 있습니다.

기업의 정보보호 관리체계를 유지하는 데는 임직원의 동참과 참여가 무엇보다 중요합니다. 하지만 어떤 방법으로 임직원의 동참과 참여를 이끌어낼 것인가는 여전히 의문으로 남아 있습니다. 게다가 이런 현실 속에서 임직원에 의한 보안사고 발생 빈도가 점점 증가하고 있다는 점은 정보보호 최고책임자와 기업의 대표자에게는 엄청난 부담으로 작용합니다.

특히 거의 모든 기업에서는 신규 입사자에 대한 보안 교육을 하고, 매년 최소 1회씩은 개인정보보호교육도 하고 있습니다. 그럼에도 불구하고 임직원에 의한 보안사고 발생 가능성을 줄일 수 없는 현실 그리고 이러한 현실에서 마주하게 되는 정보보호 실패에 대한 법적 책임도 기업과 정보보안 부서에 매우 심각한 난제가 되고 있습니다.

회사에는 여러 부서와 다양한 유형의 임직원이 근무합니다. 이들은 각자 생각이 다르며, 그에 따라 행동도 각각 다르게 할 것입니다. 이는 '생각은 개인적 영역이기 때문에 생각에 따른 행동도 개인의 자유'라는 관점에서 보면 너무나도 자연스러운 현상일 것입니다.

하지만 생각이 다른 다양한 사람이 모여 있는 기업에는 역설적으로 '공통된 생각과 공통된 행동 기준'이 필요합니다. 특히 정보보호 관리체계에 있어서는 모든 임직원이 공통된 보안인식에 기반하여 공통된 행동을 하도록 만들고, 이를 통해 보안문화를 형성하는 것이 매우 중요합니다. 왜냐하면, 정보보호의 성공과 실패는 결국 '사람의 생각'과 '사람의 행동'에 달려 있기 때문입니다. 이 지점에서 묻고 싶은 질문이 있습니다.

"여러분이 다니고 있는 회사에는 공통된 보안인식이 있습니까?"

많은 기업에서 임직원의 보안인식 수준을 높이고 최종적으로는 기업 내에 보안문화를 만들어내려고 노력을 하고 있습니다. 그래서 정보보호교육을 열심히 하고 보안 경진 대회나 보안 포스터 대회 또는 보안의 날 행사 등의 활동을 하는 것입니다. 그럼에도 불구하고 기업 현장에서는 자꾸 "이러한 활동들이 임직원의 보안인식 수준을 정말로 높여 줄 수 있을까?" 하는 의문이 고개를 들고 있습니다.

기업에서는 항상 입사와 퇴사가 반복되면서 사람의 변동이 지속적으로 일어납니다. 이 말을 정보보호의 관점에서 본다면, 아무리 보안인식 수준을 높인다고 하더라도 구성원의 변동 탓에 기존의 보안인식 수준이 유지됨을 보장할 수 없다는 말이 됩니다.

기술적으로 보안을 통제해 일정한 수준의 보안을 유지할 수 있을 것이라 생각할 수도 있습니다. 그렇지만, 사람의 생각 영역에 있는 보안인식의 수준을 기술적 수단을 활용하여 일정하게 유지한다는 것은 거의 불가능합니다. 그럼에도 불구하고 사람의 생각 영역에 있는 보안인식의 수준을 높여야 하는 분명한 이유는 "정보보호의 시작과 끝은 결국 사람"이기 때문입니다.

요즘은 사람의 생각을 경유하는 사이버 공격으로 인해 기업과 임직원 개인이 입는 법률적·금전적·사회적 피해가 엄청납니다. 이러한 이유에서 대부분의 기업에서는 정보보호 인식제고 활동을 통해서 임직원의 보안인식 수준을 높이려고 노력하고 있습니다.

사실 보안 업무 현장에서는 정보보호 인식제고 활동의 효과에 만족하지 못하고 있습니다. 행여 만족했다 하더라도 그 만족은 그 시점, 그 부서 그리고 그 상황에서의 만족일 뿐 시간이 흐르거나 부서가 달라지거나 상황이 바뀌면 정보보호 인식제고의 효과는 원점에서 다시 시작해야 하는 경우가 비일비재합니다.

현재는 정보보호가 법률화되었기 때문에, 정보보호의 실패는 곧 법적 책임의 부담으로 연결될 수밖에 없습니다. 이러한 현실에서 사람, 즉 임직원의 부주의나 실수로 인한 정보보호 실패는 기업에서 언제든지 현실화될 수 있음을 이제는 직시해야 하고 받아들여야만 합니다. 그래야 대응 수단을 마련할 수 있기 때문입니다.

그래서 이 책은 '사람'에 집중하고 있습니다. 특히 사람의 생각 영역에 존재하는 보안 저항감의 실체와 이러한 저항감을 완화시키고 보안인식의 수준을 평가·개선·관리할 수 있는 구체적이고 체계적인 방법에 집중하고 있습니다. 그렇기 때문에 이 책에 수록된 내용은 임직원의 보안인식 수준을 높이고 이를 통해 보안문화를 만드는 데 활용할 수 있는 아주 의미 있는 토대가 될 것입니다.

특히 '보안문화의 조성'은 현재 전 세계 정보보호 업계에서 가장 중요하고 긴급하게 다루고 있는 주제입니다. 그 배경에는 '사람에 의한 보안사고 발생'과 '사람을 노리는 사이버 공격의 증가'가 있습니다.

사실, 우리는 보안사고를 예방하기 위해서 해볼 수 있는 것은 이미 다 해보았습니다. 기술적 보안통제와 관리적 보안통제를 강화하고 모든 임직원이 정보보호 법률을 준수하도록 만드는 보안 컴플라이언스 통제도 엄청나게 강화해나가고 있습니다. 이에 대해서는 아마도 거의 모든 정보보안 전문가들이 동의하실 것으로 봅니다. 그럼에도 불구하고 보안사고는 여전히 증가하고 있으며 그 피해는 상상을 초월하고 있습니다. 보안사고를 예방하기 위해서 이제 무엇을 더 해야 할까요?

이제 남아 있는 유일한 보안사고 예방 활동은 '사람의 생각'에 대한 보안 활동입니다. 이 책은 사람의 보안인식 수준을 높일 수 있는 방법을 구체적이고 체계적으로 제시합니다. 이 책은 '정보보호 인식제고와 보안문화'라는 주제로 발간된 최초의 서적이자 최초의 연구 자료라는 가치를 가지고 있습니다. 이 책을 토대로 임직원의 보안인식 수준을 체계적으로 높이고, 이를 통해 다양한 변화의 과정에서도 흔들리지 않는 보안문화를 정립해보시기 바랍니다.

"정보보호 인식제고와 보안문화, 사람에서 시작하면 답을 찾을 수 있습니다"

차례

저자의 글

이 책은 정보보호 인식제고와 보안문화에 관해 쉽게 이해할 수 있도록 쓴 책입니다.

기업의 정보보호 관리체계에서 보안통제를 준수하는 것도 사람이고, 보안통제를 한순간에 무너뜨리는 것도 사람입니다. 이러한 이유에서 정보보호 관리체계에서 가장 중요한 변수는 '사람'이 될 수밖에 없습니다.

한마디로 말하자면 정보보호 관리체계 전체에 사람이 긍정적인 영향과 부정적인 영향을 모두 끼칠 수 있다는 것입니다. 그렇기 때문에 정보보호 관리체계에서 가장 중요한 변수가 바로 사람, 정확하게는 '사람의 생각'일 수밖에 없습니다.

이 책은 '사람의 생각'을 중심으로 하는 정보보호 인식제고와 보안문화에 대해 설명하는 책입니다. 반면에 기술적 보안이나 관리적 보안 그리고 보안 컴플라이언스에 대해서는 자세하게 설명하지 않습니다.

또한 이 책은 정보보호 분야에 종사하는 보안 전문가뿐만 아니라 정보보호 분야에 종사하지 않는 독자들도 쉽게 이해할 수 있도록 다양한 예시를 활용하여 정보보호 인식제고와 보안문화에 대해 말하고 있습니다. 그리고 가능한 한 많은 독자들이 쉽게 이해하도록 정보보호 인식제고와 보안문화를 「도로교통법」과 자동차 운전에 비유하여 설명했습니다.

이 책은 정보보호 규정과 보안통제를 바라보는 '사람의 생각'에 관한 책입니다.

왜 사람들은 정보보호 규정과 보안통제를 그저 '불편한 것'이라 생각한 채 애써 지키지 않으려고 노력하는 것일까요? 정보보호 규정과 보안통제는 정보보호 법률에 근거를 두고 있기 때문에 회사 내의 재무 규정이나 취업 규칙보다 엄격한 법적 효력을 가지고 있습니다. 그럼에도 불구하고 대부분의 직장인은 정보보호 규정과 보안통제의 역할 그리고 기능에 대해서 심도 있게 고민해본 적이 없어 보입니다.

더구나 「개인정보보호법」이 모든 사람에게 적용되는 일반법임을 고려하면, 정보보안으로부터 자유로울 수 있는 사람은 아무도 없습니다. 그런데도 많은 사람들은 여전히 정보보호 규정과 보안통제를 그저 불편하다고 여기는 듯이 보입니다. 이 책은 그 이유에 대해서 설명하고 있습니다.

이 책은 보안인식이 변화하지 않은 '원인을 분석하고 그 해결 방법'을 말합니다.

필자는 오랫동안 정보보호 분야에서 국제정보시스템 보안인증컨소시엄International Information System Security Certification Consortium(ISC)²의 국제공인 정보시스템 보안전문가Certified Information Systems Security Professional(CISSP) 공인 강사, 보안 실무 부서의 팀장, 정보보호 최고책임자Chief Information Security Officer(CISO)와 개인정보보호책임자Chief Privacy Officer(CPO) 그리고 정보보호 인식제고전문가Human-factor Security Professional(HSP)로 일해왔습니다. 이 모든 시간과 각 업무 과정에서 많은 사람을 만나고 보안통제의 당위성을 설명해왔습니다. 뿐만 아니라 지금까지 약 1,000회가 넘는 정보보호 인식제고 교육과 기업의 고위 경영진을 대상으로 보안 특강을 해왔습니다.

필자는 오랜 기간 다양한 임직원들에게 정보보호교육을 해오는 과정에서 한 가지 특이한 사실을 발견했습니다. 그것은 바로 정보보호 규정과 보안통제를 바라보는 임직원들의 생각에 다음과 같은 인식이 자리 잡고 있다는 사실입니다.

'정보보호는 나와 상관이 없잖아! 보안 업무는 보안 부서가 다 알아서 하는 거 아니야?'

게다가 정보보호 규정은 업무 수행에 방해가 되기 때문에 가능한 한 준수하지 않는 것이 좋다는 생각도 가지고 있었습니다. 심지어는 정보보호 규정을 그대로 준수하는 것은 손해라고 생각한다는 사실도 알게 되었습니다.

이뿐 아니라 임직원은 정보보호 업무라는 것이 기술적인 수단으로만 수행하는 업무라는 인식을 가지고 있었습니다. 그래서 관리적 보안통제나 보안 컴플라이언스 통제의 존재 내지 그 역할의 중요성에 대한 인식이 전혀 없거나 많이 부족하다는 사실도 알게 되었습니다.

이와 같은 임직원의 인식은 정보보호를 업으로 삼고 있는 필자의 관점에서는 이해하기 쉽지 않은 것이었습니다. 더구나 그동안 개인정보 유출 사고가 그렇게 많이 발생했고 그 사고로 임직원 자신들도 엄청난 피해를 입었는데도 말입니다.

보안통제를 준수해야 할 의무가 있는 임직원이나 정보보호교육에 참석한 임직원의 인식 속에 '정보보호는 나와 상관없어!'라는 인식이 자리 잡고 있다는 사실을 처음 발견한 순간, 필자는 직업적인 가치관과 업무 현실 사이에서 무척 심각한 혼란을 겪었습니다. 하지만 관점을 달리하여, 정보보호를 직업으로 하지 않는 임직원의 입장이 되어보려고 노력해보았습니다. 즉 스스로 정보보호와 무관하다고 생각하고 있는 이들이 어떤 시각으로 업무를 바라보는지 오랫동안 고민해보았습니다.

그 결과 필자는 이들이 인식하고 있는 실체가 보이기 시작했습니다. 정확히 표현하자면, 정보보호 법률에 기반을 둔 보안통제를 준수해야 할 의무가 있고, 게다가 관련 교육을 이수했는데도 정보보호에 대한 인식이 변화하지 않는 원인을 알게 된 것입니다. 이 책은 그 원인과 해결 방법에 관해서 기록한 책입니다.

이 책은 보안인식의 실체를 파악하고 긍정적인 변화를 만들어주는 책입니다.

정보보호 직군이 아닌 일반 직군 종사자의 입장에서는 '정보보호'라고 하면 가장 먼저 정보보호교육을 떠올리곤 합니다. 「개인정보보호법」을 포함한 정보보호 관련 법률에 의하면 정보보호교육은 1년에 1회 이상 반드시 수행하도록 규정되어 있습니다. 특히 「전자금융감독규정」의 적용을 받는 금융 회사는 직군별로 구체적인 교육 이수 시간까지 규정하고 있습니다. 아마 이러한 법적 근거에 따른 정기적인 정보보호교육이 실행되다 보니, 정보보호를 생각할 때 정보보호교육을 가장 먼저 떠올리는 것 같습니다.

그런데 이러한 정보보호교육에도 문제는 있습니다. 일반적으로 1시간 안팎의 시간 안에 방대한 양의 정보보호 규정과 보안 가이드라인 그리고 정보보호 규정 위반 사례 등을 다룹니다. 즉 짧은 시간 동안 교육해야 할 내용이 너무 많은 것입니다. 이 상황을 임직원의 관점에서 보면, 안 그래도 알고 싶지 않은 회사의 규정을 쭉 펼쳐 놓고, 규정 하나하나 수박 겉핥기 식으로 교육을 받는 상황일 겁니다.

법학을 전공하거나 변호사 시험을 준비하는 사람이 아닌 이상, 방대한 양의 규정에 대해서 1시간 동안 교육을 받는다는 것은 정신적인 곤욕이 아닐 수 없습니다. 그러다 보니, 임직원은 1년에 한 번 있는 정보보호교육을 들으러 강의실로 들어오면서부터 머릿속에서 '정보보호는 나랑 상관없어! 회사에서 들으라고 하니까 어쩔 수 없이 듣는 것뿐이야!' 하는 두꺼운 생각의 벽을 치는 것입니다.

필자는 법률이나 정책 등의 규정에 편중된 정보보호교육은 효과가 없다고 생각합니다. 더욱이 겨우 1년에 한 번 진행하는 교육이 임직원의 인식과 업무 방식에 긍정적인 변화를 주지 못한다면, 교육을 이수한 임직원은 정보보호교육을 들어봐야 업무와 관련이 없다는 생각만 더 강해질 뿐입니다.

정부가 발간한 자료는 기업의 정보보호 실패 요인 중 가장 큰 비율을 차지하는 것이 바로 '임직원, 즉 사람'이라고 지적하고 있습니다. 그럼에도 기업 업무 현장에서 임직원이 정보보호를 바라보는 인식이 위와 같다는 사실은 실로 무서운 상황이라고 할 수 있습니다.

정보보호에 대해 임직원이 가지고 있는 인식의 실체를 알게 된 이후부터 필자는 이러한 인식을 바꾸는 방법에 관해 깊이 고민했습니다. 특히 회사와 임직원 자신의 안전을 유지하기 위해서 임직원이 무엇을 왜 어떻게 해야 하는지를 중점적으로 연구했습니다. 이러한 고민과 연구의 결과로 얻어낸 방법들, 특히 임직원의 보안인식에 긍정적인 변화를 이끌어낼 수 있는 방법들을 이 책에 담았습니다.

이 책은 업무 방식에서 보안인식 수준을 평가·관리하는 방법을 말해주는 책입니다.

업무가 수행되는 과정에서 정보보호 규정과 보안통제가 제대로 기능을 발휘하지 못하는 경우가 매우 자주 발생하고 있습니다. 실무 부서의 업무가 수행되는 과정에서 부서장이나 구성원 그 누구도 본인들이 수행하는 업무 방식이 정보보호 규정이나 보안통제에 부합하는지 아니면 그 반대인지 전혀 고민하거나 고려하지 않기 때문입니다. 필자는 이런 방식으로 업무를 수행하는 이유도 여전히 정보보호는 자신과 관계 없는 것이라는 생각에 뿌리를 두고 있다고 보고 있습니다.

한 가지 예를 들어보겠습니다. 개발 부서에서 새로운 서비스 개발 계획을 수립하거나 마케팅 부서에서 마케팅 광고 전송을 기획하고 있다고 가정해보겠습니다. 이런 경우에도 정보보호 법률상 개발 부서나 마케팅 부서에서 준수해야 할 법률적인 기준과 절차가 있습니다. 하지만 해당 부서는 이 사실을 전혀 모릅니다. 설령 기준과 절차를 알고 있다 하더라도 정보보호와 관련된 법률적인 기준과 절차는 정보보안 부서에서 다 알아서 처리해줄 것이라는 인식을 가지고 있기도 합니다.

이러한 인식은 정보보호 관점에서는 매우 위험한 인식입니다. 일반적으로 기준과 절차라는 것은 준수 의무가 있는 사람이 준수해야만 제 역할과 기능을 발휘합니다. 그런데 위와 같은 인식은 자동차 운전자가 「도로교통법」과 도로교통체계는 나와는 상관이 없고, 교통경찰이 다 알아서 해주는 거야'라고 생각하는 것과 같은 인식입니다.

더 위험한 것은 정보보호 법률에서 규정하고 있는 기준과 절차를 준수하는 것이 자신과 무관하다고 생각하는 임직원의 인식을 그대로 방치하는 것입니다. 이러한 상황을 그대로 둔다면 정보보호가 자신과는 관련이 없다는 인식이 더 확고해지거나 주변 사람들에게도 심각한 부정적 영향을 끼치게 됩니다.

이로 인해 결국 임직원에 의한 법령 위반 사고나 개인정보 유출 사건으로 연결될 가능성이 매우 커지게 됩니다. 따라서 임직원이 관성적으로 수행하는 업무 방식에서 보안인식의 수준을 평가하고 관리하는 것이 중요합니다. 그 이유는 이것 때문입니다.

"모든 사고와 사건에는 언제나 사람이 있다!"

이 책에서 주장하려는 내용을 한마디로 표현하면, '회사의 모든 임직원은 정보보호 규정과 보안통제를 준수해야 한다'는 것입니다. 하지만 이러한 주장은 주장 그 자체로는 공허할 뿐입니다. 이보다는 오히려 회사의 모든 임직원이 정보보호 규정과 보안통제를 실제로 준수하도록 만드는 것이 더 중요합니다. 필자는 모든 임직원이 정보보호 규정과 보안통제를 업무현실에서 실제로 준수하도록 만드는 활동이 '정보보호 인식제고'이고, 이러한 활동을 통해 높은 수준의 보안인식에 이른 단계가 '보안문화'라고 생각합니다.

그런데 이 시점에서 필자는 놀라운 사실을 하나 발견했습니다. 회사의 정보보호 관리체계를 유지하고 보안인식 수준을 높이는 데 너무나 중요한 역할을 하는 것이 정보보호 인식제고와 보안문화이지만, 그에 관해 참고할 만한 서적이 거의 없고 이와 관련된 연구도 극소수라는 사실입니다.

물론 정보보호 인식제고나 보안문화는 실험하거나 측정하기가 까다로운 분야입니다. 그러나 사람을 통한 정보보호, 즉 정보보호 인식제고와 보안문화에 관해서 참고할 만한 자료나 서적은 반드시 필요합니다. 이러한 현실을 자각한 필자는 이 책을 집필하기로 마음을 먹었습니다.

이 책에 수록된 내용들은 필자가 정보보호 분야에 종사해온 지난 시간 동안의 경험과 노하우를 집약하여 기록한 것입니다. 그리고 그 방대한 내용을 분류하고 분석하고 정의하고 결론을 검증하는 데만 약 1년이라는 시간과 노력이 들었습니다. 그리고 그 결과물들을 이 책에 기록하고 내용을 구성하고 퇴고하는 데 약 6개월의 시간과 노력이 추가로 들었습니다.

필자는 이 책에서 정보보호 인식제고의 필요성과 방법에 대한 구체적이면서 실용적인 틀을 제시했습니다. 또한 정보보호의 시작과 끝은 정보보호 규정 그 자체가 아니라 바로 사람이라는 매우 중요한 사실을 강조합니다.

"정보보호는 사람에서 시작해서 사람에서 끝납니다."

이 책은 정보보호 인식제고와 보안문화 연구의 출발선이 되는 책입니다. 하지만 이 책을 학술적 근거에 따라 집필했다고 보기는 어렵습니다. 정보보호 인식제고나 보안문화에 관한 학문적 연구 서적이나 자료가 거의 없기 때문입니다. 어쩌면 이 책이 정보보호 인식제고와 보안문화에 대한 학문적인 연구와 실무적인 방법론 연구를 위한 출발선이 될 수도 있다는 생각을 하면서 이 책을 썼습니다.

이 책은 정보보호의 여러 분야 중에서 정보보호 인식제고와 보안문화에 관한 내용에만 집중하여 서술했습니다. 그러다 보니 기술적 보안통제나 관리적 보안통제 그리고 보안 컴플라이언스 통제 등에 관해서는 상세하게 다루지 않았습니다. 혹여 필자가 기술적·관리적 보안통제 업무와 보안 컴플라이언스 통제 업무의 중요성을 강조하지 않는다고 오해하지 않기를 부탁드립니다. 이 지면에서 필자의 생각을 명확하게 밝혀두겠습니다.

"기술적·관리적 보안통제와 보안 컴플라이언스 통제 체계가 먼저 견고하게 정립되어 있어야만, 정보보호 인식제고 활동이 가능하고 나아가 보안문화를 만들 수 있습니다"

이 책은 정보보호 인식제고와 보안문화에 대한 통찰력을 주는 책입니다. 필자가 제시하는 내용과 공유하는 경험들이 이 책을 읽는 독자들과 정보보호 분야에 종사하고 있는 보안 전문가들에게 작은 도움이라도 되기를 바랍니다. 특히 기업과 임직원을 보호하기 위해 불철주야 고민하는 정보보호 최고책임자와 개인정보보호책임자 그리고 정보보안 부서에서 보안 실무를 담당하고 있는 보안 전문가들이 이 책을 통해 유의미한 영감을 얻을 수 있기를 바랍니다. 보안통제를 받아야 하는 실무 부서에 근무하는 임직원도 이 책을 통해 정보보호에 대한 긍정적인 시각을 가지는 계기가 되기를 바라는 마음입니다.

이 책에 수록되어 있는 정보보호 인식제고라는 수준 높은 보안통제와 이를 통한 보안문화 정립이라는 여정을 통해 여러분의 생각과 여러분의 세상에 긍정적인 변화가 있기를 진심으로 바랍니다.

"내 생각이 바뀌면 내 세상이 달라집니다."

2024년 3월
백제현

제1부

정보보호의
지위

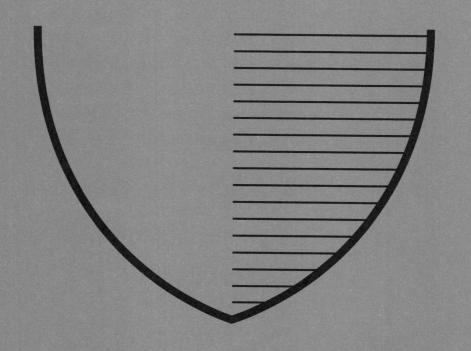

최근 기업계에서 보안통제에 대한 임직원의 저항감은 과거에 비해 상대적으로 줄어들었습니다. 개인정보 유출 사건과 기업의 법적 책임에 관한 언론 보도를 많이 접하게 된 것이 배경으로 작용했을 것으로 보입니다. 그렇다고 해서 임직원이 보안통제에 협조적이거나 정보보호 규정 준수를 당연시하는 수준에 이르렀다고 할 수는 없을 것입니다. 여전히 기업의 업무 현장에 보안통제에 대한 저항감은 뿌리 깊이 존재하고 있습니다.

기업 내에는 통제를 담당하는 부서가 있습니다. 법무 부서, 인사 부서, 재무 부서, 보안 부서가 그에 해당합니다. 이 네 부서가 통제 부서로 기능하는 이유는 바로 해당 부서의 업무가 관련 법령과 내부 규정에 근거를 두고 있기 때문입니다.

기업에서 법령에 기반하는 통제 업무가 필요한 이유는, 기업의 모든 임직원이 업무를 수행하는 과정에서 관련 법령을 준수하도록 하기 위함입니다. 달리 표현하면, 기업의 모든 임직원에게는 자신의 업무와 관련된 통제를 준수할 의무가 있다는 것입니다. 왜냐하면 통제의 준수가 곧 법률의 준수이기 때문입니다.

정보보호는 처음부터 법률의 지위를 가지고 있지는 않았습니다. 정보기술Information Technology(IT)을 본격적으로 도입하던 초창기에는 정보보호의 가치가 간과되기도 했습니다. 그러다가 개인정보 유출 사건이 이어지고 개인정보의 주체가 엄청난 피해를 겪으면서 우리 사회에 정보보호의 필요성이 심각하게 제기되었습니다. 이러한 과정을 거쳐서 결국에는 정보보호가 법률의 지위를 가지게 된 것입니다. 이 책을 본격적으로 시작하기 위해 먼저 정보보호의 지위에 관해 이야기해보겠습니다.

제1장
정보보호가
필요해진 이유

현재 정보보호는 법률이라는 사회적 규범이 되었고, 업무 수행 과정에서 반드시 지켜야 하는 필수 절차가 되었습니다. 그러나 IT가 우리의 삶 속으로 들어오던 초창기에는 지금과는 완전히 달랐습니다.

IT를 매개로 새로운 방식의 제품과 서비스가 공급되기 시작하던 시절에는 빠른 제조와 빠른 출시가 매우 중요했습니다. 그래서 그 당시에는 IT의 발전 속도에 맞추어 실생활에 편리한 변화를 창조할 수 있는 새로운 제품과 서비스를 빠르게 만들어 출시하는 것이 성공의 지표이기도 했습니다. 그 결과 현재는 IT 없이는 살 수 없을 정도로 사회 구조가 획기적으로 변화되었습니다.

IT를 기반으로 빠른 성장 속도에 중심을 둔 시절에 우리가 놓친 것이 있었습니다. 바로 '정보보호'입니다. 그로 인해 우리는 엄청난 사회적 문제와 법률적 문제라는 부메랑을 맞았습니다. 이러한 일련의 과정을 거치면서 정보보호는 법률이라는 사회적 규범이 되었고, 기업의 업무 수행 과정에서 반드시 준수해야 하는 필수 절차가 되었습니다. 지금부터는 이 내용에 대해서 이야기해보겠습니다.

용어의 정의: 정보보호와 정보보안

먼저 중요한 용어에 대한 정의를 살펴보겠습니다. 많은 사람들이 '정보보호Information Protection'와 '정보보안Information Security'이라는 용어를 들어보았을 것입니다. 아마도 둘 중 어느 것이 맞는 용어라 생각하냐고 물어보면, 대부분의 사람들은 즉시 대답하지 못하고 머릿속에서 혼동과 모호함을 느낄 것입니다.

이 두 가지 용어가 어느 한 형태로 정의되지 못한 채 모호하게 사용된 데는 두 가지 이유가 있습니다. 첫째, 두 용어 모두 정보Information라는 동일한 대상을 포함하고 있습니다. 둘째, 보호Protection와 보안Security을 구별하는 기준이 없습니다. 따라서 이 두 가지 용어 중 어느 것이 맞느냐는 질문에 답하기 곤란한 것이 당연합니다.

결론부터 말씀드리면, 사실 정보보호와 정보보안이라는 두 용어 모두 맞는 용어입니다. 다만, 목적 지향적이거나 객체적·원칙적·일반적인 경우에는 보호라는 용어를 사용할 수 있습니다. 반면에 방법 지향적이거나 주체적·절차적·구체적인 경우에는 보안이라는 용어를 사용할 수 있습니다.

따라서 이 두 용어의 공통 대상인 '정보'가 추구하는 방향에 따라서 보호 또는 보안이라는 용어를 구분하여 사용할 수 있습니다. 이에 대한 상세

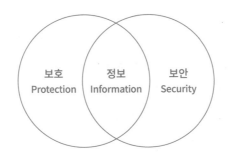

〈정보보호와 정보보안 두 용어가 모호한 원인: 동일한 대상〉

보호	보안	사용 예시
목적 지향적	방법 지향적	▪ 정보보호(목적)를 위해 정보보안(방법)이 필요하다 ▪ 정보보호(목적)를 위해 정보보안(방법)을 배우다
객체적	주체적	▪ 정보(객체)를 보호하기 위해 정보보안 전문가(주체)를 채용하다 ▪ 정보(객체) 보호팀의 구성원은 정보보안 전문가들(주체)이다
원칙적	절차적	▪ 정보보호(원칙)를 위해 정보보안(절차) 체계가 수립되었다 ▪ 정보보호(원칙)를 위해 정보보안(절차)이 준수되어야 한다
일반적	구체적	▪ 개인정보보호법(일반적) ▪ 신용정보의 이용과 보호에 관한 법률(일반적) ▪ 정보통신망 이용촉진 및 정보보호에 관한 법률(일반적) ▪ 정보보안 기법(구체적)

〈정보보호와 정보보안의 구분 기준: 대상이 추구하는 방향성〉

한 내용은 필자가 언론에 기고한 글들을 참고하시기 바랍니다.[1]

이 책을 시작하기에 앞서 두 용어를 먼저 정의한 이유가 있습니다. 그 이유는 이 책에서도 보호라는 용어와 보안이라는 용어를 위의 기준에 따라 사용하고 있어 독자들에게 모호함을 주지 않기 위함입니다.

위 정의에 기반하여 이 책에서는 목적 지향적이거나 일반적인 의미 그리고 원칙적인 의미로 보호라는 용어를 사용했으며, 방법 지향적이거나 구체적 의미 그리고 절차적인 의미로 보안이라는 용어를 사용했음을 밝힙니다.

예를 들어, 목적 지향적이고 일반적이며 원칙적인 의미로 지칭되는 정보보호 관리체계, 정보보호 규정, 정보보호 법률 등에서는 보호라는 용어를 사용했습니다. 그리고 방법 지향적이고 구체적이며 절차적인 의미로 지칭되는 보안인식 수준, 보안통제, 보안 전문가 등에서는 보안이라는 용어를 사용했습니다. 그러니 이 책을 읽는 동안 두 용어의 모호함에서 벗어나시기를 바랍니다.

편리함에 길들여진 습관: 편리함의 대중화

　IT의 발전에 따른 다양한 결과물이 우리 생활에 적용된 이후 우리의 삶은 획기적으로 바뀌었습니다. 현재를 살아가는 우리에게는 너무나도 당연하게 인식되는 컴퓨터나 인터넷 그리고 스마트폰 등의 일상화가 그 대표적인 예입니다. 이러한 IT가 우리 사회에 처음 선보인 시절로 잠시 돌아가볼까요?

　컴퓨터는 1984년 애플의 매킨토시가 출시된 이후 현재까지 성능과 처리 속도 면에서 엄청난 발전을 거듭하며 대중화 시대를 맞았습니다. 인터넷은 미국에서 1986년 고등연구계획국 네트워크Advanced Research Projects Agency Network, 즉 아르파넷ARPANet의 형태로 세상에 나와 수십 년 사이 세상의 형태를 바꾸었습니다. 우리나라에서는 1994년에 한국통신의 코넷

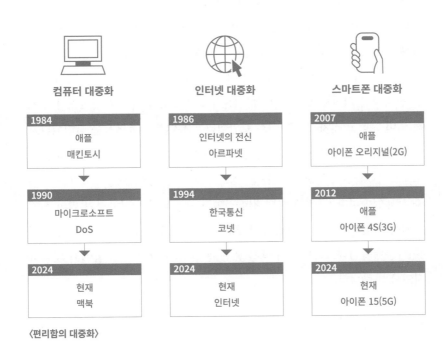

컴퓨터 대중화	인터넷 대중화	스마트폰 대중화
1984 애플 매킨토시	**1986** 인터넷의 전신 아르파넷	**2007** 애플 아이폰 오리지널(2G)
1990 마이크로소프트 DoS	**1994** 한국통신 코넷	**2012** 애플 아이폰 4S(3G)
2024 현재 맥북	**2024** 현재 인터넷	**2024** 현재 아이폰 15(5G)

〈편리함의 대중화〉

KORNet(Korea Internet)이 출시되어 지금까지 엄청난 발전을 거듭해오고 있습니다. 스마트폰은 2007년 애플의 아이폰 오리지널iPHONE Original(2G)이 대중화되면서 불과 10년 사이에 상상을 초월하는 성능과 기능을 제공하고 있습니다.

이와 같은 IT의 엄청난 발전의 결과로 우리가 누리게 된 대표적인 혜택이 바로 '편리함'입니다. 심지어 어느 순간부터는 인간에게 편리함을 제공하지 못하는 IT는 시장에서 호응을 얻을 수 없게 되었습니다. 한마디로 모든 IT의 중심에 '편리함'이 뿌리 깊게 자리를 잡게 된 것입니다.

물론 IT를 이용한 제품과 서비스가 인간에게 편리함을 제공하는 것은 매우 좋은 발전입니다. 뿐만 아니라 IT가 제공하는 편리함의 양과 질이 증가함에 따라 우리나라뿐만 아니라 전 세계가 하나로 연결되는 초연결 사회로 성장할 수 있게 되었습니다. 이 외에도 IT가 처음 선보인 이후부터 현재까지 우리가 누리고 있는 편리함의 순기능은 이루 말할 수 없을 정도로 많습니다.

이제는 컴퓨터와 인터넷 그리고 스마트폰이 없는 세상은 상상할 수도 없을 정도입니다. 그야말로 '편리함이 대중화'된 것입니다. 여기서 말하는 편리함에는 기존에 없던 새로운 서비스나 기능을 이용할 수 있다는 것뿐만 아니라 장소나 시간의 제약 없이 새로운 정보에 접근하고 이용할 수 있게 되었다는 것도 포함됩니다. 또한 정보가 처리되는 속도 역시 엄청나게 빨라졌다는 것도 포함됩니다.

그래서인지 IT를 적용한 많은 서비스가 우리의 생활에 적용된 이후 이용자들이 해당 서비스를 평가하는 기준에는 언제나 '편리함'이 들어갑니다. 즉 '생활을 얼마나 편리하게 해주느냐?'를 기준으로 새로 출시된 제품이나 서비스의 좋고 나쁨을 판단한다는 것입니다.

예를 들어 컴퓨터의 대중화로 업무 처리 속도가 빨라졌고 노트북의 양산으로 이동성도 증가했으니 컴퓨터는 좋은 제품이고, 인터넷의 대중화로 인해 유무선 인터넷 접속이 가능해졌고 이로 인해 시간과 장소의 제약 없이 거의 모든 업무를 처리할 수 있게 되었으니 인터넷은 좋은 서비스라는 식입니다. 또한, 스마트폰의 경우에도 무선 접속 기능이 기본적으로 탑재되어 있으니 말 그대로 유비쿼터스Ubiquitous 세상을 만드는 데 일등 공신인 스마트폰은 좋은 서비스라는 식입니다.

그런데 '편리함'이라는 기준만으로 좋고 나쁨을 판단하게 되면, 편리하지 않은 것은 나쁘다는 결론에 이르게 됩니다. 그리고 이러한 판단 방식이 지속적으로 확산된다면 어느 순간부터는 '편리함'이 습관화되는 단계로 접어들게 됩니다. 그래서 기존의 편리함과 비교해볼 때, 더 편리해진 것은 '좋은 것'이고 덜 편리하거나 불편한 것은 '나쁜 것'이라는 인식이 일종의 불문율처럼 뿌리를 내리게 됩니다.

이처럼 편리함이라는 습관에 깊은 뿌리를 내려버린 우리의 현실에는 단지 인지하지 못하고 있을 뿐 사실은 매우 심각한 문제가 존재하고 있었습니다. 그 문제가 바로 '사람의 안전과 정보보호의 문제'입니다.

편리함 속에서 간과되어버린 가치: 사람의 안전과 정보의 보호

2000년대 이후 개인정보 유출이나 스마트폰 스미싱Smishing 공격에 희생되어 전 재산을 잃는 사건들이 증가하고 있습니다. 그리고 여기에서 멈추지 않고 개인정보 유출로 인해 생명이 위태롭게 되는 상황도 종종 나타나고 있습니다.

왜 이런 일이 생기는 것일까요? IT를 이용한 새로운 제품이나 서비스를 만드는 초기 단계에서부터 '안전함'에 대한 고민이 없었기 때문입니다. 예컨대 수레바퀴도 본래의 기능을 하려면 두 개의 바퀴가 있어야 하고, 동전도 제 기능을 하려면 양면이 모두 존재해야 합니다. 그런데 IT에 있어서는 제품이나 서비스 개발 시점부터 '편리함'이라는 측면만 강조되었습니다. 심지어 '편리함'이 좋고 나쁨을 판단하는 잣대로도 작용했습니다. 안타깝게도 IT를 기획하고 제품을 출시하는 과정에서 '안전함'이라는 가치에 대해서는 깊은 고민이 없었습니다.

　IT를 이용한 제품이나 서비스는 '제품·서비스 그 자체'를 위해서 존재하지 않습니다. 즉 IT를 이용한 제품이나 서비스는 '사람'을 위해서 존재합니다. 여기서 사람이란 '물리적인 공간에 있는 사람'이라는 의미와 더불어 사이버 공간에서 사람을 특정할 수 있는 표식, 즉 '개인정보'를 의미하기도 합니다.

　IT를 사람의 실생활에 반영하던 초창기에는 이처럼 '사람의 안전과 정보의 보호'에 시간과 비용을 전혀 들이지 않았거나 '편리함'과 비교하여 상대적으로 적게 들였습니다.

　이런 예를 들어볼까요? 주행 성능과 주행 속도가 기존에 비해서 상당히 편리해지고 빨라진 자동차가 있다고 가정해보겠습니다. 그런데 자동차를 설계·제조하는 초기 단계에서 운전자와 동승자의 안전을 보장하는 장치(안전벨트, 브레이크, 에어백 등)에 대한 고민이 없었다면 어떻겠습니까? 자동차 그 자체로는 기술적·기능적으로 매우 편리하게 발전을 거듭하고 있다고 말할 수 있을 것입니다. 그렇지만, '사람의 안전'이라는 매우 귀중한 가치를 지킨다는 측면에서는 그야말로 무방비 상태가 되는 것입니다.

　또 이런 예는 어떨까요? 자동차가 빠른 속도로 달리고 있는 도로에서 보행자가 반대편 인도로 건너갈 수 있는 '가장 편리한 방법'은 무단횡단을 하는 것입니다. 그렇지만 이 방법도 당연히 보행자의 '안전을 보장할 수 없는 방법'입니다.

　필자가 말하고자 하는 것은 컴퓨터의 편리함과 인터넷의 편리함 그리고 스마트폰의 편리함이란 '사람의 안전과 정보의 보호'가 보장된 상태에서만 의미가 있다는 것입니다. 하지만, IT를 기반으로 제품과 서비스를 출

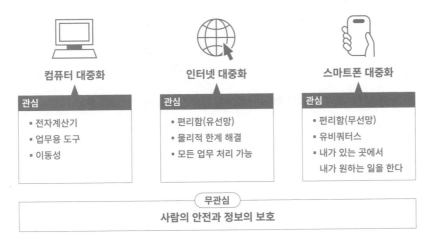

컴퓨터 대중화	인터넷 대중화	스마트폰 대중화
관심	**관심**	**관심**
▪ 전자계산기 ▪ 업무용 도구 ▪ 이동성	▪ 편리함(유선망) ▪ 물리적 한계 해결 ▪ 모든 업무 처리 가능	▪ 편리함(무선망) ▪ 유비쿼터스 ▪ 내가 있는 곳에서 　내가 원하는 일을 한다

(무관심)
사람의 안전과 정보의 보호

〈편리함 속에 간과되어 버린 가치: 사람의 안전과 정보의 보호〉

시하던 초창기에는 제품 생산자나 서비스 제공자가 '사람의 안전과 정보의 보호'에 대한 고려보다는 '편리함'에 무게중심을 두었습니다. 그렇다 보니 '사람의 안전과 정보의 보호'에 대한 고려는 불필요하다고 생각했을 수도 있습니다.

IT 기반의 제품이나 서비스를 판단할 때 '사람의 안전과 정보의 보호'가 중요한 기준에 포함되지 못한 그 시절부터 나타난 특이한 현상이 있습니다. 그리고 이 특이한 현상은 현재까지도 지속적으로 이어지고 있습니다. 바로 '안전함이 보장되지 않는 상태임에도 불구하고 편리함이라는 기준 하나만으로 그 대상의 좋고 나쁨을 판단하는 현상'입니다. 그리고 이와 같은 현상은 IT가 주는 편리함을 처음 누리던 당시부터 현재까지 많은 사람들에게 마치 '생각의 씨앗'처럼 자리를 잡게 되었습니다.

나비의 날갯짓이 지구 반대편에서는 태풍을 일으킬 수도 있다는 이론을 나비효과라고 합니다. 처음에는 사소하게 생각했던 행동이나 사건이 나중에 예상치 못한 엄청난 결과로 이어질 수도 있다는 것입니다. '편리함을 기준으로 좋고 나쁨을 판단하는 생각의 씨앗'이 처음에는 사소한 것으로

여겨졌지만, 미래에 엄청난 사회적 문제와 위험이 될 것이라는 사실을 인식하고 있었던 사람은 많지 않았을 것입니다.

원칙을 흔드는 편리함이 야기한 문제: 위험의 현실화

일반적으로 새로운 환경이나 새로운 체계가 구현될 때는 그 환경이나 체계를 유지하기 위한 최소한의 원칙이 먼저 수립됩니다. 도로 환경을 예로 들어보면, 자동차는 차도로 주행하고 보행자는 인도로 보행한다는 원칙 그리고 보행자는 횡단보도 신호등을 준수하고 운전자는 횡단보도를 건너는 보행자를 보호해야 한다는 원칙 등이 그러합니다.

이처럼 '원칙'이라는 것은 사소해 보일지라도 삶 곳곳에서 매우 중요한 역할을 합니다. 그리고 원칙이 제 역할을 발휘할 수 있어야 우리의 삶이 지켜집니다. 원칙이라는 것은 우리 모두의 삶을 지탱해주고 보호해주는 중요한 판단 기준이자 행동 기준입니다.

원칙이 있으면 예외가 존재하기도 합니다. 즉 일반적인 사항에 관하여 일반적으로 적용되는 것이 원칙이기는 하지만, 특별한 사유가 있는 경우 원칙이 적용되지 않을 수(즉, 예외) 있다는 것입니다. 다만 다수의 이익을 위해 일반적으로 적용되어야 하는 원칙보다 특정한 상황의 이익을 위한 예외가 우선 적용되기 위해서는, 엄격한 요건들이 충족되어야 합니다. 예를 들면, 「도로교통법」은 자동차를 운전하는 모든 운전자에게 적용되지만, 긴급자동차에 대한 우선통행[2]과 긴급자동차에 대한 특례[3] 적용에 한해서는 예외가 우선되며, 이러한 경우에는 엄격한 요건과 준수사항[4]이 존재하는 것이 그러합니다.

원칙과 예외에 대해서 뒤의 그림을 예로 들어 설명해보겠습니다. 이 그림에서 원래의 계획, 즉 원칙은 '보행자는 보도블록 위로 다닌다'는 것입니

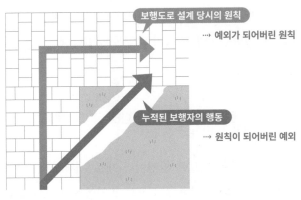

〈원칙을 흔드는 편리함〉

다. 그렇지만 보행자의 행동은 원칙이 아니라 잔디 위에 만들어진 길에 켜켜이 쌓여 있습니다. 즉 상당히 많은 사람들이 약간의 편리함을 위해서 잔디 위로 다녔고, 그 결과 잔디가 죽어서 새로운 길이 만들어진 것입니다.

이와 같이 '편리함'이라는 것은 우리의 행동을 유혹하는 힘이 크기 때문에, 한순간에 원칙을 흔들어버릴 수 있습니다. 그리고 이 힘으로 인해서 결국 '보도블록 보행(원칙)'은 예외가 되었고, '잔디 위 보행(예외)'이 원칙이 되어버린 것입니다.

IT를 기반으로 하는 현대 사회에도 우리 모두의 안전을 위해서 지켜야 하는 원칙이 있습니다. 예를 들어 타인의 정보를 허락 없이 사용해선 안 된다는 원칙, 비밀번호는 다른 사람과 공유해서는 안 된다는 원칙, 조직 내 보안통제를 준수해야 한다는 원칙 등이 그러합니다.

그런데 현재를 살아가고 있는 우리의 현실 속에서는 이와 같은 원칙을 흔드는 상황이 너무나 자연스럽게 목격되고 있습니다. 영업 활동을 위해서 타인의 동의 없이 그 타인의 개인정보를 활용하는 행위, 비밀번호를 모니터 앞에 포스트잇으로 붙여두는 행위, 조직 내 보안통제를 준수하지 않는 방법에 대해서 최선을 다해 고민하는 모습들이 그 예입니다.

이러한 상황을 가만히 들여다보면, 원칙을 지키는 것보다 훨씬 더 큰 가치를 위해서 부득이하게 예외적인 행동을 하는 모습이 전혀 아닙니다. 이러한 모습을 한마디로 표현하면 이렇게 말할 수 있습니다. '아주 사소한 편리를 위해서 매우 중요한 원칙을 기꺼이 지키지 않으려는 모습.'

문제는 이처럼 원칙을 흔드는 상황, 즉 '예외'가 자주 발생함에 따라 예외가 원칙이 되고 원칙이 예외가 되어버린다는 것입니다. 예를 들어 비밀번호를 컴퓨터 모니터에 처음 붙여둘 때는 정보보호 규정에 위배되는 행동이라는 것을 인식하고 있을 것입니다. 그러나 시간이 지남에 따라 그 행동은 점점 여러 사람에게 전파되어 어느 순간부터는 보편적 행동이 되어버립니다. 그리고 그 결과 대다수의 사람들이 그렇게 하고 있다는 이유에서 '비밀번호를 모니터 앞에 붙여두는 것'이 원칙이 되고, '비밀번호는 다른 사람과 공유해서는 안 된다'는 매우 중요한 원칙은 예외가 되어버리고 마는 것입니다. 무질서에 '시간과 방임'이 더해지면, 무질서는 결국 '권리'가 됩니다.

다른 통제 영역과는 달리 왜 유독 보안통제 영역에서만 이런 현상이 발생하는 것일까요? 필자는 이러한 현상의 원인이 IT라는 편리함이 만들어 놓은 '생각의 씨앗'에 있다고 봅니다. 즉 안전이 보장되지 않는 상태인데도 편리함이라는 기준만으로 좋고 나쁨을 판단한 '생각의 씨앗'이 사람들의 생각 속에 어느 순간 깊게 뿌리를 내렸기 때문이라는 것입니다. 그로 인해 보안통제는 편리하지 않은 것, 즉 불편 그 자체가 되어버린 것입니다. 이는 결국 편리함의 이면에 있는 위험한 상상이 현실화되는 단서가 되었습니다.

편리함 그 이면의 세상: 위험함의 실상

2013년 EBS에서 방영한 「EBS 지식채널 ⓔ 그들은 모두 알고 있었다」라는 프로그램이 있습니다. 약 5분 정도의 짧은 영상 프로그램입니다. 이 영상은 전직 기자가 전직 해커에게 이렇게 제안하면서 시작합니다. "나를 해킹하시오. 나는 나를 최대한 방어하겠습니다."

전직 해커들은 너무나도 쉽게 전직 기자에 대한 정보들을 알아냈습니다. 그리고 전직 기자가 해킹 공격으로부터 자신을 지키려고 방어할수록 공격자들은 더 강력한 공격으로 전직 기자의 방어 수단을 모두 무너뜨렸습니다. 그리고 거기서 멈추지 않고 전직 기자의 금융정보와 개인정보를 이용하여 그를 범죄자로 만들기 직전의 상황까지 사이버 공격을 진행했습니다. 전직 기자가 이렇게 말을 하자 공격자들은 사이버 공격을 멈추었습니다. "실험을 포기하겠습니다."

이 영상이 주는 메시지는 세 가지입니다. 첫째, 개인정보 유출은 사회적으로 매우 심각한 문제로 이어질 수 있다. 둘째, 공격자들은 마음만 먹으면 그 누구의 개인정보라도 확보할 수 있다. 셋째, 개인 스스로 자신의 개인정보보호에 대한 경각심을 가져야 한다.

그렇다면, 이처럼 사이버 공격으로 인해 개인의 정보가 너무나도 쉽게 유출되고 공격자에게 악용되는 이유는 무엇일까요? 물론 개인정보의 주체인 개인이 IT라는 도구를 부주의하게 사용한 것도 이유가 될 수 있을 것입니다.

하지만 필자는 '편리함의 이면에는 위험함이 있다는 인식을 하지 못한 것'에 근본적인 원인이 있다고 생각합니다. 이는 마치 세상에서 가장 빠른 스포츠카를 운전하면서, 그 스포츠카에 브레이크가 없다는 사실을 인식하지 못한 채로 그저 속도와 성능에만 감탄하면서 엄청난 속도로 주행을 하는 것과 같습니다. 안전함이 보장되지 않는 편리함의 동의어는 바로 '위험'입니다.

안전함이 보장되지 않은 위험한 세상은 이미 우리 현실 속에 깊숙이 들어와 있습니다. 우리가 알든 모르든 그리고 우리가 관심이 있든 없든 누군가는 지금도 우리의 개인정보를 가져가고 있습니다. 우리의 동의나 허락을 얻지도 않은 채 말이죠.

IT라는 거대한 대륙 위에 세워진 현재의 편리한 사회에서, 개인정보는 우리의 삶 그 자체입니다. 그런데 슬프게도 누군가는 이 개인정보를 악용해 돈벌이를 하고 있습니다. 물론 우리의 동의나 허락도 없이 말이지요.

개인정보를 악용해서 돈벌이를 하는 이들의 공격 기법은 날로 진화하고 있습니다. 2012년 즈음부터 본격적으로 발생한 지능형 지속위협advanced persistent threat(APT) 공격, 기업화된 범죄 조직이 해킹 공격 서비스를 제공하는 기업형 해킹 범죄, 신원미상의 발신자가 보낸 이메일 하나로 컴퓨터나 서버의 모든 정보가 암호화되는 랜섬웨어Ransomware 공격, 문자나 카카오톡 같은 SNS를 이용하여 상대방의 금융정보를 탈취하고 돈을 빼내는 스미싱 공격, 전화로 상대방을 속이고 돈을 빼앗는 보이스피싱Voice Phishing 공격 등 그 형태도 다양합니다.

이러한 공격을 하는 사이버 공격자들은 여러분에 대해서 깊이 연구하고 있습니다. 왜냐하면 공격자들에게는 여러분이 돈벌이 대상이기 때문입니다. 그리고 여러분의 은행 잔고를 '0원'으로 만들어야 공격자들의 은행 잔고를 채울 수 있기 때문입니다.

사이버 공격자들은 여러분이 사용하고 있는 모든 IT 기반 도구나 네트워크뿐만 아니라 여러분의 행동 방식과 여러분의 생각까지도 깊이 연구하고 있습니다. 그래야 수익을 확보할 수 있으니까요. 최근 들어 스미싱이나 보이스피싱 공격이 증가하고, 그로 인한 피해 금액이 커지고 있는 현상이 이를 증명합니다.

이 시점에서 여러분에게 한 가지 질문을 하고 싶습니다. 공격자는 당신을 연구하고 있습니다. 당신은 공격자를 연구하고 있습니까?

깊이 고민해보고 이 질문에 답해보시기 바랍니다. 만약 여러분이 자신을 지키기 위한 노력을 충분히 하고 있지 못하거나 자신을 지키기 위해 노력해야 할 이유를 찾지 못했다면, 여러분은 푸른 들판 위를 뛰어다니는 하얀 토끼와 같은 처지라고 생각하시면 됩니다. 언제 어디서 어떤 사냥꾼들이 총을 쏠지도 모르는데, 그저 넓고 푸른 들판을 '편하게' 뛰어다니는 하얀 토끼 말입니다.

공격자를 과소평가하지도 말고 자신을 과대평가하지도 마시기 바랍니다.

제2장

정보보호의
법률화 시대

우리나라에서 시행되고 있는 대표적인 정보보호 법률로는 「개인정보보호법」과 「정보통신망 이용촉진 및 정보보호 등에 관한 법률」(이하 「정보통신망법」) 그리고 「신용정보의 이용 및 보호에 관한 법률」(이하 「신용정보보호법」) 등이 있습니다. 「개인정보보호법」은 지난 2011년 9월 30일부터 시행되었습니다. 그리고 「정보통신망법」은 1987년 1월 1일 「전산망 보급 확장과 이용 촉진에 관한 법률」로 제정된 이후 2001년 7월 1일 현재의 명칭으로 변경되어 시행되고 있습니다. 「신용정보보호법」은 1995년 7월 6일부터 시행되고 있습니다.

이러한 정보보호 관련 법률은 각 법률이 제정된 이후 꽤 많은 시간이 흐르고 나서야 비로소 '개인정보의 보호'나 '정보의 보호' 그리고 '신용정보의 보호'에 대해 구체적이고 세부적인 규정을 체계적으로 갖추기 시작했습니다. 그리고 이와 같은 일련의 과정을 거쳐서 현재는 정보보호가 단순한 기술적 수단이 아니라 법률의 지위를 갖게 되는 그야말로 '정보보호의 법률화' 시대가 되었습니다.

물론 정보보호를 법률로 규정하고 적용하는 것이 모든 면에서 좋다는 의미로 '정보보호의 법률화'를 말씀드리는 것이 아닙니다. 사실 보안사고라는 것은 교통사고와 유사한 면이 있습니다. 내가 아무리 조심한다고 하더라도 상대방이 원인이 되어 일어나는 경우가 있기 때문입니다. 아무리 조심해도 공격자가 나를 공격하는 것까지 예방할 수는 없습니다. 그런데도 이러한 공격의 예방 책임을 내가 법적으로 부담해야 한다면 아무래도 억울할 수 있겠지요.

한 가지 짚고 넘어가야 하는 사실이 있습니다. 그것은 우리 사회에서 보안사고가 발생했던 초창기부터 보안사고에 대한 책임이 법률로 규정되지는 않았다는 사실입니다. 보안사고가 지속적으로 발생하는 상황이 개선되지 않는 사회적인 현상을 목격하면서 우리 사회는 정보보호를 '법률의 틀 안에서 통제하고 적용해야 한다'는 인식을 갖게 된 것입니다.

법률이라는 것은 사회를 유지하고 안전을 보장하기 위해 구성원들이 합의한 기준입니다. 그래서 이것을 상식이라고도 표현합니다. 그리고 상식처럼 지켜져야 하는 법률에는 당연히 그 법률을 준수해야 하는 사람들의 역할도 포함되어 있기 마련입니다.

정보보호 관련 법률에서 사람이 준수해야 하는 '역할'에 대해 인식하지 못하는 사람들도 여전히 존재합니다. 게다가 최근에는 보안사고의 원인으로 '정보보호 관련 법률에서 자신의 역할을 인식하지 못하는 것' 즉 사람의 부주의가 보안사고의 원인이 되는 사례가 많아지고 있습니다. 그래서인지 이러한 부주의에 대한 법적 책임(과실 책임) 또한 커지고 있는 상황입니다.

여기서는 정보보호가 법률의 지위를 가질 수밖에 없었던 역사적인 배경과 임직원이 보안통제를 준수해야 하는 법률적 근거를 아주 간단히 살펴보겠습니다.

보안사고 문제를 바라보는 인식의 역사적 변화

　컴퓨터가 우리의 삶 속으로 들어온 1990년대 초반에도 타인의 정보를 악용할 목적으로 외부에서 침입하는 행위, 즉 해킹은 존재했습니다. 다만, 그 당시에는 해킹이라는 행위에 대한 법률적 정의가 존재하지 않았습니다. 그래서 그 당시에는 해킹이라는 문제가 개인의 문제, 즉 해킹을 당한 피해자의 개인적 불행으로 인식되었습니다.

　그러나 해킹을 포함해 보안사고로 인해 피해를 입는 개인들이 많아지면서 보안사고의 문제는 더 이상 개인의 문제가 아니라 기술의 문제로 인식되었고, 2000년 중반부터는 보안사고의 문제를 기술 인증의 문제로 인식하기 시작했습니다. 그래서 이 시기부터는 시스템에 적용되는 기술에 대해서 CC 인증이나 TCSEC과 같은 시스템 표준을 준수하는 것이 중요하다는 인식이 산업 저변에 자리를 잡게 됩니다.

〈보안사고 문제에 대한 인식의 변화〉

그럼에도 2000년 후반부터는 컴퓨터나 네트워크 그리고 시스템 등을 목적지로 하거나 경유하는 공격이 증가함과 동시에 기업 임직원의 부주의에 의한 보안사고가 증가하는 문제들이 나타나게 됩니다. 이러한 문제에 대해서 그 당시는 모든 기업이 아닌 일부 기업을 대상으로 하는 보안 인증의 문제로 인식했습니다. 그래서 그 당시에는 보안사고를 예방하기 위해 특정 조건에 부합하는 일부 기업에 대해서는 정보보호 관리체계Information Security Management System(ISMS)라는 보안 인증을 의무적으로 받도록 하는 제도가 시행되었습니다. 이 시기부터 보안 인증 컨설팅 서비스를 전문적으로 제공하는 회사가 주목을 받기 시작했습니다.

하지만, 2010년 초반에 이르러서는 외부 침입 행위인 해킹을 포함하여 기업 내부에서 보안통제를 적절하게 적용하지 않았거나 임직원이 보안통제를 준수하지 않는 행위로 인해서 개인정보가 유출되는 보안사고가 증가

혹시 '수립 책임'과 '준수 책임'을 아시나요?

2001년 말 미국 엔론Enron Inc.의 회계 부정 사건으로 인해 2002년 7월 미국에서는 기업 회계를 개혁하기 위한 목적으로 일명 사베인즈-옥슬리법Sarbanes-Oxley Act이 제정되었습니다. 이 법에는 회계 부정을 방지하지 못한 기업의 대표이사 등 경영진을 법적으로 처벌할 수 있는 개념이 적용되었는데, 이 개념이 바로 '수립 책임Due Care'입니다.

명칭에서 알 수 있듯이, 수립 책임은 대표이사를 포함한 경영진에게 부과되는 법적 책임입니다. 즉 기업에서 발생 가능한 회계 부정을 방지할 수 있는 기업 내부 정책이나 관리·감독 체계 등을 수립할 책임이 대표이사를 포함한 경영진에게 있다는 것입니다. 그리고 이러한 수립 책임은 법적 책임이므로 정책이나 관리·감독 체계를 수립하지 않음으로써 발생하는 법적 문제에 대해 대표이사를 포함한 경영진에게 책임을 묻는 개념입니다.

한편, '준수 책임Due Diligence'은 기업의 모든 임직원에게 부과되는 윤리적 책임의 개념입니다. 즉 대표이사 등이 수립한 정책이나 체계를 준수할 책임이 모든 임직원에게 있다는 것입니다. 준수 책임은 윤리적 책임이므로 정책이나 관리·감독 체계를 준수하지 않음으로 발생한 문제에 대해서 임직원이 윤리적으로 책임을 지게 됩니다. 여기서 윤리적 책임이란 기업 내부 규정에 따른 견책이나 감봉, 해고 등이 될 수 있습니다.

하게 됩니다. 이로 인해서 이 시기에는 보안사고의 문제를 모든 기업을 대상으로 하는 법률의 문제로 인식하게 되었습니다. 그 결과 2011년 9월 30일 「개인정보보호법」이 시행되었습니다. 뿐만 아니라 기존에 시행되고 있던 정보보호 관련 법률에서도 비로소 '정보보호'나 '개인정보보호' 그리고 '신용정보보호' 등에 관한 구체적인 정보보호 규정이 추가적으로 신설되기에 이릅니다.

「개인정보보호법」 시행으로 인해 개인정보 유출 사고나 보안사고가 감소할 것이라는 예상과는 달리 「개인정보보호법」이 본격적으로 시행된 이후부터 더 많은 보안사고가 발생했습니다. 당시 이러한 문제의 원인으로 '기업의 업무 수행 과정에서 정보보호 관련 법률을 준수하지 않는 현상'이 주목을 받았습니다. 그래서 이 시기에는 보안사고의 문제를 모든 기업이 보안 규정을 준수해야 하는 보안 컴플라이언스의 문제로 바라보게 됩니다. 그래서 이 시기부터 기술 인증이나 기업 인증과 더불어 모든 기업에서 보안 컴플라이언스(즉 정보보호 법률 준수와 기업 내부 보안 규정 준수) 통제를 강화하기 시작한 것입니다.

기업이 아무리 보안 컴플라이언스 통제를 강화한다고 하더라도, 임직원이 통제를 준수하지 않으면 결과적으로 보안 컴플라이언스 통제가 제 기능을 발휘하지 못하는 것은 자명한 사실입니다. 실제로 2010년대 후반부터는 기업의 임직원, 즉 사람에 대한 보안통제의 중요성이 강조되기 시작했습니다. 그래서 이 시기부터는 보안사고의 문제를 모든 직원을 대상으로 하는 인적 요소 보안Human Factor Security의 문제로 인식하게 됩니다.

게다가 이 시기에 해커 집단이 우리나라 금융 회사를 해킹하여 엄청난 양의 개인정보를 유출하는 사건과 카드 부정 사용 방지 시스템을 개발하는 회사 직원에 의한 이른바 '카드 3사 개인정보 유출 사건' 등이 발생합니다. 이로 인해 우리나라 대부분의 기업에서는 소속 임직원과 협력 회사 직원에 대한 정보보호 인식제고 교육을 강화하고, 시스템 권한 관리 강화, 보안 규정 위반자에 대한 처벌 규정 강화 등 모든 직원에 대한 보안통제가 강화되었습니다.

2010년대 후반에는 기존에 준수 책임이었던 것이 법적 책임화되었고, 수립 책임도 기존에 비해서 강화되었습니다. 예를 들면 정보보호 관련 법률 규정을 준수하지 않는 위반자에 대한 책임 및 처벌 조항이 신설되거나 강화되었습니다. 이를 보면 준수 책임이 기존의 윤리적 책임에 머물러 있지 않고 법적 책임화되었다는 필자의 말이 쉽게 이해가 될 것입니다.

보안사고를 예방하거나 그 피해를 최소화하기 위해 정부는 정보보호를 법률로 규정했으며, 기업은 내부 통제를 강화하는 보안 컴플라이언스를 수립하고 임직원(사람)을 대상으로 보안통제를 강화하는 노력을 해왔습니다. 그렇다면, 2020년대 중반을 살아가고 있는 현재는 보안사고의 문제를 어떻게 인식하고 있을까요? 그것은 「개인정보보호법」 개정 방향 등에 관한 주무 부처의 언론 브리핑을 통해서 잘 알 수 있습니다. 현재는 보안사고의 문제를 기업의 보안통제 자율성의 문제, 즉 보안의 자율 규제 문제로 인식하고 있습니다.

이는 정보보호 관련 법률의 준수는 최소한의 당연한 의무이며, 이 의무 이외에 기업의 정보보호에 필요한 추가적인 보안통제에 대해서는 기업의 자율성을 보장하는 것입니다. 이 말을 달리 표현하면, 기업의 정보보호 책임이 법률의 테두리에만 머물러 있는 것이 아니라, 기업의 정보보호를 위해서 추가적으로 필요한 보호 조치를 기업이 자율적으로 판단하여 적용하라는 의미가 됩니다.

따라서 이는 기업의 정보보호 책임이 강화되는 것임과 동시에 기업 보안사고에 대한 처벌 역시 강화되는 것임을 의미합니다. 실제로 최근에 개인정보 유출 등의 보안사고가 발생한 기업에 부과되는 벌금이나 과징금, 과태료 등의 액수가 점점 커지고 있습니다.

보안사고 문제를 바라보는 최근의 인식 변화

보안사고의 문제를 모든 기업을 대상으로 하는 법률의 문제로 바라보던 2010년 초반의 인식과 보안통제 자율성의 문제(보안의 자율 규제 문제)로 바라보는 현재의 인식에 대해서는 한 가지 짚고 넘어가야 할 것이 있습니다. 두 인식 사이에는 법적 책임과 보안통제 범위에 관한 매우 중요한 차이가 있기 때문입니다.

아래의 이미지에서 볼 수 있듯이, 보안사고의 문제를 '모든 기업을 대상으로 하는 법률의 문제'로 인식하던 2010년 초반에는 사회적으로 기준이 될 수 있는 보안통제 장치가 필요했습니다. 그래서 「개인정보보호법」을 시행함으로써 모든 기업의 보안 수준을 「개인정보보호법」이 요구하는 수준으로 일괄적으로 향상시키게 되었습니다. 이 당시에는 정보보호 법률을 준수하지 못하는 기업의 법적 책임이 부각되었습니다. 그러다 보니 「개인정보보호법」의 보호 조치 요구 수준을 상회하는 일부 대기업을 제외한 대부분의 기업에서는 자신의 보안 컴플라이언스 위반 영역을 식별하고 이를 보완하는 방식으로 「개인정보보호법」이 요구하는 기본적인 보호 조치의 수준만큼 보안통제를 적용하는 데 중점을 두었습니다.

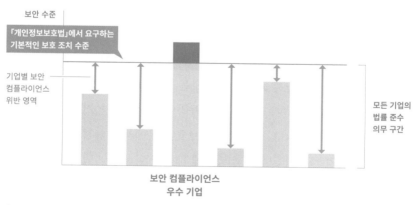

〈보안사고 문제를 '모든 기업을 대상으로 하는 법률의 문제'로 인식하는 개념〉

물론 이 시기에도 보안통제를 준수하지 않거나 보안통제 자체를 인지하지 못해 결과적으로 정보보호 규정을 위반하는 임직원들이 있었습니다. 그렇지만, 이 당시에는 직원들의 위반 행위는 거의 대부분 윤리적 비난을 받는 것으로 그치는 것이 일반적이었습니다. 여기서 말하는 윤리적 비난이란 견책이나 감봉 또는 해고와 같은 기업 자체의 취업 규칙 등에 기반을 둔 징계를 의미합니다.

그러던 중 우리 사회는 정보보호와 관련된 새로운 취약점을 목격하게 됩니다. 그 취약점은 바로 '사람'이었습니다. 기업이 아무리 정보보호 법률에서 요구하는 수준으로 내부 보안통제를 적용한다 하더라도, 그 기업의 임직원이 보안통제를 준수하지 않는 경우가 많아졌고, 이러한 상황에서 보안사고의 발생이 증가했습니다.

이뿐만 아닙니다. 외부 침입 행위인 해킹도 개인정보를 유출하기 위한 목적으로 이루어졌으며, 이로 인해 가장 큰 피해를 입는 것도 유출된 개인정보의 주체인 고객, 즉 사람이었습니다.

상황이 이렇다 보니 정보보호 법률을 기준으로 모든 기업의 보안 수준을 일괄적으로 끌어올린다고 하더라도 매우 다양한 사람이 모여서 운영되는 기업의 특성을 고려하지 않을 수 없게 되었습니다. 게다가 모든 기업의 보안 취약점을 법률이라는 일괄적 기준으로 통제한다는 것 역시 현실적으로 불가능하다는 사실도 인식하게 되었습니다.

그래서 최근에 나온 개념이 바로 보안사고의 문제를 보안통제 자율성의 문제(보안의 자율 규제 문제)로 바라보는 것입니다. 이 개념에 의하면 정보보호 관련 법률의 준수, 즉 보안 컴플라이언스는 가장 기초적이며 기본적인 보안통제가 됩니다. 그리고 정보보호 법률에서 구체적으로 규정하지 않더라도 기업 자체의 고유한 취약점에 대해서는 해당 기업이 자율적으로 보안통제를 적용하도록 하는 이른바 '보안통제의 자율성'을 보장하게 된 것입니다. 이것이 바로 보안 자율 규제의 기본 개념입니다.

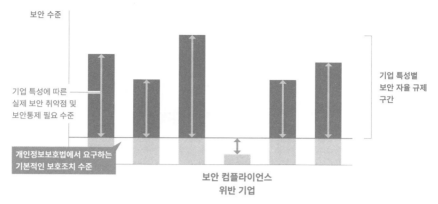

보안 수준

기업 특성에 따른
실제 보안 취약점 및
보안통제 필요 수준

기업 특성별
보안 자율 규제
구간

개인정보보호법에서 요구하는
기본적인 보호조치 수준

보안 컴플라이언스
위반 기업

⟨보안사고 문제를 '보안통제 자율성(보안 자율 규제) 문제'로 인식하는 개념⟩

　'보안 자율 규제의 개념'에 의하면, 정보보호 법률에서 구체적으로 규정하지 않더라도 각 기업은 '기업 내부에 존재하는 고유한 보안 취약점'에 대해서 자율적인 통제를 적용해야 합니다. 물론 자율적인 보안 규제를 적용하는 기업에는 여러 가지 인센티브가 제공됩니다. 하지만 만약 기업의 고유한 취약점에 대해서 자율적인 보안통제를 적용하지 않았고, 이로 인해 결과적으로 보안사고가 발생한 경우에는 기업의 책임과 법적 처벌이 무겁게 부과됩니다.

　그리고 물론 여기서 말하는 '기업 내부에 존재하는 고유한 보안 취약점'에는 당연히 '사람'이 포함됩니다. 따라서 보안통제를 준수하지 않음으로써 보안사고를 유발할 수도 있는 직원에 대한 자율적인 보안통제가 반드시 적용되어야 합니다. 뿐만 아니라, 보안통제를 준수하지 않음으로써 보안사고의 원인 행위를 한 직원 개인에게도 법적 책임을 묻는 환경이 도래했습니다. 한마디로, 과거에 단지 '윤리적 비난'의 대상이었던 임직원의 준수 책임 위반의 문제가 이제는 법적 책임의 문제로 변화된 것입니다.

　이처럼 보안사고에서 '사람'을 바라보는 관점이 달라진 배경은 무엇일까요? 보안사고의 원인 행위자든 보안사고의 피해자든, 보안과 관련한 모든 사고와 사건에는 언제나 사람이 있다는 경험적 인식에서 비롯된 것이 아닐까 싶습니다.

정보보호의 법률적 지위 강화

스쿨존에서 자동차의 속도를 제한하는 법적 이유는 무엇일까요? '자동차 운전자의 편리'보다 '보행하는 아이들의 안전'이 우선해야 하기 때문일 겁니다. 이와 같은 맥락에서 보면 정보보호 법률에서 기업에 보안통제의 적용을 의무적으로 요구하는 것도 아래와 같은 취지가 반영되어 있다고 생각합니다. 정보를 이용하는 기업의 편리보다 정보를 제공하는 정보 주체의 안전이 우선해야 합니다.

정보를 이용하는 기업에서 보안사고가 발생하면 정보 주체인 고객이 해당 기업을 비난할 수 있습니다. 특히 보안사고의 원인이 기업의 정보보호 법률 위반에 있다는 사실이 입증된다면 고객이 해당 기업에 법률이 정하는 책임을 물을 수도 있습니다.

여기서 말하는 보안사고에 대한 기업의 법률상 책임은 크게 세 가지로 나뉩니다. 첫째는 형사적 책임인 '법률 위반 책임'입니다. 즉 정보보호 법률상 의무적으로 적용해야 하는 보안통제를 적용하지 않거나 적용되어 있는 보안통제를 준수하지 않은 행위에 대해서 형사적으로 처벌을 받는 책임입니다.

둘째는 민사적 책임인 '손해배상 책임'입니다. 즉 정보보호 법률 위반이라는 불법 행위로 인해 발생한 손해를 기업이 민사적으로 책임을 지는 것입니다.

그리고 셋째는 확장된 손해배상의 개념으로서, 최근 들어 판례에서 강조하고 있는 '기대 위반 책임'입니다. 특히 기대 위반 책임은 정부 기관이 보안사고 기업에 행정 처분인 과징금을 부과할 경우 그 과징금의 가중 요소로 반영되고 있습니다.

필자가 이와 같이 보안사고에 대한 기업의 법적 책임을 강조하는 이유는 기업의 모든 정보보호 업무는 법률에 기반하는 업무이기 때문입니다. 한마디로, 정보보호 그 자체가 법률의 지위를 가지고 있기 때문에, 관련 법률에서 정하고 있는 보호 조치를 적용하지 않거나 보안통제를 준수하지 않는 행위에 대해서는 해당 법률에서 정하고 있는 형사적·민사적·행정적 책임이 기업에 부과된다는 것입니다.

이에 대한 예를 들어보겠습니다. 2015년 「개인정보보호법」에서 '징벌적 손해배상제도(제39조 제3항)'와 '법정 손해배상제도(제39조의2)'를 신설했습니다. 이는 기존의 규정에 비해 손해배상의 범위를 확대한 것입니다.

먼저 징벌적 손해배상을 살펴보겠습니다. 기업이 고의나 중과실이 없음을 스스로 입증하지 못한다면, 기업은 피해자가 입증하는 실제 피해액의 5배 이내에서 손해배상의 책임을 져야 합니다. 이런 의미에서 「개인정보보호법」 제39조의 손해배상을 '징벌적 손해배상'이라고 하는 것입니다. 특히 이 징벌적 손해배상제도의 손해배상 규모는 기존에는 3배였지만, 2023년 개정을 통해 5배로 확대했습니다(제39조 제3항).

	징벌적 손해배상제도	법정 손해배상제도
적용 요건	기업의 고의·중과실로 개인정보 유출 또는 동의 없이 개인정보를 활용하여 피해 발생	기업의 고의·과실로 개인정보가 분실·도난·유출된 경우
입증 책임	**기업: 고의·중과실 없음을 입증** 피해자: 피해액 입증	**기업: 고의·과실 없음을 입증** 피해자: 피해액 입증 면제
구제 범위	재산 및 정신적 피해 모두 포함	사실상 피해 입증이 어려운 정신적 피해
배상 규모	**실제 피해액의 5배 이내 배상**	**300만 원 이하의 범위에서 상당한 금액**
적용 시기	2016년 7월 25일 이후 유출 사고	좌동

〈「개인정보보호법」상 손해배상 관련 조항〉

반면에 법정 손해배상제도에 의하면, 기업이 고의나 과실이 없음을 스스로 입증하지 못하는 경우에는 설령 피해자가 자신이 입은 피해액을 입증하지 않더라도 기업이 기본적으로 300만 원 이하의 범위 내에서 피해에 상당한 금액에 대해 손해배상의 책임을 져야 합니다. 그래서 「개인정보보호법」 제39조의2의 손해배상을 '법정 손해배상'이라고 하는 것입니다.

한편, 최근에는 법령에 기반하여 '기대 위반 책임'에 대한 법적 처벌도 강화되고 있습니다. 2024년 현재 「개인정보보호법」에 의하면, 임직원의 과실로 개인정보가 유출되는 보안사고가 발생하는 경우 과실 행위자(즉 임직원)에 대한 처벌과 별개로 과실 행위에 대해 책임이 있는 자(예를 들어 대표자 및 책임 있는 임원 등 의사결정을 한 상급자)에 대한 처벌도 가능합니다.[5]

또한 외부 해킹이나 시스템 오류, 개발자 실수 등에 의해서 개인정보가 유출된 경우에도 「개인정보보호법」에 따라 처벌이 가능합니다. 특히 이러한 처벌 과정에서는 해당 기업에 과징금을 부과할 때 '기대 위반 책임'을 묻고 있습니다. 그래서 과징금 부과 기관(개인정보 유출 사건이라면, 개인정보보호위원회)이 해당 기업의 3년 평균 전체 매출액의 3%에 해당하는 과징금을 부과할 수 있습니다(2023년 9월 시행 「개인정보보호법」).

보안사고와 관련한 여러 판례에서도 '기대 위반 책임'을 엄격하게 묻고 있습니다. 예를 들면, "사회 통념상 합리적으로 기대 가능한 보호 조치 미비도 위법하다"는 판결이 2018년에 있었습니다.[6]

특히 개인정보보호에 필요한 비용 절감은 '매우 중대한 위반'에 해당한다는 2018년 행정법원 판례도 있었습니다.[7] 이 판례에서는 해당 기업이 개인정보보호에 필요한 비용을 절감함으로써, 두 가지 이익을 얻었다고 판단하고 있습니다. 여기서 말하는 이득이란 법령 위반 행위로 인한 '적극적 이득'과 마땅히 지출해야 할 개인정보보호 비용을 지출하지 않은 '소극적 이득'입니다. 이와 같은 '매우 중대한 위반'을 하는 '기대 위반 책임'에 대해서는 과징금 부과시 과징금의 기준 금액을 가중하거나 가장 높게 설정하고 있습니다(「개인정보보호법 법규 위반에 대한 과징금 부과기준」제3조).

우리나라에서는 「개인정보보호법」이 시행된 이후부터 일관성 있게 정보보호의 법률적 지위를 강화해오고 있습니다. 따라서 정보보호가 법률화된 현 시점에서 정보보호는 이렇게 정의할 수 있습니다. 정보보호는 하면 좋은 것이 아니라, 법률에 근거하여 반드시 해야 하는 것입니다.

그럼에도 불구하고 아직도 많은 임직원이 정보보호 관련 법률상 자신에게 어떤 의무와 책임이 있는지 전혀 모르는 경우가 많습니다. 심지어 정보보호 법률을 위반하는 경우 회사와 대표이사 그리고 자신의 상급자에게도 법적 책임이 부과될 수 있다는 사실을 인식하지 못하는 경우도 상당히 많습니다.

정보보호 법률상 임직원에게 부여된 의무와 책임

「개인정보보호법」이나 「정보통신망법」 등 정보보호 관련 법률상 임직원에게도 의무와 책임이 있다는 말에 의아해할 사람이 많을 겁니다. 왜냐하면 대부분의 임직원이 정보보호 법률은 정보보호를 전담하는 부서에서나 신경을 쓰는 것이라고 생각하기 때문입니다. 하지만, 사실은 그렇지 않습니다. 정보보호 법률의 규정 안에는 기업의 모든 임직원에게 요구하는 의무와 그에 따른 책임이 포함되어 있습니다.

정보보호 법률상 임직원의 의무와 책임에 대해서 쉽게 설명해보겠습니다. 필자는 정보보호 법률에서 규정하고 있는 '임직원의 의무와 책임'이 「도로교통법」에서 규정하는 '운전자의 의무와 책임'과 유사하다고 생각합니다.

예를 들어, 도로 위를 달리는 자동차의 운전자에게는 「도로교통법」을 준수해야 할 의무가 있습니다. 그리고 교통경찰관은 운전자와 보행자의 안전을 지키기 위해 도로 위에서 여러 가지 교통 통제를 담당하고 있습니다.

이러한 관계를 정보보호 법률에 대입하여 바라보면 임직원의 의무와 책임이 무엇인지 더욱 선명하게 이해할 수 있을 것입니다. 여기서 운전자는 업무를 수행하는 임직원이 되고 보행자는 고객이 됩니다. 그리고 교통경찰은 보안통제를 총괄하는 정보보호 최고책임자와 보안통제 담당 부서인 정보보안 부서가 되는 것입니다.

혹시 여러분은 운전면허증 시험을 준비하면서 공부했던 수많은 교통법규와 교통 체계에 대해서 불만을 가지셨나요? 또는 운전을 하면서 수많은 교통신호나 교통경찰관의 교통 통제를 불필요거나 불편하다고 생각을 하셨나요? 아마도 그렇지 않을 겁니다. 교통법규와 교통 체계는 도로 위에서 인명의 안전을 위해 모든 운전자가 준수해야 하는 최소한의 상식이기 때문입니다.

정보보호 법률도 마찬가지입니다. 기업과 임직원 그리고 정보 주체인 고객을 보호하기 위해 필요한 최소한의 상식이 바로 정보보호 법률입니다. 그리고 이러한 정보보호 법률에서 요구하는 다양한 기술적·관리적 보호 조치와 보안 컴플라이언스를 기업 내에 적용하는 활동이 '보안통제'입니다.

운전은 운전자가 합니다. 그렇기 때문에 운전자에게는 「도로교통법」을 준수하면서 안전하게 운전할 의무가 있습니다. 가속 페달과 감속 페달은 운전자 자신의 판단에 따라 밟는 것입니다. 너무나도 당연한 말이지요. 이 당연한 말이 '정보보호 법률'과 '보안통제'에도 그대로 적용됩니다. 업무를 수행하는 과정에서는 임직원이 준수해야 하는 '정보보호 법률'과 '보안통제'가 기업 환경의 곳곳에 있습니다. 그리고 필요에 따라서는 임직원 스스로의 판단에 따라 브레이크, 즉 업무 중단을 해야 할 때도 있습니다. 자동차에서 가속 페달과 감속 페달 중 어느 것을 밟을 것인가에 대한 판단과 실행을 해당 자동차의 운전자가 하는 것과 같은 이치입니다. 이를 운전자가 아닌 다른 사람이 대신해줄 수는 없습니다. 회사의 임직원도 업무를 수행할 때 '정보보호 법률'과 '보안통제'의 범위 안에서 업무를 진행할 것인지 중단할 것인지 스스로 판단해야 합니다.

만약 자동차 운전자가 자신이 언제 가속 페달을 밟아야 하고 언제 감속 페달을 밟아야 하는지를 모른다면 어떻게 될까요? 심지어 운전 중에 전방에서 위험 상황이 발생했는데 운전자가 감속 페달을 밟을 줄 모른다면 어떤 일이 벌어질까요? 생각만 해도 아찔하지 않나요? 사실 이런 운전자라면 처음부터 운전을 하면 안 됩니다. 자동차는 '편리한 이동 수단'이기도 하지만 운전자와 보행자를 보호하는 '안전한 이동 수단'이어야 하기 때문입니다.

정보 역시 마찬가지입니다. '편리한 이용'과 함께 '안전한 이용'도 당연히 보장되어야 합니다. 그렇기 때문에 임직원은 회사 내 정보를 어떤 상황에서 이용하면 되는지 반대로 어떤 상황에서 이용하면 안 되는지를 반드시 알고 있어야 합니다. 세상에서 운전을 가장 잘하는 사람이란 '안전하게 자동차를 운전하는 사람'이듯이, 회사에서 일을 가장 잘하는 사람이란 '안전하게 업무를 수행하는 사람'이어야 합니다.

이와 같은 이유에서 정보보안 부서에서는 재직 중인 임직원에게 정보보호 규정과 보안통제의 준수를 요구하는 것입니다. 이러한 보안통제 준수를 요구하는 과정에서 필자는 이런 항변을 하시는 임직원을 종종 보았습니다. "보안 업무는 보안 부서가 다 알아서 하는 것 아닌가요? 그걸 제가 왜 해야 하나요?"

이런 항변이 참이 되려면, 다른 통제 업무도 통제 부서가 다 알아서 하는 것이 참이어야 합니다. 즉, 재무 업무는 재무 부서 혼자서 다 알아서 실행해야 하고, 인사 업무는 인사 부서 혼자서 다 알아서 실행할 수 있어야 한다는 것입니다. 하지만, 통제 업무라는 것이 그렇지가 않습니다.

재무, 인사, 법무, 보안 등 법률과 규정을 기반으로 기업 내 모든 부서의 업무를 통제하는 이른바 통제 부서에는 기본적으로 세 가지 유형의 업무가 존재합니다. 첫째 유형은 '고유 업무'입니다. 이 고유 업무는 통제 부서가 자신의 고유 업무에 대한 판단 권한과 의사결정 권한을 가지고 있는 업무입니다.

둘째 유형은 '협조 업무'입니다. 이 협조 업무는 다른 부서가 주관하는 업무에 통제 부서가 협조를 해야 하는 업무입니다. 이러한 협조 업무에 대한 판단 권한과 의사결정 권한은 통제 부서에는 없고, 업무 협조를 요청한 주관 부서에 있습니다.

셋째 유형이 바로 '통제 업무'입니다. 통제 업무는 관련 법률과 규정에 근거하여 통제 부서가 다른 부서의 업무를 통제하는 업무입니다. 따라서 통제 업무에 대한 판단 권한과 의사결정 권한은 통제 부서에 있습니다. 이에 반해 통제를 준수해야 하는 다른 부서(즉 통제 대상 부서)는 통제대로 실행할 의무가 있습니다. 그래서 통제는 통제 대상 부서에게 준수의 대상이자 의무의 대상이 되는 것입니다.

통제 업무는 통제 부서가 다 알아서 하는 것이 아닙니다. 통제 업무에 대한 판단과 의사결정은 통제 부서가 하는 것이고, 통제 부서의 통제대로 업무를 수행하는 것은 다른 부서(즉 통제 대상 부서)가 하는 것입니다. 이는 교통경찰관이 도로 현장의 상황을 판단하여 교통 통제를 주관하고, 자동차의 운전자는 교통경찰관의 교통 통제에 따라서 자동차를 운행하는 것과 같은 이치입니다.

마찬가지로 정보보호 관련 규정에서도 보안 업무를 주업으로 하지 않는 임직원에게 부과되는 의무가 존재합니다. 그리고 이 의무는 임직원 스

	업무 권한	업무 실행
고유 업무	고유 업무에 대한 판단 권한과 의사결정권이 통제 부서에 있음	통제 부서가 실행
협조 업무	협조 업무에 대한 판단 권한이나 의사결정권이 협조 요청 부서에 있음	협조 주관: 협조 요청 부서 협조 실행: 통제 부서
통제 업무	통제 업무에 대한 판단 권한과 의사결정권 그리고 통제 권한이 통제 부서에 있음	통제 주관: 통제 부서 통제 준수: 통제 대상 부서

〈통제 부서의 업무와 역할〉

	도로교통법	정보보호 관련 법령
환경	**도로** 자동차가 주행하는 환경	**IT 인프라** 담당 업무가 수행되는 환경
	자동차 운전 도로에서 본인 자동차 운행	**담당 업무 실행** IT 인프라를 이용하여 본인 담당 업무 수행
역할	**운전자** 도로교통법 준수하여 안전 운행	**임직원** 정보보호 법률을 준수하여 안전하게 업무 수행
	보행자 도로교통법 준수하여 안전 보행	**정보 주체** 기업의 보안통제에 따라 개인정보 제공
	교통경찰관 도로교통법 기반 교통 통제	**CISO 등 정보보안 부서** 정보보호 법률 기반 보안통제
의무	• 교통 통제 준수 의무 • 안전하게 자동차를 운행할 의무 • 위험 발생시 자동차를 정지할 의무 ⇨ **운전자**	• 보안통제 준수 의무 • 안전하게 담당 업무를 수행할 의무 • 위험 발생시 업무를 중단할 의무 ⇨ **임직원**
책임	• 사고 발생시 책임 ⇨ **운전자**	• 보안사고 발생시 책임 ⇨ **기업 & 원인 행위를 한 임직원**

〈「도로교통법」과 비교해보는 정보보호 관련 법령상 임직원의 역할과 의무 그리고 책임〉

스로 준수해야 합니다. 마치 교통경찰관이 대신 운전을 해줄 수 없고, 의사가 대신 운동을 해줄 수 없으며, 정보보안 부서에서 개발 업무나 영업 업무 또는 마케팅 업무를 대신해줄 수 없는 것과 같은 이치입니다. 또한 이것은 운전자가 도로교통법규와 교통 체계에 대해서 잘 숙지하고 있어야만 안전한 운전을 할 수 있는 것과 같은 이치이기도 합니다.

회사에 재직하고 있는 모든 임직원은 자신의 회사에 적용되는 '정보보호 법률'과 회사 내부의 '보안통제'를 잘 숙지하고 있어야만 업무를 안전하게 수행할 수 있습니다. 도로 위에서 안전하게 운전을 하려면 교통법규와 교통 체계를 잘 숙지하고 이해하고 있어야 합니다. 마찬가지로 회사에서 안전하게 일을 하려면 회사에 적용되는 '정보보호 법률'과 이러한 법률을 회사 내부에 적용하는 '보안통제'에 대해서 잘 숙지하고 이해하는 것은 당연한 것입니다.

어떤 형태로든 법령을 위반하게 되면 그에 상응하는 법적인 처벌을 받는 것은 우리 사회를 안전하게 지키기 위한 기본적인 안전 장치이자 당연한 상식입니다. 예를 들어, 사람에게 상해를 입히면 상해죄의 처벌을 받게 되고, 돈을 갚지 않으면 채무불이행의 책임을 져야만 합니다.

　그래서인지 유명인이 음주운전을 했다는 언론 보도를 보면서 많은 사람들이 그 유명인을 비난합니다. 특히 그 유명인의 음주운전 행위를 비난합니다. 누구도 「도로교통법」을 왜 지켜야 하나요?' '음주운전을 하면 왜 안 되나요?'라고 반문하지 않습니다. 법령을 위반하는 행위에 대해서는 비난을 할 수 있고, 필요하다면 그 위반 행위에 상응하는 법적 책임을 부과하는 것이 상식이기 때문입니다.

　그런데 이상하게도 '정보보호 법률'이나 이 법률을 회사 내부에 적용하는 '보안통제'를 위반한 임직원은 이런 말을 정말 자주하는 편입니다. "정보보호 법률을 내가 왜 지켜야 하나요?" "보안통제를 위반하면 왜 안 되나요?" '정보보호 법률'과 '보안통제'도 「도로교통법」 그리고 교통 통제와 다를 것이 없습니다. 이를 위반했을 때 기업이 정하고 있는 윤리적 비난(견책, 감봉, 해고 등)뿐만 아니라 경우에 따라서는 법적 책임도 부과될 수 있다는 사실을 알 필요가 있습니다.

　특히 위와 같은 임직원의 항변을 현장에서 해소하지 못한다면, 그 임직원은 기업을 안전하게 만드는 기본적인 안전 장치의 존재 의미를 흔드는 인식을 갖게 될 수 있습니다. 따라서 정보보안 부서에서는 '정보보호 법률'과 '보안통제'를 준수하면서 업무 수행을 해야 할 의무와 책임이 임직원에게 있음을 분명하고 단호하게 인식시켜야 합니다. 그리고 업무 수행 과정에서 '정보보호 법률'과 '보안통제'를 위반하는 경우에는 해당 임직원에게 윤리적 비난과 법적 책임이 부과될 수 있다는 사실도 반드시 알려주어야 합니다.

　회사의 임직원도 이제는 정보보호 법률이 '의무와 책임'이라는 사실을 받아들이고 실제로 이행해야 합니다. 특히 현대 사회에서 직장 생활을 하는 모든 사람들은 정보보호 법률로부터 자유로울 수 없다는 점을 명확하게 인식해야 합니다.

정보보호는 모든 임직원에게 부여된 법적 의무입니다. 이러한 인식이 필요한 이유는 정보보호가 법률화된 현재의 기업 환경에서 임직원 스스로의 법적 안전을 지키기 위함입니다.

임직원이 보안통제를 준수해야 하는 근거

일반적으로 기업은 최소 열 가지 이상의 정보보호 규정과 보안통제 규정을 운용하고 있습니다. 이처럼 보안통제 관련 규정의 가짓수가 많은 이유는 각각의 보안통제 규정마다 그 목적을 달리하고 있기 때문입니다. 예를 들면, 시스템 보안통제 규정, 개인정보보호 통제 규정, 인력 보안통제 규정, 개발 보안통제 규정, 재택근무 보안통제 규정 등과 같이 각각의 목적에 중점을 두고 보안통제 규정을 수립하여 적용합니다.

보안통제에 관한 규정의 숫자가 생각보다 많다 보니, 임직원은 자신의 업무와 관련된 보안통제 규정에 관심이 없거나 정보보안 부서 직원에게 자신이 왜 보안통제 규정을 준수해야 하냐고 반문하는 경우도 종종 발생하곤 합니다.

기업에서 운용하고 있는 보안통제 규정은 왜 준수해야 할까요? 보안통제 규정은 국회에서 제정된 정보보호 법률을 준수하기 위해 각 기업의 내부 환경에 맞도록 체계화하고 세분화한 규정입니다. 한마디로 이렇게 정리할 수 있습니다. 보안통제 규정을 준수하는 것은 곧 정보보호 법률을 준수하는 것입니다. 이 말을 다르게 표현하면, 보안통제 규정을 준수하지 않는 것은 정보보호 법률을 위반하는 결과로 이어질 수 있다는 말이 됩니다.

한편, 정보보호 법률 외에도 보안통제 규정에는 정부 기관에서 요구하는 보안통제 항목들이 포함되어 있습니다. 예를 들면 정보보호 관리체계(ISMS)의 통제 항목이나 개인정보보호 관리체계(ISMS-P) 통제 항목들이 그러합니다. 뿐만 아니라 한국인터넷진흥원(KISA)이 발간하는 정보보호 관련 가이드라인의 내용들도 보안통제 규정에 반영되어 있습니다.

기업의 보안통제 규정을 준수하는 것은 곧 정부 기관에서 요구하는 매우 다양한 보안통제 항목을 준수하는 것임과 동시에 정보보호 가이드라인을 준수하는 것입니다.

위와 같은 내용만으로도 임직원이 보안통제 규정을 준수해야 하는 근거로는 충분합니다. 그렇지만, 기업에서 운용하고 있는 보안통제 규정을 임직원이 준수해야 하는 가장 중요하고 현실적인 근거는 바로 '정보보호 정책의 준수'라는 규정입니다.

정보보호 규정을 수립하여 적용하고 있는 모든 기업의 정보보호 규정에는 다음과 같은 의미를 가지고 있는 항목이 반드시 포함되어 있습니다.

① 회사의 임직원 및 관련 직원은 문서화된 모든 정보보호 정책 및 하위 정보보호 규정을 준수하여 업무를 수행해야 한다.
② 임직원은 정보보호 정책 또는 하위 정보보호 규정을 위반하여 회사에 손해를 입히거나 회사의 이미지를 훼손하는 경우에는 사규에 따라 징계를 받을 수 있다.

여기서 특히 ①항은 강행 규정입니다. "해야 한다"라고 표기되어 있기 때문입니다. '강행 규정'이란 임직원이 반드시 준수해야 하는 규정이라는 의미입니다. 사실 이 규정 하나만으로도 임직원이 보안통제를 준수해야 하는 근거로는 충분합니다.

간혹 기업에서는 안타깝게도 상해나 인명사고 등이 발생합니다. 이런 경우 해당 기업과 임직원 간의 책임 소재를 판단해야만 합니다. 이 때 가장 중요하게 보는 두 가지 요건이 있습니다. 첫째는 '해당 기업에 안전 관련 규정이 있는가?'이고 둘째는 '임직원이 안전 관련 규정을 준수했는가?'입니다.

만약 기업에 첫째 요건에 해당하는 안전 관련 규정이 없다면, 해당 사고의 책임은 기업이 져야 할 가능성이 매우 높습니다. 이것이 수립 책임을 이행하지 않은 행위에 대한 법적 책임입니다. 반면에 기업이 안전 관련 규정을 잘 수립하여 적용하고 있는데, 어느 임직원이 이를 준수하지 않아서 사고가 발생했다면 그 임직원 개인의 과실 책임이 될 가능성이 매우 높아지게 됩니다. 이것이 바로 임직원에게 부과되는 준수 책임의 법적 책임화입니다.

보안사고가 발생하는 경우에도 기업과 임직원 간 수립 책임과 준수 책임이라는 두 가지 요건이 부각될 수 있습니다. 즉 해당 기업에 정보보호 규정 및 보안통제 규정이 있는가에 따라서 기업의 수립 책임에 대한 법적인 판단을 받게 될 것입니다. 그리고 임직원이 정보보호 규정 및 보안통제 규정을 준수했는가에 따라서 해당 임직원의 준수 책임에 대한 법적인 판단을 받게 될 것입니다.

따라서, 정보보호 규정을 적용하고 있는 기업에서 근무하는 모든 임직원은 회사 내에서 적용되는 정보보호 규정과 보안통제 규정을 반드시 준수해야 한다는 것을 꼭 기억하시기 바랍니다. 정보보호 규정과 보안통제를 준수하는 것은 임직원으로서 당연한 의무이자 보안사고 책임으로부터 자신을 지킬 수 있는 유일한 방법이기 때문입니다.

"정보보호는 보안 부서 담당자만의 업무가 아니라 우리 모두가 함께 지켜야 하는 '공동의 가치'입니다."

제2부

업무 현장의
실상

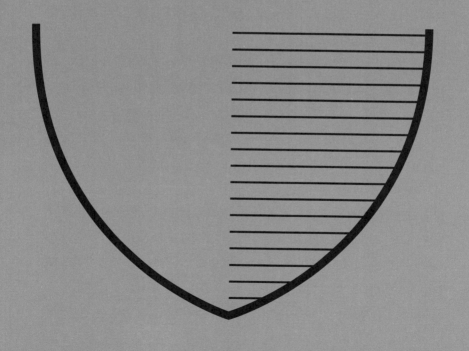

지금까지 발생한 수많은 보안사고와 개인정보 유출 사건을 경험하면서 우리 사회는 보안 업무와 보안통제가 기업 내부의 규정으로만 머물러서는 안 된다는 점을 강하게 인식하게 되었습니다. 이러한 인식에 따라 2011년에 제정된 법률이 바로 「개인정보보호법」입니다.

물론 「개인정보보호법」이 제정되기 전에도 정보보호를 법률로 규정하는 법령은 있었습니다. 그렇지만 기존의 정보보호 관련 법령은 일반법이 아니라 특별법[8]의 형태로 적용되고 있었습니다. 그러다가 2011년 「개인정보보호법」이 본격적으로 시행된 것입니다. 「개인정보보호법」은 특별법이 아니라 일반법[9]입니다. 따라서 「개인정보보호법」의 시행을 기점으로 우리는 정보보호가 일반적인 법률의 지위로 승격된 사회에서 살아가고 있는 것입니다.

앞서 살펴본 것과 같이 우리 사회는 '편리함'이라는 환경에 너무나 빨리 그리고 너무나 당연하게 적응해버렸습니다. 그 과정에서 우리는 편리함을 기준으로 좋고 나쁨을 판단하는 '생각의 씨앗'을 갖게 되었습니다. 특히 이 '생각의 씨앗'은 생각과 행동의 판단 기준인 생각의 무게중심을 편리함으로 수렴시키는 결정적인 계기가 되었습니다.

문제는 이처럼 편리함을 향한 '생각의 무게중심'이 더 깊게 자리를 잡으면서, 위험 앞에서도 '편리함을 추구하는 행동'으로 이어진다는 것입니다. 그래서일까요? 필자가 여러 기업에 보안 강연을 다니다 보면 그 기업의 정보보호 최고책임자나 보안 실무자로부터 다음과 같은 이야기를 종종 듣게 됩니다. "임직원들이 보안통제를 준수하지 않는 수준을 넘어서, 보안통제를 정면으로 거부하는 것을 마치 자신의 권리인 양 생각하는 것 같습니다."

물론 모든 기업에서 이와 같은 상황이 발생하지는 않겠지만, 한 가지 분명한 사실은 이러한 상황이 발생하고 있다는 것입니다. 필자가 볼 때 이러한 상황이 발생하는 가장 큰 이유는 임직원이 보안통제의 필요성과 중요성을 알지 못하기 때문입니다. 한마디로 말해 임직원의 보안인식 수준이 너무나 낮은 것입니다.

정보보호의 관점에서 보면 임직원의 낮은 보안인식은 기업에 매우 큰 취약점이 되고, 위협으로 작용합니다. 그리고 보안인식이 낮은 임직원으로부터 유발된 위협이 기업에 다양한 보안 위험으로 발현되는 것이 지금의 현실입니다.

더 무서운 사실은 이러한 임직원의 취약한 보안인식을 가장 잘 이해하고 있는 집단이 따로 있다는 것입니다. 바로 사람의 생각을 최종 목표로 하거나 사람의 생각을 경유지로 삼아 사이버 공격을 감행하는 해킹 집단입니다.

이들은 처음부터 사람을 대상으로 사이버 공격을 하고 있었습니다. 가장 손쉽게 해킹할 수 있는 목표물이자 가장 손쉽게 확보할 수 있는 공격의 교두보가 바로 '사람'이라는 사실을 잘 알고 있었기 때문입니다. 그래서 사이버 공격자가 노리는 목표는 명확합니다. 바로 보안인식 수준이 낮은 임직원입니다.

제2부에서는 보안인식이 없는 업무 현장의 현실과 정보보호 분야에서만 나타나는 특이한 현상 그리고 사람의 생각을 흔드는 사이버 공격 등에 대해서 논의하겠습니다.

제1장
보안인식이 없는
업무 현장의 현실

    정보보호 분야에 종사하고 있는 보안 전문가라면 이번 장에서 소개되는 내용에 많은 공감을 할 수 있을 것입니다. 그런데 재미있게도 정보보호 분야가 아닌 일반 업무 분야에 종사하는 임직원도 이번 장에서 소개되는 내용에 대해서 똑같은 공감을 할 것입니다. 왜냐하면, 이번 장에서 소개되는 내용은 기업의 업무 현장에서 정보보호를 가운데 두고 일상적으로 발생하는 하나의 현상이자 이 현상을 바라보는 2개의 시각에 관한 내용이기 때문입니다.

    일반 업무 분야에 종사하는 임직원의 입장에서 보면, 보안통제는 자신들의 업무 속도를 늦추거나 심하게는 계획했던 업무를 중단시키는 그야말로 '벽' 같은 존재일 것입니다. 예를 들어, 개발 부서에서는 개발 프로세스를 빨리 진행해야 하는데, 보안통제를 다 적용하다 보면 일정에 영향을 받을 수밖에 없습니다. 영업 부서에서는 한동안 연락이 끊겼던 기존 고객에게 영업을 재개하기 위해 마케팅이나 영업 목적의 이메일을 발송하려고 하는데, 보안통제를 따르게 되면 수반되는 추가 업무가 엄청나게 많아지게 됩니다. 이처럼 회사에서 특히 '수익 창출'의 영역에서 근무하는 임직원의 시각에서는 보안통제는 늘 높은 벽처럼 느껴질 것입니다.

반면에, 정보보호 분야에 종사하는 보안 전문가 입장에서는 보안통제라는 것이 국회에서 통과된 법령에 기반을 둔 통제이기 때문에 임직원이라면 당연한 준수해야 한다고 생각하면서 이를 적용합니다.

그렇지만 보안통제 이후 눈앞에서 마주하게 되는 임직원들의 인식은 언제나 보안 전문가를 당황하게 만듭니다. 이는 마치 불법 좌회전을 한 운전자를 단속했는데, 운전자 자신의 '불법'에 대해서는 쏙 빼고 '왜 좌회전을 하면 안 되나요?'라는 반문을 듣는 교통경찰관이 된 듯한 느낌입니다.

왜 이런 현상이 나타나는 것일까요? 그것도 인사 통제, 재무 통제, 법무 통제, 보안통제라는 4대 통제 업무 중에서도 유독 보안통제에 대해서만 왜 이처럼 강한 반발이 생기는 것일까요?

반발력이라는 것은 작용 방향의 반대 방향으로 작용되는 힘이라고 할 수 있습니다. 한마디로 저항인 것이죠. 누구나 그렇겠지만, 우리는 자신의 업무를 자기 스스로 통제하기를 원합니다. 그렇게 되지 않은 상황에서는 자신의 업무가 어떠한 힘에 의해 방해를 받는다고 느낍니다. 그렇다 보니, 자신의 업무가 타인의 통제 아래 있다는 사실을 잘 받아들이지 않으려고 합니다. 그래서 통제에 대한 반발력이 작용할 수 있는 것입니다.

이번 장에서는 기업 내에서 종종 발생하는 보안통제에 대한 반발력이 어떤 모습으로 나타나는지를 통해 임직원의 현실적인 보안인식 수준에 대해서 이야기해보겠습니다.

정보보안 부서는 어디 소속인가요?

여러분이 다니는 회사에서 정보보안 부서는 어디에 소속되어 있나요? 정보보호 법률은 정보보안 부서의 소속을 어디에 두어야 한다고 규정하고 있지는 않습니다. 다만, 개인정보보호책임자의 경우에는 대표이사에게 직접 보고할 수 있는 체계 마련이 의무화되어 있습니다.[10] 그렇지만 이 규정은 '보고 체계'에 관한 규정이고, '정보보안 부서의 소속'을 대표이사 직속으로 해야 한다는 내용의 규정은 아닙니다. 게다가 이 규정은 「개인정보보호법」상 개인정보보호책임자에게 적용되는 규정일 뿐, 「정보통신망법」상 정보보호 최고책임자에게 적용되는 규정은 아닙니다.

그래서인지 여러 회사들의 모습을 보면, 정보보안 부서의 소속을 다양하게 운영하는 것 같습니다. 예를 들면, 개발 부서에 정보보안 부서를 소속시키는 회사도 있고, IT 부서나 법무 부서 심지어 재무 부서에 정보보안 부서를 소속시키는 회사도 있습니다.

물론 법령에 구체적으로 정해지지 않았기 때문에 정보보안 부서의 소속은 회사의 자율적인 판단에 따라 정할 수 있습니다. 다만, 정보보안 부서의 소속에 대한 판단을 할 때는 다음과 같은 역할과 기능을 분명하게 인식한 상태에서 해야만 한다는 것을 강조합니다.

정보보안 부서는 회사 전체의 보안을 통제하는 부서입니다. 따라서 전사 통제 부서인 정보보안 부서를 회사 내 특정 업무 조직의 하위 부서로 넣어 운영하려 할 때는 각각의 경우에 대한 단점을 반드시 따져봐야 합니다.

조직도상 정보보안 부서의 소속은 곧 그 회사가 정보보호를 어떻게 인식하고 있는가를 가장 잘 알 수 있는 객관적인 자료입니다. 뿐만 아니라 보안사고가 발생하는 경우에는 조직도상 정보보안 부서의 소속을 통해서 정보보안 부서의 평상시 판단 기준과 평상시 보안통제의 효과를 추정할 수도 있습니다. 이러한 이유에서 보안사고를 평가하는 제3자(수사기관이나 법원 등)는 '그 회사의 보안통제가 평상시와 보안사고 발생시 어느 정도로 효과적이었는지'를 판단할 때 가장 먼저 그 회사의 조직도상 정보보안 부서가 어디에 소속되어 있는가를 살펴봅니다.

이러한 관점에 따라 여러 회사에서 다양하게 운영되는 정보보안 부서의 소속과 각각의 경우에 대한 장점과 단점을 살펴보겠습니다.

보안통제가 회사 전체에 적용되는 중요한 통제임을 감안할 때, 가장 이상적이면서 합리적인 정보보안 부서의 소속은 대표이사 직속이라고 할 수 있습니다. 그리고 이렇게 하는 것이 정보보호 법률의 취지에 부합합니다. 뿐만 아니라 전사 통제라는 고유한 목적상 인사 부서(인사 통제)나 법무 부서(법무 통제) 그리고 재무 부서(재무 통제)를 대표이사 직속으로 운용하는 것과 같은 이치이기도 합니다.

다만, 보안통제의 경우에는 기술적 보안 조치 내용이 많다 보니 어려운 기술적 보안통제의 내용에 대해서 직접 보고를 받는 것을 대표이사가 꺼릴 수도 있습니다. 하지만, 인사 업무나 법무 업무 그리고 재무 업무 등의 통제 부서도 각 통제 분야에 관한 어려운 내용을 대표이사에게 직접 보고합니다. 그리고 이 보고 과정에서 해당 보고 내용에 대해 각 통제 부서의 장(즉 C-레벨)이 대표이사가 이해하기 쉽도록 설명하고 보고하는 것이 일반적입니다. 이와 같은 이치로, 정보보호 최고책임자가 대표이사에게 보안통제에 관한 보고를 하는 과정에서 쉬운 방식으로 설명하고 보고하는 것도 충분히 가능합니다.

이처럼 대표이사 직속으로 정보보안 부서를 운용하게 되면, 경영 관점의 보안통제뿐만 아니라 전사의 보안통제가 자연스럽게 이루어진다는 장점이 있습니다. 그리고 정보보호 최고책임자의 권한과 역할이 가장 이상적으로 보장될 수 있다는 장점도 있습니다. 이러한 형태가 정보보호 법률의 취지에 부합하는 정보보안 부서의 운영 형태입니다.

다음은 개발 부서 직속으로 정보보안 부서를 운영하는 경우입니다. 이 경우 개발 보안 적용이 수월할 수 있고 정보보호 관리체계 인증의 준비 및 유지에 실질적인 도움이 된다는 장점이 있습니다. 아무래도 개발 담당 직원과 정보보안 부서 직원 간의 소통이 긴밀할 수 있으니까요.

반면에 단점이라면, '보안의 필요성'보다는 '개발의 편의성'이 우선시되는 개발 부서의 문화로 인해 보안통제가 약화될 수 있습니다. 그리고 전사

	대표이사(CEO) 직속	개발 부서 직속	IT 부서 직속
장점	• 경영 관점의 보안통제 • 기업 전사 보안통제 • CISO의 권한 보장	• 개발 보안 적용 • 정보보호 관리체계 유지	• IT 인프라 환경 보안 강제 • 정보 이용 보관 통제
단점	• 대표이사의 기술 이해 부족	• 보안통제 약화 (개발 편의성이 우선시) • 통제 범위의 제약 (타 부서 통제권 약화) • CISO의 권한 약화 (개발 기반 의사결정)	• 보안통제 약화 (정보의 활용이 우선시) • CISO의 권한 약화 (IT 기반 의사결정)

〈다양한 형태의 정보보안 부서의 소속 1〉

보안통제 부서인 정보보안 부서가 개발 부서에 소속되어 있다 보니, 회사 내의 다양한 부서에 대한 보안통제의 위상이 약화될 수 있습니다. 이뿐만 아니라 정보보호 최고책임자가 기술최고책임자Chief Technology Officer(CTO)에게 보고를 하는 조직 체계 탓에, 정보보호 최고책임자가 내린 보안통제 관련 의사결정이 기술최고책임자에 의해 '개발 관점의 의사결정'으로 기울어질 가능성도 존재합니다.

IT 부서에 정보보안 부서를 소속시키는 경우도 있습니다. 아무래도 회사 내 전사 IT 인프라를 총괄하는 IT 부서 내에 정보보안 부서가 소속되다 보니, IT 인프라 환경에서의 보안통제를 강화할 수 있고 정보 이용이나 정보 보관 과정에서 보안통제를 강화할 수 있는 장점이 있습니다.

하지만, '정보의 보호'보다는 '정보의 활용'이 우선시되는 IT 부서의 문화로 인해 보안통제가 약화될 수도 있다는 단점이 있습니다. 또한 개발 부서 소속의 경우와 유사하게, 정보보호 최고책임자가 정보최고책임자Chief Information Officer(CIO)에게 보고를 하기 때문에, 정보보호 최고책임자가 내린 보안통제 관련 의사결정이 정보최고책임자에 의해 'IT 이용 관점의 의사결정'으로 기울어질 가능성도 존재하게 됩니다.

드물기는 하지만 재무 부서 소속으로 정보보안 부서를 운영하는 회사

	법무 부서 직속	인사 부서 직속	재무 부서 직속
장점	• 보안법규 준수 강화	• 보안통제 내부 규정화 • 보안준수 인사평가 반영	• 보안 예산 확보에 유리
단점	• 기술 보안 약화 • 통제 범위의 제약 　(타 부서 통제권 약화) • CISO의 권한 약화 　(법률 기반 의사결정) • 상급자의 기술 이해 부족	• 보안 범위의 제약 　(타 부서 통제권 약화) • CISO의 권한 약화 　(내규 기반 의사결정) • 상급자의 기술 이해 부족	• 보안 범위의 제약 　(타 부서 통제권 약화) • 비용 효율 관점의 보안통제 • CISO의 권한 약화 　(비용 기반 의사결정) • 상급자의 기술 이해 부족

〈다양한 형태의 정보보안 부서의 소속 2〉

도 있습니다. 이런 경우에는 보안 예산 확보가 유리하고 보안 비용 집행의 속도가 빠를 수 있다는 장점이 있습니다.

그렇지만, 비용의 효율성 관점에서 업무를 통제하는 재무 부서의 문화로 인해 정보보안 부서의 업무도 '비용 효율'이라는 시각으로 바라보게 된다는 단점이 존재합니다. 뿐만 아니라 정보보호 최고책임자가 재무최고책임자Chief Financial Officer(CFO)에게 보고를 하는 체계이기 때문에, 정보보호 최고책임자가 내린 보안통제 관련 의사결정이 재무최고책임자에 의해 '비용 관점의 의사결정'으로 기울어질 가능성도 존재하게 됩니다.

이처럼, 회사의 정보보안 부서는 대표이사 직속으로 운영하는 것이 정보보호 법률의 취지에 부합할 뿐만 아니라 전사 보안통제라는 정보보안 부서 본연의 업무 수행에도 가장 적합한 형태입니다.

그럼에도 불구하고 회사 내부 사정상 부득이하게 정보보안 부서를 대표이사 직속이 아니라 다른 조직의 하위 부서로 소속시켜야 하는 경우에는 다음의 세 가지 질문에 대해서 깊은 고민을 해보아야 합니다.

1. 대표이사가 위의 각 단점을 명확하게 인식하고 있는가?
2. 이 단점을 보완해줄 별도의 조치를 대표이사가 적용할 수 있는가?

3. 정보보호 최고책임자의 보고를 받는 상급자도 보안사고 책임으로부터
   자유로울 수 없음을 인지하고 있는가?

위 질문 중 첫 번째와 두 번째 질문에 대해서 깊은 고민이 필요한 매우 중요한 이유가 있습니다. 왜냐하면 정보보호 최고책임자가 정보보호 법률을 위반하는 개인적인 일탈 행위를 하지 않는 이상 기업에서 발생한 보안사고에 대한 최종 책임자는 기본적으로 대표이사이기 때문입니다. (이에 대한 법률적 근거는 제3부 181쪽 '법률이 정하고 있는 정보보호의 최종 책임자는 사업주 또는 대표이사' 부분을 참고해주시기 바랍니다.) 정보보안 부서를 어디에 소속시키든 상관없이 보안사고의 최종 책임자가 대표이사라는 사실에는 변함이 없습니다.

세 번째 질문에 대해서도 깊은 고민이 필요한 매우 중요한 이유가 있습니다. 기본적으로 정보보호 업무에 대한 총괄 책임은 당연히 정보보호 최고책임자에게 있습니다. 하지만, 기업의 조직 체계와 보고 체계의 특성을 고려하지 않을 수가 없습니다. 따라서 정보보호 최고책임자의 보고나 의견 또는 건의가 상급자에게 반영되지 않음으로 인해 발생하는 보안사고의 책임은 그 상급자에게도 있을 수밖에 없습니다.

정보보호와 전혀 관련이 없는 상급자(전략최고책임자, 기술최고책임자, 재무최고책임자, 인사최고책임자 등)의 의사결정에 의해 보안사고가 유발되는 경우 또는 충분히 예방할 수 있는 보안사고를 이들의 의사결정에 의해 예방하지 못하는 경우를 상상해보십시오. 이런 경우에 의사결정을 한 상급자에게 '의사결정에 대한 법적 책임'을 묻는 것은 매우 상식적인 것입니다.

정보보안 부서에 인력이 왜 또 필요하죠?

정보보안 부서에서 보안 인력을 추가적으로 채용하려고 하면 다른 부서에서는 이를 불편해하는 경향이 있습니다. 심지어 "다른 회사의 보안 인력은 몇 명 안 되던데, 왜 우리 회사는 보안 인력을 자꾸 채용하는 건가요?" 하며 반문하기도 합니다. 정보보안 부서에서 보안 예산을 증액하려고 하는 경우에도 다른 부서에서 불편해하는 모습을 자주 목격하곤 합니다. 그러면서 또다시 "다른 회사의 보안 예산은 어느 정도인가요?" 같은 질문을 하기도 합니다.

이러한 상황은 회사 내에 보안 인력의 수가 적을수록 더 자주 일어납니다. 즉 보안 인력이 1명~3명 정도인 회사에서 보안 인력을 추가로 채용하려고 하거나 보안 예산을 증액하려고 하는 경우에 주로 발생한다는 것입니다. 이 지점에서 위와 같은 질문을 하는 임직원에게 필자가 궁금한 것은 바로 이것입니다. 보안 인력의 많고 적음 그리고 보안 예산의 많고 적음을 판단하는 기준이 있을까?

정보보안 부서 인력의 추가 채용나 예산 증액에 대해 부정적인 견해를 보이는 다른 부서의 직원들이 이러한 판단 기준을 가지고 있다고 생각하시는지요? 제 생각에는 그렇지 않다고 봅니다. 다시 말하자면, 정보보안 부서의 인력이나 예산의 많고 적음을 판단하는 기준 없이 그저 보안 인력이 더 많아지고 보안 예산이 더 증가하는 것에 일단은 불편해한다는 것입니다. 마치 운전자가 도로 위에 교통경찰관이 많아지거나 CCTV가 더 많아지는 것을 불편하게 여기는 것처럼 말이지요.

한편, 필자는 이런 말을 하는 임원도 꽤 많이 목격했습니다. "우리 회사에 보안 담당자 1명이 있으니, 이 담당자가 회사 내의 모든 보안 업무를 수행하면 되지 않나요?" 그런데 말입니다. 다른 부서, 그중에서도 대표적으로 개발 부서를 한번 생각해보세요. 개발자 한두 명이 회사 내 모든 서비스를 개발하지는 않습니다. 정확하게는 개발자 한두 명이 모든 서비스를 개발할 수 없습니다. 그렇기 때문에 기술최고책임자의 총괄 아래 웹 개발자와 앱 개발자가 나뉘어 있을 것이고, 웹 개발 분야에도 프런트 엔드Front-end 개발자와 백 엔드Back-end 개발자가 분리되어 서비스 개발을 하고 있을 것입니다. 거기에 서비스별로 지정된 여러 명의 프로덕트 오너(PO)와 개발 산출물을 심층적으로 테스트하기 위해 여러 명으로 구성된 QA팀도 운용하고 있지 않나요?

이와 비슷한 개념이 의사에게도 적용됩니다. 병원에 의사 한 명이 있다고 해서 병원에 입원 중인 모든 환자의 모든 부위를 진찰하거나 치료하거나 수술할 수는 없습니다. 그래서 병원도 뇌 전문의, 심장 전문의, 외과 전문의, 내과 전문의, 마취 전문의 등의 전문 분야별로 의사를 구분하여 전문성에 기반한 집중적인 진단과 치료를 하고 있는 것입니다.

회사의 정보보호 업무도 이와 마찬가지로 바라봐야 합니다. 정보보호 업무는 크게 나누면 관리적 보안통제 업무와 기술적 보안통제 업무 그리고 보안 컴플라이언스 통제 업무로 나눌 수 있습니다. 여기서 말하는 보안 컴플라이언스 통제 업무란 회사 내 모든 직원이 모든 업무 과정에서 정보보호 법률과 회사 내부의 보안 규정을 준수하도록 통제하는 업무입니다. 그리고 기술적 보안통제 업무란 회사 내에서 사용하는 모든 IT와 네트워크 그리고 업무용 단말기 등에서 기술적인 보안 정책이 적용되도록 하고 이를 상시적으로 통제하는 업무를 말합니다.

정보보호 업무에서 분류해놓은 기본적인 세 가지 통제 업무를 1명의 담당자가 모두 수행하도록 하는 것은 매우 심각한 문제를 야기할 수 있습니다. 가장 대표적인 문제가 바로 '직무 분리 위반'의 문제입니다. 예를 들어 회사에서 보안 업무를 담당하는 직원이 1명이라고 가정해보겠습니다. 아마도 이런 회사에는 IT 담당자가 보안 업무를 겸직하거나 1명의 보안 담당자가 관리적 보안통제 업무와 기술적 보안통제 업무 그리고 보안 컴플라이언스 통제 업무 등 회사의 정보보안 업무 전체를 담당하고 있을 가능성이 큽니다.

그런데 1명의 보안 담당자가 IT 업무(즉 운영 업무)와 보안 업무(즉 통제 업무)를 모두 수행하게 하거나 1명의 보안 담당자가 관리적 보안통제 업무와 기술적 보안통제 업무 그리고 보안 컴플라이언스 통제 업무를 모두 수행하는 것은 직무 분리 원칙을 위반하는 것입니다. 여기서 말하는 직무 분리Segregation of Duty 원칙이란, 회사 내 중요 정보를 다룰 수 있는 권한과 책임을 단 1명에게 전부 위임하지 못하도록 하는 매우 중요한 보안통제 개념입니다. 만약에 이 원칙이 무너지면 1명에 의한 부정행위의 기회 내지는 부정행위의 발생 가능성이 높아지게 됩니다.

이러한 이유에서 중요 직무 담당자에 대해서 직무 분리 원칙이 준수되도록 하는 것은 기업의 관리·감독 책임에 해당합니다. 그렇기 때문에 기업은 개인정보보호를 위해 유지되어야 하는 중요 직무 담당자에 대한 직무 분리 준수 여부에 대해서 평소 상당한 주의와 감독을 게을리하지 않아야 합니다.

그뿐 아니라 정보보호 업무의 가장 큰 부분은 회사 내에 보안통제를 적용하는 것입니다. 그래서 통제 부서의 직원에 대해서는 '직무 순환Job Rotation'의 개념이 적용되어야 합니다. 여기서 말하는 직무 순환이란, 어떤 직원이 담당하던 업무를 다른 직원에게 넘기는 과정에서 전임자가 수행한 업무에 대해서 후임자가 상호 감시하면서 업무의 완전성을 강화하는 개념입니다. 그런데 회사에 재직 중인 보안 담당자가 1명뿐이라면 직무 순환에 따른 업무 감시는커녕 보안통제의 완전성을 보장할 수 없게 됩니다.

이와 같은 이유에서 회사 내 보안통제의 중심부인 정보보안 부서는 최소한 '직무 분리'와 '직무 순환'이 가능하도록 인력을 구성해야 합니다. 필자의 경험으로 볼 때, 정보보호 최고책임자, 관리적 보안통제 담당자, 기술적 보안통제 담당자, 보안 컴플라이언스 통제 담당자, 보안 감사 등 최소 5

명으로 구성하는 것이 정보보안 부서가 보안통제 업무를 해낼 수 있는 최소한의 구성입니다. 여기서 말하는 '최소한의 구성'이라는 의미는 전사 임직원의 숫자가 작은 스타트업이나 소기업이라고 하더라도 회사 내 정보보안 조직을 정상적으로 운용하는 데 반드시 필요한 최소한의 구성이라는 의미입니다.

특히 이 '최소한의 구성'은 마치 집을 이루는 최소한의 구성 요소와 같습니다. 즉, 100명이 사는 집이건 1명이 사는 집이건 집이 본연의 기능을 하기 위해서는 기본적으로 지붕과 벽, 현관문과 창문 그리고 각종 설비(전기, 배관, 난방 등)가 필요합니다. 마찬가지로 100명이 근무하는 회사이건 10명이 근무하는 회사이건, 정보보안 부서가 정상적으로 운용되고 기본적인 기능을 발휘하려면 최소한의 구성이 필요합니다. 1평이건 100평이건 집을 구성하는 최소한의 요소가 필요하듯, 작은 기업도 보안 조직을 구성하는 최소한의 요소가 필요합니다.

필자가 말하는 '5명으로 구성된 정보보안 부서'는 말 그대로 최소한의 구성입니다. 만약 회사의 서비스가 증가하거나 개인정보 활용 면적이 넓어지거나 보안 위협이 커지면, 그에 비례해서 보안 전문가를 추가적으로 채용해야만 합니다.

다행히 요즘은 '정보보호 공시 제도'로 인해 다른 회사 정보보안 부서의 인원수와 보안 예산 금액을 구체적으로 확인할 수 있습니다. 그 내용을 보면 아시겠지만, 일반적으로 보안 예산의 경우 회사 전체 IT 예산의 5~6% 선에서 확보되어 있을 것입니다. 그리고 보안 인력은 회사 전체 IT 인력의 5~7% 선에서 운용하고 있을 것입니다.

물론 대기업이나 중견기업의 경우에는 위 보안 예산과 보안 인력의 범위를 훨씬 상회할 것입니다. 일례로 보안 인력이 수백 명이 넘는 기업도 매우 쉽게 찾아볼 수 있습니다. 반면에 스타트업이나 재직 인원이 적은 소기업의 경우에는 두 가지 경우의 수로 나누어서 생각할 필요가 있습니다. 첫째는 위 보안 예산(IT 예산의 5~6%)과 보안 인력(IT 인력의 5~7%)의 범위에 미치지 못하는 경우입니다. 이 경우에는 다른 기업의 '정보보호 공시 내용'을 근거로 하여 정보보안 부서에서 먼저 보안 인력의 추가 채용과 보안 예산의 증액을 회사에 적극적으로 건의해야 합니다. 그래서 적정 수준의 보안 예산과 보안 인력을 확보해야 합니다.

둘째는 위 보안 예산과 보안 인력의 범위를 훨씬 상회하는 경우입니다. 이 경우는 회사 전체의 재직 인원이 적어서 보안 인력이 1~2명인데도 위 보안 예산과 보안 인력의 비율을 훨씬 상회하는 경우일 것입니다. 그렇지만, 재직 인원이 적은 회사라 하더라도 정보보안 부서의 인력은 앞서 말씀드린 바와 같이 기본적으로 '직무 분리'와 '직무 순환'을 보장할 수 있는 수준으로 구성해야 합니다.

특히 정보통신 서비스 제공자는 「정보통신망법」 제45조의3의 규정[11]에 따라 정보보호 최고책임자가 총괄해야 할 업무를 중복이나 누락 없이 수행할 수 있도록 지원해야 합니다. 게다가 재직 인원이 적은 스타트업이나 소기업일수록 위 규정에서 정하고 있는 보안 업무를 수행함에 있어서 보완해야 하는 내부적인 보안 취약점과 보안 대책을 마련해야 하는 등 보안 위험은 훨씬 더 많습니다. 이런 이유에서 비록 회사의 전체 재직 인원이 적더라도 '최소한 5명'[12]으로 구성된 정보보안 부서를 구성해야 하는 것입니다.

그리고 이와 같은 최소한의 정보보안 부서의 구성은 관련 법령[13]에 의하여 '사업주 또는 대표자'가 정보보호 최고책임자의 직무를 겸직하더라도 마찬가지입니다. 즉 '사업주 또는 대표자'가 정보보호 업무를 총괄하더라도 해당 분야에 대한 전문성이 필요한 나머지 4개의 통제 실무 업무는 '사업주 또는 대표자'가 직접 실행할 수 없습니다. 그렇기 때문에 이 경우에도 나머지 4명의 통제 실무 담당자가 각각 필요한 것입니다.

당부드리고 싶은 것은 '최소 5명의 구성'은 정보보안 부서가 직무 분리와 직무 순환이 가능한 상태에서 법률이 정한 보안 업무를 정상적으로 운용하는 데 필요한 최소한의 구성이라는 것입니다. 회사의 업무 면적이 넓어지거나 재직 인원이 많아지거나 이용하는 개인정보의 양이 많아지거나 보안 위협이 증가하는 경우에는 변화된 상황에 맞춰 정보보안 부서의 인력을 추가로 투입해야 한다는 점을 기억하시기 바랍니다.

다른 회사의 정보보호는 이렇지 않던데요?

정보보안 부서에서 근무하는 보안 담당자와 다른 실무 부서(개발 부서나 영업 부서 등) 직원 사이에는 업무적인 논쟁이 자주 벌어집니다. 예를 들면, 기존 서비스나 신규 서비스에서 개인정보보호 조치 적용을 위해 프로덕트 오너Product Owner(PO)와 업무 협조 회의를 하는 경우 또는 오랫동안 연락을 못했던 고객에게 오랜만에 마케팅·영업 목적으로 연락을 재개하려고 하는 영업 부서와 업무 협조 회의를 하는 경우가 그러합니다.

그리고 이런 논쟁의 과정에서 프로덕트 오너나 영업 부서 직원이 듣게 되는 가장 일반적인 말이 바로 '정보보호 법률의 준수'입니다. 한쪽에서는 새로운 서비스 개발이나 새로운 영업 활동을 하려고 하는데, 다른 한쪽에서는 그러한 활동을 하기 위해서도 법률을 지키라고 하니 양쪽의 업무적인 논쟁이 벌어지는 것입니다.

이런 논쟁의 과정에서 개인정보보호를 담당하고 있는 정보보안 부서 직원에게 이렇게 반문하는 프로덕트 오너가 종종 있습니다. "다른 회사의 웹사이트에서는 개인정보 수집에 관한 동의를 받고 있지 않는데, 우리는 왜 굳이 그런 기능을 불편하게 넣어야 되나요?" 또는 보안 업무에 관한 이해도가 낮은 어느 경력직 입사자는 자신의 소속 부서나 정보보안 부서 직원에게 공공연하게 이렇게 말하는 경우도 있습니다. "제가 다녔던 회사에서는 이러지 않았는데, 여기는 왜 이러는 건가요?"

자기 회사의 정보보호 관리체계를 다른 회사의 정보보호 관리체계와 비교하는 것이 상식적인 사고방식일까요? 질문을 바꾸어보겠습니다. 의사에게 받은 나의 처방전과 다른 사람의 처방전을 비교하는 것이 일반적이거나 상식적인가요? 그렇지 않다고 생각하실 겁니다. 사람마다 체질이 다르고 질병의 원인이 다르므로, 의사가 내리는 처방 또한 사람마다 다를 수밖에 없습니다.

그런데 왜 정보보호 관리체계나 보안통제에 대해서는 다른 회사와 비교를 하는 것일까요? 필자가 볼 때 그 이유는 아래와 같이 두 가지의 생각에서 비롯되는 것 같습니다. 첫째는 안 해도 될 이유를 찾고자 하는 생각 때문이고, 둘째는 자신만의 경험에 기반해서 불편함을 강조하려는 생각 때문입니다.

첫째 이유는 우리 회사와 비슷한 상황에 있는 다른 회사도 특정한 보안통제를 적용하지 않으니, 우리 회사도 그런 보안통제를 적용하지 않아도 된다는 근거를 찾기 위한 비교입니다. 둘째 이유는 자신이 다녔던 이전 회사에서 경험하지 못했던 보안통제를 새로 이직한 회사에서 처음 경험하게 될 때, 새롭게 경험하는 보안통제의 불편함을 강조하는 것이지요.

정보보호 관리체계는 '기본적인 건강 상식'과 유사하고, 보안통제는 '사람의 체질에 맞춘 처방전'과 유사합니다. 건강하기 위해서는 사람의 건강에 이로운 보편적이고 일반적인 건강 상식(정보보호 관리체계)을 기본적으로 따라야만 합니다. 그렇지만, 대부분 일반적인 건강 상식(정보보호 관리체계)에 더해서 그 사람만의 체질에 맞춘 구체적인 처방(보안통제)도 함께 필요합니다.

이와 마찬가지로 모든 회사에 공통적으로 적용되는 정보보호 관리체계(정보보호법령, 정보보호 인증 등)가 있습니다. 하지만, 이러한 정보보호 관리체계 외에 그 회사만의 고유한 서비스나 고유한 보안 취약점에 대해서는 그 회사만의 고유한 보안통제(보안 자율 규제 및 그 밖의 필요한 보안 조치 등)

가 필요합니다.

이러한 이유에서 우리 회사의 정보보호 관리체계나 보안통제를 다른 회사의 웹사이트 등에 나와 있는 피상적인 내용과 비교하는 것은 아무런 의미가 없는 행동입니다. 다른 회사가 왜 그와 같은 정보보호 관리체계나 보안통제를 적용하고 있는지에 대한 구체적인 배경이나 이유를 외부인은 알 수 없기 때문입니다.

반면에 우리 회사의 경우는 회사 내부의 정보(우리 회사의 고유한 서비스나 고유한 취약점 등)를 알 수 있습니다. 그렇기 때문에 고유한 서비스에 특화된 보안 자율 규제와 고유한 취약점에 대비하기 위해 필요한 보안통제를 적용하는 것이 가능합니다. 이 개념은 주어진 식에서 빈칸의 답을 찾는 수식처럼 생각하시면 이해에 도움이 되실 겁니다.

[1번 식] □ + □ = 10 ⇨ 결론만 알 수 있고, 이 결론에 도달한 조건과 상황이 불분명함.

[2번 식] 3 + 7 = □ ⇨ 조건과 상황이 분명하므로, 결론을 명확하게 알 수 있음.

1번 식에서는 답이 10인 것은 알겠지만, 어떤 숫자들이 합해져서 10이라는 결론에 도달했는지를 정확하게 알 수 없습니다. 물론 경우의 수를 모두 대입하면 몇 가지 조합이 나오겠지만, 이는 정확하지 않은 상황에 대한 추정일 뿐입니다. 반면에 2번 식에서는 3과 7이라는 두 숫자를 합해야 한다는 조건이 명확합니다. 따라서 조건에 부합하는 결론도 명확하게 도출됩니다.

이와 마찬가지로, 다른 회사가 어떤 보안통제를 적용하거나 적용하지 않았다는 결론만을 가지고 우리 회사도 그렇게 해도 된다고 생각해서는 안 됩니다. 왜냐하면 1번 식의 경우처럼 그 회사의 내부 사정을 전혀 알 수 없기 때문입니다.

반면에 우리 회사의 내부 사정은 명확히 알 수 있으므로, 2번 식처럼 그 사정에 대응할 수 있는 분명한 보안통제를 적용해야 하는 것입니다. 그러니, 우리 회사의 정보보호 관리체계나 보안통제를 특별한 근거나 이유 없이 다른 회사와 비교하는 것은 전혀 의미가 없는 행동이라는 것을 확실하게 인지하시기 바랍니다. '안 하고 싶은 이유'는 '안 해도 되는 이유'가 될 수 없습니다!

보안 감사요? 잠깐만요. 비용 처리 먼저 할게요!

어느 직원이 정보보호 규정에서 접속을 금지하고 있는 외부 웹사이트에 장기간 그것도 반복적으로 접속하는 행위를 했습니다. 특히 이 웹사이트는 업무와는 전혀 관련이 없고 오직 개인의 영리를 목적으로만 접속하는 불법 거래 웹사이트였습니다.

이에 대해서 보안감사팀에서는 정보보호 최고책임자의 지시에 따라 이건에 대한 보안 감사를 착수했습니다. 사실관계를 확인하고 관련 자료를 수집한 보안감사팀은 당사자의 확인과 함께 해명 내지는 소명을 듣는 절차를 진행하기 위해서 이 직원을 보안감사팀으로 불렀습니다. 그래서 보안감사팀장이 이 직원에게 사실관계를 확인하는 문답을 시작하려고 했는데, 갑자기 이 직원이 이렇게 말을 했습니다. "보안 감사요? 잠깐만요! 비용 처리 보고서 작성을 먼저 하겠습니다."

회사의 재무 규정에 의거해서 비용으로 처리해야 하는 보고서를 정해진 날짜에 보고하는 것은 중요한 일이 맞습니다. 이런 기안 하나하나를 모두 접수하고 기한 내에 처리해야 하는 재무 부서의 입장에서는 이 직원의 태도가 사실은 고마울 수도 있을 것입니다.

하지만, 이 직원은 보안감사팀장의 주관 아래 자신의 정보보호 규정 위반 행위에 대해서 사실관계를 확인하는 문답 절차가 진행 중인 상황이었습니다. 그런 와중에 지난 한 달 동안 자신이 집행한 비용 처리 기안을 먼저 하고 오겠다는 것이었습니다. 심지어 그 비용이라는 것이 1만 원도 채 되지 않는 몇 건의 사무용품 구매 비용이었습니다.

그리고 이 직원이 말하는 비용 처리 보고서라는 것도 사실, 재무 부서의 업무 편의를 위해 비용 처리 프로세스에서 정한 기준대로 보고서를 작성하는 것이었습니다. 즉, 'A4 용지 한 장에 영수증 한 장만 붙여서 제출'하라는 재무 부서의 업무 처리 기준대로 각 영수증을 A4 용지 한 장에 붙여서 재무 부서에 제출하고 그 영수증 부착에 흠결이 없는지 재무 부서 직원의 검토와 최종 확인을 받는 것이었습니다.

이 상황을 어떻게 받아들여야 할까요? 이 직원은 무슨 생각으로 자신의 정보보호 규정 위반 행위에 대한 보안 감사를 받는 상황에서 비용 처리를 먼저 하고 오겠다는 말을 했던 것일까요? 이 직원의 생각을 우리는 알 수가 없습니다. 다만, 한 가지는 알 수 있었습니다. 이 직원은 회사의 정보보호 규정 위반이라는 자신의 행동에 문제가 있다는 생각보다는 영수증 처리가 되지 못함으로 인해 그 비용을 회사로부터 지원받지 못하는 자신의 금전적 손해를 더 크게 생각하고 있었다는 것입니다.

물론 정보보호 규정이든 재무 부서의 업무 프로세스든, 직원이라면 모두 준수해야 하는 회사 규정이라 생각할 수 있습니다. 그런데 재무 부서에서 업무 편의상 정한 영수증 처리 기준을 위반하면 다시 작성해서 제출하면 되지만, 정보보호 규정 위반에 대해서는 그 위반이 없었던 상황으로 되돌릴 수 없습니다.

게다가 영수증 처리 기준은 언제라도 변경될 수 있는 회사 내 업무 프로세스이지만, 정보보호 규정은 국회에서 제정된 법령에 기반을 두고 있습니다. 따라서 정보보호 규정 위반으로 인해서 직원 개인이 법적 책임을 질 수도 있습니다. 여기서 말하는 법적 책임이란, 민사상 책임뿐만 아니라 형사상 책임까지도 포함되는 책임입니다.

이 사례를 통해서 필자가 말하고자 하는 것은, 정보보호 규정을 바라보는 직원의 생각에 관한 것입니다. 정보보호 규정을 위반하더라도 위반 행동을 하는 당시에는 눈에 보이는 즉각적인 책임이 없어 보입니다. 그러나 정보보호 규정을 위반한 직원에게 부과되는 책임은 생각보다 무거울 수 있습니다. 단지 그 책임이 정보보호 규정 위반 현장에서 즉시 부과되지 않을 뿐, 정보보호 규정 위반에 대한 책임은 반드시 묻게 되어 있습니다.

임직원이 정보보호 규정을 위반하게 되면, 일반적으로 사실관계에 대한 확인과 증거를 토대로 한 보안 감사를 진행하게 됩니다. 그리고 보안 감사의 결과가 회사 취업 규칙상의 징계 사유에 해당하게 되면 그 절차에 따라 징계가 결정됩니다. 필요에 따라서는 외부 수사기관의 수사 과정을 거치게 됩니다. 그리고 이 과정에서 확보된 증거에 따라 법원의 판결을 통해서 법적 책임이 부과되기도 합니다. 따라서, 정보보호 규정을 위반하는 행동과 이러한 행동에 대한 법적 책임을 가볍게 생각해서는 안 됩니다.

의사결정권자인 내가 보안을 왜 신경 써야 하나요?

정보보호 규정에 의하면, 업무용으로 사용하는 ID와 비밀번호는 직원 개인만 알고 있어야 합니다. 너무나 당연한 이야기이죠. 하물며 개인적으로 사용하는 모든 ID와 비밀번호도 그러하지만, 업무용으로 지급받은 장비나 권한에 있어서 업무용 ID와 비밀번호에 대한 보안 관리는 더 중요합니다. 그래서 직원에게 부여된 ID와 비밀번호는 그 직원만 알고 있어야 하는 것이며, 정보보호 규정에도 타인과 공유할 수 없도록 하고 있습니다.

이렇게 하는 이유는 권한 없는 자의 정보 접근을 예방하고 나아가 보안상 문제가 발생했을 때 책임추적성Accountability을 보장하기 위해서입니다. 그리고 이 개념은 당연히 「개인정보보호법」 또는 「정보통신망법」 등과 같은 정보보호 법률에 근거하고 있는 매우 기본적인 보호 조치입니다. 그런데 이러한 기본적인 보호 조치를 흔드는 일이 생겼습니다.

어느 날 IT 부서의 직원이 회사 내 그룹웨어를 변경하기로 결정했다면서 정보보호 부서에 그 내용을 정식 회의 요청이나 보안성 검토 요청이 아닌 그야말로 지나가는 말로 알려주었습니다. 물론, 회사의 전략적 방향 변화에 따라서 그룹웨어를 변경할 수 있습니다. 문제는 기존에 사용하던 그룹웨어와 연동되어 있는 정보에 대한 '이관 계획'에서 발생했습니다. 왜냐하면 정보보호 규정상 직원 개인만 알고 있어야 하는 ID와 비밀번호를 IT 부서가 모두 취합하여 IT 담당자가 일괄적으로 정보를 이관해주겠다는 계획을 세우고 있었기 때문입니다. 이 문제에 대해서 정보보호 규정 위반이라고 말하는 관리적 보안통제 담당자에게 이 IT 담당자는 이렇게 말했습니다. "보안 규정요? 상관없어요. IT 부서장님에게 최종 의사결정을 받았거든요"

이 상황에는 세 가지 심각한 문제가 내포되어 있습니다. 첫째, IT 부서는 정보 이관 과정에서 정보보호 법률에서 요구하고 있는 가장 기본적인 보호 조치를 완전히 무시하는 계획을 수립했습니다. 둘째, 업무의 효율성 관점에서만 정보 이관 업무를 바라보고 기존에 잘 지켜지고 있던 책임추적성의 보안통제를 흔들었습니다. 셋째, IT 부서의 의사결정권자가 의사결정을 하는 과정에서 '정보보호 법률을 위반하면 안 된다'는 고민이 전혀 없었습니다.

이 문제를 해결하기 위하여 IT 업무 의사결정권자를 찾아가 현재 계획되어 있는 정보 이관 방식이 정보보호 법률뿐만 아니라 회사의 보안통제 규정을 위반한다는 사실을 알렸습니다. 특히 업무에 대한 의사결정을 하는 경우에는 부서장으로서 법령의 위반 가능성도 반드시 검토해야 한다는 내용을 알렸습니다. 그런데, 이 모든 내용을 들은 IT 부서 의사결정권자의 반응은 이랬습니다. "IT 업무에 대한 최종 의사결정권자인 제가 의사결정을 할 때마다 정보보호 법률까지 신경 써야 하나요? 제가 그걸 왜 해야 하죠?”

회사에는 다양한 형태의 업무가 계획되고 결정되고 진행됩니다. 그 모든 과정에서 의사결정권자가 법률 위반 가능성을 고민해야 한다고 생각하시나요? 아니면 그 반대로 의사결정을 할 때마다 법률 위반 가능성을 고민할 필요가 없다고 생각하는지요?

예를 들어서 설명해보겠습니다. 의사결정권자가 구체적인 방법에 대한 지시 없이 실무자에게 ‘길을 건너시오’라고 지시하면 실무자는 어떤 방법으로 길을 건널까요? 자동차의 통행량과 무관하게 주변의 횡단보도나 지하차도 또는 육교를 찾아가서 길을 건널까요, 아니면 자동차의 통행량이 적은 틈을 타서 빠르게 무단횡단을 할까요?

도로 주변에 CCTV도 없고 교통경찰도 없다면 아마도 무단횡단을 선택할 가능성이 가장 높을 것입니다. 왜냐하면 실무자가 받은 지시는 ‘방법’이 지정되지 않은 채 ‘길을 건너라’는 것이었고, 길을 건너는 방법 중에는 무단횡단이 가장 빠르고 편리한 방법이기 때문입니다.

의사결정이나 업무 지시 과정에서는 이러한 상황이 언제든 발생할 수 있습니다. 그리고 의사결정을 해야 하는 업무나 지시해야 할 업무에 대해서 ‘검토’해야 하는 규정과 절차는 언제나 있기 마련입니다. 그럼에도 불구하고 의사결정권자가 이에 관한 어떠한 고려도 없이 그저 ‘결정’이나 ‘실행’을 지시한다면, 지시를 받은 실무자 입장에서는 ‘규정과 절차’라는 불편하고 시간을 소모하는 방법을 굳이 선택하지 않게 됩니다.

이와 정반대로 의사결정권자가 다음과 같이 말한다면 실무자의 업무 방식은 완전히 달라지게 됩니다. “이 업무와 관련된 규정과 절차를 먼저 검토하고 그 결과를 반영해서 다시 보고해주세요.”

의사결정권자라는 이름에는 단지 ‘결정 권한이 있다’는 의미만 있는 것이 아니라 ‘자신의 결정에 책임을 진다’는 의미도 포함되어 있습니다. 그렇기 때문에 업무에 관한 의사결정 권한을 가지고 있는 임직원은 자신의 업무 목적을 달성하되 그 과정에서 자신의 의사결정과 관련된 법률과 규정을 준수하도록 업무 지휘를 해야 합니다.

그런데 위 사례의 경우에는 의사결정권자가 의사결정 과정에서 자신의 권한인 '결정 권한'만 생각했을 뿐 '결정 책임'에 대해서는 전혀 고려하지 않았습니다. 특히 위의 사례처럼 업무 수행 과정에서 당연히 준수해야 하는 정보보호 법률이나 보안통제에 대한 고민 없이 내린 의사결정으로 인해 보안사고 등의 문제가 나타나는 경우도 상당히 많습니다. 이러한 경우 의사결정권자의 결정에는 아래와 같은 의사가 포함된 것으로 보는 것이 수사기관 내지 사법기관의 보편적인 시각입니다. 의사결정으로 인해 생긴 문제는 의사결정을 한 자의 책임이다.

비밀번호만 잘 관리해도 보안의 80% 수준은 달성할 수 있습니다. 그렇기 때문에, 정보보호 법률과 보안통제 규정에서 비밀번호를 타인과 공유하지 못하도록 규정하고 있는 것입니다. 그런데 업무 편의를 위해 보안통제 규정을 지키지 않는 방식(준수 책임 위반)으로 업무 진행을 하도록 실무 부서의 부서장이 의사결정을 한다면, '규정 위반에 대한 책임은 내가 진다'고 보는 것이 합리적이지 않나요?

보안사고에 대한 책임을 규정하고 있는 법률을 살펴보면, 보안사고를 유발한 행위자뿐만 아니라 그 업무를 실행하도록 지시한 의사결정권자도 보안사고의 책임에서 자유롭지 못하다는 것을 알 수 있습니다. 따라서 의사결정 권한을 가진 임직원은 의사결정 과정에서 혹시라도 발생할 수 있는 법률 위반이나 통제 규정 위반의 가능성을 최소화하기 위해 신경을 써야 합니다.

그래서 현명한 의사결정권자는 자신의 의사결정으로 인해 법률이나 통제 규정을 위반하는 상황을 방지하기 위해서 많은 노력을 합니다. 예를 들면 의사결정을 하기 전에 먼저 관련 통제 부서와 논의해 문제의 소지를 최소화한 후 의사결정을 합니다. 또는 기안문을 통한 의사결정 과정에서 여러 통제 부서(법무, 재무, 인사, 보안)에 '회람' 권한을 부여하여 기안된 업무에 대한 의견을 묻는 절차를 거칩니다. 그리고 이 회람 과정에서 통제 부서의 의견을 반영하여 업무를 진행하도록 자신의 부서 실무자에게 업무 지휘를 합니다.

개발 과정에서 보안 기능까지 넣어야 한다고요?

정보보안 부서가 가장 많이 만나는 직군 중 하나가 아마 개발 직군일 것입니다. 특히 정보보호 관리체계 인증을 준비하고 있는 상황이라면 개발 부서와의 협업 없이는 인증 준비 자체를 할 수가 없습니다. 그만큼 정보보안 부서와 개발 부서는 업무 연관성이 매우 높은 편입니다.

그런데 간혹 개발자로부터 '개발 과정에서 왜 보안 기능을 기획하고 구현해야 하는지'에 대한 항의를 들을 때가 있습니다. 물론 정보보호 법률을 경험해보지 못한 개발자에게서 이러한 항의를 듣곤 합니다.

이런 항의를 들을 때 필자는 개발자에게 입장을 바꿔서 생각해보라고 권하는 편입니다. 즉 우리 회사의 개발자가 아니라 고객 입장이 되어서 우리 회사의 웹/앱 서비스를 생각해보라는 것입니다.

> 내가 고객으로서 이 회사의 웹사이트에 접속하는 과정에서 개인정보 수집·이용 동의를 묻는 기능도 없이 나의 개인정보를 수집하거나, 내가 사용하는 신용카드 정보를 안전하게 보관하는 기능 자체가 적용되지 않는다면?

만약 「개인정보보호법」 제15조 제1항 제4호[14])에 해당하지 않거나 이 규정에 해당한다 하더라도 계약 체결·계약 이행 과정에서 반드시 필요한 개인정보 수집·이용이라는 것을 객관적인 자료로 입증하지 못하는 회사가 있다면, 고객 입장에서는 세 가지 선택을 할 수 있습니다.

첫째 선택은 그 회사의 서비스를 이용하지 않는 것입니다. 요즘의 고객들은 「개인정보보호법」에 대해서 잘 알고 있기 때문에 아마도 이것이 가장 현실적인 선택일 수 있습니다. 둘째 선택은 개인정보 수집·이용 동의 기능이 없는 것에 대한 이의 제기 없이 그냥 그 서비스를 이용하는 것입니다. 물론 고객이 이렇게 하더라도 개인정보를 수집하는 과정에서 고객의 동의를 받지 않은 것에 대한 회사의 법적 책임이 없어지는 것은 아닙니다. 셋째 선택은 고객이 그 회사를 개인정보보호위원회나 수사기관 등에 신고하는 것입니다. 웹페이지에 개인정보 수집·이용 동의 기능을 구현하지 않은 화면을 스크린샷으로 첨부해서 신고하면 되기 때문에 「개인정보보호법」 위반 신고를 매우 간단하게 할 수 있습니다. 이렇게 신고되면, 조사기관이나 수사기관 등에서는 정보보호 법률에서 요구하는 보호 조치가 '서비스 개발 기획 단계'에서부터 반영되지 않았음을 시작으로 하여 관련된 위반 행위 전부를 조사 및 수사하게 될 것입니다.

개인정보를 매개로 하는 서비스가 웹사이트나 앱 등을 통해서 구현되는 경우에는 개발 기획 단계에서부터 서비스가 종료되는 단계에 이르기까지 정보보호 법률상 반드시 구현하고 준수해야 하는 보안 기능과 보호 조치가 상당히 많습니다. 그렇기 때문에 정보보안 부서에서는 개발자, 특히 프로덕트 오너에게 개발 기획 단계에서부터 보안 기능 적용을 요구하고 구현 내용을 구체적으로 가이드하고 있는 것입니다.

정보보호라는 목적을 달성하기 위해서는 여러 가지 보안 활동이 누락 없이 적용되어야 합니다. 그중에서도 개발 보안은 가장 기본적인 기술적 보안통제이자 정보보호 법률의 준수 여부를 객관적으로 판단할 수 있는 척도이기도 합니다. 개발된 서비스가 웹사이트나 앱 등을 통해서 외부에 공개되기 때문입니다. 개발 업무를 주업으로 하시는 분들은 이 점을 잘 인지하시기 바랍니다.

고객 영업을 해야 하는데, 고객에게 연락을 하지 말라고요?

영업 실적이 부진해진 회사가 있습니다. 임원부터 영업 부서 직원에 이르기까지 고객 대상 영업에 다시 한번 심기일전하기로 했습니다. 그래서 자주 연락하던 고객뿐만 아니라 최근 소원해진 잠재 고객들에게도 적극적인 영업 활동을 재개하는 '고객 영업 결의식'이 거행되었습니다. 이 결의식에는 참석한 모든 영업 부서 직원들이 자신들의 영업 성공 목표치를 구체적인 숫자로 표기하여 공개적으로 선언하는 행사도 있었습니다.

고객 영업을 주업무로 하는 부서에 고객 영업을 통한 계약 달성이 매우 중요한 업무 성과 지표인 것은 자명합니다. 특히 영리를 추구하는 기업에 고객 영업은 마치 심장 박동만큼이나 중요한 활동이라는 것은 누구나 이해할 수 있습니다.

그러나 문제는 고객 영업이라는 미명 아래 고객, 즉 개인의 의사에 반하는 영업 활동이 이루어지는 경우입니다. 우리나라 「정보통신망법」 등에는 영업이나 마케팅 등 영리 목적의 광고성 정보를 전송하는 경우에는 정보 주체에게서 '사전에 명시적인 수신 동의'를 반드시 받도록 되어 있습니다. 게다가 기존에 명시적인 수신 동의를 했던 고객이라고 하더라도 마케팅 정보 수신에 대한 동의 여부를 2년마다 반복해서 묻도록 규정하고 있습니다.

정보보호 법률에 이러한 규정이 존재하고 있으며 영업 활동 과정에서 이 규정을 반드시 준수해야 한다고 정보보안 부서가 안내하면, 영업 부서의 거의 모든 임직원은 아래와 같은 반응을 보이는 경향이 있습니다. "회사 매출 향상을 위해서 고객 영업을 하려는 것인데, 그걸 하지 말라는 건가요?"

물론 영업 부서 입장에서는 정보보호 법률의 규정대로 '명시적인 사전 동의'가 없는 고객에게 광고성 정보를 전송할 수 없게 된다면 고객 영업 활동에 많은 제약이 발생할 수밖에 없습니다. 그럼에도 불구하고 정보보호 법률에서 이렇게까지 규정을 하고 있는 이유가 있습니다.

통계청 자료에 의하면, 우리나라에서 영리 목적으로 설립된 사업체 수는 약 613만 개(2022년 기준)입니다. 만약 「정보통신망법」 등에 "영리 목적의 광고성 정보를 전송시 정보 주체로부터 사전에 명시적인 수신 동의를 받아야 한다"는 규정이 없다면 어떤 일이 벌어질까요? 이 질문은 아래와 같이 바꿀 수 있습니다. "고객으로부터 광고성 정보에 대한 명시적인 수신 동의가 없어도 영리 기업이 광고성 정보를 고객에게 전송할 수 있다면 어떤 일이 벌어지게 될까?"

고객 영업은 기업 활동의 중요한 부분입니다. 따라서 만약 「정보통신망법」에 위와 같은 규정이 없다면, 영리 기업은 광고 효과를 극대화하기 위해 가능한 한 많은 고객에게 가능한 한 많은 광고성 정보를 가능한 한 많이 전송하게 될 것입니다. 그리고 이 과정에서 많은 비용이 들더라도 자동으로 대량의 광고성 정보를 고객에게 전송하는 기술적 수단을 활용하기도 할 것입니다. 게다가 이러한 방식의 정보 전송은 비단 한두 회사만이 아니라 대부분의 기업이 사용할 것입니다. 그리고 나서는 고객에게 영리 목적의 광고성 정보를 시간 제약 없이 대량으로 반복해서 지속적으로 발송할 것입니다.

바꾸어 말하면, 고객이 하루에도 수십만에서 수백만 개의 광고성 정보를 수신하게 된다는 것을 의미합니다. 이렇게 많은 광고성 정보를 수신하는 개인의 입장에서는 말 그대로 '스팸 폭탄'이 되는 것이죠. 결국 지나치게 많은 광고성 정보 탓에 개인의 사적 영역에 심각한 침해를 받을 수밖에 없습니다. 따라서 개인정보를 이용하여 광고성 정보를 전송하려 할 때는 반드시 「정보통신망법」 등에서 규정하고 있는 '동의 조건'에 부합하는 경우에만 전송해야 합니다.

고객으로부터 명시적인 사전 동의를 받았다 하더라도 광고성 정보 전송에 대한 자유 이용권을 가진 것이 아니라는 점도 분명하게 인식해야 합니다. 그래서 2년마다 동의 여부 확인과 동의 철회 방법을 고객에게 고지해야 하는 등 후속 조치가 반드시 수반되어야 한다는 점도 함께 기억해야 합니다. 개인정보를 이용한 광고성 정보 전송을 기획하고 있는 부서는 미리 정보보안 부서에 현재 기획 중인 업무에 대한 보안성 검토를 요청하고, 그 결과에 따라 업무를 기획하고 실행해야 합니다.

영업 부서나 마케팅 부서는 광고성 정보 전송에 필요한 법령상의 의무를 모두 이행하면 기업의 영업 활동이 위축되거나 매출이 줄어들 수 있다고 우려하기도 합니다. 하지만 꼭 그렇지는 않습니다. 요즘에는 거의 모든 기업에서 광고성 정보 전송에 대한 고객 동의 여부와 동의 철회 방법 등을 알려주는 서비스를 실행하기 때문입니다. 반대로 생각해보면, 이와 같은 서비스를 하지 않은 기업은 오히려 고객의 신뢰를 얻지 못할 수도 있습니다.

광고성 정보 전송을 위한 법적 의무를 모두 이행하면 '고객의 개인정보와 권리를 존중하는 기업'이라는 이미지를 얻을 수 있습니다. 고객의 신뢰를 유지하는 것은 회사의 영업 활동에 더 유리한 조건이 됩니다.

재택근무를 할 때도 회사의 정보보호 규정을 지키라고요?

어느 날, 회사 내 '실시간 보안 현황 대시보드'에 갑자기 심각한 로그가 올라왔습니다. 어느 직원이 업무용 노트북으로 '봐서는 안 되는 동영상(?)'을 본 로그 내역이 수십 개가 연속적으로 올라온 것입니다. 이 로그 내역에는 노트북의 사용자를 식별할 수 있는 직원 정보와 함께 해당 동영상을 열어본 것으로 추정되는 날짜와 시간이 기록되어 있었고, 무엇보다 '동영상의 적나라한 제목'까지 포함되어 있었습니다. 특히 구체적으로 표기된 선정적인 제목으로 추정해볼 때, 이들 동영상이 업무와 관련되거나 최소한 건전한 내용의 동영상이라고는 도저히 생각할 수 없을 정도였습니다.

이러한 내역을 파악한 보안감사팀에서 해당 직원을 불러 사실관계를 확인해보았습니다. 처음에 이 직원은 사실을 부인했습니다. 그것도 매우 강력하게요. 특히 동영상을 열어본 것으로 추정되는 날짜와 시간이 본인이 기억하는 시점과 맞지 않는다며 자신이 열어본 동영상이 아니라고 매우 강력하게 주장했습니다.

하지만 보안기술팀을 통해서 이를 확인해보니 실시간 보안 현황 대시보드에 기록된 그 날짜와 시간은 그 동영상들을 열어본 날짜와 시간이 기록된 것이 아니었습니다. 그 날짜와 시간은 재택근무 중에 그 직원이 사용한 업무용 노트북이 '회사 네트워크에 접속된 날짜와 시간'이었습니다. 다만, 그 노트북의 레지스트리에 저장되어 있던 동영상의 제목은 있는 그대로 로그에 기록된 것이었습니다. 그제야 이 직원은 '이실직고'를 했습니다. 그리고 제발 비밀로 해달라는 읍소도 잊지 않았습니다.

이 직원의 행동은 매우 사적인 습관(행동)과 보안인식의 부족이 결합된 결과입니다. 둘 중 하나만이라도 결합되지 않았다면 회사가 지급한 업무용 노트북으로 이런 동영상을 실행하는 행동을 하지는 않았을 겁니다. 다행스럽게도 이 일은 그 직원의 보안인식을 180도 바꾸게 되는 매우 중요한 계기가 되었습니다.

이 직원은 재택근무를 하면서 회사가 지급한 노트북에 자신의 USB를 연결하여 여기에 저장되어 있던 많은 동영상을 본 것이었습니다. 이 사례는 그저 하나의 사례일 뿐입니다. 이러한 유형 이외에도 재택근무 중에는 상상을 초월하는 행동들이 다양하게 이루어집니다. 물론 이러한 행동들은 회사 사무실에 있었다면 절대로 그리고 당연히 하지 않을 행동들일 것입니다.

예를 들어, 집에 있는 개인 PC로 업무를 처리하는 것, 개인 이메일로 고객사와 연락하는 것, 안전을 확인할 수 없는 공유기에 회사 노트북으로 접속하는 것, 업무와 관련이 없는 프로그램을 다운로드하는 것, 개인의 영리 활동을 위한 가상화폐 거래소에 접속을 시도하거나 거래하는 것, 업무용 노트북에 있는 자료를 개인 이메일로 발송하는 것, 카페 등 다중이용시설에서 업무용 노트북을 방치하는 것, 업무용 노트북으로 영화를 다운로드하는 것 등이 있을 수 있습니다.

2020년 코로나-19 팬데믹 이후 전 세계적으로 재택근무가 새로운 근무 형태로 자리를 잡았으며, 현재까지도 유지되고 있습니다. 업무를 실행하는 물리적 공간이 집이고 업무를 처리하는 공간이 사이버 공간인 형태가 재택근무입니다. 회사 사무실에 있을 때는 회사라는 물리적 공간 내에서 네트워크나 업무용 단말기 등에 대한 보안통제가 자연스럽게 적용될 수 있습니다.

하지만, 재택근무 환경은 직원 개인의 공간이기 때문에 이 공간에 대한 보안통제를 회사가 강제로 할 수 없습니다. 이러한 이유에서 대부분의 회사에서는 업무용 단말기 중심으로 보안통제를 적용합니다. 그리고 재택근무 중인 단말기가 회사 네트워크에 접속할 때는 이중 인증을 거치게 하거나 재택근무를 마친 단말기에 대한 보안 점검을 하는 등 기술적 위협에 대비하기 위한 별도의 보안통제 규정을 운용하고 있습니다.

이 사례처럼, 재택근무 과정에서 직원이 적극적으로 보안통제를 준수하지 않는 경우는 생각보다 많습니다. 재택근무를 하는 직원은 이러한 행동의 결과로 발생한 보안 위험이 회사에 큰 피해를 줄 수 있음을 꼭 인식해야 합니다. 그리고 회사가 입은 금전적인 피해가 법적 절차를 통해 고스란히 손해 발생의 원인 행동을 한 자신에게 전가될 수 있다는 점도 반드시 알고 있어야 합니다(이를 민법상의 구상권이라고 합니다).

특히 최근에는 재택근무로 인한 보안상의 위험이 증가됨에 따라 많은 기업이 재택근무를 마치고 회사로 복귀한 직원의 노트북에 대한 보안 점검을 필수적으로 실행하고 있습니다. 즉 회사 네트워크에 접속하기 전에 노트북에 대한 보안상 위험 여부를 우선 확인하는 것이죠. 확인 결과 문제가 없으면 다행이지만, 간혹 이상 징후나 명확한 규정 위반 사례가 식별되는 경우에는 '디지털 포렌식 기반의 보안 감사' 절차로 전환될 수도 있습니다.

이러한 보안통제 방식은 마치 렌터카의 책임 확인 방식과 유사합니다. 이는 렌터카를 빌려서 자동차를 운전하는 동안에는 빌린 사람이 자동차 운행과 자동차 안전에 대한 책임을 지며, 렌터카를 반납할 때는 빌린 사람의 책임 여부를 확인하는 방식입니다.

이러한 통제 절차를 잘 인식해 재택근무 시에는 업무용 단말기와 이 단말기에 접속하는 장치 그리고 네트워크에 대한 보안통제 규정을 숙지하고 그 규정대로 업무를 수행하는 습관을 들이는 것이 좋습니다.

ISMS 인증 받았으면, 이제 보안은 다 끝난 거 아닌가요?

정보보안 부서가 아닌 일반 부서에 소속된 임직원들도 요즘은 정보보호 관리체계라는 용어를 알고 있습니다. 개발 부서 임직원이라면 특히 잘 알고 있을 겁니다. 정보보호 관리체계 인증 준비 과정에서 충족해야 하는 통제 항목 중 가장 많은 면적을 차지하는 분야가 기술적 보안통제 항목이기 때문입니다. 또한 이 기술적 보안통제 항목에서 개발 과정이나 개발 결과물에 반영되어야 하는 통제 항목은 개발 부서와 협업을 통해서만 구현할 수 있기 때문입니다.

일반적으로 정보보호 관리체계 인증을 받기 위해서는 약 3~5개월 정도의 준비 기간이 필요합니다. 이 기간 동안에는 정보보호 관리체계의 각 통제 항목에서 요구하는 서비스 환경을 구축하고 이를 입증할 수 있는 운용 증적을 준비해야 합니다. 그리고 이러한 준비 과정에서는 정보보안 부서 인력을 제외하고는 개발 부서 인력의 협조와 참여가 매우 중요합니다.

그렇지만, 개발 부서의 개발자는 1년의 최소한 4분의 1은 정보보호 관리체계 준비에 자신의 역량과 시간을 빼앗긴다고 생각하기도 합니다. 그래서인지, 정보보호 관리체계 인증이 확정되는 순간이 오면 개발 직원이 정보보안 부서 직원에게 "인증 나왔으니까 이제 보안은 다 끝난 거죠?"라며 볼멘소리를 하는 경우도 있습니다.

과연 정보보호 관리체계 인증을 받으면 기업의 모든 정보보호 조치 업무가 끝난 것일까요? 「정보통신망법」에는 일정한 요건에 해당하는 기업은 의무적으로 정보보호 관리체계 인증을 받도록 되어 있습니다. 그리고 이 인증은 1년 단위로 사후 심사를 받아야 합니다. 즉 최초의 정보보호 관리체계 인증을 준비하기 위해서는 약 3~5개월 정도의 준비가 필요하지만, 이듬해에 사후심사를 받기 위해서는 1년 동안의 보안 운영 증적이 새롭게 필요한 것입니다.

따라서 정보보호 관리체계 인증을 받았다고 해서 보안이 끝난 것이 아니라, 이듬해의 사후 심사 준비를 시작하면서 다시 새로운 1년을 위한 정보보호 농사를 지어야 하는 것입니다. 정보보호 관리체계 인증 취득은 정보보호의 결승선이 아니라 출발선입니다.

정보보호 관리체계 인증과 관련해서 더 중요한 점은 정보보호 관리체계 인증을 받았다는 것이 곧 모든 정보보호 법률을 준수했음을 의미하지는 않는다는 점입니다. 쉽게 말해, 정보보호 관리체계 인증이 정보보호 법률에서 요구하는 모든 기술적·관리적 보호 조치를 포함하는 것이 아니라는 점을 인식해야 합니다.

정보보호 관리체계 인증을 취득했다는 것은 「정보통신망법」상 기업이 반드시 준수해야 하는 많은 조항 중 단지 하나의 조항(제47조)을 준수했다는 것을 의미합니다. 그러므로 정보보호 관리체계 인증에서 요구하는 기술적·관리적 보호 조치 외에도 정보보호 법률의 다른 규정에 근거하고 있는 기술적·관리적 보호 조치들이 더 존재하고 있다는 것을 간과해서는 안 됩니다.

정보보호 관리체계 인증을 의무적으로 받아야 하는 기업에 정보보호 관리체계 인증 취득은 최소한의 보안 요건을 충족했다는 의미일 뿐입니다.

「정보통신망법」과 「개인정보보호법」, 「신용정보보호법」 등의 정보보호 법률에는 정보보호 관리체계 인증 범위에는 포함되지 않지만 해당 기업이 반드시 준수해야 하는 다양한 기술적·관리적 보호 조치가 더 많이 규정되어 있기 때문입니다.

따라서 정보보호 관리체계 인증은 정보보호의 출발선일 뿐 그 어떤 의미에서도 결승선이 될 수 없다는 점을 잘 인식해야 합니다.

그런 보안 규정이 있는 줄 몰랐는데요?

일주일의 피로감이 쌓여가던 금요일 오후, 어느 직원이 불만 가득한 얼굴로 정보보안 부서를 찾아왔습니다. 이야기를 들어보니, 업무용 자료를 개인 USB에 저장하려고 여러 번 시도했는데도 저장이 안 되어서 따지러 온 것이었습니다.

필자와 함께 사무실에 앉아 있던 몇 명의 정보보안 부서 직원들은 잠시 멍해졌습니다. 방금 무슨 말을 들은 것인지 잠시 뇌의 작동이 멈추는 듯한 느낌을 받았습니다. 왜 그랬을까요?

우리는 많은 지역에서 운전을 하곤 합니다. 그 지역은 잘 아는 지역일 수도 있고, 반대로 잘 모르거나 태어나서 처음 가는 지역일 수도 있습니다. 잘 아는 지역이야 크게 상관이 없지만, 잘 모르거나 처음 가는 지역에서 운전을 앞둔 운전자는 최소한 그 지역에 대한 학습이나 공부를 하는 것이 일반적입니다. 이동 경로나 목적지를 확인할 수 있는 이정표, 좌회전이 되는 구간이나 목적지 인근의 주차 가능한 공간 등을 미리 확인하는 것처럼요.

그런데 이 직원은 자신이 잘 모르는 지역에서 처음 운전을 하면서도 아무런 정보도 확인하지 않은 채 운전대를 잡은 셈입니다. 즉 좌회전이 금지된 사거리인데도 스스로 판단해 무작정 좌회전 신호를 기다린 것입니다.

아무리 기다려도 좌회전 신호가 켜지지 않자 교통경찰에게 따지러 온 것입니다.

이 직원은 보안통제에 대해 일말의 고민조차 없이, 그것도 마치 자신의 권리를 주장하러 온 채권자와 같은 태도로 '업무용 자료를 개인 USB에 저장하지 못하도록 금지하고 있는 보안통제'를 정보보안 부서에 따지러 온 것이었습니다. 이날 기술적 보안통제 담당자는 이 직원에게 업무용 자료를 개인용 저장장치에 저장하려고 시도하거나 저장하는 것을 금지하는 규정에 대해서 통제 부서로서의 위엄(?)을 지키며 설명해주었습니다. 그랬더니 이 직원은 대뜸 이렇게 말을 하더군요. "그런 보안 규정이 있는 줄 몰랐는데요?"

대부분의 회사는 업무용 자료를 개인용 저장장치에 저장하지 못하도록 하고 있습니다. 여기에는 대표적으로 두 가지 이유가 있습니다. 첫째는 아웃바운드Out-bound 보안통제, 즉 내부 정보가 회사의 승인 없이 외부로 유출되는 불상사를 방지하기 위함입니다. 정보라는 것은 저장장치에 저장되는 순간부터 그 누구도 통제할 수 없다는 특성을 고려한 보안통제인 것입니다. 둘째는 인바운드In-bound 보안통제, 즉 개인용 저장장치에 포함되어 있을 악성 코드 등이 회사 네트워크로 유입되는 것을 방지하기 위함입니다. 네트워크를 타고 전파되는 악성 코드의 특성을 고려한 보안통제인 것입니다.

일반적으로는 업무용 자료를 임직원의 개인 USB에 저장하지 않을 것입니다. 상식이기 때문입니다. 반대로 회사도 임직원의 개인용 저장장치에 회사 정보를 함부로 저장하지 않습니다. 이 역시 상식이기 때문입니다. 다만, 업무용 자료를 반드시 외부 저장장치에 저장해야 하는 경우에는 먼저 정보보안 부서에 문의를 하고 승인과 안내를 받아서 안전하게 저장하게 될 것입니다.

이것은 단지 하나의 사례일 뿐입니다. 정보보호가 직업이 아닌 임직원에게는 모든 보안 규정이 처음 듣는 규정일 수 있습니다. 회사에서 정보보호 법률에 기반하여 적용하고 있는 보안 규정의 숫자는 생각보다 많기 때문입니다.

그렇다고 해서 보안 규정의 존재를 몰랐다고 주장하는 직원에게 보안 규정을 적용하지 않을 수는 없습니다. 대부분의 임직원은 자신이 모를 수도 있는 보안 규정의 존재 여부와 보안 규정 준수 방법 등에 대해서 사전에 정보보안 부서에 문의를 하고 그에 대한 안내를 받아서 업무를 수행하고 있기 때문입니다(즉 보안성 검토 과정을 거치고 있습니다). 그리고 이렇게 보안 규정을 준수하는 것이 임직원 입장에서는 가장 상식적이고 합리적인 방법이기 때문입니다.

일반적으로 회사에서는 회사 내 정보보호 규정과 지침 그리고 가이드라인 등을 회사의 그룹웨어에 게시하여 모든 임직원이 언제든지 참고할 수 있도록 공개하고 있습니다. 따라서 임직원 누구라도 관련 규정을 볼 수 있습니다. 또 어떤 회사에서는 임직원이 반드시 숙지해야 할 중요한 보안 규정을 작은 소책자로 제작하여 배포하기도 합니다. 뿐만 아니라 업무용 PC의 화면보호기를 통해 임직원이 반드시 준수해야 하는 주요 보안 규정을 상시적으로 노출시키고 있습니다.

회사에서 이렇게 하는 이유는 바로 임직원의 관심과 참여를 끌어올리기 위함입니다. 아무리 정보보호 규정이 정교하게 수립되어 있다고 하더라도, 이 규정을 임직원이 준수하지 않는다면 정보보호 규정은 그저 문서일 뿐이기 때문입니다(물론 규정 위반에 대한 법적 책임은 별론입니다).

정보보호의 관점에서는 외부에서 회사 내부로 침입하려는 시도에 대한 방어(인바운드 보안통제)도 중요하지만, 회사 내부에서 외부로 정보가 유출되는 것을 방어(아웃바운드 보안통제)하는 것도 매우 중요한 보호 조치입니다. 특히 후자의 경우에는 임직원들의 관심과 참여가 매우 중요합니다.

규정의 무지는 행위의 변명이 될 수 없습니다. 그리고 회사의 정보보호 규정과 보안통제 규정에 대해서 임직원이 모르고 있다는 사실은 자랑할 만한 일이 결코 아닙니다. 그러니 본인의 담당 업무와 관련된 정보보호 규정과 보안통제 규정은 회사 그룹웨어에 게시된 규정을 참고하거나 미리 정보보안 부서에 문의(보안성 검토 요청)해야 합니다.

정보보안 부서에서 해주시면 안 되나요?

웹과 앱을 통해 서비스를 제공하는 회사에서 어느 프로덕트 오너와 정보보안 부서 직원이 회의 중에 언쟁을 벌인 모습을 본 적이 있습니다. 둘은 「개인정보보호법」상 웹과 앱 서비스에 개인정보 수집·이용 동의 기능을 구현하는 데 필요한 개발기획 문서에 대한 이야기를 하고 있었습니다. 여기서 이들이 부딪힌 지점은 "개인정보보호를 위한 기능의 개발기획 문서를 누가 만들어야 하는가?"라는 부분이었습니다.

프로덕트 오너 입장에서는 이 기능이 개인정보보호를 위한 것이니 이 기능에 대한 개발기획 문서를 정보보안 부서에서 만든 후 자신에게 줘야만 자신의 전체 개발기획 문서에 포함시킬 수 있다고 주장하고 있었습니다. 그러면서 이렇게 말을 하더군요. "그 내용은 정보보안 부서에서 잘 알고 있으니, 정보보안 부서에서 만들어주시면 되잖아요?"

반면에, 정보보안 부서 직원의 입장에서는 이 기능이 비록 개인정보보호를 위한 기능이기는 하나 개발기획 문서 작성은 프로덕트 오너의 업무이지 정보보안 부서의 업무가 아니라는 말을 하고 있었습니다. 그러면서 이렇게 대답을 하더군요. "정보보안 부서는 이 건에 대해서 통제를 하는 부서이지, 실무 부서의 업무를 대신해주는 부서가 아닙니다."

언뜻 들어보면 두 의견 모두 일리가 있습니다. 개인정보보호에 관해서는 정보보안 부서가 가장 잘 알고 있으니, 개인정보보호 기능에 관한 개발기획 문서도 정보보안 부서가 작성해서 주면 프로덕트 오너 입장에서는 이

기능을 구현하기가 한결 수월할 것입니다. 반면에, 개발기획 문서의 작성은 프로덕트 오너의 업무이므로, 정보보안 부서 입장에서는 개발 과정상 들어가야 하는 기능에 대한 기획 문서를 직접 작성할 수는 없을 것입니다.

이 대화에는 한 가지 중요한 사실이 간과되어 있습니다. 바로 통제 부서와 실무 부서 간의 직무 분리입니다. 예를 들어, 처음 가는 곳에서 운전을 하다 지리와 도로 상황을 잘 모른다며 그 지역을 잘 아는 교통경찰에게 운전을 대신해달라고 하지는 않습니다. 비록 익숙하지 않더라도 자신이 타고 있는 자동차의 운전은 오직 그 자동차의 운전자가 하는 것입니다. 이것이 바로 통제 부서와 실무 부서의 직무 분리입니다. 이 기준이 무너지면 통제 업무도 실무 업무도 모두 무너집니다.

사실 이러한 직무 분리의 혼동은 회사에서 자주 볼 수 있습니다. 특히 통제 부서와 실무 부서 간의 직무 분리 관련 논쟁은 상존합니다. 예를 들어 재무 부서가 아무리 재무 규정을 잘 알고 있다고 하더라도, 다른 부서 직원의 영수증 기안 업무를 직접 해주지 않습니다. 즉 영수증 기안문 작성은 회사 경비를 사용한 직원이 직접 하는 것이고, 그 기안문에 대한 재무적 검토와 최종 결재를 재무 부서 직원이 하는 것이지요.

또 인사 부서가 아무리 팀원 평가 규정을 잘 알고 있다 하더라도, 인사 부서가 실무 부서의 팀원 평가를 직접 실행하지 않습니다. 즉 실무 부서의 팀원 평가는 실무 부서의 팀장이 하는 것이고, 이 평가 결과에 대한 인사 관점의 검토와 최종 결재를 인사 부서가 하는 것입니다.

마찬가지로 법무 부서가 아무리 법률을 잘 알고 있다고 하더라도, 법무 부서 직원이 영업 부서의 계약서를 작성해주지 않습니다. 영업 부서는 자신들이 제공할 수 있는 마진율이나 할인 혜택 등을 반영하여 계약서를 직접 작성합니다. 그리고 난 뒤 이러한 내용에 대해서 법무 부서 직원이 법률적 검토를 하고 그 결과를 계약서에 반영하도록 영업 부서에 요구합니다.

물론 통제 부서라고 해서 타 부서에 대한 통제만을 하는 것은 아닙니다. 통제 부서에도 고유 업무가 있습니다. 그러한 고유 업무를 수행하면서 타 부서에 대한 통제 업무도 병행하는 것입니다. 그러니 통제 부서가 통제만 한다는 것은 오해입니다.

정보보안 부서의 통제 업무에 관한 상세한 내용은 제1부 47쪽 '정보보호 법률상 임직원에게 부여된 의무와 책임' 부분과 제4부 353쪽 '보안통제 업무 이해시키기' 부분을 참고해주시기 바랍니다.

앞의 언쟁은 프로덕트 오너가 개인정보보호 기능에 대한 개발기획 문서를 작성하고, 그 개발기획 문서에 대한 보안성 검토를 정보보안 부서가 하는 것으로 마무리되었습니다. '통제 부서와 실무 부서의 직무 분리'라는 매우 중요한 개념을 잘 이해할 수 있는 사례였습니다. 보안 업무라고 해서 정보보안 부서에서 다 해준다는 생각은 버려야 합니다.

같은 보안 장비 2대를 동시에 구매하면 구매 비리 아닌가요?!

경영 관점에서 보면 정보보호의 실패라는 것은 단순한 보안 실패의 결과가 아닙니다. 그것은 그동안의 경영 활동을 한순간에 무너뜨릴 수 있는 보안 위험이 실제로 발생한 가장 충격적인 결과입니다. 따라서 평상시에 보안 위험을 최소화해두지 않는다면 정보보호 실패로 인해 회사는 그야말로 심장마비에 걸릴 수도 있다는 사실을 인식하고 있어야 합니다.

그럼에도 정보보호의 중요한 역할에 대해서 여전히 부정적인 시각을 가진 회사들이 많은 듯합니다. 물론 정보보호 활동이 수익을 직접 창출하지 않는다는 이유에서 부정적으로 볼 수도 있을 것입니다. 하지만, 정보보호 법률과 판례 등에 근거하여 반드시 집행해야 하는 보안 비용임에도 '비용 효율성'이라는 명목으로 이미 수립된 보안 예산을 삭감하거나 이미 집행된 보안 비용에 대해 감사 부서가 업무 감사를 하는 경우도 꽤 많습니다.

감사 부서가 부당하게 보안 업무를 감사한 사례를 살펴보겠습니다. 보안 장비인 방화벽(F/W) 2대를 동시에 구매했다는 이유로 업무 감사를 받았다는 사례를 들은 적이 있습니다. 사실 이 사례는 보안을 직업으로 삼고 있는 사람들 입장에서 정말 자괴감이 드는 사례입니다. 방화벽(F/W)은 일반적으로 2대를 동시에 구매하여 이중화(운영-대기Active-Standby) 방식으로 운용하기 때문입니다. 이에 대한 근거는 「정보통신망법」상 '기술적 보호 조치 관련 규정'과 정보보호 관리체계 통제 항목상 '중요 장비의 이중화 및 백업 체계 구축'입니다.

이처럼 법령에 근거하고 있는 정상적인 보안 비용 집행(즉 방화벽 장비 2대를 동시에 구매)을 대표이사가 '구매 비리의 문제'로 인식하고, 감사 부서에 업무 감사를 지시한 것이었습니다. 이러한 상황은 그야말로 정보보호에 대한 비전문가적 관점에서 '보안 비용이 효율적으로 사용되지 못했다'고 바라보는 상황입니다.

정보보호에 '효율성'을 대입하기 시작하면 정보보호 관리체계에 심각한 취약성이 생길 수밖에 없습니다. 보안 비용을 효율적으로 쓴다는 것은 반드시 집행해야 하는 안전 비용조차도 효율성을 위해서 줄일 수 있음을 의미하기 때문입니다. 이렇게 되면 정보보호 관리체계를 위협하는 상황에 효과적으로 대처할 수 없게 됨은 자명합니다.

법령상 근거에 따라 방화벽 2대를 구매한 것을 마치 '구매 비리'처럼 바라보고 업무 감사를 하는 상황을 어떻게 이해해야 할까요? 대표이사가 정보보안 부서를 믿지 못하는 것일까요?

이런 일들이 일어나면 그동안 진심으로 회사의 보안을 지키기 위해서 최선을 다한 보안 담당자들이 회사에 크게 실망하게 됩니다. 그리고 이러한 실망은 결과적으로 회사의 '정보보호 동력'에 심각한 훼손을 유발하게 됩니다.

"의심스러운 사람은 쓰지 말고, 일단 쓰면 의심하지 말라"라는 격언이 있습니다. 위와 같은 일이 일어난 배경에는 사실 '정보보호가 회사의 수익 창출에 저해된다'는 인식이 있을 것입니다.

이 지점에서 기업의 모든 구성원이 반드시 알아야 할 사실이 하나 있습니다. '정보보안 부서와 정보보호 최고책임자'는 '회사와 대표이사'의 적이 아니라는 사실입니다. 정보보안 부서와 정보보호 최고책임자는 언제 공격당할지 모르는 불안한 상황에서도 회사와 대표이사의 안전을 위해 사이버 공격자와 싸우고 있습니다.

정보보안 부서와 정보보호 최고책임자도 회사와 같은 방향을 바라보고 있습니다. 이들은 대표이사의 경영을 지원하고 안전을 보장하는 업무를 수행하고 있습니다. 따라서 정보보안 부서와 정보보호 최고책임자의 사기를 꺾어서는 안 됩니다. 싸우는 자에게 가장 중요한 것은 '싸우는 이유'이기 때문입니다.

"보안인식 없이 업무를 수행하는 것은, 눈을 감고 자동차를 운전하는 것과 같습니다!"

제2장

정보보호 분야에서 나타나는 특이한 현상들

현재의 정보보호는 '법률의 지위'를 가지고 있기 때문에 정보보호가 모든 임직원이 준수해야 하는 매우 중요한 컴플라이언스 대상이라는 점에는 이견이 없을 것입니다. 특히, 우리 사회에 엄청난 영향을 끼친 개인정보 유출 사건들을 겪으면서, 정보보호라는 것이 단순히 시스템을 통한 내부 통제만으로 달성할 수 없음을 충분히 경험했고 현재도 경험하고 있습니다.

임직원의 실수나 무지로 인해 기업이 보유한 고객의 개인정보가 유출되면 엄청난 사회적 문제가 발생합니다. 이에 따라 임직원의 보안통제 준수는 그 어느 때보다 중요해졌습니다. 게다가 최근에는 정보보호에 실패한 임직원을 대상으로 하는 소송이 벌어지기도 합니다. 이와 같은 상황을 고려해볼 때, 정보보호에 대한 참여와 준수는 직장 생활의 필수 역량이라고 할 수 있습니다.

그래서 대부분의 회사에서는 임직원을 대상으로 다양한 보안통제를 적용하고 보안인식 수준을 높이는 활동들을 하고 있습니다. 예를 들면 입사와 동시에 보안 교육을 실시하거나 1년에 최소 1회 개인정보보호교육을 실시하는 식입니다. 그리고 회사 내 공지 시스템이나 화면보호기 등을 통한 정보보호 인식제고 활동을 하거나 정기적인 정보보호 경진대회나 보안 포스터/보안 표어 경진대회 등도 실시하고 있습니다.

그럼에도 불구하고 현실에서는 정보보호의 중요성에 대한 인식과는 다른 일들이 벌어지고 있습니다. 예를 들면, 정보보호 법률에 기반하고 있는 보안통제를 우회하거나 보안통제에 저항하는 현상 등이 그러합니다. 더 특이한 점은 이러한 현상들이 다른 통제 영역(재무 통제, 인사 통제, 법무 통제)에서는 거의 나타나지 않는데 유독 보안통제 영역에서만 주로 나타난다는 점입니다.

이유야 여러 가지가 있겠지만, 가장 중요하게는 임직원이 '회사의 정보보호 문제는 내 문제가 아니야!'라고 생각하는 데서 기인할 겁니다. 이처럼 임직원들이 회사의 정보보호를 자신들의 문제로 인식하지 않는 배경에는 '보안통제를 위반해도 어차피 나에게 책임이 부과되지 않아!'라는 생각도 큰 자리를 차지하고 있다고 보입니다.

이에 반해서 다른 통제 영역에서는 규정을 위반한 직원에게 위반 즉시 즉각적인 책임이 부과되고 있습니다. 예를 들어서 회사의 경비 규정에 근거를 두고 있는 재무 통제를 위반한 직원에게는 본인이 사용한 경비를 회사로부터 지원받지 못하는 책임이 즉각적으로 부과됩니다. 그리고 회사의 인사 규정에 따른 인사 통제를 위반하는 경우에는 근태 점수나 인사 고과에 반영되는 것처럼 해당 직원에게 즉각적인 책임이 부과됩니다.

그런데 정보보호 법률과 대표이사가 서명한 정보보호 규정에 근거를 두고 있는 보안통제를 위반하는 경우에는 해당 직원에게 어떤 책임이 즉각적으로 부과되는 것처럼 보이지 않습니다(물론 나중에 조사 내지는 수사를 거쳐 엄청난 법적 책임이 부과되겠지만요). 그렇다 보니, 다른 통제 영역과는 달리 보안통제 영역에서만 특이한 현상들이 나타나고 있다고 생각합니다.

이 장에서는 정보보호 관리체계에서 임직원이 어느 정도의 위협 요인이 되는지 알아보겠습니다. 그리고 보안통제 영역에서만 발생하는 아이러니한 현상들에 대해서 이야기해보겠습니다.

'사람'이 가장 큰 정보보호 위협 요인

과학기술정보통신부에서 발간한 「2021년 정보보호 실태조사」에 의하면, 정보보호 위협에는 다양한 요인이 있습니다. 대표적인 위협 요인은 개인정보 유출 위협(59.1%)이며 그다음으로는 인터넷 침해 사고 위협(56.7%), 시스템 및 네트워크 장애(43.0%), 인적 요인에 의한 위협(10.1%)입니다. 여기서 말하는 인터넷 침해 사고 위협에는 해킹이나 악성코드, 웜바이러스, 랜섬웨어 등이 포함되며, 인적 요인에 의한 위협에는 전현직 임직원, 외주업체 직원, 외부인 등에 의한 보안 위협이 포함됩니다.[15]

여러 위협 요인 중에서 인적 요인에 의한 위협이 10.1%를 차지했습니다. 언뜻 위협 비율이 커 보이지는 않습니다. 그런데, 다른 위협 요인을 자세히 들여다보면 그 안에 인적 요인이 포함되어 있음을 알 수 있습니다. 개인정보 유출 위협(59.1%)과 인터넷 침해 사고 위협(56.7%)의 원인에 임직원의 실수나 무지가 포함되어 있기 때문입니다.

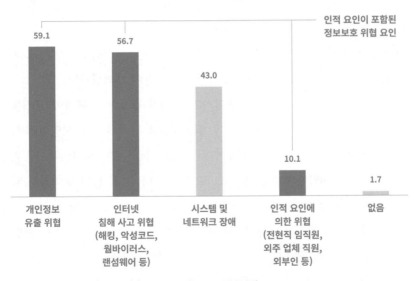

〈정보보호 위협 요인〉 (단위: %) (출처: 2021 정보보호 실태조사)

예를 들어볼까요? 대규모 공채 과정에서 입사 지원자에게 대량의 이메일을 발송할 때 인사 담당자가 이메일 수신자의 모든 이메일 주소, 즉 개인정보를 노출시키는 일이 종종 발생하고 있습니다. 이는 인사 담당자가 이메일 발송 관련 보안통제를 숙지하지 못한 상태에서 발생한 휴먼 에러 Human Error, 즉 일종의 과실 행위입니다. 이와 같은 유형의 '과실 행위'를 원인으로 하는 개인정보 유출이 바로 개인정보 유출 위협(59.1%)에 포함되어 있는 것입니다

한편, 직원이 회사가 접속을 금지하는 웹사이트에 임의로 접속하는 과정에서 악성코드에 감염되기도 합니다. 그리고 발신자의 신원이 불분명한 이메일에 포함된 URL이나 첨부파일을 클릭하거나 다운로드해 랜섬웨어에 감염되기도 합니다. 이와 같은 유형의 '사람의 무지'를 원인으로 하는 사고가 인터넷 침해 사고 위협(56.7%)에 포함되어 있습니다.

따라서 인적 요인에 의한 위협이 10.1%라고 단순하게 볼 수는 없습니다. 앞서 보신 것처럼 개인정보 유출 위협(59.1%)과 인터넷 침해 사고 위협(56.7%)의 원인에도 인적 요인이 포함되어 있다고 보는 것이 현실적인 분석입니다. 임직원의 '과실'이나 보안 위험에 대한 '무지'라는 휴먼 에러가 개인정보 유출 사고나 인터넷 침해 사고의 중요한 원인이 되고 있기 때문입니다.

이러한 상황을 감안하여 정보보호 위협 요인 중에서 인적 요인의 비율을 다시 산정해볼 필요가 있습니다. 즉, 기존의 인적 요인에 의한 위협 비율(10.1%)에 더하여 개인정보 유출 위협(59.1%)과 인터넷 침해 사고 위협(56.7%)도 인적 요인이 포함된 정보보호 위협 요인으로 봐야 하는 것입니다.

결국 전체 위협 요인을 100%로 잡고 이 중에서 인적 요인이 포함된 정보보호 위협 요인을 재산정해보아야 합니다. 이렇게 하면 전체 정보보호 위협 요인을 '인적 요인(73.8%)'에 의한 위협과 '비인적 요인(26.2%)'에 의한 위협으로 나눌 수 있습니다.

정보보호 위협 요인을 위와 같이 '인적 요인'과 '비인적 요인'으로 구분

73.8	26.2
인적 요인에 의한 보안위협 (인적 요인에 의한 개인정보 유출 위협 비율, 인적 요인에 의한 인터넷 침해 사고 위협 비율, 인적 요인에 의한 위협 비율)	**비인적 요인에 의한 보안위협** (시스템 및 네트워크 장애 비율)

〈인적 요인과 비인적 요인으로 구별하는 정보보호 위협 요인〉 (단위: %)

해야 하는 아주 중요한 이유가 있습니다. '강제화 가능 여부'라는 기준으로 두 요인을 나눌 수 있기 때문입니다. 여기서 강제화란 시스템을 통해 정보보호 조치를 강제적으로 구현하는 것을 의미합니다. 비인적 요인의 경우 강제화를 통한 보호 조치가 가능합니다. 그렇지만 인적 요인의 경우에는 '사람의 생각에 기반하는 행동의 영역'이므로 강제화를 통한 보호 조치가 기본적으로 불가능합니다.

한마디로 전체 정보보호 위협 요인 중에 26.2%(비인적 요인)만 강제적인 보호 조치가 가능하고, 73.8%(인적 요인)는 강제적인 보호 조치 적용이 불가능하다는 것입니다. 이것을 어떻게 해석해야 할까요? 이는 이런 해석을 가능하게 합니다. "기업을 위험하게 만드는 보안 위협의 73.8%가 임직원의 생각과 행동입니다"

더 무서운 사실은 정보보호에서 언제나 가장 약한 연결고리는 '사람'이라는 점입니다. 아무리 보안인식이 좋은 사람이라고 하더라도 환경의 변화나 업무의 변화 또는 이슈나 시간 등의 변화로 인해 보안인식의 수준은 매번 달라질 수 있습니다.

전체 정보보호 위협 요인 중에서 '사람이 가장 큰 위협 요인'(73.8%)이라는 속성과 정보보호에서 '가장 약한 연결고리가 사람'이라는 속성을 간과해서는 안 됩니다. 그리고 보안 위협을 해석할 때는 이 두 가지 속성을 반드시 연결해서 해석해야 합니다. 전체 정보보호 위협 요인 중에 사람이 차지하는 비율이 73.8%나 되며, 이 비율에 포함되는 임직원 중 한두 명의 실수나 무지로 인해 회사에 엄청난 보안 위험이 나타날 수 있습니다.

위와 같이 정보보호 위협 요인의 두 가지 속성을 연결하여 해석하는 것과 사람에 의해 회사가 엄청난 보안 위험에 직면할 수 있다는 해석이 합리적이지 않다고 생각하는 독자가 있을 수도 있습니다. 하지만 2023년에 프루프포인트Proofpoint가 「CISO의 목소리 보고서Voice of the CISO report」를 발표하면서 아래와 같은 기사를 내놓았습니다.[16]

국내 CISO의 83%가 회사 데이터 유출의 원인이 '퇴사자'라고 생각한다.

이 기사는 '인적' 요소가 가장 큰 보안 위협이라는 점과 '사람'이 가장 약한 연결고리라는 점 사이의 밀접한 관련성을 입증하는 정보보호 업무 현장의 목소리입니다. 결국 이 기사는 기업의 정보보호 관리체계를 위협하는 가장 심각한 위협이 바로 '사람'임을 말하고 있는 것입니다.

인식과 현실(행동)의 심각한 불일치 현상

「2021년 정보보호 실태조사」에 의하면, '정보보호가 중요하다'고 생각하는 비율이 88.9%로 나왔습니다.[17] 상당히 높은 비율입니다. 하지만, 이 비율은 정보보호를 중요하게 생각한다는 인식의 비율, 즉 '생각의 비율'을 말하는 것입니다.

필자가 여기서 '인식의 비율'이라고 표현하는 이유는, 이 인식의 비율과 보안 위협의 인적 요인을 비교해야 하기 때문입니다. 앞서 살펴본 '인적 요

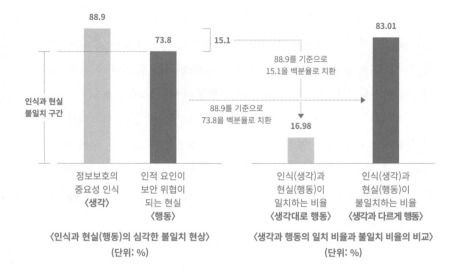

〈인식과 현실(행동)의 심각한 불일치 현상〉
(단위: %)

〈생각과 행동의 일치 비율과 불일치 비율의 비교〉
(단위: %)

인에 의한 보안 위협'은 73.8%인데, 정보보호를 중요하다고 생각하는 '인식의 비율'이 88.9%인 현상을 어떻게 해석해야 할까요?

이는 정보보호를 중요하게 생각(88.9%)하고 있지만, 실제로는 보안에 위협이 되는 행동(73.8%)을 하고 있는 것이라고 해석할 수 있습니다. 한마디로 표현하면' 인식과 현실(행동)의 불일치'가 발생하고 있는 것입니다.

이를 간단한 산술로 치환해보겠습니다. 정보보호를 중요하게 생각(88.9%)하면서 실제로 보안통제를 준수(88.9%-73.8%)하는 직원은 15.1%로 나옵니다. 정보보호를 중요하게 생각하는 직원(88.9%)을 100%으로 잡는 백분율로 다시 환산해보겠습니다. 그 결과 인식과 현실이 일치(=생각대로 행동)하는 직원은 16.98%인 반면 인식과 현실이 불일치(=생각과 다르게 행동)하는 직원은 무려 83.01%나 된다는 것을 알 수 있습니다.

혹시 이러한 현상이 다른 통제 영역, 그러니까 법무 통제나 재무 통제 그리고 인사 통제 등에서도 나타나고 있는지 확인해보았습니다만, 필자는 찾아내지 못했습니다. 따라서 '생각과 행동의 불일치 현상'은 보안통제 영역에서만 나타나는 특이한 현상이라고 할 수 있습니다.

편리를 위한 보안통제 우회 현상

우리가 일상을 살아가는 방식은 크게 두 가지로 나눌 수 있습니다. 첫째는 '기준을 지키지 않는 행동 선택' 방식이고, 둘째는 '기준을 지키는 행동 선택' 방식입니다. 첫째 방식은 '위험하지만 편리한 방식'이고, 둘째 방식은 '안전하지만 불편한 방식'입니다. 예를 들어서 도로 건너편으로 갈 수 있는 가장 편리한 방식은 무단횡단을 하는 것입니다. 이러한 방식이 바로 '기준을 지키지 않는 행동 선택' 방식이자 '위험하지만 편리한 방식'입니다.

반대로 안전한 방식은 횡단보도에서 신호를 기다리거나 지하차도가 있는 곳까지 걸어가서 길을 건너는 방식입니다. 이러한 방식이 바로 '기준을 지키는 행동 선택' 방식이자 '안전하지만 불편한 방식'입니다. 여러분은 어떤 방식으로 길을 건너시나요? 당연히 후자의 방식일 겁니다. 왜냐하면 이것이 상식이기 때문입니다.

그런데 회사에서 업무를 수행하는 과정에서는 이러한 상식이 잘 지켜지지 않습니다. 즉 '안전하더라도 불편한 방식'보다는 '위험하더라도 편리한 방식'을 선택하는 경향이 매우 짙다는 것입니다. 이 말을 보안통제에 대입해보면, 통제 부서에 걸리지만 않는다면 가능한 한 자신에게 편리한 방식으로 업무를 수행하려는 경향이 짙다는 것을 의미합니다.

예를 들어 개인용 스마트폰으로 회사 자료를 촬영하지 못하도록 하는 보안통제를 적용하는 회사가 있다고 가정해보겠습니다(아마 대부분의 회사에 이런 규정이 있을 것입니다). 이 보안통제의 이유는 고객의 개인정보와 회사의 기밀 정보를 보호하기 위함입니다. 이러한 정보가 직원의 개인용 스마트폰으로 촬영되는 순간 더 이상 안전을 보장할 수 없게 됩니다. 이러한 점을 생각한다면, '개인용 스마트폰을 이용한 업무 자료 촬영 금지'라는 보안통제의 취지를 충분히 이해할 수 있습니다.

업무 현장에서는 개인용 스마트폰을 이용하여 업무 자료를 촬영하는 상황이 의외로 자주 목격됩니다. 그 상황에서 촬영을 한 직원에게 이유를 물어보면 하나같이 "회사 업무를 위해서"라거나 "고객에게 빨리 보내기 위해서"라는 '업무상의 필요'를 근거로 그러한 행동을 했다고 말을 합니다.

즉 회사를 위해서 촬영을 했다고 주장하는 것이지요. 아이러니한 사실은 그러한 행동을 하면서도 '개인용 스마트폰으로 업무 자료를 촬영해서는 안 된다'는 보안통제 규정의 존재를 인식하고 있는 경우가 대부분이라는 것입니다.

이 상황을 어떻게 해석해야 할까요? 무단횡단을 하면 안 된다는 것을 인식하고 있으면서도 '필요'에 의해서 무단횡단을 했다는 것 아닌가요? 그렇다면, 이러한 경우에 교통경찰관은 그 '필요'를 인정해서 무단횡단을 한 사람에게 「도로교통법」을 적용하지 않고 그냥 보내주나요? 아닙니다. 「도로교통법」이 허용하는 긴박한 사유에 해당되지 않는 한, 개인의 필요에 의해서 교통 통제 체계를 우회하는 행동에는 개인에게 법적 책임이 부과됩니다. 그리고 그러한 '긴박한 사유'는 「도로교통법」에 미리 규정되어 있거나 현장에 있는 교통경찰관이 재량에 따라 판단하는 것이지, 당사자의 주장에 따라 판단하는 것이 아닙니다.

바꾸어 말하면, 무단횡단을 한 사람이 판단한 '긴박한 사유'는 「도로교통법」에서 정하고 있는 사유에 해당해야만 인정되는 것이고, 그렇지 않은 경우에는 결과적으로 「도로교통법」을 위반한 것이므로 무단횡단을 한 사람이 법적 책임을 지는 것입니다.

〈인식의 '쏠림'과 '보안통제 우회' 현상 발생〉

개인용 스마트폰을 이용하여 업무 자료를 촬영하는 경우도 마찬가지입니다. 업무용 자료를 합법적이면서 안전하게 이미지 정보로 변환하려면 정보보안 부서의 보안성 검토 결과에 따라서 안전하게 정보 변환을 하면 됩니다.

그런데 이 안전한 절차가 불편하다는 이유로, '위험하지만 편리한 방법'을 선택하여 업무를 한 것입니다. 그렇다면 정보보호 규정이나 보안통제를 위반한 행동에 대한 책임도 이러한 방법으로 행동한 직원의 책임으로 귀결될 수밖에 없습니다. 왜냐하면 이것이 상식이니까요. 편리한 방식을 선택한 결과에 대한 책임은 그 방식을 선택한 자가 지는 것입니다.

위와 같이 개인용 스마트폰을 이용하여 업무 자료를 촬영하는 경우는 그저 하나의 사례를 제시한 것일 뿐입니다. 아마도 보안통제 전반에 걸쳐서 '위험한 줄 알지만(생각) 편리한 방법(행동)'을 임직원 스스로 선택하여 실행하는 사례는 매우 다양하게 존재할 것입니다. 안타깝지만, 이러한 현상도 보안통제 영역에서만 나타나는 특이한 현상입니다.

보안통제 담당자에 대한 저항 현상

이 세상에는 참 많은 불균형이 있습니다. 이 세상의 불균형에 대해서 마이크로소프트Microsoft의 창업주인 빌 게이츠Bill Gates는 "삶은 공평하지 않으니 익숙해지세요Life is not fair, get used to it"라고 말했습니다.

그중에서 사이버 공간에서의 공격과 방어만큼 큰 불균형도 없을 것입니다. 쉽게 말해, 공격자에 비해서 방어자에게 너무 불리한 환경이 바로 사이버 공간이라는 것입니다.

추정컨대, 회사의 정보보호를 위해서 일하고 있는 대부분의 보안 전문가들은 아래와 같은 심정으로 회사의 보안 업무를 감당해내고 있을 것입니다.

월등히 압도적인 대규모 적군들이 언제 어디서 핵미사일을 쏠지 모르지만,

즉 정보보안 부서 직원들은 회사의 정보보호라는 그 위험한 방어선의 최전선을 지키기 위해 보안통제 업무를 수행하고 있는 것입니다. 이렇게 중요한 역할을 담당하고 있는데, 최근 들어 보안 전문가 채용이 매우 어려워졌다고 합니다. 그래서인지 많은 회사에서 보안 전문가 인력난을 겪고 있다는 언론 기사를 자주 접하게 됩니다. 필자는 이 현상에 대해서 오랫동안 고민해왔습니다. 그 결과 보안 전문가들이 점점 보안통제 업무를 기피하게 되는 몇 가지 이유를 발견했습니다.

그 이유 중 가장 큰 비중을 차지하는 것이 '보안통제 담당자에 대한 임직원들의 저항'이었습니다. 보안통제라는 것은 법률에 기반을 두고 있기 때문에 임직원이라면 의무적으로 준수해야 함에도 불구하고 보안통제 담당자에게 이렇게 말하는 직원이 생각보다 많이 있습니다.

"보안 때문에 일이 안됩니다."
"일을 하라는 건가요? 말라는 건가요?"
"이럴 거면 보안 부서에서 다 처리해주세요."

그러고는 자신의 부서로 돌아가서 상급자에게 이렇게 보고합니다.

"보안 부서에서 일하지 말랍니다!"

어떻게 아냐고요? 이 직원의 상급자가 자신이 보고받은 내용을 가지고 필자에게 따지러 오는 게 그다음 순서이니 알 수밖에 없습니다.

이런 피드백이 누적되다 보니, 보안통제 담당 직원은 자괴감을 느끼게 됩니다. 그리고 이런 경험이 누적되면 마치 보안통제가 회사의 발전을 저해하고 회사의 수익 활동을 방해하는 것 같은 느낌을 받게 됩니다. 필자는 이러한 이유에서 보안 전문가들 사이에서 보안통제 업무에 대한 기피 현상이 생기고 있다고 생각합니다.

이런 상황을 어떻게 해석해야 할까요? 보안통제의 목적은 실무 부서가 일을 하지 못하도록 하려는 것이 아니라 안전하게 일을 하도록 하려는 것입니다. 그럼에도 불구하고 보안통제 담당자가 임직원들로부터 왜 위와 같은 말도 안 되는 저항을 받게 되는 것일까요?

보안통제의 목적은 회사와 임직원이 정보보호 법률을 준수하도록 안내하고, 내외부 위협을 최소화하는 것입니다. 따라서 보안통제 담당자가 기업 내 다양한 실무 부서를 대상으로 보안통제를 적용하고, 그 준수를 요구하는 것은 정보보호 법률에서 정하고 있는 본연의 업무를 정상적으로 수행하는 것입니다. 그런데도 보안통제 담당자에게 저항을 하는 상황이 너무 자주 발생하고 있습니다.

여러분, 우리가 무단횡단을 하지 않는 이유는 도로 위에 서 있는 '교통경찰관' 때문이 아니라 「도로교통법」 때문입니다. 즉 도로 위에 서 있는 교통경찰관이라는 '현장 교통 통제 담당자' 때문이 아니라 「도로교통법」이라는 '법령과 제도' 때문이라는 말입니다. 그렇기 때문에 교통경찰관이 도로 위에 서 있지 않더라도 우리는 스스로 「도로교통법」에서 금지하고 있는 무단횡단을 하지 않는 것입니다.

그렇다면, 보안통제에 있어서도 보안통제 담당자 때문에 편리한 업무 방식을 선택하지 못하는 것이 아니라, 정보보호 법률 때문에 편리한 방식 (즉 보안통제를 위반하는 방식)의 업무를 하면 안 된다고 생각해야 하는 것 아닌가요?

도로 위의 모든 운전자는 「도로교통법」을 준수해야 합니다. 그리고 일상적인 운전 과정을 통해서 「도로교통법」이나 도로교통체계를 어느 정도 숙지하고 있어야 합니다. 운전과 관련한 「도로교통법」이나 도로교통체계를 모르는 운전자는 처음부터 운전을 하면 안 됩니다. 「도로교통법」이나 도로교통체계를 모르는 운전자가 자동차를 운행하면 본인뿐만 아니라 보행자에게도 매우 위험한 상황이 발생할 수 있기 때문입니다.

보안통제에 있어서도 실무 부서 직원들은 자신들의 담당 업무와 관련된 정보보호 규정이나 보안통제 내용을 숙지하고 있어야 합니다. 그리고 만약 정보보호 규정이나 보안통제 내용을 숙지하지 못했다면, 최소한 보안통제 담당 직원의 가이드만이라도 준수하면서 업무를 수행해야 합니다.

이 역시 그저 하나의 사례일 뿐입니다. 아마도 보안통제 전반에 걸쳐 '보안통제 담당자에게 저항'을 하는 업무 현장의 사례는 매우 다양하게 존재할 것입니다. 게다가 자신의 부서장이나 상급자에게 보안통제 때문에 자신의 업무 능력을 제대로 발휘하지 못한다고 보고하는 사례도 생각보다 많습니다.

도로교통체계를 준수하면서 안전하게 하는 운전이 진짜 운전 실력이듯, 정보보호 규정과 보안통제를 준수하면서 달성하는 업무 결과가 진짜입니다. 운전을 잘하는 사람이 '도로교통체계를 준수하면서 안전하게 운전을 하는 사람'이듯이, 회사에서 일을 잘하는 사람이란 '규정과 절차를 준수하면서 자신의 업무 실력을 발휘하는 사람'입니다.

마음 아픈 현실이지만, 이와 같은 현상도 다른 통제 영역에서는 전혀 찾아볼 수 없는 반면 보안통제 영역에서만 나타나는 특이한 현상입니다.

내 문제가 아니라고 생각하면 어느새 내 문제가 되는 것이 정보보호입니다!

제3장

사람의 생각을 흔드는 공격의 폭발적 증가

이 책의 독자라면, 기업의 정보보호 관리체계를 무너뜨리거나 우회하는 보안 위협이 시간이 갈수록 진화하고 있다는 사실을 잘 아실 겁니다. 과거에 우리가 경험했던 보안 위협은 단순하게 타인의 컴퓨터에 접속하거나 그 안에 있는 정보를 노리는 정도였습니다. 하지만 현재는 여러 가지 공격 방식이 섞여 있는 혼합 보안 위협과 지속적이고 지능적인 보안 위협으로 진화했습니다. 특히 지속적이고 지능적인 사이버 공격의 경우에는 공격의 '경유 대상'과 공격의 '최종 목표'를 눈여겨볼 필요가 있습니다. 사이버 공격의 경유 대상과 최종 목표가 바로 '사람'인 경우가 증가하고 있기 때문입니다.

과거의 사이버 공격은 일반적으로 네트워크의 취약성이나 단말기의 취약성을 이용하는 방식으로 이루어졌습니다. 공격의 성공 여부도 타인의 네트워크나 단말기에 접속한 것 자체만으로 판단했습니다.

그렇지만 지속적이고 지능적인 사이버 공격을 감행하고 있는 현재 공격자들의 공격 방식과 공격 성공 여부의 판단 기준은 과거에 비해 확연히 달라졌습니다. 먼저 공격 방식을 보면, 이들은 네트워크나 단말기의 취약성이 아니라 '그 네트워크나 단말기를 사용하고 있는 사람의 취약성'을 이용하여 공격을 합니다.

요즘의 기업들은 네트워크나 단말기에 강력한 보안통제를 적용하고 있어서 공격자 입장에서는 그 보안통제를 뚫어내는 데 많은 공수Man-hour가 듭니다. 이러한 상황에서 공격자들은 이미 강력한 보안통제 안에 있으면서 보안통제를 잘 따르지 않는 직원을 경유해서 사이버 공격을 하는 것이 훨씬 더 효율적이라는 사실을 깨달은 것입니다. 그래서 공격자들은 '사람의 생각을 경유하는 사이버 공격'을 감행하는 것입니다.

한편, 지속적이고 지능적인 사이버 공격의 성공 여부를 판단하는 기준도 과거에 비해 확연히 달라졌습니다. 타인의 네트워크나 단말기에 접속하거나 침투한 것 자체로 성공을 판가름하던 과거와는 달리, 지속적이고 지능적인 사이버 공격의 성공 여부는 '타인의 금전을 자신의 소득으로 만들었는가?'의 형태로 진화했습니다.

그 대표적인 형태가 바로 지난 2016년부터 현재까지 엄청난 위협이 되고 있는 랜섬웨어Ransomware입니다. 랜섬웨어는 지속적이고 지능적인 방식으로 사람의 취약성을 경유하여 은밀하고 자연스럽게 기업에 침투합니다. 그리고 나서 기업의 중요한 정보를 암호화하는 방식으로 정보를 인질 삼아 기업에 금전을 요구하는 공격을 전개하고 있습니다. 참고로 2023년 한 해동안 랜섬웨어 피해자들이 공격자들에게 지불할 수밖에 없었던 금액이 무려 11억 달러(한화 약 1조 4,643억 원)나 된다고 합니다.[18]

따라서, 요즘의 사이버 공격은 사람을 경유하는 방식으로 이루어지고 있습니다. 이런 방식이 가장 손쉽다는 것을 알게 되었기 때문입니다. 비유하자면, '아무리 튼튼한 자동차라도 한순간에 위험에 빠뜨릴 수 있는 가장 손쉬운 방법은 운전자를 노리면 된다'는 사실을 공격자들은 경험을 통해서 알게 된 것입니다. 그리고 이러한 방식이 가장 비용 효율적이면서 시간 효율적이라는 것도 공격자들은 잘 알고 있습니다. 그래서일까요? 공격자들은 여러분에 대해서 공부하고 있습니다.

특히 공격자들은 여러분이 어떤 부분에 취약하고 보안통제에 대해서 어떤 저항감을 가지고 있는가에 대해서 많은 공부를 하고 있습니다. 공격자들에게는 여러분이 수익의 원천이기 때문이며, 또한 여러분의 생각을 경유해서 사이버 공격을 실행해야 하기 때문입니다. 그렇다면 이 지점에서 한 가지 질문을 해보겠습니다. 여러분은 공격자로부터 스스로를 지키기 위해서 공격자에 대해서 공부하고 계십니까?

'아니오'라는 대답이 대다수일 것입니다. 이렇게 예상할 수 있는 이유는 앞서 살펴본 것처럼 대부분의 임직원은 정보보호가 중요하다고 인식은 하지만, 실제로 정보보호의 방향에 부합하는 실천(행동)은 하지 않기 때문입니다. 뿐만 아니라, 인적 요인이 보안 위협으로 다가오는 비율이 점점 증가하고 있는 상황을 고려해볼 때 위 질문에 대한 대답이 '아니오'로 나올 비율도 점점 증가할 것으로 예상합니다.

이번 장에서는 사람의 생각을 흔드는 공격과 여러분의 생각이 정보보호 관리체계에서 얼마나 중요한지 이야기해보겠습니다.

공격과 방어의 상호 진화: 다변화되고 있는 보안 위협

정보보호 관리체계와 보안 위협은 서로 영향을 주고받으면서 마치 생물처럼 진화하는 특징을 가지고 있습니다. 예를 들어, 새로운 보안 위협이 등장하면 기업은 그에 대응할 수 있는 새로운 보호 조치를 적용하여 운용합니다. 그렇지만 여기에서 그치지 않고, 공격자는 기업이 적용해놓은 새로운 보호 조치를 뚫거나 우회하기 위해 또다시 새로운 공격 방법을 개발합니다. 여기서 공격자가 사용하는 새로운 공격 방법이 기업 입장에서는 또다시 새로운 보안 위협이 되는 구조입니다. 이처럼 정보보호 관리체계와 보안 위협은 공격과 방어 과정에서 서로에게 영향을 미치는 변화를 주고받으면서 계속 진화하고 있습니다.

지난 몇 년 동안의 보안 위협을 간단하게 살펴보겠습니다. 2020년에는 ① 랜섬웨어 공격자들의 자동화된 능동형 공격을 통한 지속적 공격 강화, ② 멀웨어를 막기 위해 개발된 머신러닝 자체에 대한 공격, ③ 원격 데스크탑 프로토콜(RDP)을 향한 지속적인 공격 발생 등이 주요한 보안 위협이었습니다.[19]

2021년에는 ① 랜섬웨어 공격, ② 대규모 개인정보 유출 사고 발생, ③ 월패드 해킹 등 홈 스마트 기기 보안 위협, ④ 아파치 Log4j 취약점을 악용하는 악성 코드 유포 등이 주요 보안 위협이었습니다.[20] 이 중에서 아파치 Log4j 취약점 이슈는 장기간 심각한 사회적 이슈가 되기도 했습니다.

2022년의 보안 위협으로는 ① 랜섬웨어 공격으로 의료, 통신, 보험 등 글로벌 피해 전방위 확산, ② 알고리즘 악용, 개발 소스 오류 등 대규모 가상자산 해킹 발생, ③ 주요 인프라에 대한 사이버 위협 증가, ④ 사회적 이슈를 이용한 악성 코드 배포 피싱 공격 증가 등이 심각한 보안 위협으로 등장했습니다.[21]

2023년 보안 위협을 살펴보면 ① 랜섬웨어 공격 조직의 양보다 질 전략 추구, ② 조직의 핵심 정보를 장기간 유출하는 기생형 공격(APT) 대세화, ③ 공급망 공격, 모바일 환경으로 확대, ④ 개인의 가상자산 지갑을 노린 공격 심화 등입니다.[22]

주요 내용을 중심으로 지난 몇 년 동안의 보안 위협을 살펴보면 알 수 있듯이, 매년 동일한 메커니즘의 공격이 유지되기도 하면서 한편으로는 새로운 공격이 등장하기도 합니다. 그리고 이 과정에서 새로운 공격에 대응하기 위한 기업의 새로운 보호 조치가 적용됩니다. 이러한 일련의 과정이 바로 공격과 방어의 상호 진화를 보여주는 예시입니다.

특히 이러한 상호 진화 과정에서는 보안 위협 자체가 다변화되고 있습니다. 공격자들의 목적은 말 그대로 수익을 얻는 것이기 때문에, 가능한 한 성공률을 높일 수 있는 방식의 새로운 공격을 추구할 수밖에 없습니다. 이러한 맥락에서 매년 새로운 보안 위협이 다양한 측면에서 발생하고 있습니다. 여기서 주목할 점은 '랜섬웨어 공격 방식'이 매년 동일하게 발생하고 있다는 점입니다. 이에 대해서는 잠시 뒤에 이야기하겠습니다.

보안 위협 접촉면과 공격 벡터의 변화: 사람의 취약성

정보보호 관점에서 말하는 '보안 위협'은 공격자의 관점에서 보면 '공격 벡터Attack Vector'라고 할 수 있습니다. 여기서 공격 벡터란 사이버 공격을 성공시키기 위한 공격자의 공수와 위치, 속도 등을 모두 고려한 '공격의 방향과 크기'라고 할 수 있습니다.

과거의 공격 벡터를 살펴보면, 외부 침입의 경우에는 기술적 취약점을 노리는 방식 그리고 내부 유출의 경우에는 관리적 취약점을 노리는 방식이 주류를 이루었습니다. 그래서 그 당시의 보안통제는 기술적 보안통제와 관리적 보안통제를 강화하는 데 중점을 두고 있었습니다. 이 말을 달리 표현하면, 인적 요인에 의한 보안 위협은 상대적으로 크지 않았다는 것이기도 합니다.

최근의 보안 위협을 살펴보면 확연히 달라진 부분을 찾아볼 수 있습니다. 바로 '사람을 경유하는 공격 벡터'가 증가한 것입니다. 이와 같은 최근의 보안 위협을 필자는 다음과 같이 해석하고 있습니다.

첫째, 기존의 기술적·관리적 취약점을 경유하는 공격의 성공률이 기업의 보안통제 강화로 인해서 낮아졌습니다. 둘째, 기업의 보안통제 강화로 인해서 기존의 기술적 취약점을 경유하는 공격 벡터에 더 많은 노력과 시간이 필요하게 되었습니다. 그야말로 공격자의 입장에서는 공격 효율성이 떨어지는 상황이 된 것이죠.

〈과거 공격자가 집중했던 보안 위협의 접촉면: 〈현재 공격자가 집중하고 있는 보안 위협의 접촉면:
기술적·관리적 취약점〉   사람의 취약성〉

마지막으로 셋째, 공격자가 공격 효율성이 높은 새로운 공격 벡터를 찾아낸 것입니다. 바로 기업의 강력한 보안통제 내부에 이미 존재하고 있으면서 보안인식의 수준은 낮은 임직원, 즉 사람의 취약성을 경유지로 활용하는 공격 벡터입니다.

새로운 공격 경유지의 급부상: 보안통제 안에 있는 보안인식 수준이 낮은 사람

'사람'이라는 새로운 공격 경유지가 급부상한 배경에 대해서 잠깐 설명하겠습니다. 앞서 설명한 바와 같이 공격자의 목적은 사이버 공격을 통해 금전적인 이득을 얻는 것입니다. 기업은 새롭게 등장한 보안 위협에 대응하는 기술적·관리적 보호 조치를 지속적으로 업데이트하여 적용합니다. 그러다 보니 공격자 입장에서는 그야말로 수익 활동에 차질이 생기게 될 수밖에 없습니다.

그래서 공격자는 자신들의 공격 성공률을 높이기 위한 새로운 방법을 연구하기 시작했습니다. 그 결과 공격 효율성을 높임과 동시에 수익 보장 가능성도 높일 수 있는 새로운 공격 벡터를 찾아낸 것입니다. 그것이 바로 회사의 보안통제 내부에 존재하면서도 보안인식 수준이 낮은 임직원, 즉 사람인 것입니다.

임직원은 이미 기업의 보안통제 내부에 들어와 있습니다. 임직원은 사원증을 들고 출근함으로써 물리적 보안통제 안에 들어와 있으며, 단말기나 네트워크에 접속함으로써 기술적 보안통제 안에도 들어와 있습니다. 게다가 임직원이 정당하게 부여받은 접근 권한이 있는 경우에는 개인정보나 대외비에도 접근할 수 있고 이러한 정보를 이용할 수도 있습니다.

이 말을 공격자의 관점에서 달리 표현하면, 임직원을 경유하도록 공격 벡터를 바꾸면 공격자가 물리적·기술적 보안통제를 굳이 뚫거나 우회하지 않아도 된다는 말이 됩니다. 그래서 사람을 경유지로 하는 공격인 랜섬웨어 공격이 어느 시점부터 폭발적으로 급부상했습니다.

2017년 안랩AhnLab의 발표에 의하면, 2013년에서 2015년 사이 9종이었던 랜섬웨어가 2016년을 기점으로 무려 163종으로 폭발적으로 증가한 것을 알 수 있습니다.[23] 2015년과 2016년 사이, 불과 1년 만에 무려 18배 이상 증가했습니다. 즉 2016년 한 해에만 매달 13종의 랜섬웨어가 새롭게 등장한 것입니다.

더 무서운 사실은 여기서 말하는 '163'이라는 숫자가 '공격 횟수'를 의미하는 것이 아니라 '종류'를 의미한다는 사실입니다. 따라서 '163종의 랜섬웨어'라는 표현에는 수백 회 또는 수천 회 심지어 수만 회의 랜섬웨어 공격 횟수가 포함되어 있습니다.

2016년부터 현재까지 랜섬웨어 공격이 줄어들지 않고 오히려 더 심각한 보안 위협으로 자리매김하고 있는 점을 고려해볼 때, 필자는 2016년부터 공격자들의 공격 벡터가 본격적으로 전환되었다고 판단하고 있습니다. 즉, 이 시기부터 사람을 경유하는 사이버 공격이 효율적이라는 인식이 공

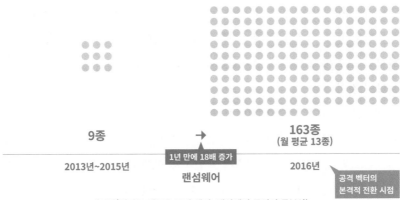

9종

163종
(월 평균 13종)

2013년~2015년

1년 만에 18배 증가

2016년

랜섬웨어

공격 벡터의
본격적 전환 시점

〈'사람'이라는 새로운 공격 벡터, 랜섬웨어 공격의 급부상〉

격자들 사이에서 확산되었다는 것입니다.

이를 증명이라도 하듯이 최근 랜섬웨어 공격이 무섭게 증가하고 있습니다. 전 세계에서 2초마다 랜섬웨어 공격이 발생하고 있으며, 2021년 한 해 피해액만 해도 무려 24조 원에 이릅니다.[24] 그리고 전 세계에서 61개 조직이 매주 랜섬웨어 공격을 받고 있으며, 우리나라에서도 2021년 주간 평균 592건의 랜섬웨어 공격이 발생한 것으로 조사되었습니다. 이는 2020년 대비 52%나 증가한 수치입니다.[25]

최근에는 몸값을 가상화폐로 받는 랜섬웨어 공격이 폭발적으로 증가하고 있으며, 랜섬웨어 자체가 하나의 산업군이 되어가고 있습니다. 10년 뒤에는 랜섬웨어 공격 시장이 최소한 300조 원에 이를 것으로 전망하는 사람도 있습니다.[26] 심지어 환자의 생명을 위협하는 랜섬웨어 공격 사례도 발생하는 가운데, 해외에서는 병원이 랜섬웨어 공격을 당하여 환자가 사망한 사례도 있었습니다. 국내에서도 병원 25곳이 해킹 등 랜섬웨어 공격을 당한 것으로 알려졌습니다.[27]

이렇게 폭발적으로 증가하는 랜섬웨어 공격에 대응해야 하는 우리의 상황은 어떨까요? 사람을 경유하는 방식으로 공격자들의 공격 벡터가 달라진 만큼, 우리도 랜섬웨어 공격에 대응할 정도로 보안인식이 높아졌을까요?

이점에 대해서 필자는 아쉽게도 그렇지 못하다고 평가합니다. 앞서 살펴보았던 것처럼, 임직원의 88.9%가 정보보호가 중요하다고 인식하면서도 실제 업무 환경에서는 인적 요인이 곧 보안 위협이 되는 수치가 무려 73.8%에 달하고 있기 때문입니다.

이 수치가 무서운 이유가 있습니다. 회사의 수많은 임직원 중에서 한두 명이 랜섬웨어 공격에 대한 경각심 없이 부주의하게 행동한다면, 그로 인해서 회사 전체가 랜섬웨어 공격의 피해를 고스란히 입을 수 있기 때문입니다. 인적 보안 위협의 수치가 무려 73.8%라는 것은 보안인식의 수준이 낮은 임직원에 의해서 기업이 피해를 입을 가능성이 '매우 높음'을 의미합니다.

언제 보안사고가 나도 이상하지 않은 상황

랜섬웨어의 주요 감염 경로는 인터넷 사이트(웹)(70%), 이메일(25%), P2P(5%)입니다.[28] 불특정 다수를 대상으로 랜섬웨어 공격을 하려면 많은 사람들이 접속하는 인터넷 사이트를 경유하는 것이 공격자 관점에서 효율적이라는 판단을 한 것으로 보입니다. 특히 기존에는 성인 사이트나 도박 사이트 그리고 투자 사이트 등에서 랜섬웨어에 감염되는 사례가 많았는데, 최근에는 일반적이고 평범한 사이트에서도 랜섬웨어에 감염되는 경우가 점점 더 많아지고 있습니다.

그래서 거의 대부분의 기업에서는 랜섬웨어 공격 등에 대비하기 위해 보안상 위험한 사이트(이른바 '블랙리스트 사이트Black List Site')에 대한 접속을 금지하는 기술적 보안통제 정책을 적용하고 있습니다. 그럼에도 또다시 새로운 사이트가 위험한 사이트로 부상하기도 합니다. 게다가 보안상의 안전을 위해 접속을 금지하고 있는 '블랙리스트 사이트'에 적용된 기술적 보안통제를 임직원이 우회하여 접속을 시도하거나 혹은 실제로 접속을 하는 경우도 종종 발생하고 있습니다.

둘째로 많은 비율을 차지하고 있는 랜섬웨어의 주요 감염 경로는 '이메일'입니다. 인터넷 사이트에는 기술적 보안통제로 강제적 접속 차단이 가능합니다. 그렇지만 수신되는 이메일에 대해서는 정보보호 기준의 필터링을 적용하는 것이 쉽지 않습니다. 특히 이메일 본문에 포함되어 있는 링크(URL)나 첨부 파일에 있는 악성 코드 등을 미리 인식하여 랜섬웨어 공격 징후를 식별하는 것은 매우 어렵습니다.

최근의 랜섬웨어 공격은 직원이 사용하는 회사 이메일 계정을 통해서 많이 발생합니다. 그 내용을 보면 견적서를 요청하거나 연말정산 관련 내용, 공정거래위원회 조사통지서, 국세청 전자세금계산서, 상여금 지급 대상 공지 등과 같이 겉보기에 매우 정상적이면서 임직원이 관심을 가질 수밖에 없는 이메일의 형태를 갖추고 있습니다.

사실 더 무서운 점은, 이러한 이메일을 수신한 직원이 이메일에 있는 링크(URL)를 클릭하거나 첨부파일을 열어보는 순간 랜섬웨어에 감염된다는 점입니다. 그렇다 보니, 공격자의 입장에서는 이메일이 매우 효율적인 공격 경로가 되고, 직원 입장에서는 어떤 이메일이 랜섬웨어 공격인지를 알아차리기 매우 어려운 방어 경로가 되는 것입니다.

상황이 이렇다 보니, 랜섬웨어 공격을 완벽하게 방어하는 것은 사실상 불가능합니다. 언제 랜섬웨어에 감염되어도 이상하지 않은 상황인 셈입니다.

〈WannaCry 랜섬웨어에 감염된 화면〉
(이미지 출처: 네이버 이미지)

인터넷 사이트나 이메일을 경유하는 랜섬웨어에 감염되면 어떤 상황이 벌어질까요? 특히 직원의 입장에서 랜섬웨어 공격임을 알아차리기 힘들 정도로 정교하면서 실제처럼 만들어진 이메일에 포함된 링크를 클릭하거나 첨부파일을 열어본다

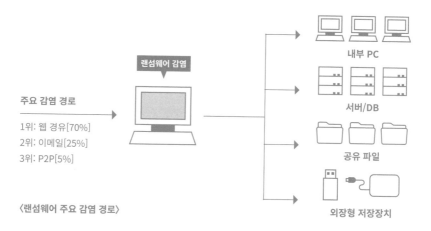

내부 PC

서버/DB

랜섬웨어 감염

주요 감염 경로

1위: 웹 경유[70%]
2위: 이메일[25%]
3위: P2P[5%]

공유 파일

외장형 저장장치

〈랜섬웨어 주요 감염 경로〉

면 어떤 일이 벌어질까요?

　랜섬웨어의 종류마다 그 특성과 작동 방식이 다를 수 있겠지만 일반적인 관점에서 보면, 우선은 이메일을 열어본 컴퓨터에서 랜섬웨어가 작동하게 될 것입니다. 그리고 나서 그 컴퓨터에서 정보를 담고 있는 파일이나 폴더를 암호화하거나 컴퓨터 자체를 암호화할 수 있습니다. 여기서 랜섬웨어의 작동이 멈추면 불행 중 다행일 수 있습니다만, 당연히 여기서 멈추지 않겠지요. 이제는 감염된 컴퓨터와 연결되는 네트워크를 통해 정보를 저장하는 서버나 DB 또는 저장장치(NAS나, 외장형 저장장치) 등을 암호화하게 될 것입니다. 말 그대로 기업의 모든 정보와 모든 단말기 그리고 모든 저장장치가 암호화되는 상황이 현실화되는 것입니다.

랜섬웨어 몸값 비용과 실제 손실 비용: 빙산의 일각과 빙산의 몸통

　컴퓨터가 랜섬웨어에 감염된 이후 회사의 모든 정보가 암호화된 경우 랜섬웨어에 대응하는 비용은 얼마나 될까요? 감이 잘 안 잡힐 것입니다. 한국랜섬웨어침해대응센터의 조사에 의하면, 기업들은 컴퓨터 1대에 저장된

데이터 가치는 평균적으로 300만 원으로 보고 있으며, 이 금액의 수준이 넘어가면 공격자가 협박을 하더라도 피해 기업이 비용 지급을 거절하는 것으로 나타났습니다.[29] 이를 근거로 공격자들은 랜섬웨어의 비용을 컴퓨터 1대당 300만 원 정도로 보고 있습니다.

그렇다면, 피해 기업의 입장에서도 컴퓨터 1대당 300만 원을 곱하면 랜섬웨어 감염에 따른 비용, 즉 대응 비용이 모두 산출된 것으로 볼 수 있을까요? 그렇지 않습니다. 컴퓨터 1대당 300만 원은 그저 암호화된 컴퓨터나 정보를 다시 사용하기 위해서 지불해야 하는, 말 그대로 '몸값 비용'일 뿐입니다. 기업 입장에서 랜섬웨어 감염으로 인한 피해는 단순하게 컴퓨터 1대당 300만 원이라는 몸값에 그치는 것이 아닙니다.

랜섬웨어 '몸값 비용'은 그저 빙산의 일각일 뿐이고, '실제 손실 비용'은 기업의 존폐와 직결될 정도로 엄청나게 커질 수 있습니다. 한마디로 랜섬웨어 감염에 의해서 기업이 입는 '실제 손실 비용'이 바로 랜섬웨어라는 거대한 빙산의 몸통이 되는 것입니다. 랜섬웨어로 인해 기업이 입을 수 있는 실제 손실 비용에 대해 간단한 사례를 들어보겠습니다.

연 매출액 1,200억 원인 어느 회사가 있습니다. 이 회사는 컴퓨터를 263대 사용하고 있고, 모든 정보는 직원의 컴퓨터에 저장하고 있습니다. 일부 정보는 NAS 저장장치에 백업하고 있을 뿐, 비용 문제로 클라우드 서비스는 사용하지 않습니다.

그런데 이 회사가 랜섬웨어에 감염된 후 20일 동안 업무 수행이 중단되었습니다. 최근에 겨우 일부 정보를 복구하기는 했지만, 이 정보만으로 업무를 재개하기는 어려운 실정입니다. 게다가 현재는 고객의 대량 이탈과 소송 등 간접적인 피해가 연쇄적으로 발생하고 있습니다.

위 사례에서 가장 간단하게 알 수 있는 피해 금액은 당연히 컴퓨터의

컴퓨터의 몸값 비용

263대 컴퓨터 X 약 300만 원 = 789,000,000원

실제 손실 비용

- **PC 미사용으로 인한 일실손실**(기존의 일일·주간·월간 매출액)
- **브랜드 가치 훼손**(연 매출액의 약 1%)
- **시장점유율 상실**(연 매출액의 약 1%)
- **이용자 이탈**(월 평균 이용자의 약 10%)
- **인프라 피해 복구 및 보완책 도입 비용**(PC 재구매, 정보 재수집, 업무 프로세스 재구축 비용 등)
- **고객 보상 비용 및 법무 비용**(징벌적 손해배상, 법정 손해배상, 소송 비용 등)

〈랜섬웨어 피해에 대한 최소한의 손실 비용〉

몸값 비용일 것입니다. 몸값 비용을 컴퓨터 1대 당 300만 원으로 간주하고, 감염된 컴퓨터의 대수(263대)를 곱하면 789,000,000원이 됩니다. 이 비용만으로 모든 피해가 복구된다면 정말로 불행 중 다행일 것입니다. 그렇지만, 이 몸값 비용 이외에도 고려해야 하는 손실 비용은 생각보다 크게 산출될 수밖에 없습니다.

여기서 말하는 손실 비용에는 영리를 추구해야 하는 회사가 업무 중단으로 인해 영리 활동을 하지 못해 발생하는 일실손실과 시장점유율 상실, 이용자 이탈 등이 포함됩니다. 뿐만 아니라 랜섬웨어 감염이라는 엄청난 보안사고로 인해 기업의 브랜드 가치가 훼손될 가능성도 있습니다. 또한 랜섬웨어 감염으로 인해 고객에게 피해가 발생한 경우에는 해당 고객에 대한 피해 보상 비용과 함께 관련 소송 등에 대한 법무 비용도 발생할 수밖에 없습니다.

이처럼 실제 손실 비용은 컴퓨터의 몸값 비용보다 몇 배나 더 크게 산

직접 피해 항목	금액	기준	비고	비율
몸값 비용	789,000,000원	컴퓨터 1대 당 300만 원	컴퓨터 263대 X 300만 원	6.2%
일실손실	9,520,000,000원	1일 매출액 약 4억 7,600만 원	4억 7,600만 원 X 20일	
브랜드 가치 훼손	1,200,000,000원	연 매출액의 1%	1,200억 원 ÷ 100	93.8%
시장점유율 상실	1,200,000,000원	연 매출액의 1%	1,200억 원 ÷ 100	
합계	12,709,000,000원			100%

간접 피해 항목	내용
이용자 이탈	월 평균 이용자의 약 10%
인프라 복구 및 보안책 도입 비용	컴퓨터 재구매 비용, 네트워크 재구축 비용, 영업 정보 재수집 비용, 업무 프로세스 재구축 비용, 보안 시스템 재도입 및 보안체계 재구축 비용 등
고객 보상 비용 및 법무 비용	피해 고객 보상 비용(개인당 최대 피해액의 5배), 소송 대응 비용, 손해배상 비용 등
합계	위 모든 항목의 실제 손실 및 실제 집행 금액

〈랜섬웨어 직접 피해 항목과 간접 피해 항목(예시)〉

출될 가능성이 매우 높습니다. 위의 표는 '몸값 비용 대비 실제 손실 비용'에 대한 이해를 돕기 위하여 앞의 사례를 랜섬웨어 감염으로 인한 직접 피해 항목과 간접 피해 항목에 대입하여 정리한 것입니다.

위의 내역 중에서 우선 직접 피해 항목을 보면, 전체 직접 피해 금액(12,709,000,000원) 대비 몸값 비용(789,000,000원)의 비율은 6.2%밖에 되지 않음을 알 수 있습니다. 반면에 몸값 비용을 제외하고 나머지 직접 피해 금액의 비율이 무려 93.8%가 됩니다. 이 수치가 말하는 것은 랜섬웨어로 인한 직접 피해 항목만 비교해보더라도 몸값 비용은 그야말로 빙산의 일각이라는 것입니다.

간접 피해 항목의 경우에는 랜섬웨어 감염 이후에 발생하는 상황에 따라서 직접 피해 항목의 금액보다 더 커질 수도 있습니다. 특히 피해 회사의 사업 형태와 고객사와의 계약 관계 등에 따라 고객 보상 비용과 법무 비용이 피해 회사의 존폐에 영향을 끼칠 정도로 발생할 수도 있습니다. 이것이 랜섬웨어 피해 금액을 산출하는 가장 단순한 방식입니다. 실제로 확인하면 랜섬웨어로 인한 피해 금액은 엄청납니다. 이는 다음과 같이 표현할 수 있습니다. 접속을 금지하고 있는 인터넷 사이트에 직원이 의도적으로 접속하거나, 발신자가 불분명한 이메일에 포함된 링크(URL)·첨부파일을 실수 혹은 부주의로 클릭해서 감염된 랜섬웨어는 회사의 존폐를 좌우한다.

사람의 생각을 흔드는 공격, 당신의 방어 수단은 무엇입니까?

제3부
기업의 모든 구성원에게
필요한 보안인식

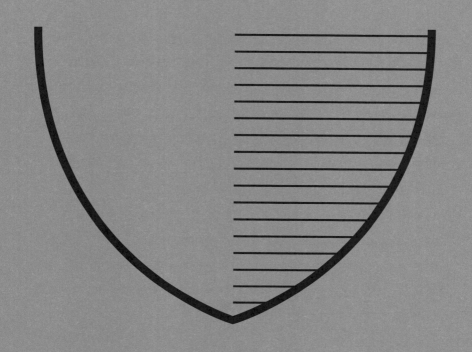

여러 부류의 사람들이 함께 모여 부서를 이루고 또 이러한 부서들이 모여 구성된 기업 환경은 결국 '사람과 조직'이 역할별 구성체로 결합된 것이라고 할 수 있습니다. 그러므로 기업 내에서 맡은 역할에 따라 특정 이슈에 대한 생각이 서로 다를 수 있고, 생각의 다름으로 인해 행동도 서로 다를 수 있습니다.

그러나 정보보호에 있어서는 구성원 각자가 다른 생각을 하고 그에 따라 결과적으로 다른 행동을 하게 된다면, 기업 전체를 위험에 빠뜨리는 상황이 생길 수도 있습니다. 이는 마치 도로 위에서 자동차를 운전하는 각각의 운전자가 자신만의 생각에 따라 자신만의 방식으로 운전을 하는 것과 같습니다. 결국 이러한 상황의 결과로 대형 교통사고가 발생하는 것과 같이, 기업에서도 대형 보안사고가 생길 수 있습니다.

앞서 살펴본 것처럼, 기업의 구성원 개개인이 가지고 있는 보안인식 수준이 다르다는 허점을 이용하는 공격이 점점 더 증가하고 있습니다. 특히 보안인식 수준이 낮은 직원을 경유지로 삼아 기업을 공격하고 정보를 빼가는 사례가 증가하고 있습니다.

사람을 경유하는 공격의 발생 가능성을 최소화하고 기업이 입을 수 있는 피해를 예방하는 것이 매우 중요합니다. 이를 위해서 정보보안 부서에서는 임직원들의 생각 속에 '보안인식'이라는 방패를 만들어주기 위해서 고군분투하고 있습니다. 다만, 생각 속에 '보안인식'이라는 방패를 그저 가지고 있다고 해서 제 기능이 발휘될 수 있는 것은 아닙니다. 즉, 개개인의 생각 속에서 '공격을 인지하고 이를 방어할 수 있을 정도의 보안인식 수준'에 이르러야 보안인식이 사이버 공격을 막아내는 방패로서 제 기능을 발휘할 수 있습니다.

뿐만 아니라 기업의 모든 구성원이 공격의 경유지로 악용될 수 있다는 점을 감안해볼 때, 특정 직군의 직원이나 특정 직급의 직원에게만 보안인식이라는 강력한 방패를 만들어주는 것은 정보보호 관리체계의 관점에서 큰 의미가 없습니다. 그 이유는 바로 정보보호라는 사슬은 언제나 조직에서 가장 약한 부분부터 끊어지기 때문입니다.

회사의 대표이사와 C-레벨 임원 그리고 일반 부서 임직원 등 모든 구성원이 '일정한 수준 이상의 보안인식'이라는 방패를 갖추는 것이 중요합니다.

제3부에서 소개하는 모든 내용은 기업의 모든 구성원을 대상으로 정보보호 인식제고 활동을 할 때 반영해야 하는 매우 의미 있는 소재입니다. 특히 대표이사와 C-레벨 임원을 대상으로 하는 정보보호 인식제고 활동에서 활용할 수 있는 소재들을 가능한 한 많이 수록해두었습니다.

또한 정보보호 최고책임자와 정보보안 부서 직원들이 새롭게 만들어내야 하는 보안인식의 개념도 자세하게 수록해두었습니다. 이 소재들을 활용하여 모든 구성원에게 '기업이 추구하는 수준 이상의 보안인식'이라는 강력한 방패를 만들어주시기 바랍니다. 보안인식은 임직원을 지켜주는 최후 방어선입니다.

제1장

대표이사와 C-레벨 임원이 반드시 갖추어야 할 보안인식

회사에는 전사적인 최종 의사결정권자인 대표이사가 있고, 부문별 의사결정권자인 C-레벨 임원이 있습니다. 이들의 업무 중에서 가장 중요한 업무는 부문별 업무 성과 창출과 그에 대한 책임 이행이라고 할 수 있습니다. 여기서 말하는 책임 이행은 업무의 성공과 실패만을 의미하는 것이 아니라, 업무 수행 과정에서의 직원 관리에 대한 책임과 법령 준수에 대한 책임 등이 모두 포함되는 것입니다.

일반적으로 C-레벨 임원이라고 하면 전통적인 C-레벨 임원과 신개념의 C-레벨 임원을 아우르는 표현입니다. 여기서 말하는 전통적인 C-레벨 임원이란 대표이사, 전략최고책임자(CSO), 운영최고책임자(COO), 재무최고책임자, 인사최고책임자(CHO), 기술최고책임자(CTO), 마케팅최고책임자(CMO), 커뮤니케이션최고책임자(CCO), 정보최고책임자(CIO), 정보보호최고책임자(CISO), 개인정보보호책임자(CPO) 등을 의미합니다.

이 중에서 정보보호법령에 근거하여 사업주 또는 대표자가 의무적으로 지정해야 하는 C-레벨은 정보보호 최고책임자와 개인정보보호책임자입니다.[30] 그리고 정보보호 최고책임자와 개인정보보호책임자를 지정할 경우 반드시 충족해야 하는 자격 요건에 관해서도 정보보호법령에 구체적인 규

정을 두고 있습니다.[31]

한편, 최근에 새롭게 등장하고 있는 신개념의 C-레벨 임원에는 브랜드최고책임자(CBO), 품질최고책임자(CQO), 연구최고책임자(CRO), 최고AI책임자(CAIO) 등이 있습니다.

위에서 볼 수 있는 것처럼 꽤 많은 유형의 C-레벨 임원이 회사에서 중요한 업무를 수행하고 있습니다. 그리고 이들이 책임지고 있는 부문에 적게는 수십 명에서 많게는 수백 명의 구성원이 소속되어 있습니다. 조직 체계의 가장 기본적인 개념인 상명하복의 관점에서 볼 때, C-레벨 임원의 생각과 언행은 수많은 소속 구성원에게 영향을 끼칠 수밖에 없습니다. 따라서 임직원의 보안인식의 수준을 높이는 데 대표이사 그리고 C-레벨 임원은 가장 중요한 역할을 하는 직급이라고 할 수 있습니다.

아이러니하게도 회사의 구성원 중에서 보안인식이 가장 약한 직급이 바로 대표이사와 C-레벨 임원이기도 합니다. 왜냐하면, 이들은 정보보호법령과 보안통제 규정에 관한 교육을 받은 적이 거의 없기 때문입니다.

회사에 새로 입사하는 실무자들은 정보보호교육을 의무적으로 이수하지만, 새로 입사하는 C-레벨 임원이나 대표이사도 매년 빠짐없이 정보보호교육을 이수하고 있나요? 아마도 정보보안 부서에서 신규 입사한 C-레벨 임원과 대표이사에게 '보안 교육에 참석해주십시오'라는 이메일을 보내더라도 업무상 긴급하거나 중요한 일이 있다는 이유로 참석하지 않을 확률이 높습니다.

기업에서는 대표이사 그리고 C-레벨 임원들의 생각과 말 한마디 그리고 행동 하나하나가 많은 구성원에게 엄청난 업무적 영향을 끼친다는 점을 간과해서는 안 됩니다. 회사의 모든 구성원이 반드시 준수해야 하는 정보보호 법률과 보안통제 규정을 잘 모르는 대표이사와 C-레벨 임원의 생각과 언행이 조직의 구성원에게 어떤 영향을 끼칠지는 어렵지 않게 상상할 수 있을 것입니다.

회사 임직원의 보안인식 수준을 높이기 위해서는 대표이사와 C-레벨 임원의 생각 속에 있는 '보안인식 수준'을 높이는 것이 가장 시급하고 중요합니다. 지금부터는 대표이사와 C-레벨 임원이 반드시 알고 있어야 하는 보안인식에 대해서 이야기해보겠습니다.

특히 제1장에서 소개할 내용들은 보안사고가 발생했을 때 기업의 존폐와도 직결될 수 있는 내용들입니다. 따라서 대표이사와 C-레벨 임원이 이 책을 읽고 계신다면 1장의 내용들을 반드시 숙지하시기 바랍니다. 그리고 만약에 정보보호 최고책임자나 정보보안 부서 소속의 보안 전문가가 이 책을 읽고 계신다면 제1장의 내용들을 정리하여 반드시 대표이사와 C-레벨 임원에게 교육하시기를 권고합니다.

기업 경영에 있어서 보안 위험의 패러다임 변화

기업을 경영하는 과정에서 직면할 수 있는 위험의 유형은 수십 가지 혹은 수백 가지가 넘습니다. 그리고 이러한 위험은 한 형태로만 머물러 있지 않고, 여러 가지 변수를 따라 계속 변화하고 있습니다. 다만, 이 책의 목적에 맞게 정보보호와 관련된 위험을 중심으로 이야기하겠습니다. 정보보호와 관련하여 필자가 가장 중요하게 여기는 보안 위험의 패러다임 변화는 크게 세 가지입니다.

첫째, '보안 위험 환경의 변화'입니다. 과거에는 대부분의 서비스가 제품 기반의 환경에서 이루어졌지만, 현재는 정보 기반의 환경에서 서비스가 이루어지고 있습니다. 그리고 과거에는 대면 환경에서 거래가 이루어졌지만, 현재는 비대면 환경에서 거래를 하는 것이 주류가 되었습니다. 특히 코로나-19를 경험한 뒤로 정보 기반의 비대면 방식 거래 환경이 세계적 흐름이 될 것으로 전망하고 있습니다.

이러한 변화 과정에서 그 가치가 엄청나게 상승하고 있는 것이 바로 '개인정보'입니다. 비대면 방식으로 거래를 하기 위해서는 거래의 상대방을 특정할 수 있는 정보, 즉 개인정보가 필수적이기 때문입니다. 게다가 비대면 환경에서 계약을 하기 위해서는 지불 수단이 필요한데, 이 과정에서 개인이 사용하는 것이 바로 개인정보에 포함되는 '금융정보'입니다. 그러다 보니 공격자가 거래 중간에서 이러한 개인정보와 금융정보를 탈취하거나 기업이 대량으로 보유하고 있는 고객의 개인정보나 금융정보를 훔치려는 공격을 계속하는 것입니다.

둘째, '보안 위험 원인의 변화'입니다. 과거에는 보안사고의 원인이 기술적 오류에 있는 경우가 많았습니다. 그러나 현재는 해킹이나 랜섬웨어와 같이 사람의 악의적인 의도에 기인하는 경우가 대부분입니다. 달리 표현하면, 과거의 보안사고는 기술적인 영역에서 그 원인을 찾을 수 있었지만, 현재는 비기술적인 원인, 즉 사람의 영역에서 원인을 찾아야만 한다는 것입니다.

이러한 원인의 변화 과정에서 공격자의 공격 벡터도 획기적으로 변화했습니다. 과거에는 공격자가 기술적 보안통제를 우회하는 데 시간과 노력을 들였다면, 현재는 사람의 생각을 경유하거나 사람의 생각을 이용하는 데 대부분의 시간과 노력을 들이고 있습니다. 그리고 이러한 공격을 통해서 확보한 개인정보를 활용하여 제2 또는 제3의 사이버 범죄에 재료로 활용하고 있습니다.

셋째, '보안 위험 책임의 변화'입니다. 과거에는 보안사고가 발생하면 기업의 수익이 잠시 하락하거나 원인 행위를 한 직원에 대해 기업의 내부 규정에 따라 징계(견책, 감봉, 해고 등의 도덕적 비난)를 했습니다. 그렇지만 현재는 「개인정보보호법」 등에 따라 보안사고가 발생한 기업과 보안사고의 원인 행위를 한 임직원은 법적 책임을 져야 합니다.

그뿐만 아니라 원인 행위를 하도록 의사결정을 한 C-레벨 임원도 법적

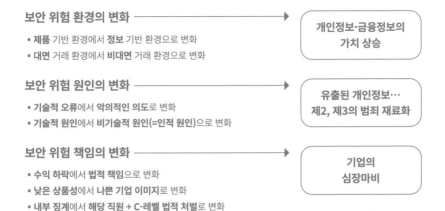

보안 위험 환경의 변화 ━━━━━━━━━━➤ 개인정보·금융정보의 가치 상승

- **제품** 기반 환경에서 **정보** 기반 환경으로 변화
- **대면** 거래 환경에서 **비대면** 거래 환경으로 변화

보안 위험 원인의 변화 ━━━━━━━━━━➤ 유출된 개인정보… 제2, 제3의 범죄 재료화

- **기술적 오류**에서 **악의적인 의도**로 변화
- **기술적 원인**에서 **비기술적 원인(=인적 원인)**으로 변화

보안 위험 책임의 변화 ━━━━━━━━━━➤ 기업의 심장마비

- **수익 하락**에서 **법적 책임**으로 변화
- **낮은 상품성**에서 **나쁜 기업 이미지**로 변화
- **내부 징계**에서 **해당 직원 + C-레벨 법적 처벌**로 변화

처벌의 대상이 됩니다.[32] 2023년 개정된 「개인정보보호법」에서는 개인정보 유출에 대한 과징금이 기존의 '관련' 매출액에서 '전체' 매출액의 3%로 상향되었습니다.[33]

만약 앞에서 예시로 든 랜섬웨어 피해 회사(연 매출액 1,200억 원, 감염된 컴퓨터 263대, 업무 중단 20일)에서 개인정보까지 유출되는 보안사고가 발생했다면 어떻게 될까요? 이 회사는 직접 피해 금액만 12,709,000,000원이고, 간접 피해 금액은 상황에 따라서 직접 피해 금액보다 더 많이 산출될 수밖에 없습니다.

게다가 전체 매출액의 3%에 해당하는 3,600,000,000원도 과징금으로 납부해야 합니다. 여기에다 「개인정보보호법」 제39조에 의한 '징벌적 손해배상제도'에 의해서 실제 피해액의 5배 이내의 손해배상을 해야 합니다. 이 것만이 아닙니다. 동법 제39조의 2에 따른 '법정 손해배상제도'에 의해서 개인정보가 유출된 피해자 1인당 300만 원 이하의 금액에서 손해배상을 해야 할 수도 있습니다.

이러한 상황을 종합해볼 때, 한마디로 보안 위험에 대한 책임을 이행하는 과정에서 기업이 심장마비에 걸리는 상황이 전개될 수도 있습니다. 기업 경영에서 대표이사와 책임 있는 경영진(C-레벨)이라면 위와 같이 변화된 보안 위험의 환경에 대비하기 위해 사람의 선의를 전제로 하는 대응 방식으로는 새로운 보안 위협을 막아낼 수 없다는 엄중한 현실을 받아들여야 합니다.

그리고 '공격 시도에 뚫린다'는 전제 아래에서 보안 대책을 강구해야 한다는 사실도 받아들여야 합니다. 특히 사람의 생각을 경유하는 공격이 파죽지세로 커지고 있는 현재의 상황을 엄중하게 받아들여야 합니다.

그래서 '보안인식이 없는 직원의 눈'으로 회사의 보안통제와 내부 통제 시스템을 바라보는 혜안을 가져야 합니다. 이러한 지혜를 활용해서 회사에서 부족하거나 보완해야 할 보안통제를 지속적으로 식별해내고 그에 맞는 보완 대책을 적용할 줄 아는 안목을 갖추어야 합니다. 이것이 책임 있는 경영진의 태도입니다. '공격 시도에 뚫린다'는 전제 아래 보안통제와 방어 대책을 마련해두어야 합니다.

경영진은 언제나 공격의 핵심 교두보

일반적으로 사이버 공격을 감행하는 방식은 이메일이나 메신저(카카오톡, SNS) 등을 이용하여 공격하거나 USB에 악성 코드를 심어둔 후 이를 이용하여 우회 침투하는 공격 방식, 임직원이 켜놓고 퇴근한 컴퓨터에 원격 접속하는 공격 방식, 임직원이 외근 시 사용하는 노트북을 무선으로 해킹하는 방식 등 다양합니다.

이렇게 공격해서 회사 시스템에 침투하게 되면, 공격자는 회사의 중요 경영 정보를 훔쳐서 경쟁 회사에 팔 수도 있습니다. 또는 정보 접근 권한을 획득하여 시스템을 해킹하거나 보유 중인 대량의 개인정보를 유출할 수도 있습니다.

최근 들어 보이스피싱 피해 사례가 증가하고 있습니다. 보이스피싱을 직접 경험해보지 않은 사람이라면, 보이스피싱 공격을 당한 사람이 이해되지 않을 수도 있습니다. 하지만, 직접 피해를 입어본 사람이라면 보이스피싱이 얼마나 정교하고 치밀한지 알 겁니다. 여기서 말하는 보이스피싱이란 전화 등을 통해 사람을 속여 개인정보나 금융정보를 요구하거나 또는 금전을 이체하도록 하는 공격 수법입니다.

한편, 사람을 속이는 형태의 또 다른 공격 기법으로 사회공학 공격Social Engineering Attack이 있습니다. 한마디로 '사람의 생각을 해킹'하는 기법입니다. 이 사회공학 공격은 공격의 대상으로 삼고 있는 타깃이 처음부터 다릅니다. 즉 일반적인 사이버 공격 방식과는 달리 사회공학 공격은 처음부터 회사의 대표이사나 C-레벨과 같은 주요 직급자를 타깃으로 설정합니다. 그런 다음에 이들의 취미나 관심사 등을 활용하여 회사의 중요 정보와 고객의 개인정보를 탈취하는 방식을 취합니다.

예를 들어 설명해보겠습니다. 공격자가 목표로 하고 있는 회사의 대표이사가 골프를 아주 좋아한다는 정보를 입수했다고 가정해보겠습니다. 공격자들은 '골프 회원권 할인 행사 당첨' 이메일을 진짜처럼 정교하게 만들어서 대표이사의 회사 이메일로 발송합니다. 이메일의 내용과 디자인 그리고 링크가 진짜보다 더 진짜 같아 보이므로, 대표이사는 이것이 사회공학 공격이라고 전혀 생각하지 못합니다. 오히려 자신이 진짜로 골프 회원권 할인 행사에 당첨되었다고 생각하게 됩니다. 그래서 대표이사는 이메일에서 요구하는 개인정보와 금융정보를 전송할 것이며, 이 과정에서 공격자가 이메일에 숨겨놓은 악성 코드를 본인도 모르게 실행시키게 될 것입니다.

이처럼 대표이사와 고위 경영진(C-레벨)은 너무나 손쉽게 공격자들의 핵심적인 공격 교두보가 되고 있습니다. 이런 일이 가능한 이유는 무엇일까요? 그 이유는 대표이사와 고위 경영진의 업무 형태에서 일반적으로 관찰되는 네 가지 특성과 밀접하게 관련되어 있습니다.

첫째, 대표이사와 고위 경영진은 정보보호 규정이나 보안통제로부터 자유로워지려는 경향이 있습니다. 예를 들면 정보보호 규정에 의해 회사 외부로 노트북을 반출하는 경우, 반출 승인 절차라는 보안통제를 거쳐야 함에도 불구하고, 이러한 보안통제를 따르지 않으려는 경향이 있다는 것입니다. 또는 정보보호 규정에 의해 모든 업무용 단말기 내에는 보안 시스템을 설치하도록 규정되어 있는데도 대표이사와 고위 경영진은 자신의 업무용 노트북에 보안 시스템의 설치를 거부하는 경우도 많습니다. 이는 마치 운전자의 안전을 위해서 모든 자동차에는 브레이크와 안전벨트와 같은 안전 장치를 장착해야 하는데도 자신의 자동차에는 안전 장치를 설치하지 않겠다고 말하는 것과 같습니다.

대표이사나 고위 경영진은 종종 '업무상의 필요'를 이유로 회사의 보안 통제를 적용하지 말아 달라고 하는, 이른바 '예외 적용'을 권리인 양 요청하기도 합니다. 이는 마치 '자신의 운전상 필요'를 내세워서 모든 운전자의 안전을 위해 반드시 준수해야 하는 교통신호체계를 자신에게는 적용하지 말아달라고 요청하는 것과 같습니다.

둘째, 대표이사와 고위 경영진은 보안 시스템이 모든 것을 보호해줄 것이라 생각하는 경향이 있습니다. 아무리 튼튼하고 아무리 안전 장치가 잘 장착된 자동차를 운전한다 하더라도, 운전자가 운전을 부주의하게 하면 교통사고가 날 수밖에 없습니다. 마찬가지로 아무리 보안 시스템이 강화되었다고 하더라도 사람이 행동으로 준수해야만 지켜지는 안전도 있기 마련입니다.

대표이사와 고위 경영진은 종종 스스로 준수해야 하는 정보보호 규정과 절차는 준수하지 않으면서 보안사고가 발생했을 때 보안 시스템에 모든 보호 책임을 전가하기도 합니다. 이는 마치 운전자가 「도로교통법」과 교통신호체계를 준수하지 않으면서, 신호등과 교통 CCTV 등이 자신을 보호해 줄 것이라고 생각하는 것과 다를 바가 없습니다.

셋째, 대표이사와 고위 경영진은 최신 기술이 적용된 기계나 외부 서비스를 다른 사람들보다 먼저 사용하는 것을 선호하는 경향이 있습니다. 이 과정에서 회사 내 보안통제를 준수하면 좋겠지만, 현실적으로 그렇지 못합니다. 즉 최신 기기를 회사 내부 네트워크에 접속시키거나 외부 서비스를 회사 컴퓨터에 다운로드하기 전에 정보보안 부서에 '보안성 검토'를 요청하는 경우가 거의 없다는 것입니다.

넷째, 대표이사와 고위 경영진은 집에서도 일을 하려는 경향이 있습니다. 이는 물론 스스로 원해서일 수도 있겠지만 업무상 필요에 의해서 하는 것이겠지요. 다만, 자택의 네트워크가 안전하지 않다는 점을 전혀 인식하지 못하는 것이 문제가 될 수 있습니다. 그리고 때로는 업무용 노트북이 아니라 자택의 개인 컴퓨터로 업무를 수행하는 경우도 있습니다.

이렇게 되면 대표이사와 고위 경영진이 결국 사이버 공격의 '교두보' 내지 공격과 피해 발생 사이의 '접점' 역할을 하게 됩니다. 자택의 취약한 네트워크에 접속한 업무용 노트북은 사이버 공격자의 '사전 공격Preliminary Attack'의 대상이 될 수 있습니다. 그런 다음 이 업무용 노트북을 사무실로 가져와서 회사 네트워크에 접속하는 순간부터는 회사가 공격의 주 대상이 됩니다.

사이버 공격자들은 공격 성공률을 높이기 위해서 공격 타깃에 대한 엄청난 연구와 탐색을 하고 있습니다. 특히 사람의 생각을 경유하는 공격을 일삼는 공격자들은 위와 같이 대표이사와 고위 경영진의 업무적인 특성을 심도 있게 연구합니다. 그 결과 이들은 대표이사와 고위 경영진을 공격의 핵심 교두보로 악용하는 손쉬운 방법을 찾아낸 것입니다.

기업의 대표이사와 고위 경영진이라면 자신이 사이버 공격에 악용되지 않을 방법을 고민해야 하고, 또한 그 방법을 실행해야 합니다. 그리고 이러한 고민과 실행을 위해서는 가장 먼저 다음의 질문에 자신 있게 답할 수 있어야 합니다. 공격자는 당신을 연구하고 있습니다. 당신은 공격자를 연구하고 있습니까?

대표이사의 보안철학 수준을 넘을 수 있는 직원은 없다

회사가 안정적인 사업체로서 자리를 잡아갈수록, 대표이사가 관념적으로 고민하고 정립해야 하는 철학이 많아집니다. 대표적으로는 회사의 사명과 팀 구성 원칙 그리고 회사에서 요구하는 리더십과 인재상 등이 그러할 것입니다. 대표이사가 이러한 철학을 정립하면, 그때부터는 회사에 재직하는 모든 임직원에게 대표이사의 철학은 일종의 불문율과 같은 기능을 하게 됩니다. 그래서 업무 수행 과정에서 임직원 간에 어떤 가치나 개념의 충돌이 발생할 경우에는 대표이사가 정립해놓은 철학에 부합하는 방향으로 갈등을 해소하고 업무를 진행하게 됩니다.

결국 대표이사가 정립해놓은 철학은 업무 수행 과정에서 혼란이나 충돌이 발생할 때 임직원들에게 '판단의 기준criterion'이 됨과 동시에 '판단의 수준standard'이 됩니다. 예를 들어 서로 상반되는 업무를 담당하는 부서 간의 업무상 의견 충돌이 발생할 경우 어느 시점에는 하나의 선택을 해야만 할 것입니다. 대표적으로 통제 부서와 실무 부서 간의 의견 충돌이 그러하지요. 이럴 경우 대표이사가 정립해놓은 철학은 문제를 해결하는 데 매우 중요한 '판단 기준'이자 '판단 수준'으로 작용하게 됩니다. 이는 대표이사의 철학이 순기능으로 작용하는 것이라고 표현해도 무방할 것입니다.

반면에 대표이사의 철학이 역기능으로 작용하는 경우가 있습니다. 대표적인 사례가 바로 보안통제가 실무 부서의 업무에 부정적인 영향을 미치는 경우입니다. 정보보호 법률에 의해서 당연히 준수해야 하는 합법적인 보안통제로 인해서 어느 실무 부서에는 업무 진행에 매우 큰 불편을 겪거나 심할 경우 업무 수행 자체를 전면 중단해야 할 수도 있습니다. 예를 들면, 마케팅 정보 전송의 경우가 그러합니다. 마케팅 정보를 전송하기 위해서는 정보보호 법률상 준수해야 하는 항목과 과정이 생각보다 많습니다. 그래서 정보보안 부서에서는 정보보호 법률에서 요구하는 항목과 절차를 준수하도록 실무 부서를 대상으로 보안통제를 하게 됩니다.

문제는 이러한 보안통제가 영업 부서나 마케팅 부서에는 매우 큰 업무적 부담으로 작용하거나 아예 마케팅 정보 전송을 못 하게 막는 원인이 되기도 한다는 것입니다. 이런 경우 대표이사가 정립해놓은 '정보보호에 대한 철학'이 역기능으로 작용할 수 있습니다. 예를 들어 회사의 존재 이유는 수익 창출이기 때문에 '정보보호보다는 마케팅에 모든 역량을 건다'는 생각이 대표이사의 평소 철학이라면, 이 철학은 정보보호에서 역기능으로 작용하게 되는 것입니다. 대표이사의 철학을 넘어서 더 높은 수준의 철학을 회사 내에 실현할 수 있는 직원은 없습니다.

통제 부서와 실무 부서가 업무로 충돌하는 경우에는 더더욱 대표이사의 철학을 넘어서는 수준으로 통제 업무를 수행할 수 있는 직원이 없습니다. 그렇기 때문에 대표이사는 회사 내 통제 규정에 관한 자신의 철학을 정립하여 이를 회사 전체에 공유해둘 필요가 있습니다. 이렇게 한다면, 회사 내 모든 임직원이 업무를 수행함에 있어 자신이 준수해야 할 통제 규정을 먼저 찾아보고 준수할 수 있습니다. 예를 들어서 '편리보다는 안전을 위해서 교통법규 준수가 우선한다'는 철학이 정립되어 있다면, 이러한 철학이 모든 운전자에게 적용되는 중요한 '기준'이 되는 것처럼 말입니다.

업무상 편리보다는 안전을 우위에 두고, 통제 규정의 준수가 중요하다는 대표이사의 철학은 아무리 강조해도 지나치지 않습니다. 회사의 업무 수행과 관련된 법령에 기반한 통제를 하고 이 통제를 준수하는 것은 결과적으로 법령을 준수하는 일입니다. 따라서 통제 부서의 업무와 실무 부서의 업무 간에 충돌이 발생할 때는 '통제 규정 준수가 우선한다'는 대표이사의 철학이 있어야만 이 철학이 임직원 간에 '판단 기준'이자 불문율로 작용할 수 있을 것입니다. 마치 이런 불문율처럼 말입니다. 우리 회사는 아무리 급해도 무단횡단을 하지 않습니다.

대표이사로부터 특정 업무를 수행하라는 지시를 직접 받았다는 이유로 그 지시를 받은 직원이 정보보안 부서의 보안통제로부터 자유로워지려는 경우도 있습니다. 이런 경우는 한마디로 이 직원이 대표이사의 지시를 근거로 정보보호 법률을 준수하지 않아도 된다고 생각하는 경우라고 할 수 있습니다. 이 직원은 "대표님이 이 업무를 수행하라고 직접 지시하셨는데, 왜 정보보안 부서에서 하라 마라 판단하나요?"라고 물을 수 있습니다.

이러한 경우에도 대표이사의 보안철학이 없다면 편리를 추구하려는 방향으로 업무가 진행될 가능성이 매우 높아집니다. 그래서 결과적으로는 정보보호 법률을 위반하게 될 수 있습니다. 이런 결과를 방지하기 위해서라도 대표이사의 보안철학이 평소에 정립되어 있고, 그 보안철학이 전사에 공유될 필요가 있는 것입니다. 그래야만 대표이사의 보안철학이 회사의 '불문율'이자 '판단 기준'으로 작용할 수 있기 때문입니다.

대표이사는 업무와 관련된 모든 법령과 통제의 내용을 깊이 숙지한 상태에서 업무 지시를 할 수 없습니다. 위 사례에서 대표이사가 지시한 것은 '특정한 업무를 수행하라는 지시'일 뿐, '그 업무를 수행하는 과정에서 법령을 위반해도 된다는 지시'를 한 것은 절대로 아닙니다.

정상적인 경우라면, 대표이사로부터 특정한 업무 지시를 받은 직원은 그 업무를 실행하기 전에 그 업무와 관련해 통제 부서에 문의를 하는 것이 맞습니다. 이러한 정상적인 경우가 실제로 작동하기 위해서라도 아래와 같은 대표이사의 보안철학이 회사의 '불문율'이자 '판단 기준'으로 작동해야 합니다. "우리 회사는 업무 수행을 할 때 통제 규정을 먼저 준수합니다."

이렇게 해두면 대표이사는 특정 업무를 지시할 때마다 매번 그 업무와 관련된 다양한 통제의 준수를 별도로 지시하지 않아도 됩니다. 또한 실무 부서에서는 자연스럽고 당연하게 자신이 지시받은 업무와 관련된 보안성 여부를 통제 부서에 문의하게 될 것입니다. 이렇게 되면 특히 정보보안 부서에서는 '보안성 검토'라는 방식을 통해서 대표이사가 지시한 특정 업무를 수행할 수 있는 합법적인 방법과 절차를 실무 부서와 함께 찾아가게 될 것입니다. 그 결과 이런 보안철학에 도달하게 됩니다. "우리 회사는 보안 문제를 고객에게 전가하지 않습니다."

정보보호는 제품·서비스 출시 전에 선결해야 하는 책임감의 철학

2018년 전 세계를 떠들썩하게 만들었던 페이스북의 개인정보 8,700만 건 유출 사건을 혹시 기억하고 계시나요? 이 사건이 발생한 후 마크 저커버그Mark Zuckerberg는 미국과 영국의 언론 매체에 사과 광고를 게시했습니다.[34]

사과 광고에서 저커버그는 "우리는 여러분의 정보를 지켜야 할 책임이 있습니다. 이 책임을 지지 못한다면 우리는 여러분의 정보를 가질 자격이 없습니다"라고 밝혔습니다. 특히 개인정보 유출에 관해서는 "신뢰를 저버린 것a breach of trust"이라고 표현했습니다. 마크 저커버그는 서비스를 출시하기 전에는 전혀 정의하지 못했던 '경영자로서의 보안철학'을 이 엄청난 사건을 경험하고 나서야 비로소 정의한 것입니다.

이 사건은 당시 몇 가지 이유로 굉장한 이슈가 되었습니다. 첫째는 '사건 그 자체'였습니다. 전 세계의 수많은 이용자를 보유한 글로벌 서비스 회사인 페이스북에서 개인정보를 그것도 8,700만 건이나 유출한 것 자체만으로 엄청난 이슈가 되었습니다. 둘째는 이 사건이 발생한 시점은 2016년인데, 페이스북이 이를 인지한 시점이 2018년이므로 '약 2년 동안 개인정보 유출을 인지하지 못했다'는 것입니다. 셋째는 이 사건에 대해 한화 약 5조 9,000억 원이라는 '천문학적 벌금'이 부과되었다는 것입니다.

당시 이 사건을 경험한 많은 페이스북 이용자들이 연이어 페이스북을 탈퇴했고, 웹에서는 페이스북 탈퇴 방법을 묻는 내용이 상위 검색어를 차지하기도 했습니다. 이처럼 페이스북 이용자들이 연이어 서비스를 탈퇴하게 된 현상에 대해서 이용자, 즉 고객들은 어떤 생각으로 탈퇴를 결심하게 되었는지 혹시 여러분들은 고민해보신 적이 있으신가요? 이 사건 발생 직후 페이스북 이용자였던 필자의 많은 지인들이 말했던 '페이스북을 탈퇴하는 이유들'을 정리해보았더니, 아래와 같이 두 가지로 나타났습니다.

첫째, 이들은 애초부터 과도한 개인정보 수집이 가능하도록 설계했다.
둘째, 게다가 그렇게 과도하게 수집한 개인정보를 보호하지도 않았다.

일반적으로, 어느 회사에서 제공하는 제품이나 서비스에는 그 회사의 사명과 그 사명을 실현하기 위한 많은 팀의 협업 그리고 리더십이 녹아 있습니다. 그래서 고객들은 회사가 출시하는 제품이나 서비스를 보면서 그 회사의 사명과 철학을 판단하곤 합니다. 이런 관점을 페이스북 사건에 빗대어 본다면, 당시 페이스북을 탈퇴한 많은 이용자들은 페이스북의 서비스에서 고객의 개인정보를 보호하고자 하는 사명이나 철학을 찾을 수 없었던 것입니다. 그래서 그 엄청난 탈퇴 행렬이 이어진 것입니다.

자동차의 속도를 높이거나 방향을 조절하는 데 편리함을 주지는 않지만, '운전자의 의지 여부'에 따라 위험에 직면할 때 결정적으로 안전을 보장해주는 두 가지 장치가 있습니다. 브레이크와 안전벨트입니다. 이러한 매커니즘과 마찬가지로 정보보호와 개인정보보호는 회사의 매출액을 상승시키는 직접적인 역할을 하지는 않지만, '기업의 의지 여부'에 따라 보안사고를 예방하거나 피해를 최소화하는 데 결정적인 역할을 합니다.

기업에서 제품이나 서비스를 출시하기 전에는 고객의 개인정보가 노출되거나 악용될 상황을 미연에 방지하여 고객이 안전하게 제품이나 서비스를 이용할 수 있도록 하는 것이 기업의 기본 철학이 되어야 합니다.

이러한 기본 철학은 마치 단 한 번 발생할 수도 있는 치명적 교통사고로부터 운전자의 생명과 안전을 보장하기 위해 출시 이전에 안전벨트 테스트와 브레이크 테스트를 수백 번 수행하는 것과 같은 '책임감의 철학'이라고 할 수 있습니다.

이러한 관점에서 정보보호 내지 개인정보보호에 관한 기업의 책임감을 표명하는 기본 철학으로 "개인정보보호도 고객에게 제공해야 하는 서비스 중 하나"임을 공표할 필요가 있습니다.

정보보호 실패에 대한 기업(대표자)의 관리·감독 책임 확장

기본적으로 사용자는 임직원에 대한 관리·감독 책임이 있습니다. 여기서 말하는 사용자는 일반적으로 기업을 의미하지만, 경우에 따라서는 대표이사가 되기도 합니다. 그리고 여기서 말하는 기업의 책임에는 종업원의 법률 위반 행위를 방지하기 위하여 평상시에 관리 및 감독을 할 책임이 포함되어 있습니다. 그렇기 때문에 임직원이 법률 위반 행위를 했을 경우 기업이 해당 임직원에 대한 관리·감독을 소홀히 했다면 기업이 법적 책임을 져야 하며, 경우에 따라서는 대표이사도 법적 책임을 질 수 있습니다.

최근에는 기업의 관리·감독 책임이 정보보호의 실패에 대한 책임으로 확장되고 있습니다. 다시 말해 임직원이 정보보호 법률을 위반했을 때, 이 임직원에 대한 기업의 관리·감독 여부에 대해서도 법적인 책임을 묻고 있다는 것입니다. 이와 관련된 대표적인 사건이 바로 2014년 1월 우리나라에서 1억 400만 건이라는 사상 최대의 개인정보가 유출된 카드 3사 개인정보 유출 사건입니다.

2014년 당시 이 사건의 여파는 엄청났습니다. 개인정보가 유출된 3개 카드사에서는 사건 발생 일주일 만에 약 53만 명의 소비자가 이탈했습니다.[35] 그리고 이 사건으로 인해 3개 카드사는 3개월의 영업정지 처분을 받았으며, 당시 3개 카드사가 입은 최소 손실액은 약 1조 원으로 추정되었습니다.[36]

당시 '더 큰 문제는 개인정보가 유출된 이후부터 발생할 것'으로 예상한 보안 전문가들이 많았습니다. 이 당시에 유출된 개인정보는 이름, 주민등록번호, 이메일, 계좌번호, 결제일, 자택 주소, 자택 전화번호, 직장 주소, 직장 전화번호 등이었는데, 이러한 개인정보를 결합하면 파생적인 범죄에 활용하는 것이 충분히 가능했기 때문입니다. 여기서 말하는 파생적인 범죄란 타인의 개인정보와 신용정보를 악용하는 예금 인출 범죄, 타인의 개인정보와 USIM 정보를 악용한 대포폰 범죄, 타인의 신용정보와 USIM 정보를 악용한 불법 결제 등입니다.

이 사건의 1심 재판부였던 서울중앙지법 민사합의17부는 지난 2022년 1월 4일 이 사건에서 개인정보를 유출한 직원의 소속 회사인 코리아크레딧뷰로(이하 'KCB')에 대해 아래와 같이 판시했습니다.

"KCB는 사용자로서 개인정보 유출을 방지할 주의의무를 부담하는데도 불구하고 그 책임을 다하지 못했으므로, KCB는 손해배상의 책임이 있다"

〈기업의 관리·감독 소홀로 인한 개인정보 유출과 파생적 피해〉

1심 재판부가 기업의 손해배상 책임을 인정한 근거는 두 가지입니다. 첫째는 이 사건 기업인 KCB가 범행 당사자인 직원에게 단 1일의 신입 직원 교육만 마친 뒤 검증 없이 피해 기업(즉 카드 3사)의 현장 책임자로 지정했다는 것입니다. 둘째 근거는 이 사건을 일으킨 직원의 소속 부서에 대한 종합 감사 과정에서 보안상의 문제점을 지적하며 개선 조치를 보고하도록 했지만, KCB가 아무런 조치를 하지 않았다는 점입니다. 결국 법원은 고객 정보 활용에 따른 보안 대책을 세우지 않았을 뿐 아니라 현장 점검 등과 같은 고객 개인정보보호에 대한 관리·감독을 소홀히 했다는 이유로 KCB에 584억 원의 손해배상 책임을 인정했습니다.[37]

최근 이 사건에 대한 2심 판결이 나왔습니다. 2023년 11월 16일 서울고등법원 제18민사부는 다음과 같이 판시했습니다.

> "KCB는 직원들의 선발·관리 과정에서 개인정보가 제3자에게 제공되지 않도록 특별히 주의를 했어야 함에도 불구하고 이를 게을리했다. …… 그 결과로 개인정보 유출 행위가 이루어져서 KCB에 대한 엄격한 책임을 묻지 않을 수 없다."

특히 이번 2심 판결은 지난 1심 판결의 손해배상액인 584억보다 높은 624억 원의 손해배상을 판결했습니다. 그 근거로 "기업의 관리·감독 책임을 소홀히 했다"는 점을 판시 사항에서 강조했습니다.[38] 그리고 2024년 3월 대법원은 2심 판결에 잘못이 없다고 보고 KCB의 상고를 기각하여 원심 판결을 확정했습니다.[39] 이 사건에 대한 각 법원의 판단 과정에서 강조하고 있는 매우 중요한 메시지는 바로 이것입니다. "개인정보보호에도 기업(대표자)의 관리·감독 책임이 존재한다."

개인정보보호에도 기업의 관리·감독 책임이 이미 존재하고 있습니다.[40] 그렇기 때문에 이러한 관리·감독 책임의 소홀에 대해서 법적으로 무겁게 책임을 묻는 것은 '이미 예정된 현실'이라고 보아야 합니다. 왜냐하면 정보보호가 법률화되었음에도 불구하고 기업의 개인정보 유출 사건이 줄어들지 않으며, 이러한 과정에서 기업의 관리·감독이 제대로 이행되지 못하고 있었기 때문입니다.

직원 선발이나 직원 관리 과정에서 기업의 일반적인 관리·감독 책임도 중요합니다. 그렇지만, 보안인식의 수준이 낮은 직원에 의해서 보안사고가 발생하는 경우에는 이러한 직원에 대한 관리·감독 책임도 기업의 기본적인 책임으로 확장되고 있습니다. 이러한 이유에서 이제부터는 개인정보보호 업무에 대한 '기업(대표자)의 관리·감독의 중요성'을 분명하고 정확하게 인식할 필요가 있습니다.

의사결정권자의 말 한마디로도 줄일 수 있는 보안 위험

회사에는 업종과 규모에 따라 매우 다양한 실무 부서들이 운용되고 있습니다. 회사에서 운용되는 모든 실무 부서의 존재 이유는 회사의 사명과 목표를 달성하기 위한 것입니다. 다시 말하자면, 그 부서 자체의 사명이나 목표를 달성하는 것보다 회사 전체의 사명과 목표 달성이 우선한다는 것입니다.

한편, 회사에는 법령과 규정에 기반하여 회사 내 모든 부서를 통제하는 이른바 '통제 부서'가 있습니다. 인사 부서, 재무 부서, 법무 부서, 보안 부서 등이 그에 속합니다. 그리고 회사의 모든 실무 부서는 자신들의 업무 수행 과정에서 회사의 통제 규정을 '직접 확인'해보거나 아니면 '통제 부서에 문의와 검토를 받은 후'에 업무를 수행하는 것이 일반적인 절차이자 방식입니다.

예를 들어, 팀원의 긴급한 휴가나 비정상적 근태에 관한 내용은 실무 부서가 인사 규정을 직접 확인하거나 인사 부서에 해당 내용을 문의하여 검토를 받은 후에 실무 부서의 의사결정권자가 판단하게 될 것입니다. 또한 평소와 다른 출장비 집행이 필요한 경우도 실무 부서가 재무 규정을 직접 확인하거나 아니면 재무 부서에 해당 출장비에 대해 문의하고 검토를 받은 후에 실무 부서 의사결정권자가 판단하게 됩니다. 새로운 계약을 할 때도 마찬가지겠지요?

이와 같은 방식으로 실무 부서는 업무 수행의 모든 과정에서 반드시 회사 내 통제 규정을 '직접 확인'하거나 '통제 부서에 문의와 검토를 받은 후' 업무를 진행하고 있습니다.

회사 내 다른 통제와 비교해볼 때 보안통제가 가장 깊고 넓은 수준의 통제 규정을 가지고 있습니다. 즉 회사 내 통제 부서 중에서 정보보안 부서의 규정이 가장 많습니다. 이 말은 실무 부서가 '직접 확인'하거나 '문의와 검토'를 받아야 할 보안통제 규정이 가장 많다는 뜻입니다.

이러한 상황을 고려해볼 때, 실무 부서에서 '어떤 방식으로 업무를 수행하느냐'에 따라서 보안통제를 준수할 수도 있고 위반할 수도 있게 됩니다. 여기서 말하는 '보안통제를 위반할 수도 있다'는 말에는 그 통제 규정을 준수하지 않음으로써 해당 보안통제의 근거 법령을 위반하게 된다는 매우 중요한 의미도 포함되어 있습니다. 이러한 보안통제 규정 위반은 회사 입장에서는 심각한 보안 위험 상황으로 확대될 수도 있습니다.

실무 부서의 의사결정권자가 '보안인식을 가지고 있느냐' 여부에 따라 해당 실무 부서에서 수행하는 업무와 연관된 보안 위험이 커질 수도 있고 작아질 수도 있습니다. 보안 위험이 커지는 경우는 당연히 실무 부서의 의사결정권자가 보안통제 규정의 존재를 인식하지 못하거나 의도를 가지고 보안통제 규정을 준수하지 않는 경우라고 할 수 있습니다.

반면에, 의사결정 과정이나 업무 지시 과정에서 의사결정권자의 말 한마디가 보안 위험을 획기적으로 줄이기도 합니다. 특히 실무 부서 내 고유한 업무 처리 과정에서 의사결정 내지 업무 지시를 하는 경우에 의사결정권자가 실무자에게 다음과 같은 질문을 한다면 그 업무와 관련된 보안 위험을 획기적으로 줄이는 것이 가능해집니다.

"이 업무와 관련해서 우리가 준수해야 할 보안통제 규정이 있는지 직접 확인하거나 또는 정보보안 부서에 문의해보았나요?"

의사결정권자로부터 이 말을 들은 실무 부서 담당자는 당연히 보안통제 규정을 '직접 확인'해보거나 아니면 '정보보안 부서에 문의'해서 그 결과를 의사결정권자에게 보고하게 될 것입니다. 그리고 정보보안 부서에서는 이러한 문의를 받아서 '보안성 검토'를 통해 해당 업무와 관련된 보안통제를 적용할 수 있게 됩니다. 보안성 검토는 검토 대상 업무를 계획·실행하는 실무 부서에서 정보보안 부서에 검토를 요청해야만 진행할 수 있습니다. 마치 환자가 의사에게 찾아와야만 의사가 그 환자에 대한 진단과 처방을 할 수 있는 것과 같습니다.

이러한 일련의 과정은 의사결정권자의 말 한마디에서 비롯됩니다. 의사결정권자의 말은 소속 임직원의 보안인식에 매우 막강한 영향을 미칩니다.

회사의 보안 수준 판단 기준

회사의 '보안 수준'은 어느 하나의 기준으로만 정의하고 규정하기가 쉽지 않습니다. 특히 보안사고가 발생한 회사에 대해서 그 회사의 보안 수준을 판단한다는 것은 더 어렵다고 할 수 있습니다. 마치 사회적인 안전을 위협하는 대형 사고가 발생한 후에 그 사고에 직접적인 관련이 있는 회사의 안전 수준을 판단하는 것이 쉽지 않은 것과 같습니다.

회사의 보안 수준을 말할 때는 보안사고의 발생 여부는 고려할 필요가 없습니다. 회사의 보안 수준이 낮다고 해서 보안사고가 많이 발생하는 것이 아니고, 반대로 회사의 보안 수준이 높다고 해서 보안사고가 적게 발생하는 것도 아니기 때문입니다. 지난 시간 동안 우리 사회에 엄청난 파장을 불러일으킨 보안사고를 보면 주로 대기업 위주라는 점을 알 수가 있습니다. 다시 말해서, 보안 수준이 높다고 보이는 대기업에서도 보안사고가 많이 발생한다는 것을 경험을 통해서 잘 알 수 있습니다.

그렇다면, 회사의 보안 수준은 어떤 기준으로 판단할 수 있을까요? 이에 대해서 필자는 두 가지 상황에서 보안 수준을 나누어 판단해야 한다고 생각합니다. 첫째는, '일상 업무를 수행하는 상황'에서의 보안 수준 판단입니다. 둘째는 '보안사고가 발생한 상황'에서의 보안 수준 판단입니다.

일상 업무를 수행하는 상황에서의 보안 수준 판단 기준 → 의사결정권을 가진 부서장의 보안인식 수준
보안사고가 발생한 상황에서의 보안 수준 판단 기준 → 보안사고 대응 수준

일상 업무 상황에서 '의사결정권을 가진 부서장의 보안인식 수준'을 회사의 보안 수준의 판단 기준으로 보는 이유는, 이들의 의사결정이 보안통제에 미치는 영향이 매우 크기 때문입니다. 앞서 대표이사의 보안철학과 유사한 메커니즘이 각 부서장에게도 그대로 나타나는 것입니다. 따라서 부서장이 가지고 있는 보안인식 수준이 그 부서의 보안 수준에 순기능으로 작용하기도 하고 역기능으로 작용하기도 합니다.

부서장의 보안인식 수준이 순기능으로 작용하는 경우에는 회사 전체에 큰 도움이 되겠지만, 그 반대의 경우에는 그 부서로 인해 회사 내에 새로운 취약점이 만들어지거나 그 부서의 업무가 보안사고의 원인이 되기도 합니다. 더 심각한 것은 보안 수준에 역기능으로 작용하는 부서장의 보안인식으로 인해 기존에 높은 수준의 보안인식을 가지고 있던 직원의 보안인식도

순식간에 붕괴된다는 점입니다. 이러한 이유에서 일상 업무 상황에서 '의사결정권을 가진 부서장의 보안인식 수준'을 그 회사의 보안 수준으로 볼 수 있는 것입니다.

다음으로 보안사고 발생 상황에서 '보안사고 대응 수준'을 회사의 보안 수준 판단 기준으로 보는 이유는, 보안사고에 대응하는 상황은 평소의 보안 수준이 있는 그대로 드러나는 순간이기 때문입니다. 평소에 정보보호 법률을 준수하고 보안통제를 잘 이행하던 회사에서 보안사고가 발생하는 경우에는 정보보호 법률이 요구하는 보안사고 대응 절차를 신속하고 정확하게 실행할 수 있을 것입니다. 하지만 반대로 평소에 정보보호 법률을 준수하지 않거나 보안통제에 대해 반발 내지 저항을 하던 회사에서 보안사고가 발생하는 경우에는, 시의적절한 보안 대응은 거의 불가능할 것입니다.

특히, 보안사고에 대응하는 상황에서는 정보보안 부서뿐만 아니라 인사 부서, 법무 부서, 홍보 부서, 고객응대 부서, 개발 부서, 영업 부서 등 회사 내 거의 모든 부서의 협조가 이루어져야 한다는 점을 고려해야 합니다. 그래서 보안사고에 대응하는 수준을 보면, 관련 부서가 평소에 연습과 훈련이 되어 있는지 판단할 수 있습니다. 이러한 이유에서 보안사고 발생 상황에서는 그 회사의 '보안사고 대응 수준'을 그 회사의 보안 수준으로 볼 수 있는 것입니다.

결국 위 내용을 종합하여 보면 보안 수준이 높은 회사를 이렇게 표현할 수 있습니다. "일상 업무 과정에서 각 부서장의 보안인식 수준이 부서 내에서 순기능으로 작용하고, 보안사고 발생시 정보보호 법률이 요구하는 대응 절차를 신속하고 정확하게 수행하는 데 모든 부서가 협조하는 회사."

전체 매출액의 3% 과징금과 손해배상 금액은 '빙산의 일각'

지난 2023년 9월 15일 시행된 개정 「개인정보보호법」에는 몇 가지 큰 변화가 있었습니다. 먼저 정보 주체의 동의 없이 개인정보를 수집·이용할 수 있는 범위가 넓어졌습니다. 특히 정보 주체와 체결한 계약을 이행하거나 계약을 체결하는 과정에서 정보 주체의 요청에 따른 조치를 이행하기 위해 필요한 개인정보의 경우에는 개인정보 주체의 동의 없이 수집·이용하는 것이 허용됩니다.[41] 물론 이 경우 「개인정보보호법」 제22조 제3항에 따라 개인정보 처리자가 부담해야 하는 몇 가지 추가적인 법적 조치[42]가 있기는 합니다만, 그래도 회사의 서비스 운영과 관련된 개인정보 수집·이용의 허들이 낮아진 측면이 있습니다.

이에 반해 개인정보보호의 실패에 대한 기업의 책임은 더 커졌습니다. 그중에서 아래에 있는 두 가지는 기업의 대표이사와 의사결정 권한을 가진 임직원이라면 반드시 숙지하고 있어야 합니다.

첫째, 개인정보 처리자(즉 회사)의 고의 또는 중대한 과실로 인하여 개인정보가 분실·도난·유출·위조·변조·훼손된 경우의 손해배상책임 한도액이 크게 상향되었습니다. 종전에는 '손해액의 3배'였지만, 이번 개정을 통해서 '손해액의 5배'까지 손해배상 책임을 지도록 개정한 것입니다(제39조 제3항). 물론 고의 또는 중대한 과실이 없음을 입증한 경우에는 책임이 감면될 수는 있습니다. 그렇지만, 이번 개정 「개인정보보호법」의 취지는 기본적으로 개인정보보호에 실패한 기업에 그 책임을 더욱 무겁게 묻겠다는 취지로 이해됩니다.

둘째, 개인정보보호에 실패한 기업에 부과할 수 있는 과징금을 최고 '전체' 매출액의 3%까지 부과할 수 있고, 매출액이 없거나 매출액의 산정이 곤란한 경우에는 20억 원을 초과하지 않는 범위 내에서 과징금을 부과할 수 있는 규정이 신설되었습니다(제64조의2 제1항). 여기서 중요한 것은 이번 개정을 통해서 과징금의 부과 기준을 종전의 '관련' 매출액에서 '전체' 매출액으로 확대한 것입니다. 물론 이 법령 위반 행위와 관련이 없는 매출액은 전체 매출액에서 제외할 수는 있지만, 이에 대한 입증 책임은 해당 기업에게 있으며 과징금 산정 과정에서 이를 입증을 해야만 합니다.

한마디로 말해서, 이번 「개인정보보호법」 개정으로 인해 개인정보보호에 실패한 기업이 감당해야 하는 법적 책임이 굉장히 커졌습니다. 다만 여기서 한 가지 놓쳐서는 안 되는 것이 있습니다. 우리나라의 과징금 부과 비율은 유럽에 비해서는 여전히 낮다는 것입니다. 유럽의 경우 「일반 개인정보보호법」(GDPR)에 따라서 과징금이 최대 전체 매출액의 4% 또는 2000만 유로(한화로 약 286억 원) 중에 더 큰 금액까지 부과될 수 있습니다.

이에 비해서 우리나라의 과징금 상한액이 여전히 낮다는 의견이 많습니다. 따라서 우리나라의 과징금 부과 비율이 이번 개정의 비율보다 향후에 더 올라갈 가능성은 언제든지 열려 있는 것입니다.

우리의 현실로 돌아와 보겠습니다. 만약 어느 회사에서 개인정보 유출 사고가 발생했다고 가정해보겠습니다. 그렇다면 이 회사가 책임져야 할 과징금과 손해배상 책임은 어느 정도일까요? 그리고 법적 책임은 과징금과 손해배상을 하는 것으로 마무리될 수 있을까요?

예를 들어 연간 전체 매출액이 약 3,000억 원인 회사가 있다고 가정해 보겠습니다. 이 회사에서 최근에 약 10만 명의 개인정보 유출 사고가 발생했고, 이 사고로 인해 고객 등 개인정보 주체에게 발생한 손해액이 1인당 약 100만 원으로 추산됩니다. 그리고 손해를 당한 피해자 중 약 1만 명이 손해배상 소송에 참여했고 소송 결과 회사의 패소가 확정되었다고 할 때, 이 회사가 부담해야 할 금전적 책임을 산출해낼 수 있습니다.

위 사례는 가장 간단한 예시일 뿐입니다. 최근 개인정보보호에 실패한 기업에 부과되는 과징금의 금액이 점점 커지고 있습니다. 회사 입장에서는 개인정보 유출이라는 매우 심각한 부정적 이벤트 그 자체만으로도 큰 부담

- OO기업 연간 전체 매출액: 약 3,000억 원
- 개인정보 유출 건수: 약 10만 명 분량 유출
- 손해배상 소송 참여 피해자: 약 1만 명
- 개인정보 유출 피해자의 평균 손해액: 약 100만 원

내역	금액	비고	감경 또는 가중
손해배상 금액	최대 50,000,000,000원	최대 손해액의 5배 (10,000명 X 100만 원 X 5배)	
과징금	9,000,000,000원	최대 전체 매출액의 3%	감경 또는 가중 사유 있을 경우 전체 매출액의 3% 범위의 50%까지 감경 또는 가중 가능
합계	최대 59,000,000,000원		

소송 비용과 법무 비용,
시장점유율 상실,
회사 이미지 훼손, 고객 이탈,
일실손해 등

〈개인정보 유출 사고시 법적 책임(예시)〉

일 것입니다. 그런데 여기에 더하여 정부 기관으로부터 과징금이 부과되고, 피해를 입은 수많은 피해자들에게 민사상 손해배상까지 해야 합니다.

개인정보 유출 사고가 발생한 기업에게 전체 매출액의 3%라는 과징금과 손해배상 금액은 그저 '빙산의 일각'일 뿐입니다. '빙산의 몸통'은 소송 비용과 법무 비용, 시장점유율 상실, 일실손해, 고객 이탈 등입니다.

대표이사와 의사결정권을 가지고 있는 임직원은 개인정보보호에 실패한 기업에게 묻는 법적 책임이 커지고 있는 현재의 법률 환경을 분명하게 인식해야 합니다. 그리고 이러한 법률 환경에서는 개인정보보호의 실패가 곧 기업의 존폐로 직결될 수도 있다는 무서운 사실을 받아들여야 합니다.

여기서 한 가지 더 꼭 고려해야 할 사실은 앞서 살펴본 것처럼 '사람으로 인한 보안 위협이 무려 73.8%'라는 것입니다. 이 수치의 의미는 '임직원의 실수나 무지 또는 고의 등으로 인해 고객의 개인정보가 유출될 가능성

이 충분히 높다'는 것입니다. 이런 상황을 인식했다면 대표이사는 두 명의 임원을 불러서 각각 다음과 같은 지시를 해야 합니다.

정보보호 최고책임자에게는 전 임직원을 대상으로 정기적으로 정보보호 인식제고 활동을 하고, 보안인식이 일정 수준 이하인 임직원에 대해서는 별도로 보고할 것을 요청해야 합니다.

인사최고책임자에게는 입사 과정에서 입사 지원자의 보안인식 수준을 알 수 있는 방법을 고민해서 일정 수준 이하의 지원자는 채용을 재고하고, 이미 재직 중인 임직원에 대해서는 인사 고과에 반영하도록 해야 합니다.

1:5:15:100의 법칙, 시기를 놓친 보안 비용의 기하급수적 증가 비율

일을 할 때 어떤 방식의 업무는 '1의 비용과 시간'이 들고 다른 방식의 업무는 그보다 몇십에서 몇백 배의 비용과 시간이 든다면 대부분 당연히 비용과 시간이 덜 드는 방식의 업무를 선택할 것입니다. 물론 '싸고 좋은 물건은 없기 때문에 싼 게 비지떡이고 비싼 게 더 좋은 것 아니냐?'고 반문할 수도 있습니다. 하지만, 이 경우는 평상시에 작은 비용과 시간으로도 충분히 처리할 수 있던 업무를 적시에 처리하지 못한 경우로 볼 수 있습니다. 그래서 시간이 지남에 따라 그 업무를 처리하는 데 더 많은 시간과 더 많은 비용이 들어간다는 개념으로 이해할 수 있습니다. 말 그대로 '호미로 막을 일을 가래로 막는다'는 속담이 그대로 적용되는 경우입니다.

여기서 말하는 '더 많은 시간과 비용'은 산술적으로 정확하게 도출할 수 없습니다. '평상시의 시간과 비용'의 기준을 잡기가 쉽지 않기 때문입니다. 게다가 이 평상시의 시간과 비용의 기준과 비교할 때 '추가적으로 필요한 시간이나 비용'도 업무마다 상황이나 시기마다 달라지기 때문입니다.

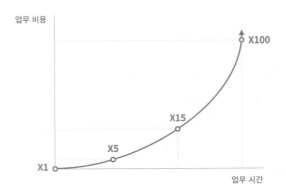

〈1:5:15:100로 증가하는 업무 비용과 업무 시간〉

일반적으로 평상시 업무 처리에 소요되는 기본적인 시간과 비용을 '1'로 잡고, 이 평상시의 업무를 적시에 처리하지 못한 채 시간이 흐른 이후에는 '1'보다 더 많은 시간과 비용이 들어간다는 상식적인 개념을 적용할 수 있습니다. 그래서 위와 같이 '평상시의 기본적인 업무 비용과 업무 시간'을 기준(1)으로 삼고 시간이 흐름에 따라서 기준(1)에 비해 업무 비용과 업무 시간의 비율이 5배와 15배 그리고 100배로 증가한다고 설정할 수 있습니다.

이러한 개념은 정보보호에도 그대로 적용됩니다. 평상시에 기본적인 보호 조치와 보안 비용이 적시에 실행되어야 하는데, 그렇지 못했을 경우에는 그 시간과 비용이 기하급수적으로 증가하게 됩니다. 특히 '보안사고'라는 심각한 이벤트가 발생한다면, 보안사고 발생 이전과 발생 이후의 복구 조치에 필요한 시간과 비용은 엄청나게 큰 차이를 만들어내게 됩니다.

이러한 개념에서 평상시 기본적인 보호 조치에 소요되는 시간과 보안 비용을 '1'로 잡고, 이때의 비용을 보호Protect 비용으로 볼 수 있습니다. 따라서 보안 비용의 관점에서는 보호 비용이 기준점인 '1'이 되는 것입니다.

그리고 이 보호 비용을 적시에 처리하지 못한 채 시간이 흐른 이후에는 기준보다 더 많은 시간과 비용이 들어간다는 개념을 적용할 수 있습니다.

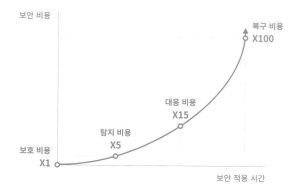

〈1:5:15:100로 증가하는 보안 비용과 보안 적용 시간〉

그래서 보호 비용을 기준으로 하여 탐지Detect 비용은 5배, 대응Respond 비용은 15배, 복구Recover 비용은 100배로 설정할 수 있습니다. 이하에서는 시기별로 소요되는 각 비용에 대해서 더 자세히 설명하겠습니다.

정보보안 부서는 정보보호 법률을 준수해야 합니다. 그리고 기업의 내부 취약점을 식별하고 위험 발생 가능성을 최소화하기 위하여 일상적인 보안 활동을 해야만 합니다. 이를 위해서는 시간과 비용이 들어갈 수밖에 없습니다. 정보보안 부서의 신설에 필요한 인건비나 업무·서비스를 보호하는 데 필요한 보안 시스템 도입 등과 관련된 시간과 비용이 여기에 해당합니다. 이러한 보안 비용은 정보보호 법률을 준수하고 일상적인 보안 활동을 하는 데 필요한 그야말로 최소한의 '보호 비용'입니다.

'보호 비용'은 화살이 빗발치는 전장에서 방패를 처음 구매하는 비용 또는 우산이 없는 상태에서 우산을 처음 구매하는 것처럼, 회사와 임직원의 안전을 위해서 반드시 필요한 비용이자 '최소한의 예방 비용'인 것입니다.

최소한의 예방 비용인 보호 비용을 집행한다 하더라도, 회사와 임직원의 안전을 위협하는 새로운 취약점은 늘 등장하기 마련입니다. 그래서 정보보안 부서에서는 새로운 취약점이 식별되면 이에 대한 탐지 활동을 강화

보호 비용 = 최소한의 예방 비용   탐지 비용 = 기본적인 예방 비용

하게 됩니다.

여기서 중요한 점은 최소한의 예방 수단인 보호 수단이 이미 적용되어 있어야만, 추가적인 탐지 활동과 탐지 결과에 대한 보안통제가 가능하다는 점입니다. 그래서 탐지 활동에 드는 시간과 비용에는 최소한의 예방 비용인 보호 비용이 포함되어 있습니다. 이와 같은 이유에서 탐지 비용을 '기본적인 예방 비용(보호 비용+탐지 비용)'이라고 할 수 있습니다.

한편, 새로운 취약점에 대한 탐지 활동의 결과, 정보보호 관리체계를 위협하는 내부적 혹은 외부적 이상 징후가 식별된다면 그에 대응하는 보안 조치가 적용되어야 합니다. 이러한 이상 징후에 대응하는 비용이 바로 대응 비용입니다.

내부적인 이상 징후는 사실 최소한의 예방 비용인 보호 비용에 반비례하는 경향이 있습니다. 다시 말하자면, 보호 비용을 적게 사용할수록 기업의 안전을 위협하는 내부적인 이상 징후는 더 많이 식별될 수밖에 없다는 것입니다. 맨발에 얇은 옷을 입은 상태에서 한겨울에 찬바람을 맞으면 동상의 전조증상, 즉 이상 징후가 더 많이 생기는 것과 같은 이치입니다. 따뜻한 옷이나 두꺼운 신발 같은 최소한의 보호 비용에 비해서 독감이나 동상 등을 치료하는 의료비 등의 대응 비용이 엄청나게 증가할 수밖에 없는 이치와 같습니다. 그래서 보호 비용과 대응 비용은 반비례 관계에 있는 것입니다.

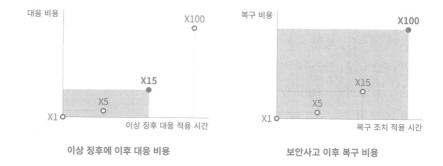

이상 징후에 이후 대응 비용   보안사고 이후 복구 비용

마지막으로 복구 비용입니다. 복구 비용은 최소한의 예방 비용인 보호 비용과 비교할 때 최소한 100배 이상의 비용이 들어갈 것으로 예상해야 합니다.

예를 들어서 설명해보겠습니다. 어느 회사에 랜섬웨어 감염이라는 보안사고가 발생해 업무 수행에 필요한 정보를 하나도 살려내지 못했다고 가정해보겠습니다. 이럴 경우 회사는 기존에 사용하던 모든 장비와 단말기, 저장 매체 등을 새로 구입해야 하고, 네트워크도 새로 구축해야만 합니다. 또한 새롭게 달라진 IT 환경과 업무 환경에 필요한 새로운 '보호 비용'부터 취약점을 식별하기 위한 '탐지 비용' 그리고 이상 징후에 대응하기 위한 '대응 비용'도 처음부터 다시 집행해야 합니다(상세한 내용은 제2부 제3장 121쪽 '랜섬웨어 몸값 비용과 실제 손실 비용: 빙산의 일각과 빙산의 몸통' 부분을 참고하시기 바랍니다).

게다가 회사가 랜섬웨어에 감염되는 과정에서 고객의 개인정보가 유출되었다면, 전체 매출액의 최대 3%에 해당하는 과징금을 납부해야 합니다. 이뿐만 아니라 개인정보 유출로 피해를 입은 고객들이 단체로 소송을 제기하는 경우에는 손해액의 최대 5배에 해당하는 손해배상도 해야 합니다.

이렇게 된다면, 최소한의 예방 비용인 '보호 비용'과 비교해보았을 때, 보안사고가 발생한 이후의 복구 비용은 아무리 작게 잡아도 최소 100배 이상이 되는 것입니다.

결론적으로, 보안 비용에서, 보호 비용보다 탐지 비용이 더 크고, 기본적인 예방 비용(보호 비용+탐지 비용)보다 대응 비용이 더 크며, 대응 비용(보호 비용+탐지 비용+대응 비용)보다 복구 비용이 더 큽니다. 그리고 각 보안 비용의 증가 비율은 상호 반비례 관계에 있습니다.

최소한의 예방 비용인 '보호 비용'을 충분히 집행하면 '탐지 비용'을 줄일 수 있습니다. 그리고 기본적인 예방 비용(보호 비용과 탐지 비용)을 충분히 집행하면 이상 징후에 대응하는 '대응 비용'을 줄일 수 있습니다. 마찬가지로 대응 비용(보호 비용과 탐지 비용 그리고 대응 비용)을 충분히 집행한다면, '복구 비용'을 줄일 수 있습니다.

보안사고의 예방은 지나치다 싶을 정도로 해야 합니다. 최소한의 예방 비용(보호 비용)은 복구 비용(100%)의 1%도 되지 않기 때문입니다. 특히 보안사고 후 복구에 드는 엄청난 비용(100%)과 비교할 때 기본적인 예방 비용(보호 비용과 탐지 비용)은 아무리 많아도 5%를 넘지 않습니다.

그래서인지 기본적인 예방 비용(보호 비용+탐지 비용)을 줄이는 경우 평소 보안사고를 예방하기 위한 활동을 충실히 이행했다고 인정받기 어려운 것이 현재의 법률 환경입니다. 특히 보안사고가 발생한 기업에서 평소에 기본적인 예방 비용(보호 비용+탐지 비용)의 집행을 적극적으로 하지 않았다

$$\text{• 탐지 비용} = \frac{1}{\text{최소한의 예방 비용(보호 비용)}}$$

$$\text{• 대응 비용} = \frac{1}{\text{기본적인 예방 비용(보호 비용+탐지 비용)}}$$

$$\text{• 복구 비용} = \frac{1}{\text{대응 비용(보호 비용+탐지 비용+대응 비용)}}$$

〈각 보안 비용의 반비례 관계〉

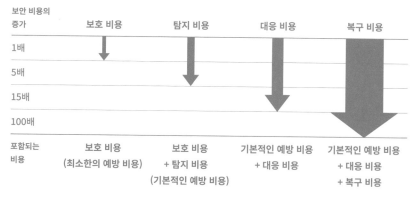

〈시기별 보안 비용의 기하급수적 증가〉

는 사실은, 수사기관이나 법원 등 사법기관의 관점에서 볼 때는 기업이 법적 책임을 다했다고 인정할 수 없는 매우 중요한 귀책 사유가 될 수도 있습니다(상세한 설명은 제3부 제3장 218쪽 '보안사고를 바라보는 관점의 차이에 대한 대응 방안' 부분 참고). 보안사고는 '0' 아니면 '1'입니다. 즉 보안사고는 '예방' 아니면 '발생'입니다.

정보보호 최고책임자가 이듬해 기본적인 예방 비용(보호 비용과 탐지 비용)이 10억 원 정도로 예상된다고 내부 보고를 하면 대표이사는 10억 원(5%)의 예방 비용으로 200억 원(100%)의 복구 비용을 절약할 수 있다고 이해해야 합니다.

보안 비용에 대한 인식 전환(1): 보안 비용은 생존 세금

2019년부터 2023년까지 정보보호 공시 현황에 대한 통계 평균을 기준으로 볼 때, 보안 예산은 회사 전체 IT 예산의 5~6% 선에서 운영되고, 보안 인력의 경우 회사 전체 IT 인력의 5~7% 선에서 운용되고 있습니다.[43]

이 통계 분석에 의하면, 보안 예산의 비율과 보안 인력의 비율은 일반적으로 점점 증가하는 추세에 있습니다. 그리고 2023년 12월 11일 과학기술정보통신부가 공개한 「2023년 정보보호 공시 현황 분석보고서」에 의하면 일부 대기업의 경우에는 보안 예산이 회사 전체 IT 예산의 13%가 넘으며, 보안 인력도 9%가 넘기도 했습니다.

여기서 말하는 보안 예산은 '계획과 예정'에 기반한 금액이고, 이러한 예산에 기반해서 '실제로 집행된 금액'이 보안 비용입니다. 회사의 입장에서는 보안 비용도 비용이 집행되는 것이기 때문에, 이 비용의 집행으로 인해 어떤 이익을 얻을 수 있는가에 대한 고민이 있을 수 있습니다. 회계적 관점에서 보면, 예를 들어 원자재 구매 비용을 집행하되 구매한 원자재로 완제품을 제작·판매하여 얻을 이익을 생각할 수밖에 없기 때문입니다.

회계적 관점에서 보았을 때, 보안 비용은 가시적이거나 수치적으로 기대할 수 있는 이익이 바로 나타나지 않습니다. 물론 보안 시스템을 구매하게 되면 회사의 자산이 증가하는 것이기는 하지만, 그 자체로 수익이 증가하지는 않습니다. 게다가 보안 시스템 같은 고정자산은 시간이 흐름에 따라 감가상각도 발생합니다. 그러다 보니 대표이사와 재무최고책임자는 보안 비용을 마치 매몰 비용Sunk Cost처럼 보는 경향이 있습니다.

여기서 말하는 매몰 비용이란, 이미 지급되어 다시는 회수할 수 없는 비용을 말합니다. 매몰 비용과 유사한 개념으로 기회비용이 있지만, 이 두 비용의 개념은 분명한 차이가 있습니다. 기회비용은 어떤 것을 선택할 때 포기해야 하는 비용을 말하지만, 매몰 비용은 무엇을 선택하는가에 상관없이 지급할 수밖에 없는 비용입니다.[44] 광고비나 R&D 비용, 교육훈련비 등이 매몰 비용의 대표적인 사례입니다.

회계적 관점에서 보면 보안 비용은 집행 이후 재무적 형태로 회수할 수 있는 비용도 아니고, 게다가 수익을 기대하기는 더더욱 불가능한 비용에 해당하므로 말 그대로 매몰 비용으로 볼 수도 있다고 생각합니다. 하지만 보안 비용은 '회계에 기반하는 수익의 관점'에서만 바라봐서는 안 됩니다. 보안 예산의 수립과 보안 비용의 집행은 정보보호 법률에서 정하고 있는 정보보호 최고책임자[45]와 개인정보보호책임자[46]가 총괄하는 업무를 수립·개선·시행하는 데 필수적으로 수반되는 보안 활동이기 때문입니다.

최근에는 판례에서도 기업의 의무적인 보안 활동에 관한 매우 중요한 판단 기준을 제시하고 있습니다. 그 대표적인 판시 내용이 바로 이것입니다.[47]

"사회통념상 합리적으로 기대 가능한 보호 조치에 미비한 것도 위법하다."

그리고 개인정보 유출 사고가 발생한 회사에 과징금을 부과하는 경우 그 회사가 평소 보안 비용을 절감했다면 이는 '매우 중대한 위반'에 해당하여 과징금의 가중 사유에 해당한다는 판례도 있습니다.[48] 이 판례에서 보안 비용의 절감을 '매우 중대한 위반'으로 보는 이유는 두 가지입니다. 첫째, 보안 비용 절감이라는 행위로 인해 적극적으로 이득을 얻었기 때문입니다. 둘째, 당연히 지출해야 할 보안 비용을 지출하지 않음으로 인해 소극적 이득을 얻었기 때문입니다.

이러한 판례는 "기업은 정보보호를 위해서 적절한 수준의 보안 활동과 적절한 수준의 보안 비용의 집행을 보장해야 한다"는 메시지를 기업에게 줍니다. 여기서 말하는 '적절한 수준'에 관한 일반적인 견해가 바로 회사 전체 IT 예산 대비 5~6% 선에서 보안 예산이 운영되어야 하고, 회사 전체 IT 인력 대비 5~7% 선으로 보안 인력이 운용되어야 한다는 것입니다.

보안 비용 절감	=	위반 행위로 인한 적극적 이득	+	지출해야 할 비용을 지출하지 않은 소극적 이득

〈보안 비용 절감이 '매우 중대한 위반'에 해당하는 두 가지 이유〉

필자는 보안 비용을 회사의 생존에 필요한 세금이라고 생각하고 있습니다. 이렇게 생각하는 이유는 세금의 특성과 보안 비용의 특성이 매우 유사하기 때문입니다. 세금이라는 것은 개인이든 법인이든 반드시 납부해야 하는 것이지만 일정한 사유가 있는 경우에는 그 납부 금액이 달라지는 특성이 있는데, 보안 비용도 이와 유사합니다.

세금은 개인에게는 우선적으로 원천징수를 하고 법인에게는 과세 대상 순이익에 대해서 부과됩니다. 그렇지만 나중에 일정한 요건을 갖추면 이미 납부한 세금을 개인이든 법인이든 과세 대상자에게 돌려주기도 하고 반대로 추가적인 세금을 부과하기도 합니다.

보안 비용도 이와 마찬가지입니다. 기본적인 예방 비용(보호 비용과 탐지 비용)인 보안 비용은 반드시 집행해야 하는 비용입니다. 하지만, 일반적으로 보면 연초에 수립해놓은 보안 예산보다는 집행된 보안 비용이 더 적습니다. 그래서 연말이 되면 집행하지 않고 남아 있는 예산 금액이 있을 수 있습니다.

반면에 새로운 이상 징후에 대한 대응 비용이나 보안사고에 대한 복구 비용은 상황에 따라 연초에 수립해놓은 보안 예산의 범위를 몇 배 혹은 몇십 배 넘어설 수 있습니다. 이와 같은 보안 비용의 특성상 보안 비용이 마치 세금과 유사한 특성을 가지고 있다고 말하는 것입니다. 간단히 말해 "보안 비용은 생존 세금입니다.

따라서 보안 예산과 보안 비용에 관한 의사결정권을 가지고 있는 대표 이사나 재무최고책임자는 '보안 비용 집행'의 의미를 회사의 생존을 위한 '세금 납부'와 같다고 인식해야 합니다.

보안 비용에 대한 인식 전환(2): 보안 비용은 안전 비용

최근에 경기침체로 인해 회사의 전반적인 예산이 긴축 상태로 접어들어 많은 정보보호 최고책임자들이 보안 예산을 확보하기 위해서 고군분투하고 있다는 기사를 보았습니다.[49] 보안 예산을 수익 창출에 직접 관여되는 투자 비용으로 보지 않으니, 예산을 줄여야 하는 상황에서는 보안 예산이 우선적으로 절감되는 경우가 종종 발생하고 있습니다.

예산을 평가할 때는 각 예산의 목적에 따라 다른 관점에서 바라보고 평가할 필요가 있습니다. 사업 부서에서 비용을 집행하는 목적은 당연히 '매출과 수익의 최대화'입니다. 그리고 수익을 목적으로 집행된 비용이 '실제 수익'으로 돌아오는 데는 예상보다 오랜 기간이 걸린다는 특성이 있습니다.

정보보안 부서에서 비용을 집행하는 목적은 '보안사고의 위험과 손실을 최소화'하는 것입니다. 그리고 오랜 시간 조금씩 성장하면서 얻게 되는 수익과는 달리 '보안사고 발생으로 인한 손실'은 단 몇 초 만에 엄청난 금액의 손실로 이어지는 특성이 있습니다. 이 지점에서 어떤 분들은 이렇게 생각을 하실 수도 있습니다. '정보보안 부서라면 보안사고가 안 나게 해야지, 왜 보안사고의 발생을 전제로 하고 이를 최소화하려고 하는가?'

정보보안 부서가 존재하기 때문에 보안사고를 완벽히 막아야 한다는 논리가 참이 되려면, 경찰서의 존재만으로 범죄가 완벽히 예방되어야 하는 것이고, 소방서의 존재만으로 화재가 완벽히 예방되어야 한다는 논리도 참이 되어야 합니다. 어떤 유형의 사고이든 그 사고를 미리 완벽히 막는다는 것은 인간의 능력으로는 불가능한 일입니다. 정보보안 부서는 보안사고가 발생하더라도 회사가 입게 되는 손실을 최소화하기 위해 보안 비용을 집행하는 것입니다.

이처럼 '수익 최대화'를 추구하는 사업 부서와 '손실 최소화'를 추구하는 정보보안 부서가 비용을 집행하는 목적이 다르기 때문에 각각 비용이 집행되는 벡터도 달라질 수밖에 없습니다. 사업 부서는 매출과 수익의 최대화를 통해 회사의 수익을 창출하기 위한 벡터로 비용을 집행합니다. 그리고 예상하는 수익이 현실화되는 시간은 생각보다 길게 나타납니다.

반면에 정보보안 부서는 손실과 위험의 최소화를 통해 회사의 안전을 보장하기 위한 벡터로 보안 비용을 집행합니다. 그리고 이러한 보안 비용의 집행은 대부분 법적 의무 사항이기도 합니다. 특이한 점은 보안사고로 인한 회사의 손실은 생각보다 짧은 시간에도 대량으로 발생한다는 점입니다. 사업 부서의 비용 집행과 정보보안 부서의 비용 집행은 그 목적부터 다릅니다. 그리고 정보보안 부서가 보안 비용을 집행해야 하는 근거의 대부분은 정보보호 법률과 법원 판례에서 찾을 수 있습니다.

한편, 정보보안 부서의 보안 비용 집행이 회사의 수익 활동에 기여할 수도 있습니다. 예를 들면, 우수한 정보보호 수준을 고객으로부터 인정받아 고객 유입량이 증가하거나, 회사가 제공하는 플랫폼 서비스에 정보보호 기능을 강화하여 고객사의 주문량이 증가하는 경우, 수탁사로서 안전한 개인정보보호 체계를 갖춘 덕에 상대적으로 높은 비용의 위수탁 계약을 체결하는 경우, 보안 체계 우수로 인해 투자자로부터 회사 가치를 더 높게 인정받는 경우 등이 이에 해당합니다.

다만, 정보보안 부서의 보안 비용 집행이 회사의 수익 창출에 기여하기 위해서는 매우 중요한 전제조건이 있습니다. 정보보호 법률과 판례에서 요구하는 기술적·관리적 보호 조치가 모두 적용되어 있어야 한다는 것입니다. 회사 전체의 업무 과정에서 보안 컴플라이언스와 보안통제가 잘 준수되는 것도 당연히 포함됩니다.

보안 비용의 집행을 통한 수익 창출은 정보보호 법률과 판례 등에서 요구하는 법적 의무를 먼저 이행한 상태에서만 가능합니다. 즉 '안전이 먼저 확보된 상태에서 수익을 생각할 수 있다'는 것입니다. 따라서 보안 비용에 관한 의사결정을 할 때 무조건 수익 창출 여부와 연결하여 생각해서는 안 됩니다. 보안 비용은 '안전 비용'이기 때문입니다. 더구나 보안 비용의 집행은 법률과 판례에서 강조하고 있는 보안 활동이기도 합니다.

보안 비용에 관한 의사결정권을 가지고 있는 대표이사나 재무최고책임자는 보안 비용에 관한 의사결정을 할 때 반드시 '보안 비용의 집행은 회사의 안전을 위해 대가를 지불하는 것'이라고 생각해야 합니다.

보안 비용 투자가 필요한 이유: 세 가지 위험 상황을 판가름하는 보안 비용

아무리 노력해도 안전은 완벽히 보장할 수 없습니다. 이는 안전에 목적을 두고 보안 비용을 집행하더라도, 보안사고라는 위험이 발생될 수 있다는 말이기도 합니다. 보안사고는 언제든 그리고 다양한 상황에서 발생할 수 있습니다. 다만 중요한 점은, 보안사고가 발생했을 때 '회사가 평소에 집행한 보안 비용'이 회사가 처할 수 있는 위험 상황의 중요한 변수로 작용한다는 점입니다. '평소에 집행한 보안 비용'이 어떻게 위험 상황의 중요한 변수로 작용하는지 예를 들어서 설명해보겠습니다.

연 매출액이 3,000억 원인 어느 회사에서 주문자 약 100만 명의 개인정보가 유출되는 보안사고가 발생했고, 피해를 입은 모든 개인정보 주체가 손해배상 소송에 참여했다고 가정해보겠습니다. 이 경우 이 회사에서 부담해야 할 '책임의 경중'은 아래의 기준에 따라서 엄청난 차이를 보일 수 있습니다.

"이 회사가 보안사고를 예방하기 위하여 평소에 보안 비용을 어느 정도 수준으로 집행했는가?"

여기서 말하는 '책임의 경중'의 차이는 극단적 위험Extreme Risk 상황과 중간적 위험Intermediate Risk 상황 그리고 일반적 위험General Risk 상황에 따라 각기 다른 양상의 법적 책임과 처분으로 나타날 것입니다.

첫째 상황은 극단적 위험 상황입니다. 만약에 이 회사가 평소에 보안 비용을 거의 집행하지 않았다면, 그 의미는 정보보호 법률에서 요구하는 기본적인 보호 조치(보안 인력 운용, 보안 시스템 운용 등)조차 운용하지 않았음을 의미합니다.

이 경우에는 우선 이 회사가 개인정보 유출에 고의·과실 없음을 입증하는 것이 불가능합니다. 왜냐하면 기본적인 보호 조치조차 하지 않았기 때문입니다. 따라서 법정 손해배상제도[50])에 따라 기본적으로 피해자 1인당 최대 300만 원의 손해배상을 해야 합니다. 만약 피해자 100만 명 모두가 단체 소송에 참여했다면 법정 손해배상금은 3조 원(100만 명 × 최대 300만 원) 이하가 될 것입니다. 그리고 개인정보 유출에 대해서는 「개인정보보호법」의 양벌규정에 따라서 대표이사나 개인정보 유출의 원인 행위자에게 벌금이나 징역형 등의 형사 처벌이 부과될 수도 있습니다.

이뿐만이 아닙니다. 2023년 개정 시행된 「개인정보보호법」에 의해서 회사 전체 매출액의 3%가 과징금으로 부과될 수 있습니다. 따라서 연 매출액이 3,000억 원인 이 회사에게는 90억 원의 과징금이 부과될 수 있습니

	법정 손해배상	형사처벌	벌금/과태료	과징금	그 외
극단적 위험	3조 원 이하	5년 ~ 2년	5~2천만 원	약 90억 원	투자금 회수, 고객 이탈, 일실손해, 시장 점유율 상실, 소송 비용
중간적 위험	상황에 따라 (기술적·관리적 보안 조치 충실히 적용 시)			약 45억 원 (50% 감경)	
일반적 위험	없음	없음	없음	약 3억 원 미만 (최소 과징금)	

〈보안 실패로 인해 직면할 수 있는 세 가지 위험 상황(예시)〉

다. 그리고 이 회사의 개인정보 유출 사고로 인해 피해를 입은 고객과 시민 앞에서 대표이사와 개인정보보호책임자 그리고 관련 임원 등이 공개적으로 사과를 해야 하는 상황도 충분히 예상할 수 있습니다.

이 외에도 소송 비용이나 시장점유율 상실, 일실손해, 고객 이탈, 투자금 회수 등의 상황이 연쇄적으로 발생할 수도 있습니다. 이와 같은 상황은 보안 위험의 관점에서 볼 때, 개인정보 유출이라는 보안사고의 발생으로 인해 회사가 가장 극단적인 위험에 처하게 되는 상황입니다.

둘째로 중간적 위험 상황을 살펴보겠습니다. 만약 이 회사가 평소에 정보보호 법률과 판례에서 요구하는 기본적인 보호 조치(보안 인력 운용, 보안 시스템 운용 등)와 기술적·관리적 보호 조치를 적극적으로 적용했다고 가정해보겠습니다. 그렇다면 정보보호 법률상 이 회사에는 법적인 책임을 져야 하는 위반 행위가 존재하지 않게 됩니다. 따라서 이 경우에는 손해배상이나 형사 처벌 또는 벌금 등의 책임은 지지 않게 됩니다.

다만, 기본적인 보호 조치와 기술적·관리적 보호 조치를 잘 적용했다고 하더라도 개인정보 유출이라는 결과는 변하지 않게 됩니다. 따라서 산술적으로는 전체 매출액의 3%에 해당하는 과징금을 부과받게 됩니다. 다만, 정보보호 법률상 기술적·관리적 보호 조치를 충실히 적용했음을 근거로 부과 예정 과징금에서 최대 50%까지 감경을 받을 수 있습니다. 이와 같은 상황은 보안 위험의 관점에서 볼 때, 개인정보 유출이라는 보안사고가 발생하기는 했지만 중간 정도의 위험에 처하게 되는 상황입니다.

셋째, 일반적 위험 상황을 보겠습니다. 만약 이 회사가 평소에 정보보호 법률과 판례에서 요구하는 기술적·관리적 보호 조치를 적극적으로 적용하는 수준을 훨씬 넘어 다른 회사의 모범이 될 정도로 우수한 수준의 자율 보안 체계를 갖추었다고 가정해보겠습니다. 그럼에도 불구하고 개인정보가 유출되는 보안사고가 발생했다면, 이 회사에 대한 법률적 비난 가능성은 현저하게 줄어들게 됩니다.

다만 이 경우에도 개인정보 유출이라는 결과는 변하지 않습니다. 따라서 개인정보 유출이라는 보안사고에 대한 최소한의 과징금은 납부해야 할 것입니다. 이러한 상황은 보안 위험의 관점에서 볼 때, 개인정보 유출이라는 보안사고가 발생하기는 했지만 일반적 수준의 위험 정도에 처하게 되는 상황입니다.

세 가지 보안 위험 상황에 따라 회사가 부담해야 할 법적 책임은 이처럼 크게 달라집니다. 쉽게 정리하자면, 회사가 직면하게 되는 위험의 수준과 법적 책임은 "회사가 평소에 보안 비용을 어느 정도 수준에서 어떻게 집행했는가?"에 따라 결정됩니다.

한편, 보안 비용의 집행과 관련한 세 가지 위험 상황은 '시기를 놓친 보안 비용의 기하급수적 증가'와도 밀접하게 관련되어 있습니다.

앞의 회사가 평소에 기본적인 예방 비용(보호 비용+탐지 비용)을 충분히 집행했을 뿐만 아니라 우수한 수준의 자율 보안 체계를 갖추는 데 필요한 추가적인 보안 비용도 유의미하게 집행했다면 어떨까요? 이 경우 이 회사가 직면하게 되는 위험은 '일반적 위험' 수준일 가능성이 높습니다. 그런데 만약에 평소에 기본적인 예방 비용(보호 비용+탐지 비용)조차 집행하지 않았다면, 이 회사가 직면할 위험은 '극단적 위험'일 가능성이 매우 높습니다.

기업의 정보보안 부서에서 보안 비용에 대한 예산을 수립하고 실제로 집행하는 것은 기업이 처할 수 있는 위험 상황을 최소화하고, 나아가 그에 따른 손실을 최소화하기 위한 활동입니다. 이것이 정보보안 부서의 존재 이유이자 매우 중요한 업무 목표 중 하나입니다.

최근에는 정보보호 실패로 인해 기업이 부담해야 할 '금전적 책임 부담의 가중'이 투자시장에도 영향을 미치고 있습니다. 특히 어느 회사가 신규 투자금을 유치해야 하는 경우 투자기관에서는 투자 대상 회사에 다양한 정보를 요구합니다. 그런데 그 요구 정보 안에는 투자 대상 회사의 지난 3년간 보안 비용 집행 내역 내지는 보안 비용 투자 내역 그리고 정보보호 수준

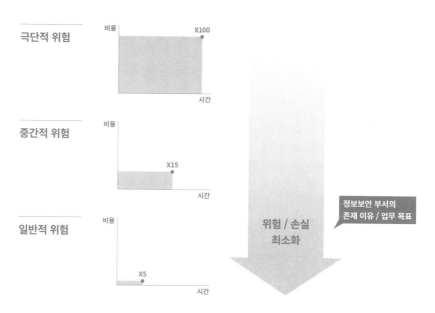

극단적 위험

비용

X100

시간

중간적 위험

비용

X15

시간

일반적 위험

비용

X5

시간

위험 / 손실
최소화

정보보안 부서의
존재 이유 / 업무 목표

〈정보보안 부서의 존재 이유와 업무 목표〉

을 객관적으로 판단할 수 있는 증빙(ISMS 인증이나 ISO 인증, 정보보호 관련 정부 기관 표창 수상 내역 등)에 관한 정보 등이 포함됩니다.

　이러한 현상은 많은 투자기관들이 투자하는 과정에서, '투자 대상 회사의 정보보호 실패에 대한 위험을 최소화'해야 한다는 판단 기준이 만들어진 결과라고 할 수 있습니다. 또한 '투자 대상 회사의 정보보호 수준'이 투자 시 고려해야 할 중요한 항목에 포함된 결과라고도 할 수 있습니다.

　물론 보안 비용과 관련된 항목이 투자기관이 고려하는 결정적인 항목은 아닙니다. 그렇지만, 분명한 것은 투자기관은 투자 대상 회사의 보안 비용 집행 및 보안 투자 현황을 확인하고 있으며, 이 현황을 기반으로 투자 대상 회사의 기업 가치를 평가하고 투자 여부를 결정한다는 사실입니다. 신규 투자금 유치를 예정하고 있는 회사라면 투자 유치 과정에서 보안 비용이 회사의 가치 판단에 중요한 역할을 한다는 점을 인식해야 합니다. "수익 창출을 위한 투자가 필요하듯 보안에도 투자가 필요합니다!"

경영 회의에서 CISO 주관으로 논의되어야 하는 주제: 보안 컴플라이언스와 보안 위험

경영 회의에서 정기적으로 정보보호에 관해서 논의하는 회사는 얼마나 될까요? 많이 없을 것입니다. 왜냐하면, 경영 회의라는 것이 '수익 창출'이라는 관점에서 진행되는 경우가 대부분이기 때문입니다. 그렇다 보니, 수익 창출의 속도를 느리게 만들거나 수익 창출의 방향에 영향을 미치는 '보안 컴플라이언스나 보안 위험'에 관해서는 경영 회의에서 정기적으로 다루지 않는 경향이 있습니다.

다만, 정보보호에 관해 특별한 이슈가 있는 경우에만 경영 회의에서 그에 대한 논의를 할 것입니다. 하지만 이런 경우에도 경영 회의에 고정적으로 참석하는 정보보호 최고책임자의 주관으로 논의하는 것이 아닙니다. 즉평소에는 경영 회의 참석 대상이 아니던 정보보호 최고책임자를 경영 회의에 갑자기 불러서 해당 이슈에 대한 답을 즉시 요구하는 상황이 생각보다많이 있습니다. 그것도 해당 이슈에 대해서 경영 회의에서 그동안 어느 정도의 범위로 논의되었는지 그리고 현재 논의 중인 이슈가 어떤 상황인지에대한 배경 정보가 전혀 공유되지 못한 상태에서 말이지요.

이는 마치 환자에 대한 문진이나 진찰에 필요한 최소한의 시간 그리고치료 방법에 대해 고민할 시간도 없이 의사를 보자마자 진단 결과와 치료방법을 요구하는 것과 같습니다. 이런 상황에서 제대로 된 진단과 적합한 치료방법이 즉시 나올 것이라고 예상하는 것은 상식적이지 못한 행동입니다.

한편, 어떤 회사들은 경영 회의에서 정기적으로 정보보호에 관해 논의를 합니다. 그나마 다행이긴 합니다. 그렇지만, 경영 회의에서 보안 위험에 대해서 언급하는 화자가 정보보호 최고책임자가 아니라면 문제가 될 수 있습니다. 이런 경우에는 대부분 정보보호 최고책임자로부터 보고를 받는 다른 임원(예를 들면, 조직도상 정보보호 최고책임자의 상급자로 되어 있는 재무최고책임자나 운영최고책임자, 기술최고책임자 등)이 경영 회의에서 보안 위험에 관한 이슈를 논의합니다.

정보보호 분야에 전문성을 지닌 정보보호 최고책임자가 아니라면, 그 누구도 보안 위험과 관련해서 경영 회의에서 나올 수 있는 다른 부서의 다양한 견해와 문제제기에 대해서 적절한 의견을 낼 수 없습니다. 정보보호 최고책임자가 아닌 다른 임원은 정보보호 법률과 판례, 정보보호 관리체계, 보안통제 그리고 보안 위험에 대한 이해가 거의 없기 때문입니다.

정보보호 최고책임자가 아닌 다른 임원이 경영 회의에서 보안 위험에 관한 이슈를 논의하고 회의를 주관한다는 것은, 마치 개발 임원이 재무 관련 회의에서 투자 유치와 관련된 중요한 이슈에 대한 논의를 주관하는 것과 같습니다. 재무 임원이 신규 서비스 개발과 관련된 핵심적인 기술 이슈에 대한 논의를 주관하는 것과 같은 상황이며, 마케팅 임원이 법무 관련 회의에서 전문적인 법률 이슈에 대한 논의를 주관하는 것과도 다를 바가 없습니다. 한마디로, '생무살인生巫殺人'으로, 미숙한 사람이 큰일을 그르치는 것과 같습니다.

정보보호도 마찬가지입니다. 경영 회의에서 정보보호 분야의 비전문가가 정보보호 이슈에 대한 논의를 주관하는 경우 문제의 본질에서 벗어나 엉뚱한 결론에 도달할 수 있음은 누구나 예상할 수 있습니다. 여기서 말하는 엉뚱한 결론이란 정보보호 법률을 위반하는 의사결정을 하거나 기존에 잘 유지되고 있던 정보보호 관리체계를 무너뜨리거나 보안사고의 원인이 되는 의사결정을 하는 것이라고 할 수 있습니다.

특히 2023년 9월 15일부터 시행된 개정 「개인정보보호법」에 의하면 회사가 수립하고 유지해야 하는 정보보호 관리체계를 정보보호 법률의 범위에 한정하지 않고 있습니다. 즉 회사의 안전을 보장할 수 있는 방법을 회사가 자율적으로 적용하는 그야말로 '보안의 자율 규제'를 시행하고 있습니다. 뿐만 아니라 회사의 개인정보보호 실패에 대한 법적 책임을 금전적 책임의 유형으로 무겁게 부과하는 현재의 법률 상황도 고려해야만 합니다.[51]

이러한 상황을 종합해볼 때, 회사의 경영 회의에서 정기적으로 보안 위험에 대한 논의를 하지 않거나 정보보호 최고책임자가 아닌 비전문가가 정보보호 이슈에 대한 논의를 주관하는 것은 회사의 안전에 심각한 문제를 야기할 수 있습니다.

보안 위험은 회사의 모든 영역에 걸쳐서 발생하며, 그 여파는 '회사의 수익'뿐만 아니라 '회사의 존속'에도 매우 심각한 영향을 끼칩니다. 예를 들어 설명해보겠습니다. 어느 회사가 정보보호 법률에서 규정하고 있는 기술적·관리적 보호 조치 적용에 소홀했을 뿐만 아니라 평소 그 회사의 환경에서 발생할 것으로 충분히 예상할 수 있는 취약점을 관리하지 못해 보안 위험이 현실화되었다고 가정해보겠습니다.

이 회사가 직면할 수 있는 보안 위험은 단지 정보보호의 영역에만 발생한 후 마무리되지 않습니다. 여기서 발생한 보안 위험은 법규 위험과 재무 위험, 평판 위험, 경영 위험 등과 같이 기업 전사적으로 확산됩니다.

〈보안 위험으로 인해 회사가 직면할 수 있는 위험의 확산〉

이는 보안 위험이 경영상의 위험을 초래할 수도 있다는 것을 의미합니다. 우선 정보보호 법률 위반에 대한 법규 위험이 발생할 것이고, 정보보호 실패에 대한 경제적인 책임과 금전적 보상을 해야 하는 재무 위험이 발생합니다. 그로 인해 회사의 시장점유율 상실과 기업 평판에 큰 손상이 가는 위험이 뒤따르게 될 것입니다. 그리고 이러한 일련의 과정을 거치면서 최악의 상황에서는 경영 위험이 현실로 나타날 수도 있습니다.

따라서 대표이사와 회사 운영에 책임 있는 고위 경영진이라면 경영 회의에서 보안 컴플라이언스와 보안 위험에 대해 정기적으로 다루지 않는 것이 얼마나 위험한 부작위不作爲인지 반드시 알고 있어야 합니다. 뿐만 아니라 경영 회의에서 보안 컴플라이언스와 보안 위험에 관한 논의를 할 때 정보보호 최고책임자 없이 의사결정을 하다가 자칫 사업 전체가 심각한 위험에 직면할 수도 있다는 위기의식을 가져야 합니다. "보안 경영이란, 모든 경영 활동에서 안전하고자 하는 인식을 가지는 것입니다."

이러한 이유에서 정보보호 최고책임자를 '경영 회의 필수 참석자'로 반드시 지정해야 합니다. 이를 통해서 회사 사업 범위 전체와 관련된 보안 컴플라이언스와 보안 위험에 대해서 '정보보호 최고책임자가 논의를 주관할 수 있는 환경'을 만들어주어야 합니다. 특히 경영 회의에서 논의되는 다양한 이슈에 숨어 있거나 공식적으로 제기되는 보안 컴플라이언스 이슈와 보안 위험에 대해서 '선제적으로 인지하고 효과적으로 대응할 수 있는 기회'를 정보보호 최고책임자에게 제공해야 합니다.

보안 까막눈의 경영 위험

정보보호 법률에서 정보보호에 실패한 기업의 책임이 강화되고 있습니다. 그리고 회사 경영에서 정보보호의 중요성은 점점 더 커지고 있습니다.

특히 오래전부터 이러한 정보보호의 중요성을 강조한 보안 전문가들이 있었습니다.[52]

> "일단 먼저 출시해놓고 패치로 막으면 된다는 생각은 소비자의 외면으로 이어질 겁니다. 주기적으로 혹은 간헐적으로 패치를 받고 설치하는 것은 굉장히 불편하거든요. 반대로 보안 기능을 자신 있게 적용해놓고 '패치가 필요 없는 상품'이라고 광고하는 것 자체로 소비자들의 관심을 받을 수 있죠."
> — RSA 의장 아밋 요란Amit Yoran

> "혁신과 보안이 대치되는 것처럼 보이는 것은, 어떻게 해서든 제품을 빨리 출시하고 싶어 하는 분위기 때문입니다. 경영진은 '빨리 출시하지 않아서 보는 손해'와 '성급히 출시해서 나중에 수정, 배포는 물론 손해배상을 하게 될지 모르는 상황에서의 손해'를 재빨리 계산하고 나서 전자를 선택하곤 하는데, 이는 결국 '보안사고가 발생한 후 들어가는 비용'에 대해 이해하지 못한 것이라고 밖에는 설명이 되지 않습니다. 한마디로 의사결정권자들이 보안사고로 인해 생기는 피해에 대해 정확히 모르고 있기 때문에 표면상으로 보면 혁신과 보안이 대치되는 것처럼 본다는 겁니다."
> — CAST 소프트웨어의 수석과학자 겸 부회장 빌 커티스Bill Cutis

두 전문가의 의견은 "대표이사와 고위 경영진은 보안을 보는 시야를 가져야 한다"는 것으로 정리됩니다. 보안을 보는 시야를 가진 대표이사와 고위 경영진이 회사를 더 효율적으로 운영할 수 있고 더 안전하게 수익을 창출할 수 있기 때문입니다.

물론 회사를 경영하는 데 수익 창출은 매우 중요한 목적이 맞습니다. 회사의 모든 부서는 수익 창출을 위해서 힘을 모으고 능력을 발휘하는 것도 맞습니다. 그런데 그 수익 창출의 과정이나 결과가 어떤 법령을 위반하는 것이라면 어떨까요? 그리고 대표이사나 고위 경영진이 그러한 법령의 존재조차도 몰랐다면 어떨까요? 이러한 상태에서 수익 창출이라는 목표만을 보고 경영 활동을 했다면, 모든 부서와 모든 직원이 힘겹게 이루어낸 수익은 어떻게 되는 것일까요?

예를 들어서 「도로교통법」을 모르거나 교통사고 위험을 모르는 사람은 안전을 위해 설치해둔 횡단보도가 자신의 편리한 무단횡단을 방해한다고 생각할 수도 있습니다. 하지만, 이 사람이 「도로교통법」의 내용을 잘 알고 또한 교통사고의 무서움을 알게 된다면 편리한 무단횡단에 내포된 위험이 무엇인지 그리고 안전한 횡단보도의 필요성이 무엇인지를 알고 있는 상태에서 자신의 행동을 결정할 수 있습니다.

정보보호도 마찬가지입니다. 사업 부서가 계획하고 있는 새로운 영업 활동과 정보보안 부서의 보안통제가 충돌한다고 가정해보겠습니다. 이런 상황에서 대부분의 경우는 보안통제를 따르는 방식으로 영업 활동의 계획이나 내용을 변경하여 진행하게 됩니다.

하지만 어떤 경우에는 비록 사업 부서의 영업 활동 계획이나 내용에 보안 위험이 존재한다고 하더라도 또는 보안 규정을 위반하게 된다고 하더라도 사업 부서에서 반드시 기존의 영업 활동을 진행하겠다는 주장을 할 수도 있습니다. 이런 상황은 보안통제와 실무 부서의 업무가 정면으로 배치되는 상황이라고 할 수 있습니다. 한마디로 통제 활동과 수익 활동이 충돌하는 것입니다.

이러한 상황에서는 일반적으로 어떻게 해결을 할까요? 대부분 위험 평가를 하는 방식으로 문제를 해결할 것입니다. 즉, 양 부서 간의 충돌되는 의견(수익 활동 대 통제 활동)에 대해 정보보안 부서에서는 수익 활동을 우선할 때 예상되는 위험 수준에 대해서 정보보안 관점의 위험 평가를 실시하게 됩니다. 그리고 위험 평가에 대한 결과는 대표이사에게 최종적인 의사결정을 요청하는 '위험평가 결과보고서'[53]의 형식으로 품의하게 될 것입니다.

이런 상황에서 보안 시야를 가지지 못한 대표이사라면 보안 위험이 있다 하더라도 회사의 존재 이유인 수익 활동을 위한 '영업 활동 계획의 실행을 승인'할 것입니다. 반면에 보안 시야를 가진 대표이사라면 통제 활동의 필요성과 중요성을 인식한 상태에서 보안통제대로 '영업 활동 계획의 변경'을 지시할 것입니다.

회사를 경영하는 대표이사와 경영진이 미리 인식하고 있어야 하는 위험의 종류는 매우 다양합니다. 그렇기 때문에, 경영과 관련된 모든 위험을 대표이사와 경영진이 전부 인식하는 것은 사실상 불가능하다고 할 수 있습니다. 그렇지만, 가까운 과거에 회사 경영에 영향을 끼쳤거나 현재 또는 가까운 미래에 회사에 영향을 끼칠 수 있는 위험이라면 대표이사와 경영진은 이러한 위험을 인지하고 있어야 합니다.

"보안 까막눈The Security Blind은 사업을 운영하지 못하는 날이 오고 있습니다."[54]

이러한 맥락에서 대표이사와 경영진이 인지하고 있어야 할 위험 중에서 최근에 가장 중요하게 대두되는 위험이 바로 '보안 위험'입니다. 이 말은 보안 위험이 회사 경영에 가장 심각하게 영향을 끼치는 위험이라는 뜻입니다. 따라서 회사 경영에 악영향을 끼칠 수 있는 보안 위험을 미리 인지하고 예상되는 보안 위험에 적절하게 대응하기 위해서는 대표이사와 경영진에게 '보안을 볼 수 있는 시야'가 반드시 필요합니다.

155개, 대표이사가 되는 순간 짊어지게 되는 보안법령상 처벌 규정의 숫자

우리나라에서 회사의 대표가 되는 순간 285개 경제 법률에 규정된

2,657개의 처벌 항목 중에서 2,205개의 규정에 의해서 처벌을 받을 수 있습니다. 이는 전체 처벌 규정의 83%에 해당하는 수준입니다.[55] 따라서 우리나라에서 회사의 대표가 되면 예비 범법자가 되는 것이라는 기사[56]를 본 적이 있습니다. 그리고 이 2,657개라는 수치는 1999년 1,868개에서 약 42% 증가한 것입니다.[57]

물론 회사의 업종에 따라서 준수해야 할 법률은 다릅니다. 그래서 모든 회사의 대표이사가 2,205개의 처벌 규정에 대한 법적 책임을 지지는 않을 것입니다. 그렇다고 하더라도 법률에 의해서 회사의 대표이사를 처벌할 수 있는 규정은 생각보다 많습니다. 게다가 현실적으로 통제하기가 쉽지 않은 임직원의 법률 위반 행위에 대해서도 회사의 대표이사가 법적 처벌을 감수해야 하는 것입니다.

이 2,205개의 처벌 조항은 경제, 산업, 안전, 노무 등 회사의 운영과 관련이 있는 모든 법률에서 산출한 것입니다. 그렇다면 정보보호나 개인정보보호와 관련된 법률에서는 회사의 대표이사를 처벌하는 규정이 몇 개나 있을까요?

정보보호와 직접적으로 관련이 있는 6개 법률(「개인정보보호법」, 「정보통신망법」, 「신용정보보호법」, 「전자금융거래법」, 「위치정보보호법」, 「산업기술유출방지법」)을 기준으로 필자가 한번 세어보았습니다. 그 결과 정보보호 관련 규정 위반에 대해서 회사의 대표이사를 처벌할 수 있는 근거인 양벌규정은 155개 조항이 있습니다.

이 155개의 조항은 그야말로 정보보호 실패와 관련하여 회사의 대표이사에게 부과될 수 있는 처벌 조항입니다. 그 내용을 보면, 인신을 구속하는 징역형과 금전적 책임을 부과하는 벌금형이 선택적으로 부과될 수 있습니다.

이 내용 중에서 놀랍게도, 인신을 구속하는 징역의 경우 최고 15년까지, 그리고 금전적 책임인 벌금의 경우도 최고 15억 원까지 회사의 대표이사에게 부과될 수 있습니다. 우리나라의 경우는 다른 나라에 비해서 회사

근거 법률	징역 또는 벌금 조항	내용 요약
「개인정보보호법」	37개 조항	징역 10년 이하 ~ 2년 이하 또는 벌금 1억 원 이하 ~ 2천만 원 이하
「정보통신망법」	18개 조항	징역 5년 이하 ~ 1년 이하 또는 벌금 5천만 원 이하 ~ 1천만 원 이하
「신용정보보호법」	36개 조항	징역 10년 이하 ~ 1년 이하 또는 벌금 1억 원 이하 ~ 1천만 원 이하
「전자금융거래법」	15개 조항	징역 10년 이하 ~ 5년 이하 또는 벌금 1억 원 이하 ~ 3천만 원 이하
「위치정보보호법」	29개 조항	징역 5년 이하 ~ 1년 이하 또는 벌금 5천만 원 이하 ~ 2천만 원 이하
「산업기술유출방지법」	20개 조항	징역 15년 이하 ~ 3년 이하 또는 벌금 15억 원 이하 ~ 3억 원 이하
계	155개 처벌 조항	

〈6개 정보보호 관련 법률의 양벌규정 기준으로 산출한 대표이사 처벌 조항 개수〉

의 대표자에게 법적 책임을 무겁게 부과하는 경향이 있습니다.

이제는 소기업이든 대기업이든 회사의 대표이사에게 부과되는 정보보호 실패에 대한 법적 책임이 매우 무겁다는 점을 반드시 인식해야 합니다. 여기서 말하는 정보보호 실패에는 대표이사 자신의 정보보호 법률 위반만 해당하지 않습니다. 즉 회사 임직원의 정보보호 법률 위반을 예방하기 위해 대표이사로서 관리·감독을 충실하게 하지 못한 경우도 포함됩니다.

대표이사는 임직원에 의한 정보보호 법률의 위반 가능성을 최소화하는 방법에 대해 정보보호 최고책임자와 늘 긴밀하게 논의해야 합니다. 임직원에 의한 정보보호 실패를 예방해야 하는 관리·감독 책임이 회사에 있으며, 또한 회사의 정보보호 실패에 대한 최종 책임은 대표이사에게 있기 때문입니다. 그리고 정보보호를 위한 회사의 관리·감독 책임 이행의 과정에서 정보보호 최고책임자는 대표이사의 법적 책임을 함께 짊어지는 경영의 동반자이기 때문입니다.

법률이 정하고 있는 정보보호의 최종 책임자는 사업주 또는 대표이사

스타트업 회사를 운영하고 있는 몇 명의 대표들로부터 정보보호 최고책임자의 법률적 책임에 관한 문의를 받은 적이 있습니다. 책에서 글로 쓰다 보니 '법률적 책임에 관한 문의'라는 점잖은 표현이 되었지만, 사실 그 당시 표현을 그대로 표현하면 이렇습니다. "보안사고가 나면, 정보보호 최고책임자가 전부 다 책임지는 거죠?"

어떻습니까? 보안사고가 발생하면 정보보호 최고책임자가 모든 법률적 책임을 진다고 생각하시나요? 혹자는 그렇다고 생각할 수도 있습니다. 기업에 존재하는 C-레벨 임원 중에서 유일하게 정보보호 최고책임자와 개인정보보호책임자가 법률에 근거를 두고 있는 임원이므로, 보안사고의 법률적 책임이 정보보호 최고책임자에게 있다고 말입니다. 그뿐만 아니라 「정보통신망법」에서 CISO 직책의 표기도 정보보호 '최고책임자'라고 되어 있으니, 보안사고가 발생할 경우 모든 책임은 정보보호 최고책임자가 지는 것이라고 생각할 수도 있습니다.

결론부터 말씀드리면 그렇지 않습니다. 즉, 정보보호 최고책임자가 개인적으로 법령을 위반하는 일탈 행위를 하지 않는 이상 보안사고에 대한 법률적 책임을 정보보호 최고책임자가 지지 않습니다. 그렇다면 정보보호에 대한 최종 책임은 누구에게 있을까요?

법률이 정하고 있는 정보보호의 최종 책임자는 바로 회사의 대표이사입니다. 이에 대한 법률적 근거는 「정보통신망법」과 「개인정보보호법」에서 찾을 수 있습니다.

먼저 「정보통신망법」에서 회사의 대표이사가 '정보보호의 최종 책임자'인 근거를 말씀드리겠습니다. 이 법률에 의하면 정보보호 최고책임자를 지정하고 신고할 책임이 '정보통신서비스 제공자'에게 있습니다.[58] 즉 사업주 또는 대표이사에게 정보보호 최고책임자 지정 및 신고 의무를 부과하고 있는 것입니다.

특히 정보보호 최고책임자가 되는 임직원으로 '사업주 또는 대표자'라고 규정되어 있습니다.[59] 다만, 정보보호 관리체계 인증을 의무적으로 받아야 하는 기업 또는 개인정보 처리 방침을 공개해야 하는 개인정보 처리자 등에 있어서는 상법상의 임원이나 정보보호 관련 업무를 총괄하는 부서의 장을 정보보호 최고책임자로 지정할 수 있는 선택의 폭이 있기는 합니다. 그러나 중요한 것은 이런 선택지의 맨 위에는 '사업주 또는 대표자'가 정보보호 최고책임자가 된다고 규정되어 있다는 것입니다.[60]

한편, 지정된 정보보호 최고책임자가 총괄하는 업무는 법률로 정해져 있습니다.[61] 정보보호 최고책임자의 업무를 법률로 정해놓은 이유는 정보보호 최고책임자에게 법적 책임을 부과하기 위한 것이 아니라, 정보보호 최고책임자의 업무를 법률로 보장하기 위해서입니다. 다시 말해 정보보호 최고책임자가 총괄하는 정보보호 업무의 근거와 권한을 법적으로 보장하기 위한 것입니다.

다음으로 「개인정보보호법」에서도 대표이사가 '개인정보보호 최종 책임자'인 근거를 말씀드리겠습니다. 「개인정보보호법」에서도 개인정보보호책임자를 지정할 의무를 '개인정보 처리자'에게 부과하고 있습니다.[62] 즉 사업주 또는 대표이사에게 개인정보보호책임자 지정 의무를 부과하고 있는 것입니다. 그리고 사업주 또는 대표자가 개인정보보호책임자를 별도로 지정하지 않은 경우에는 사업주 또는 대표자가 당연히 개인정보보호책임자가 되도록 규정하고 있습니다.[63]

위와 같이 「정보통신망법」과 「개인정보보호법」을 보면 정보보호의 최종 책임자가 누구인지를 명확하게 알 수 있습니다. 다만 필자가 '최종' 책임자라고 표현한 이유는, 정보보호 최고책임자 그리고 개인정보보호책임자가 별도로 지정되어 회사에 재직하고 있더라도 회사의 정보보호 실패에 대한 최종 책임이 사업주 또는 대표이사에게 있기 때문입니다. 정보보호의 최종 책임자는 대표이사입니다.

여느 '최고책임자'[64]와 마찬가지로 정보보호 최고책임자 그리고 개인 정보보호책임자도 회사의 직원이지 회사의 대표이사가 아닙니다. 그래서 언제든 퇴사할 자유가 있습니다. 그리고 퇴사하는 경우 정보보호 최고책임자나 개인정보보호책임자가 '정보보호의 책임'을 가지고 퇴사하지 않습니다.

정보보호 최고책임자나 개인정보보호책임자가 회사 재직 중에 총괄한 정보보호의 책임은 법률에 근거하여 사업주 또는 대표이사로부터 위임을 받은 책임이기 때문입니다. 이러한 이유에서 정보보호 최고책임자나 개인 정보보호책임자의 회사 재직 여부와 무관하게 회사의 정보보호 책임은 회사 법인 또는 대표이사에게 있는 것입니다. 이런 맥락에서 일반적으로 회사의 대표이사가 정보보호의 '최종 책임자'가 되는 것입니다.

보안에 대한 위험 평가 자체는 정보보호 최고책임자나 개인정보보호책임자가 수행하지만, '수용 가능한 위험 수준Acceptance Risk Level(ARL)' 등을 포함하여 위험 평가 결과에 대한 최종 의사결정은 대표이사가 합니다. 이러한 맥락에서 보더라도 대표이사가 정보보호의 '최종 책임자'가 되는 것입니다.

법령에 기반하는 명확한 근거들을 제시하면서 정보보호의 '최종 책임자'가 누구인지를 설명하려다 보니, 법령의 내용이 조금 많이 기재되었습니다. 위의 내용을 가장 간단하게 표현하면 다음과 같습니다. 꼭 명심하시기 바랍니다. 정보보호 법률상 기업 정보보호에 대한 최종 책임은 대표이사에게 있습니다.

CISO는 대표이사가 감당해야 할 보안 위험을
나누어 짊어지는 '경영 동반자'

「정보통신망법」상 기업의 '정보통신망 안정성 확보 의무'는 정보통신서비스 제공자에게 부여되어 있습니다(「정보통신망법」 제45조 제1항 제1호). 그리고 「개인정보보호법」상 '개인정보보호 원칙 준수 의무'는 개인정보 처리자에 부여되어 있습니다(「개인정보보호법」 제3조). 여기서 말하는 정보통신서비스 제공자와 개인정보 처리자란 기본적으로는 사업주를 의미하지만, 대표이사도 자신의 회사에 대한 정보통신망 안정성 확보 의무와 개인정보보호 원칙의 준수 의무를 부담하고 있습니다. 따라서 이렇게 정의할 수 있습니다. 기업의 정보보호에 대한 법적 책임은 사업주와 대표이사에게 있습니다.

그래서 앞서 대표이사는 보안을 볼 줄 아는 시야를 가져야 한다고 말씀을 드렸습니다. 이를 위해서는 스스로 공부도 해야 하겠지만, 전문적인 영역에 관해서는 보안 전문가의 도움을 받아야만 합니다.

대표이사는 정보보호 최고책임자를 채용하여 정보보안 부서 업무에 대한 총괄 책임을 맡김으로써 그 도움을 확실하게 받을 수 있습니다. 대부분의 회사가 이와 같은 방식을 적용하는 이유는 정보보호 법률에서 요구하는 규정의 준수와 기술적·관리적 보호 조치와 같은 전문적인 보안통제를 대표이사가 혼자서 실행하는 것이 현실적으로 불가능하기 때문입니다.

게다가 이용자의 규모와 매출액이 커져서 「정보통신망법」 제47조에 따라 정보보호 관리체계 인증을 의무적으로 받아야만 하는 상황이라면, 정보보호 최고책임자와 정보보안 부서가 필요할 수밖에 없습니다. 왜냐하면 정보보호 관리체계 인증을 준비하는 과정에서 200여 개가 넘는 세부 통제 항목에 대한 실제 운영 증적을 차질 없이 준비해야 하기 때문입니다.

앞에서 보았듯이 현재의 정보보호 법률상의 양벌규정으로 인해 대표이사가 짊어지게 되는 처벌 규정은 6개 법령 기준으로 155개입니다. 이러한 양벌규정으로 인해 정보보호 실패에 대한 법적 책임은 기본적으로 대표이사에게 부과되고 있습니다. 이런 법률 환경에서 대표이사로부터 지정을 받은 정보보호 최고책임자가 정보보호 업무를 총괄하게 되는 것입니다.

일반적으로, 정보보호 최고책임자는 연간 정보보호 사업계획을 수립하여 대표이사에게 보고하게 됩니다. 그러면, 대표이사는 이를 최종 승인합니다. 이러한 방식으로 회사의 정보보호에 대한 '대표이사의 법적 책임'과 대표이사로부터 지정을 받은 '정보보호 최고책임자의 총괄 책임'이 분담됩니다.

다시 말해 정보보호와 관련하여 대표이사가 부담해야 하는 법적 처벌의 위험을 정보보호 최고책임자가 최소화하는 방식으로 회사의 정보보호 책임을 대표이사와 정보보호 최고책임자가 나누어 지고 있는 것입니다.

	의사결정을 해야 하는 업무	**결과 보고**를 받아야 하는 업무	**협조**해야 하는 업무	**주관**해야 하는 업무
CEO 지정 승인 지원	· 정보보호최고책임자 (CISO) 지정 · 정보보안 부서 사업계획 평가 및 승인 · 연간 정보보호 예산 및 인력 승인 · 정보보위원회 의결사항 승인 등	· 정보보호 정책 제·개정 · 정보보호 조직 및 인력 구성 · 정보보호 사업 성과 평가 · 위험관리 방법 및 결과 · 위험평가 수행 계획 및 결과 · 보안 위규자 처리 결과 · 침해 사고 대응 및 복구 체계 · IT 재해 복구 대책 및 테스트 결과 등		
CISO 수립 실행 보고	· 정보보호 정책 수립 및 재검토 · 정보보호 정책 제·개정 · 정보보호 정책 관리 · 정보보호 조직 및 인력 구성 · 정보보호 사업 결과 평가 · 정보보호위원회 설치/운영 · 위험관리 계획 수립 및 수행 · 위험평가 수행 계획 및 수행 · 침해 사고 사후 관리 · IT 재해 복구 대책 및 테스트 등	· 경영진의 참여 체계 구축 · 직무 분리 및 직무 변경 관리 · 네트워크 보안 관리 결과 · 정보 전송 및 전자거래 보안 결과 · 시스템 인수 시 보안 조치 결과 등	· 외부 인력 보안 이행 관리 · 네트워크 보안 관리 · 정보 전송 및 전자거래 보안 · 시스템 인수 시 보안 조치 등	· 전사 보안통제(관리·기술·법령) · 정보보호 정책 수립 및 재검토 · 정보보호 조직 구성 및 인력 구성 · 정보보안부서 사업계획 작성 · 연간 정보보호 예산 수립 · 보안 감사 및 정보보안 수준 진단 · 연간 정보보안 교육 · 취약점 진단 및 보안 대책 수립 · 정보보안 위반 현황 모니터링 등

〈정보보호에 관한 책임의 분담: CEO의 법적 책임과 CISO의 총괄 책임〉

이러한 이유에서 정보보호 최고책임자를 대표이사의 경영 동반자라고 표현하는 것입니다. 특히 다른 통제 부서(재무 부서, 인사 부서, 법무 부서)와 비교해볼 때, 정보보호 실패와 관련하여 회사와 대표이사에게 부과하는 법적 책임이 훨씬 더 크고 무겁습니다.

게다가 기업에서 운용하고 있는 다양한 '최고책임자' 직책 중에서 법률에 근거하여 사업주 또는 대표이사가 반드시 '최고책임자'를 지정하고 관련 기관에 지정 내역을 신고하도록 의무를 부과하고 있는 직책은 정보보호 최고책임자밖에 없습니다.[65]

물론 자산총액이나 매출액 등이 낮은 소기업 또는 중기업이라고 하더라도 법령에서 정하고 있는 일정한 요건에 해당하지 않는 경우에는 정보보호 최고책임자를 별도로 지정하지 않아도 됩니다.[66] 다만 이 경우에는 사업주 또는 대표자를 정보보호 최고책임자로 보게 됩니다.[67]

결국 정보보호 법률에서 대부분의 기업에 요구하고 있는 것은 둘 중 하나를 선택하라는 것입니다. 즉 사업주 또는 대표자가 정보보호에 대한 법적 책임과 더불어 스스로 정보보호 업무에 대한 총괄 책임도 이행하거나 정보보호 최고책임자를 별도로 지정하여 정보보호 업무의 총괄 책임을 위임하라는 것입니다. 물론 정보보호 최고책임자에게 총괄 책임을 위임하는 경우에도 정보보호 실패에 대한 최종적인 법적 책임은 여전히 사업주 또는 대표자에게 있음은 변함이 없습니다.

이러한 사실을 종합해보면, 기업 내에서 정보보호 최고책임자의 역할은 다음과 같이 분명하고 명확하게 정의할 수 있습니다. "정보보호 최고책임자는 대표이사가 감당해야 할 보안 위험을 나누어 짊어지는 경영 동반자입니다."

CISO의 '경영 동반자 역할'을 보장하기 위해
대표이사가 직접 해결해야 할 문제

정보보호 최고책임자가 대표이사의 경영 동반자 역할을 제대로 수행하도록 하려면 두 가지 문제를 먼저 해결해야 합니다.

첫째, 정보보호 최고책임자를 경영 회의에 필수적으로 참석하도록 해야 합니다. 경영 회의에서 정보보호 최고책임자 없이 보안 위험 관련 이슈에 대한 최종 의사결정을 한 이후 이 결정을 나중에 정보보호 최고책임자에게 통보하는 일이 없도록 해야 합니다. 이러한 경우를 미연에 방지하려면 정보보호 최고책임자가 경영 회의에 필수 참석자로 지정되어야 합니다.

특히 기업에 보안사고가 발생하는 경우에 원인 행위자에게 분명한 법률 위반의 증거가 존재하지 않는 한, 일반적으로 보안사고의 책임은 사업주 또는 대표자의 책임입니다. 그렇기 때문에 대표이사는 경영 회의 필수 참석자에 정보보호 최고책임자를 반드시 포함시키도록 조치해야 합니다. 그리고 경영 회의에서 정보보호 최고책임자가 직접 자신의 전문적인 견해와 보안통제 준수 요청을 공개적으로 말할 수 있도록 환경을 조성해주어야 합니다. 회사에서 정보보호의 성공과 실패에 대한 최종 책임자는 그 어떤 임직원도 아닌 바로 대표이사 본인이기 때문입니다

둘째, 정보보안 부서를 대표이사 직속 부서로 두어야 합니다. 대표이사는 정보보호에 관한 법률적 이슈나 기술적 이슈에 관한 보고를 다른 임원이 아니라 정보보호 최고책임자로부터 직접 받는 것이 이치에 맞습니다. 이러한 이유에서 정보보호 최고책임자가 대표이사에게 직접 보고할 수 있도록 정보보안 부서를 대표이사 직속 부서로 운용할 필요가 있습니다.

정보보호에 대한 비전문가인 다른 임원을 통해서 정보보호에 관한 이슈를 보고받는 경우에는 해당 이슈에 대한 정확한 의사 전달을 보장할 수 없게 됩니다. 그리고 이로 인해서 기업 정보보호의 성공과 실패에 대한 최

종 책임자인 대표이사가 적절한 의사결정을 할 수 없게 될 가능성이 커지게 됩니다.

정보보호가 법률화된 현재의 환경에서는 회사의 안전을 보장하면서 수익을 창출할 수 있는 새로운 경영 전략이 필요합니다. 그리고 이러한 경영 전략은 그 누구도 아닌 대표이사에 의해서 강력하게 실행되어야 합니다.

보안 위험에 대응하기 위한 새로운 경영 전략이 대표이사에 의해서 실행되어야 하는 이유는 두 가지가 있습니다. 첫째 이유는 '대표이사의 철학 수준을 넘을 수 있는 직원은 없기 때문'입니다. 둘째 이유는 정보보호 최고 책임자의 '경영 동반자 역할'을 보장할 수 있는 사람은 대표이사밖에 없기 때문입니다.

보안 위험에 대응하기 위한 새로운 경영 전략 수립을 고민하는 대표이사는 다음과 같은 세 가지 원칙이 반드시 포함되는 경영 전략을 수립해야 합니다.

〈제1 원칙〉 보안 위험의 문제는 전사적 경영 위험의 문제이다.
〈제2 원칙〉 정보보호의 성공과 실패에 대한 최종 책임자는 대표이사이다.
〈제3 원칙〉 정보보호에 있어서 의사결정권자의 역할은 자신의 의사결정 단계에서 보안통제 규정과 보안 절차를 적극적으로 확인하고 준수하는 것이다.

보안 체계에 1%의 구멍만 있어도, 보안은 없는 것과 같습니다.

제2장
CISO와 정보보안 부서가 만들어내고 지켜내야 할 보안인식

보안 업무를 총괄하고 보안통제를 수행하는 과정에서 필자 역시 임직원들로부터 보안통제에 대한 엄청난 저항들을 자주 받아보았습니다. 그리고 그 과정에서 필자는 다음과 같은 위기감을 엄중하게 느꼈습니다.

> '아무리 보안 컴플라이언스의 중요성을 임직원에게 설명하고 기술적·관리적 보호 조치를 잘 적용한다고 하더라도, 보안에 대해 저항하는 임직원의 생각으로 인해 회사의 보안 체계가 한순간에 무너질 수도 있겠구나.'

다행스러운 것은 이러한 위기감을 느낀 순간들이 필자에게 켜켜이 쌓여가면서 역설적으로 보안에 대한 저항감을 가지고 있는 임직원의 생각을 변화시키거나 최소한 이들의 생각에 의미 있는 자극을 줄 수 있는 노하우도 함께 쌓이게 되었다는 것입니다. 이렇게 쌓인 정보보호 인식제고 방법론과 사례들을 이 책을 통해서 여러분과 공유하려고 합니다.

정보보호 최고책임자와 정보보안 부서는 지금 이 순간에도 회사의 정보보호 관리체계를 유지하고 임직원들의 보안인식 수준 향상을 위해서 엄청난 노력을 하고 있을 것입니다. 이들은 각각 자신이 담당하고 있는 전문 영역에 따라 정보보호 법률에 기반하는 보안 컴플라이언스 통제와 보안 정책에 기반을 둔 관리적 보안통제 그리고 보안 시스템에 기반하는 기술적 보안통제 그리고 정보보호 법률과 보안 규정에 기반을 둔 보안 감사 등의 업무를 수행하고 있을 것입니다.

이들이 종사하는 모든 업무 영역에 대해서 다루면 좋겠지만, 이 책은 '정보보호에 관한 사람의 생각'에 관한 책입니다. 따라서 이 책에서는 정보보호 법률이나 보안 정책 그리고 보안 시스템 등에 집중하기보다는, 임직원들의 보안인식 수준을 높일 수 있는 방안에 집중하고자 합니다.

'저자의 글'에서 밝힌 것처럼, 정보보호에 있어서 구성원의 정보보호 인식제고가 매우 중요하다는 점은 거의 모든 보안 업무 종사자가 동의할 것입니다. 그럼에도 정보보호 인식제고에 관해서 유용한 정보를 얻을 만한 서적이 한 권도 없다는 현실에 필자는 큰 충격을 받았습니다. 하지만 필자가 받은 충격은 충격이고, 소속 회사에서 묵묵히 소임을 다하고 있는 많은 정보보호 최고책임자와 보안 전문가에게 임직원의 정보보호 인식제고 활동에 도움이 될 수 있고 신뢰할 만한 자료가 필요하다고 판단해서 이 책을 집필하게 되었습니다.

이 책이 정보보호에 관한 사람의 생각, 즉 '보안인식'에 관해서만 다룬다고 해서, 보안 컴플라이언스 통제나 관리적 보안통제 그리고 기술적 보안통제 등과 같은 기본적인 보안통제 업무가 중요하지 않다는 것은 전혀 아닙니다. 오히려 이와 같은 기본적인 보안통제 업무가 회사에서 든든하게 역할을 수행할 때 임직원에 대한 정보보호 인식제고 활동도 효과를 기대할 수 있다는 점을 다시 강조합니다.

현재 많은 보안 전문가들이 소속 회사 임직원의 보안인식 수준을 높이기 위해 엄청난 고민과 노력을 하고 있습니다. 이번 장에서 제시할 방법론과 사례들이 정보보호 최고책임자와 정보보안 부서의 고민과 노력에 조금이나마 도움이 되기를 바라는 마음으로 이야기를 시작해보겠습니다.

다양한 정보보호 인식제고 활동 방법 및
보안인식 수준 측정 방법 개발

정보보호 인식제고라는 말을 들으면 가장 먼저 떠오르는 생각이 바로 정보보호교육과 정보보호 캠페인입니다. '인식 제고'라는 표현이 인식의 수준을 높인다는 의미를 가지고 있다는 점에서 볼 때 사람의 생각, 즉 인식의 수준을 높이는 방법이 교육과 캠페인이라고 생각할 수도 있습니다.

그렇지만, 교육과 캠페인이 곧 정보보호 인식제고라는 방식으로 접근하지는 말아야 합니다. 왜냐하면, 현재의 시점을 기준으로 활용되고 있는 정보보호 인식제고 방법이 교육과 캠페인에 집중된 것일 뿐이기 때문입니다. 반면에 아직 개발되지 않았거나 활용하지 않고 있는 정보보호 인식제고 방법론은 무궁무진합니다.

따라서 정보보안 부서가 정보보호 인식제고 활동을 하는 경우 기존의 정보보호교육과 정보보호 캠페인이 정보보호 인식제고 활동의 모든 것이라고 생각해서는 안 됩니다. 오히려 기존의 정보보호교육과 캠페인 활동을 기본으로 하고, 임직원의 보안인식 수준을 높일 수 있는 새로운 방법들을 지속적으로 고민하고 개발해 적용해야 합니다.

필자가 정보보호 인식제고 활동에 있어서 정보보호교육과 캠페인의 효과를 무시해서 이런 말을 하는 것은 아닙니다. 교육과 캠페인 그 자체는 정보보호 인식제고의 효과가 분명히 있습니다. 다만, 필자는 교육과 캠페인의 효과에 대해서 두 가지 아쉬운 점을 지적하고 싶습니다.

첫째, 정보보호교육과 캠페인은 그 효과가 지속적이지 못하고 일시적입니다. 교육을 받을 당시나 캠페인을 할 당시에는 효과가 보입니다. 하지만, 시간이 지남에 따라 보안인식 수준이 지속됨을 보장할 수 없습니다. 둘째, 정보보호교육이나 캠페인이 설령 지속적인 효과가 있다고 하더라도 '보안인식 수준'을 정량적 수치로 측정할 방법이 없습니다.

이런 이유에서 필자는 정보보호 인식제고 활동을 함에 있어서 기존의 교육과 캠페인이라는 방법에만 매몰되지 말라고 조언하는 것입니다. 여기에 더하여 보안인식의 수준을 높일 수 있는 새롭고 다양한 방법과 보안인식의 수준을 정량적 수치로 측정할 수 있는 방안에 대한 고민을 지속적으로 해야 한다고 주장하는 것입니다.

특히 어떠한 대상의 수준을 높이기 위한 활동을 함에 있어서는 활동 이전과 이후의 수준이 어떻게 달라졌는지 알 수 있어야 합니다. 정보보호 인식제고도 마찬가지입니다. 정보보호 인식제고 활동을 하기 이전과 이후의 보안인식 수준을 측정할 수 있는 방법의 개발과 적용은 매우 중요합니다. 필자가 여기서 말하는 '보안인식 수준 측정의 중요성'은 정보보호 인식제고 활동 그 자체보다 더 중요하다고 말할 수 있습니다.

"측정할 수 있으면 관리할 수 있고, 관리할 수 있으면 개선할 수 있습니다."

피터 드러커Peter Drucker가 말한 위의 명언을 뒤집어서 그 의미를 생각해 볼 필요가 있습니다. 즉 어떠한 수준에 대해서 '측정' 자체를 할 수 없다면 그 수준을 관리하거나 개선한다는 것은 전혀 기대할 수 없다는 의미입니다.

그렇기 때문에 정보보호 인식제고를 위해서는 무엇보다 '보안인식 수준을 측정할 수 있는 방법'이 가장 먼저 수립되어야 합니다. 보안인식 수준을 측정하고 관리할 수 있는 방법에 대해서는 '제4부 정보보호 인식제고와 보안문화'에서 상세하게 설명하겠습니다.

연간보안사업계획서의 위상과 역할

기업의 정보보호 최고책임자라면 매년 가을 다가올 새해에 시행할 연간보안사업계획서를 수립해서 대표이사에게 최종 승인을 받을 것입니다. 이러한 연간보안사업계획서에는 당해 연도의 업무 성과(보안 사업의 성과와 보완점 도출, 예산 대비 집행 보안 비용 등)와 더불어 내년도에 시행할 주요 보안 사업과 그에 필요한 예산, 인력 그리고 교육 계획 등 정보보호 관리체계를 유지하고 개선하는 데 필요한 전반적인 보안통제 내용이 포함되어 있을 것입니다.

연간보안사업계획서에는 두 가지 매우 중요한 기능이 내포되어 있습니다. 첫째, 기업의 정보보호 활동 과정에서 '대표이사의 참여와 의사결정을 입증하는 기능'을 하게 됩니다. 즉 연간보안사업계획서에 대해서 대표이사가 검토하고 승인하는 절차를 거치는 것 자체로 '기업의 정보보호 활동에 경영진이 참여했고 필요한 의사결정을 했다'는 것을 입증하는 매우 중요한 기능을 합니다.

이러한 과정을 거치면서 정보보호 최고책임자가 수립·실행·보고하는 연간보안사업계획서를 대표이사가 승인하고 예산을 지원하게 됩니다. 뿐만 아니라 「정보통신망법」 제45조의3의 규정에 의거하여 정보보호 최고책임자 지정 의무를 대표이사가 이행하게 됩니다. 그리고 정보보호 조직 구성, 정보보호 정책 및 예산 수립, 정보보호 실태 보안 감사와 개선, 정보보호 위험 식별과 평가, 보호 대책 마련, 정보보호교육 등의 과정에 대표이사가 참여하고 최종적인 의사결정을 하게 되는 것입니다.

둘째, 연간보안사업계획서는 '공식적인 보안 사업 계획 보고서의 기능'

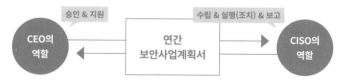

〈연간보안사업계획서의 위상과 역할〉

을 하게 됩니다. 연간보안사업계획서에는 정보보호 실태에 대한 보안 감사와 개선, 정보보호 위험 식별과 평가, 보호 대책 마련, 연간 정보보호교육계획 등이 포함되어 있습니다. 특히 대표이사의 승인과 예산 지원을 받은 연간보안사업계획서는 회사의 정보보호를 위해 정보보호 최고책임자가 반드시 실행해야 하고, 그 결과를 대표이사에게 보고해야 하는 공식적인 보고서의 기능을 하는 것입니다.

정보보호 최고책임자는 대표이사에게 최종 승인을 받은 연간보안사업계획서를 기반으로 회사의 정보보호 관리체계를 유지 및 개선합니다. 특히 내년에 시행할 연간보안사업계획서를 통해 당해 연도에 이미 실행된 보안사업에 대한 결과를 대표이사에게 보고함으로써 매년 연결된 정보보호 관리체계의 개선 수준을 공식적으로 평가받게 됩니다.

이와 같이 기업의 정보보호에 있어서 연간보안사업계획서는 매우 중요한 기능을 합니다. 특히 정보보호 법률상 기업이 반드시 지켜야 하는 규정의 준수와 정보보호 업무에 대한 경영진의 참여 그리고 기술적·관리적 보호 조치 적용에 대한 경영진의 지원 여부를 확인할 수 있는 중요한 문서가 바로 연간보안사업계획서입니다.

정보보호 최고책임자가 매년 연간보안사업계획서를 수립하여 실행하고 그 결과를 대표이사에게 보고하는 방식은, 대부분의 기업에서 적용하고 있는 가장 기본적인 방식입니다. 하지만 기업의 업무 현장에서는 이러한 연간보안사업계획을 흔드는 상황들이 종종 발생하곤 합니다. 예를 들어, 마케팅 부서에서 회사의 새로운 수익 창출을 목적으로 신규 마케팅 계획을 대표이사에게 보고한 후 그 실행에 관하여 최종 승인을 받았다고 가정해보겠습니다. 알고 보니 그 마케팅 계획에는 「정보통신망법」을 위반하는 '영리목적의 광고성 정보 전송 방법'이 포함되어 있었습니다.

이 경우는 사실 마케팅 부서에서 신규 마케팅 계획에 대해서 미리 보안성 검토를 받지 않고 대표이사에게 최종 의사결정을 받은 경우라고 할 수 있습니다. 이렇게 되면, 대표이사의 최종 승인을 받은 연간보안사업계획서 내 '보안법령 준수 계획'과 대표이사의 최종 승인을 받은 신규 마케팅 계획서 내 '수익 창출을 위한 마케팅 계획'이 충돌하게 됩니다. 이럴 경우 정보보안 부서에서는 어떤 방식으로 해결을 할까요?

사실 이런 상황은 기업에서 수익 창출을 위한 영업 활동이나 마케팅 활동을 하는 과정에서 자주 목격됩니다. 그렇지만, 이런 상황의 본질적인 문제는 바로 "하나의 문제인데도 이를 바라보는 관점에 따라서 서로 다른 인식을 갖는 것"입니다.

먼저 정보보안 부서는 이 문제를 보안법령을 준수하는 계획(즉, 연간보안사업계획)과 보안법령을 위반하는 계획(즉, 신규 마케팅 계획) 중 규범적 관점에서 어느 것이 우선하는가에 관한 '당위의 문제'로 인식하게 됩니다.

반면에 마케팅 부서는 '수익 창출을 위한 마케팅 활동을 저해하는 계획(연간보안사업계획)'과 '수익 창출을 위한 마케팅 활동을 실행하려는 계획(신규 마케팅 계획)' 중에서 수익 창출을 위해 어느 것이 우선해야 하는가에 관한 '영리의 문제'로 인식하게 됩니다.

이런 상황은 반대로 기업의 여러 실무 부서에서도 정보보안 부서와의 관계에서 자주 접하게 상황일 것입니다. 그렇다면 이런 상황에서는 어떤 선택을 해야 할까요? 기업의 중요한 존재 이유인 수익 창출을 위한 경영 활동을 하다 보면 모든 것이 계획대로만 되는 것이 아니기 때문에 연간보안사업계획이 아니라 실무 부서의 업무 계획을 실행해야 하는 것일까요?

기업에서 운용하고 있는 정보보안 부서는 기본적으로 보안통제에 관한 근거 법령에 따라 일을 합니다. 그리고 보안통제 업무는 보안 사업 계획이라는 통제 계획의 수립과 실행 그리고 그 결과를 보고하는 방식으로 통제 업무를 실현합니다. 결국 기업의 연간보안사업계획은 법률을 준수하기 위한 보안통제 활동의 기준이 되는 것입니다. 따라서 위 문제에 대한 답은 여기서부터 찾아야 합니다. "기준에 맞춰서 방법을 변경하는 것이지, 방법에 맞춰서 기준을 변경하는 것이 아닙니다."

대표이사의 공식적인 승인을 받은 연간보안사업계획서는 기업의 보안 통제에 관한 '기준'입니다. 이에 반해서 실무 부서의 다양한 업무 실행 방법은 말 그대로 실행을 위한 '방법'입니다. 그러므로 '기준'과 '방법'이 충돌하는 문제가 발생할 경우에는 '기준'에 그 '방법'이 부합하는가 여부로 문제를 해결해야 합니다. 이는 마치「도로교통법」과 도로교통체계라는 '기준'에 맞는 '방법'으로 운전을 해야 하는 것과 같은 이치입니다.

따라서 연간보안사업계획서는 수립 단계에서부터 이 계획서의 위상을 고려하여, 정보보호 법률을 준수하고 정보보호 관리체계를 유지 및 개선할 수 있는 방향으로 세워져야 합니다. 그리고 대표이사에게 최종 승인을 받은 연간보안사업계획서는 실무 부서의 다양한 업무 실행 '방법들'에 대해서 정보보호의 관점에서 통제할 수 있는 '기준'으로 활용되어야 합니다. 이것이 바로 연간보안사업계획서의 위상이자 역할입니다. 원칙을 지키기는 어렵습니다. 그러나 누군가는 지켜야 합니다.

특히 연간보안사업계획서의 위상 및 역할과 관련하여 가장 중요한 것이 있습니다. 그것은 연간보안사업계획의 성과 보고 내용에 지난 한 해 동안 보안통제를 위반할 수 있었던 실무 부서의 '방법'을 얼마나 효과적으로 통제했는지도 반드시 포함하는 것입니다. 여기서 말하는 '정보보호 법률을 위반할 수 있었던 실무 부서의 방법'이란 정보보호 법률을 위반하거나 기술적·관리적 보호 조치 등을 위반하여 결과적으로 회사 또는 대표이사에게 법적 책임을 지울 수 있었던 실무 부서의 방법을 말합니다.

이처럼 연간보안사업계획의 성과 보고 내용에 해당 연도의 '정보보호 법률을 위반할 수 있었던 실무 부서의 방법'에 대한 보안통제 결과를 포함시키는 것은 대표이사의 시각에서 실체가 없어 보일 수도 있는 보안통제의 효과를 입증할 수 있기 때문입니다. 이는 마치 교통경찰관을 배치해서 도로교통 상황을 통제한 결과,「도로교통법」과 도로교통체계에 맞지 않는 운전자의 운전 방법을 얼마나 교정했고 그로 인해 실제로 교통사고를 얼마나 예방했는지를 입증하는 것과 같은 이치입니다. 예상되는 부정적인 결과가 발생하지 않도록 노력하는 것이 '예방'입니다.

따라서 연간보안사업계획서를 수립할 때는 내년도의 계획과 함께 당해 연도의 보안통제 결과도 반드시 포함하여 대표이사에게 보고하고 승인을 받으시기 바랍니다.

대표이사에게 보안 위협 보고는 '1장 보고서'로!

일반적으로 연간보안사업계획과 정보보호 예산은 대표이사의 의사결정과 승인을 받습니다. 하지만, 이를 제외한 대부분의 정보보호 실무 업무는 정보보호 최고책임자가 총괄하면서 최종 의사결정을 하게 됩니다. 그러나 경우에 따라서는 대표이사에게 별도의 보고를 해야 하는 경우도 많습니다. 예를 들면, 실무 업무 과정에서 발생한 보안 위협 사항이나 기업의 정보보호 관리체계에 중요한 변화가 필요한 경우 그리고 새로운 위험 평가가 필요한 경우, 경쟁사나 유사 산업군에서 발생한 보안사고 사례 보고 등이 그러합니다.

그런데 이처럼 대표이사에게 정보보호 관련 내용을 보고하는 경우 그 내용을 지나치게 장황하거나 기술적 현황 위주로만 꾸리는 실수를 해서는 안 됩니다. 이렇게 보고하게 되면 정보보호에 대한 이해의 어려움을 이유로 대표이사가 정보보호 업무에 대한 관심을 점점 더 줄일 수도 있기 때문입니다.

특히 정보보호 관련 보고 내용에서 사안의 '중요성'과 '긴급성' 그리고 우리 회사와의 '관련성'과 '대응 방안' 등이 한눈에 잡히지 않는다면, 대표이사의 시간과 노력을 낭비하게 만드는 결과로 이어질 수 있습니다.

앞서 말씀드린 바와 같이 기업의 정보보호 관리체계 유지에 있어서 대표이사의 보안철학은 매우 중요합니다. 그리고 정보보호 최고책임자는 대표이사와 보안 위험을 나누어 짊어지는 경영 동반자임을 잊어서는 안 됩니다.

정보보호 최고책임자가 정보보호 관련 내용을 대표이사에게 보고하는 경우에는 대표이사가 정보보호 업무에 지속적으로 관심을 가질 수 있는 방식으로 해야 합니다. 그리고 정보보호 관련 보고 내용에 대해서 대표이사가 직관적으로 이해하고 즉시 의사결정을 할 수 있도록 해야 합니다. 이를 위해서는 보고서 안에서 사안의 '중요성'과 '긴급성', 회사와의 '관련성' 그리고 '대응 방안'이 한눈에 보이도록 해야 합니다.

필자는 오랜 경험을 토대로 대표이사에게 정보보호 관련 보고를 하는 경우에 1장짜리 '보안 위협 보고서'를 만들어서 활용하고 있습니다. 여기서 말하는 보안 위협 보고서의 명칭은 '정보보호 보고서', '보안 이슈 보고서', '긴급 보고서', 'Security Blotter' 등 다양하게 지정하여 사용할 수 있습니다.

다만, 보고서를 구성하는 기본 형식은 반드시 고정적으로 설정되어 있어야 합니다. 그래야만 보고를 받는 대표이사가 중요한 내용을 한눈에 파악할 수 있고, 필요한 경우 즉각적인 의사결정을 할 수 있습니다.

여기서 고정적으로 설정되어 있어야 하는 보고서의 기본 형식이란 ① 보고 주제 ② 보고 날짜 ③ 발생 장소 ④ 관련 기사 제목과 링크 ⑤ 보고의 간략한 내용 ⑥ 근거 법령 ⑦ 위반시 처벌 규정 ⑧ 주요 이슈 ⑨ 우리 회사와의 관련성(사업 영향, 발생 가능성, 관련 위험) ⑩ 우리 회사의 대응 방안(이미 적용 중인 방안과 새롭게 적용이 필요한 방안) 등을 의미합니다.

뒤의 예시에서 숫자로 표시한 부분은 독자의 이해를 돕기 위해 임의로 표기해놓은 것입니다. 따라서 '1장 보안 위협 보고서'를 실무에서 활용하고자 하는 경우에는 숫자 표시를 모두 삭제하시고 활용하시면 됩니다.

'1장 보안 위협 보고서'를 활용하여 대표이사에게 보고하는 경우에는 대표이사가 내용을 빠르게 파악할 수 있도록 하는 것이 중요합니다. 이를

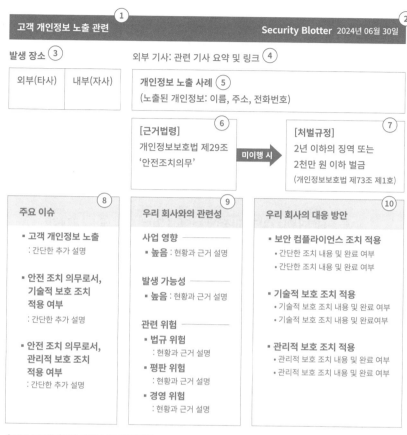

〈CEO 보고용 '보안 위협 보고서'(예시)〉

위해서는 중요 내용을 부각하거나 강조할 필요가 있습니다. 그래야만 대표이사가 내용을 빠르게 파악하고 심리적으로 안정된 상태에서 해당 사안에 필요한 의사결정을 할 수 있기 때문입니다.

'1장 보안 위협 보고서'에서 강조하거나 부각해야 하는 내용은 현재 발생한 보안 위협이 타사 사례인지 우리 회사 사례인지 여부(③ 발생 장소), 우리 회사와 얼마나 관련이 있는지 여부(⑨ 우리 회사와의 관련성), 우리 회사의 대응 방안 완료 여부(⑩ 우리 회사의 대응 방안) 등이어야 합니다.

이처럼 고정된 기본 형식으로 1장 보고서를 반복적으로 활용한다면, 보고 내용 파악과 의사결정에 필요한 대표이사의 시간과 노력을 절약할 수 있습니다. 뿐만 아니라 대표이사로 하여금 정보보호 업무의 중요성과 필요성을 지속적으로 인식하도록 만들 수 있습니다. 결과적으로 이러한 인식은 대표이사의 보안철학으로 이어질 수 있기 때문에, 1장 보고서를 적극적으로 활용하기 바랍니다.

모든 단계의 의사결정 과정에 보안성 검토 프로세스 내재화

보안성 검토라는 것은 기획하고 있는 업무나 실행 중인 업무 등에 대해서 정보보호의 관점에서 검토하는 것을 말합니다. 더구나 현재는 정보보호가 법률의 지위를 가지고 있기 때문에 기업의 업무 현장에서 보안성 검토의 중요성은 점점 더 커질 수밖에 없습니다. 보안성 검토 없이 어떤 서비스를 출시하거나 업무를 실행한 결과로 관련 정보보호 법률을 위반하는 경우 기업이 부담해야 하는 법적 책임을 무시할 수가 없습니다. 여기서 말하는 법적 책임은 기본적으로 과징금이나 벌금일 수 있지만, 경우에 따라서는 대표이사나 원인 행위자에게 형사 처벌의 방식으로 법적 책임을 묻는 것도 충분히 가능합니다.

이러한 상황을 고려하여 정보보안 부서는 반드시 세 가지 관점에서 보안성 검토를 하고 있습니다.

첫째는 법률 정합성Legal Consistency 관점에서의 보안성 검토입니다. 이는 기획 중인 서비스나 업무 안에서 정보보호 법률을 위반할 수 있는 위험에 대해 검토하는 것입니다. 만약 법률 정합성 검토 결과 법률 위반 사항을 식별하게 되면 보안성 검토를 요청한 실무 부서에 그 결과를 공유하고, 법률 위반이 발생하지 않는 방식으로 기획이나 업무 내용의 변경을 요청하게 됩니다. 이러한 업무는 '보안 컴플라이언스 통제' 업무의 범주에 포함됩니다.

둘째는 보안 적합성Security Suitability 관점에서의 보안성 검토입니다. 이는 관련 법률에서 정하고 있는 기본적인 기술적·관리적 보호 조치와 기업의 분야별 특성에 맞는 추가적인 보안통제를 적용하는 보안 자율 규제에 부합하는지 검토하는 것입니다. 특히 IT 부서의 IT 인프라 운영 업무나 개발 부서의 개발 업무가 주요 검토 대상이기도 합니다. 이러한 업무는 '기술적 보안통제' 업무와 '관리적 보안통제' 업무의 범주에 포함됩니다.

셋째는 예견 가능성Predictability 관점에서의 보안성 검토입니다. 이는 동일한 사안에 대해서는 동일한 검토 결과가 나올 수 있도록 보안성 검토를 하고 그 결과를 공개하는 것입니다. 일반적으로 정보보안 부서에서는 정보보호 법률이나 기술적·관리적 보호 조치 가이드라인에 기반을 두고 보안성 검토를 하게 되므로, 대부분 동일 사안은 동일한 검토 결과가 나오게 됩니다. 그래서 보안성 검토 결과는 기본적으로 예견 가능성이 유지될 수 있습니다.

그리고 보안성 검토 결과는 기업 내 여러 실무 부서가 객관적으로 알 수 있도록 근거나 참고자료를 공개하기도 합니다. 이는 실무 부서에서도 자신들이 기획하고 있는 업무에 대한 보안 이슈를 미리 판단하거나 발생 가능한 보안 이슈를 예견할 수 있도록 하기 위함입니다.

'보안성 검토의 예견 가능성 유지'는 정보보안 부서의 노력만으로는 불가능하고, 기업 내 모든 실무 부서가 동참해야만 가능합니다. 이런 이유에서 실무 부서의 의사결정 과정에서 보안성 검토 프로세스 내재화의 필요성이 제기됩니다.

한편, 예견 가능성의 유지뿐만 아니라 의사결정의 각 단계에서 보안성 검토가 필요한 아주 중요한 두 가지 이유가 있습니다. 첫째 이유는 정보보안 부서의 부서장이 아닌 이상 실무 부서의 부서장 입장에서는 자신의 부서 업무에 관한 의사결정이 회사의 정보보호 관리체계에 어떤 부정적 영향을 미치는지 알 수 없다는 것입니다. 게다가 이런 상황에서 의사결정을 한 결과로 나타나는 보안 이슈에 대한 책임은 의사결정을 한 부서장 본인이 부담할 가능성이 높습니다. 즉 의사결정자가 정보보호법률 위반에 대한 법적 책임을 져야 할 수도 있다는 것입니다.

둘째 이유는 의사결정권자가 자신이 의사결정을 해야 하는 모든 업무에 관한 보안 이슈를 인지하는 것이 현실적으로 불가능하기 때문입니다. 그래서 당장 의사결정을 해야 하는 일이 있는 경우에는 이 일과 관련된 보안 이슈의 존재 가능성 여부에 대해서 정보보안 부서에 보안성 검토를 요청하고, 그 결과를 반영하여 의사결정을 할 필요가 있는 것입니다.

이 두 가지 이유를 한마디로 정리하자면, 의사결정권자는 자신의 의사결정이 정보보호 관리체계에 어떠한 영향을 미치게 될지 미리 인지한 상태에서 의사결정을 해야 하고, 이를 위해서는 의사결정 단계에서 보안성 검토를 받고 그 결과를 반영한 상태에서 의사결정을 해야 한다는 것입니다. 이런 이유에서 모든 단계의 의사결정 과정에 보안성 검토 프로세스를 내재화해야 하는 것입니다.

어떻게 하면 실무 부서의 의사결정 과정에서 보안성 검토 프로세스를 내재화할 수 있을까요? 여기에는 여러 방법이 있습니다. 예를 들면, 회사 그룹웨어의 업무 결재 단계에 '보안성 검토 반영 여부'라는 항목을 만들어서 이 항목이 충족되어야 최종 의사결정이 실행되도록 하는 방법이 있습니다. 또는 회사 그룹웨어에서 업무 결재를 요청할 때 기안자가 반드시 정보보안 부서를 수신자로 지정하는 방법을 활용할 수도 있습니다. 또는 실무 부서에서 결재 기안 전에 미리 보안성 검토를 받도록 하고, 그 결과를 기안문에 반영하는 방법도 있습니다. 이처럼 기업의 업무 환경과 특성에 따라 의사결정 과정에서 보안성 검토 프로세스를 내재화하는 것은 충분히 가능하며, 그 방법도 다양합니다.

이렇게 의사결정 과정에서 보안성 검토 프로세스를 내재화하면 정보보호 관리체계 유지의 관점에서 여러 장점이 있습니다. 첫째, 실무 부서의 업무 기안자가 자신의 업무와 관련된 보안 위험을 미리 인지하여 그 위험을 최소화하는 방식으로 업무를 기안할 수 있습니다.

둘째, 실무 부서의 부서장이 업무 기안자에게 보안성 검토 결과를 반영하라는 지시를 할 수 있고, 이러한 과정을 통해서 부서 구성원 전체의 보안 인식 수준이 높아지게 됩니다.

셋째, 실무 부서의 모든 의사결정 과정에서 보안성 검토 프로세스가 내재화됨으로써 기업이 정보보호 법률을 위반할 위험이 최소화됩니다. 그리고 설령 보안사고가 발생한다 하더라도 의사결정 과정에 내재화된 보안성 검토 프로세스가 보안사고 예방을 위한 기업의 관리·감독 책임을 이행했음을 입증할 수 있는 매우 중요한 증거로도 활용될 수 있습니다.

그러니 모든 단계의 의사결정 과정에 반드시 보안성 검토 프로세스를 내재화하여 정보보호 관리체계를 유지하고 부서 구성원의 보안인식 수준을 개선함과 동시에 기업의 관리·감독 책임을 이행하고 입증하는 데 적극적으로 활용하기 바랍니다.

보안통제 부서에 관한 오해 그리고 이해

"보안 부서가 왜 이것도 몰라요?"라는 말을 들을 때가 종종 있습니다. 이런 말을 하는 분들은 IT 인프라 환경 또는 개발 환경에 대해서 정보보안 부서가 당연히 전부 알고 있어야 한다고 생각하는 것 같습니다. 통제를 하는 정보보안 부서가 통제 대상의 모든 고유 업무와 환경적 특성을 다 알고 있어야 한다는 생각이 표출된 것으로 보입니다.

언뜻 맞는 말로도 보입니다. 왜냐하면 보안통제라는 것이 IT 인프라 환경 위에서 기능을 한다고 볼 수도 있고, 최근에는 개발 환경 전반에서 보안통제의 중요성이 강조되고 있기 때문입니다. 그래서 대부분의 기업에서 운용하고 있는 정보보안 부서는 소속 회사의 IT 인프라 환경과 개발 환경에 관한 보안통제를 효과적으로 적용하기 위해 먼저 해당 부서의 고유 업무를 파악하고 있을 것입니다. 뿐만 아니라 통제 대상 부서의 기술적 환경에 대한 학습도 꾸준하게 하고 있을 겁니다. 그럼에도 불구하고 어떤 임직원은 IT 개념이나 개발 툴에 대한 특정한 개념 하나를 제시하면서 "보안 부서가 왜 이것도 몰라요?"라고 여전히 묻기도 합니다.

위와 같은 말은 다른 통제 부서가 아니라 유독 정보보안 부서에만 들리기도 합니다. 어느 IT 담당자나 개발 직원도 새로운 IT 개념이나 개발 툴을 인사 부서에 얘기하면서 "인사 부서가 이것도 몰라요?"라고 말하지 않습니다. 뿐만 아니라 법무 부서나 재무 부서에도 이렇게 말하지 않습니다.

통제 부서가 실무 부서의 모든 업무와 모든 환경을 안다는 것은 불가능합니다. 그런데 왜 정보보안 부서에만 이러한 현상이 생기는 것일까요? 이에 대해서 필자는 몇 가지 원인을 추정해보았습니다. 첫째 원인은 보안통제에 대한 저항을 표출하는 것일 수 있습니다. 즉 보안통제를 준수하라는 요구가 맞고 또 준수해야 하기는 한데, 그럼에도 저항하고 싶은 생각이 있는 것이지요. 보안통제대로 '변화'하는 것보다는 보안통제에 '저항'하는 것이 더 편리하기 때문입니다. 그런 와중에 어떤 빌미가 잡히면 그것을 근거로 "보안 부서가 그것도 몰라요?"라는 말로 저항의 감정을 표출하는 것입니다.

둘째 원인은 다른 통제 부서와는 달리 정보보안 부서의 역할을 지나치게 광범위하게 바라보고 있기 때문입니다. 다시 말해, 정보보안 부서는 다양한 산업 분야에 존재하는 모든 IT 환경과 모든 개발 환경 그리고 모든 업무 환경을 다 알고 있어야 한다는 생각에서 비롯된 것입니다. 이는 마치 의사라면 사람에게 나타날 수 있는 모든 병증을 알고 있어야 하며, 이러한 모든 병증에 대한 정확한 진단과 전문적인 치료도 모두 할 수 있어야 한다고 생각하는 것과 같습니다. 현실 세계에서는 이 모든 진단과 치료를 혼자 다

할 수 있는 의사는 존재할 수 없는데도 말입니다.

셋째 원인은 정보보안 부서 구성원의 업무 분리에 대한 이해가 부족하기 때문입니다. 보안 업무도 업무의 수준을 높이고 업무 역량의 집중을 위해 전문 영역이 나뉘어 있습니다. 예를 들어서 관리적 보안 업무와 기술적 보안 업무, 보안 컴플라이언스 업무 등이 그러합니다. 물론 이렇게 영역이 나뉘어 있다고 하더라도 각 영역의 보안 전문가는 다른 영역의 보안 개념을 충분히 이해하고 있습니다.

다만, 이러한 전문적 영역에 대한 구분이 없는 내용이나 새로운 개념에 대해서 실무 부서가 질문을 해오거나 보안성 검토를 요청해오는 경우에는, 정보보안 부서 구성원들이 함께 모여 브레인스토밍을 하거나 관련 법령과 기술적 자료를 찾아봐야 합니다.

바로 이 부분에 대해서 실무 부서의 이해가 부족하다는 것입니다. 그렇다 보니 정보보안 부서에게도 브레인스토밍이나 자료 검색 및 분석을 할 시간이 필요하다는 생각을 하지 못하는 것 같습니다. 이러한 상황은 마치 환자가 의사에게 자신의 증상을 말하자마자 "의사가 왜 바로 진단을 못해요?"라고 말하는 것과 같은 상황입니다.

보안통제에 대한 위와 같은 실무 부서의 생각들이 기업 내에 쌓이면 그것이 일반화되어 정보보안 부서와 보안 담당자에 대한 부정적인 오해를 불러일으키게 됩니다. 그리고 이러한 오해는 결과적으로 기업의 정보보호 관리체계를 흔드는 상황으로 이어질 수도 있음을 놓쳐서는 안 됩니다.

정보보안 부서는 위와 같은 오해를 미연에 방지하기 위해서 노력을 해야 합니다. 특히 만약 위와 같은 오해가 생길 수 있는 상황이라면 여러 가지 설명을 통해서 상대방의 '오해'를 '이해'로 바꾸려는 노력을 적극적으로 해야 합니다. 이해가 안 되면, 오해를 합니다.

어느 임직원이 정보보안 부서를 상대로 "보안 부서가 이것도 몰라요?"라고 한다면, 이 말을 한 임직원의 생각을 바꾸는, 즉 오해를 이해로 바꾸기 위한 설명을 반드시 해야 합니다. 특히 '다른 통제 부서와 달리 정보보안 부서의 역할을 광범위하게 바라보는 관점'과 관련해서는 적절한 예시를 들어가면서 설명을 해줄 때 임직원의 이해도가 올라가게 됩니다. 예를 들면, 교통경찰관이 자동차 정비 기술을 모두 알고 있어야 하는 것은 아니고, 도로 위를 달리는 모든 자동차의 기능을 다 알 수도 없으며, 모든 운전자들의 운전 방식을 다 알 수도 없는 식입니다.

이러한 설명과 함께 아래와 같은 부연설명을 해준다면, 해당 임직원이 이해까지는 아니더라도 최소한 오해를 하지는 않을 것으로 생각됩니다. "그래서 정보보안 부서에서는 보안통제를 할 때 통제 대상 부서에게 여러 가지를 물어보기도 하고 실제 현황을 확인하는 과정을 거치는 것입니다."

마찬가지 맥락으로 '정보보안 부서 구성원의 업무 분리에 대한 이해 부족'과 관련해서도 설명이 필요합니다. 의사라고 하면 의학적으로 전문적인 기본 개념을 당연히 가지고 있을 것입니다. 하지만, 그렇다고 하더라도 한 명의 전문의가 모든 증상에 관해 전문적인 진단을 할 수는 없습니다. 그래서 병원에서도 진료과를 여럿으로 나누어 진단과 치료 그리고 수술을 하는 것입니다. 만약 다른 진료과와 협진이 필요한 경우에는 관련 전문의들이 모여 각자의 전문적 소견과 진단을 공유하면서 향후 치료 방향을 정하는 이른바 브레인스토밍을 합니다.

정보보안 부서의 보안통제 업무도 마찬가지입니다. 한 명의 보안 전문가가 보안 업무의 모든 영역을 다 알 수 없습니다. 따라서 각자 전문 영역을 나누어 보안통제 업무를 담당하고 있다는 설명을 반드시 해주어야 합니다. 나아가 실무 부서에서 보안성 검토를 요청한 사안에 해박한 보안 업무 담당자를 알려주거나, 필요하다면 정보보안 부서 전체가 모여 관련 법령과 자료를 기반으로 브레인스토밍을 한 후 검토 결과를 알려주겠다고 안내하는 것이 좋습니다.

'원래'라는 생각의 부정적 파급효과 차단

정보보호 관리체계를 유지하기 위해서는 임직원에 대한 정보보호교육이 매우 중요합니다. 특히 다른 회사에서의 업무 경험이 많은 경력직 직원에 대한 정보보호교육이 매우 중요합니다. 이전 회사에서의 보안통제 환경과 우리 회사에서의 보안통제 환경이 다르기 때문입니다.

그런데 혹시 이전 회사에서의 보안통제 환경에 적응한 경력직 입사자가 우리 회사의 보안통제 관련해서 '원래'라는 말을 사용하는 것을 들어본 경험이 있으신가요? 사실 필자는 신규 입사자 정보보호교육을 할 때 이런 경험을 꽤 많이 해봤습니다.

특히 이전 직장이 큰 회사였고 새로 출근하는 직장이 상대적으로 작은 회사인 경우 거의 대부분의 경력직 직원이 '원래'라는 말을 사용합니다. 왜냐하면, 자신의 경험을 기준으로 눈앞의 현상을 판단하기 때문입니다. 이는 과거를 기준으로 현재의 환경을 판단하는 것입니다.

아마 큰 회사일수록 정보보호 인력도 많고 보안 시스템도 많이 운용하다 보니, 실무 부서에서 보안통제에 크게 신경을 쓰지 않아도 보안통제가 준수되도록 하는 자동화 내지 체계화가 잘되어 있었을 것입니다. 반면에 작은 회사는 그렇지 못한 경우가 많습니다. 그래서 작은 회사에서는 보안통제를 준수하기 위해 실무 부서 직원이 직접 신경을 써야 하는 경우가 더 많습니다.

안타깝지만 이것은 큰 회사에 비해 상대적으로 작은 회사의 현실입니다. 보안 인력만 보더라도 그 차이를 알 수 있습니다. 예를 들어 큰 회사는 수백 명의 보안 인력을 보유하고 있습니다. 반면에 작은 회사는 다섯 명도 안 되는 인력으로 다양한 보안 업무를 수행하는 경우가 대부분입니다.

새로 입사하는 경력직 직원들을 대상으로 정보보호교육을 하면서 우리 회사의 보안 정책과 보안통제에 대해서 설명하고 동참을 구하다 보면 "그

거 원래 보안에서 알아서 해주는 거 아닌가요?"라는 질문을 받을 때도 있습니다. 보안 여부를 떠나서 조직에서 '원래'라는 말을 쓰는 것이 맞는 표현일까요? 조직에 '원래'라는 것은 없습니다. 조직은 언제나 변화하고 진화하기 때문입니다. 뿐만 아니라 설령 '원래'라는 것이 있는 조직이라고 하더라도 그 '원래'는 시기마다 그리고 상황마다 다를 수밖에 없습니다.

일반적으로 사람들은 자신이 처음 알게 되었거나 처음 받아들인 경험 등을 자신의 '원래'로 정의하는 경향이 있습니다. 따라서 개인의 경험에 기반하는 '원래'라는 기준을 조직에 대입하는 것은 주객이 전도된 것입니다. 개개인이 조직의 기준에 맞추어야지 개개인의 경험에 조직의 기준을 맞출 수 없습니다.

다시 정보보호와 관련하여 '원래'를 생각해보겠습니다. 정보보호도 기업에 적용되는 매우 중요한 기준입니다. 그리고 이 기준은 관련 법령의 개정과 새로운 보안 위협의 출현에 의해서 지속적으로 변화하고 진화합니다. 게다가 보안 컴플라이언스라는 최소한의 보안통제 외에도 기업의 분야별 특성에 맞는 보안통제를 추가로 적용해야만 하는 현재의 보안 자율 규제 환경에서는 기업마다 고유한 보안통제 기준이 존재할 수밖에 없습니다.

이러한 이유에서 만약에 기업 내에서 정보보호에 관하여 "보안이 원래 이러이러해야 하는 것 아닌가요?"라고 말하는 직원이 있다면, 이 직원의 생각에 있는 '원래'라는 개념을 계몽할 필요가 있습니다. 이 개념을 계몽하지 않으면 어느 순간에는 이 직원이 소속된 부서 전체, 나아가서는 기업 전체가 그렇게 생각할 수 있습니다. 그리고 이러한 상황은 그야말로 보안에 대한 저항력이 가장 커지는 상황으로 이어질 수도 있습니다.

생각은 전염성이 있습니다. 특히 부정적인 생각의 전염성과 파급효과는 더 크게 나타납니다. 그렇기 때문에 '보안통제에 대한 부정적인 생각을 계몽하는 것'은 정보보호 인식제고에서 매우 중요하면서 동시에 매우 의미 있는 활동입니다.

새로 입사하는 경력직 직원이 "그거 원래 보안에서 전부 다 알아서 해주는 거 아닌가요?"라고 한다면, 이렇게 대답해보시기 바랍니다. "그것은 그 회사의 원래이고, 우리 회사의 원래는 이것입니다."

직원의 보안인식 위험도 위험 관리의 대상

정보보안 부서에서 보안 위험Security Risk을 관리하는 보편적인 방법이 있습니다. 자산Assets의 가치는 유지 또는 증가시키면서 자산의 취약성Vulnerability과 자산의 취약성을 노리는 위협Threat을 감소시키는 방법입니다.

여기서 잠깐 자산에 대해서 살펴보겠습니다. 감가상각이 없는 한 일반적으로 자산의 가치가 시간이 흐름에 따라서 우상향할 것이라고 기대하는 것은 경제 관점에서 당연한 기대입니다. 그리고 이러한 자산의 가치 상승은 수익 창출을 위한 다양한 경영 활동에서 얻어질 수 있습니다. 따라서 자산 가치 상승이라는 관점에서만 보면 사실 정보보안 부서의 역할이 크지 않다고 할 수 있습니다.

하지만, 기업의 유무형 자산 중에는 정보도 포함되어 있습니다. 그렇기 때문에 이 정보를 보호하기 위한 관점에서는 정보보안 부서의 역할이 매우

〈보안 위험 관리의 기본 개념〉

크고 중요하다고 할 수 있습니다. 특히 정보를 보호하기 위하여 정보와 관련된 취약성과 이 취약성을 노리는 위협을 감소시키는 보안 위험 관리는 정보보안 부서의 고유한 보안통제 활동이라고 할 수 있습니다.

그래서 정보보호 분야에서는 정보에 대한 기술적 보안통제 업무와 관리적 보안통제 업무 그리고 보안 컴플라이언스 업무를 가장 기본적이면서도 가장 중요한 업무로 분류하고 있습니다. 게다가 이러한 업무를 한 명의 담당자가 모두 수행할 때 발생할 수 있는 통제 위험을 감소시키기 위해서 각각 다른 담당자가 수행하도록 하는 직무 분리Segregation of duty 개념까지도 적용하고 있습니다.

제2부에서 살펴보았듯이, 최근에는 사람 자체를 타깃으로 하거나 사람의 생각을 경유하는 사이버 공격이 폭발적으로 증가하고 있습니다. 관련 기사[68]에서 이런 내용을 볼 수 있습니다.

"데이터 침해 사고 중 기술적인 익스플로잇에 의해 발생하는 사건은 3%밖에 되지 않습니다. 나머지 97%는 전부 사람의 실수나 부주의, 악의적인 의도와 관련되어 있습니다. 그래서 대부분의 해커들이 해킹을 하는 건 결국에는 사람 그 자체예요. 즉 컴퓨터를 통해 발현되는 사람의 습성이라는 겁니다."
— 루시 시큐리티 CEO 콜린 바스터블Colin Bastable

이 말은 해커들의 해킹 대상이 완전히 달라졌음을 의미하는 매우 무서운 말입니다. 영화처럼 해커가 보안 시스템에 적용되어 있는 다중보안 체계Defense in Depth라는 방어벽을 하나씩 어렵게 뚫어가면서 시스템에 침투하는 것이 아님을 뜻하기 때문입니다. 이제 해커들은 기업의 다중보안 체계라는 방어벽 안에 이미 들어가 있는 직원을 대상으로 해킹을 하고 있습니다. 특히 직원의 습성에 내재되어 있는 약점을 대상으로 해킹을 한다는 것입니다. 해커가 노리는 대상은 '사람의 생각과 이 생각이 발현되는 사람의 습성'입니다.

따라서 정보보안 부서가 보안 위험을 관리함에 있어 기업의 소중한 자산 중 하나인 '직원'을 보호할 수 있는 관리적 보안통제와 더불어 직원과 관련된 취약성과 위협을 관리하는 것도 매우 중요해졌습니다. 이러한 이유에서 직원의 취약성 그리고 이러한 취약성을 노리는 위협을 감소시키는 위험 관리가 반드시 적용되어야 합니다.

여기서 말하는 직원의 취약성이란 낮은 보안인식으로 인해 위험한 행동을 하는 '직원의 생각'을 말합니다. 콜린 바스터블의 말에 의하면, 데이터 침해 사고의 원인 중 97%에 해당하는 '사람의 생각과 이러한 생각이 발현되는 습성'이 바로 직원의 취약성입니다. 따라서 직원의 생각에 내재되어 있는 '보안인식의 위험'도 위험 관리의 대상이 되어야 하는 것입니다.

이를 위해서는 가장 먼저 직원의 취약성을 식별해야 합니다. 일반적으로 직원의 생각, 즉 낮은 수준의 보안인식 그 자체가 직원에게 내재되어 있는 취약성이 될 수 있습니다. 그리고 이처럼 낮은 수준의 보안인식과 관련된 위협을 감소시키는 것이 결국 직원과 관련된 '보안인식 위험 관리 기법'이 됩니다.

과학기술정보통신부에서 발간한 「2021년 정보보호 실태조사」에 의하면 정보보호 위협 요인의 73.8%가 사람이라는 사실을 알 수 있습니다. 이

〈보안인식 위험 관리의 개념〉

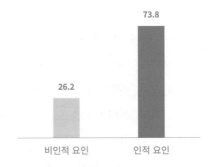

〈기업을 위험하게 만드는 대부분의 위협 요인: 인적 요인(단위: %)〉

것은 '기업을 위험하게 만들 수 있는 요인의 대부분이 임직원의 생각과 행동에 내재되어 있다'는 매우 중요한 경고를 보여주는 수치입니다.

물론 기존의 정보보호 관리체계 아래서도 기술적 보안과 관리적 보안 그리고 보안 컴플라이언스에 집중된 보안통제를 적용하는 방식으로 보안 위험을 잘 관리해왔습니다. 하지만, 정보보안 부서에서는 사이버 공격자가 노리는 대상이나 경유지가 시스템이나 네트워크가 아니라 '직원의 생각과 습성'이라는 사실을 반드시 인지하고 이에 대한 위험 관리 방안도 강구해야만 합니다. 이제부터는 직원의 생각, 즉 보안인식 위험에 대한 관리(보안인식 위험 관리)도 정보보안 부서의 중요하고 고유한 업무로 받아들일 필요가 있습니다. "우리는 모두를 막아야 승리하지만, 해커는 하나만 뚫어도 성공하는 겁니다."

보안인식 잔여 위험에 대한 보안통제 방안

모든 위험 관리에는 잔여 위험Residual Risk이 남게 됩니다. 왜냐하면, 아무리 비용을 많이 들이고 강력한 통제를 적용한다 하더라도 위험을 제로로 만들 통제는 존재할 수 없기 때문입니다. 따라서 어떤 통제든 그 통제를 적용한 이후에도 일정한 형태로 남아 있는 위험(잔여 위험)은 언제나 존재합니다. 다만, 비용을 많이 들이거나 효과가 높은 통제를 적용하면 잔여 위험이 적을 수 있고 반대로 비용을 적게 들이거나 효과가 좋지 못한 통제를 적용하면 잔여 위험이 많을 수 있다는 차이만 있을 뿐입니다.

이와 같은 맥락에서 보면, 보안인식 위험 관리에도 잔여 위험이 존재할 수밖에 없습니다. 직원의 취약성을 노리는 위협을 낮출 수 있는 정보보호 인식제고 활동을 한다고 하더라도 '여전히 남아 있는 위험'이 존재한다는 것입니다. 이는 직원의 생각 속에 남아 있는 '보안인식의 잔여 위험'을 의미합니다.

잔여 위험은 그 특성상 저비용의 정보보호 인식제고 활동뿐만 아니라 고비용의 정보보호 인식제고 활동을 한다고 하더라도 사람의 생각 속에 언제나 존재합니다. 이러한 이유에서 보안인식의 잔여 위험에 대한 관리 방안이 있어야 합니다.

정보보호 인식제고를 한다는 것은 임직원의 생각 영역에 있는 보안인식의 수준을 높인다는 의미를 가지고 있습니다. 이를 위해서 대부분의 기

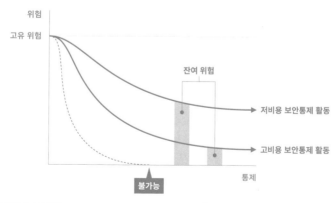

〈위험 관리에서의 잔여 위험〉

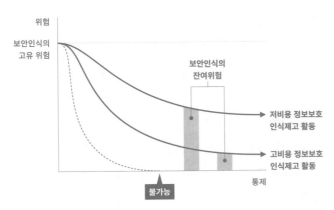

위험

보안인식의
고유 위험

보안인식의
잔여위험

저비용 정보보호
인식제고 활동

고비용 정보보호
인식제고 활동

불가능

통제

〈보안인식의 잔여 위험〉

업에서는 정보보호교육, 보안 캠페인, 보안 포스터, 정보보호 준수 서명대회, 업무용 컴퓨터 팝업 보안 메시지 노출, 업무용 컴퓨터 화면보호기 보안 메시지 노출 등의 활동을 하고 있습니다.

물론 이러한 정보보호 인식제고 활동은 보안인식의 수준을 높이는 데 매우 중요한 활동입니다. 그러나 보안인식은 사람의 생각 영역에 존재하기 때문에 타인의 의지대로 통제할 수 없습니다. 게다가 사람마다 다르게 생각하는 특성이 있음을 놓쳐서는 안 됩니다.

예를 들어서 정보보호 인식제고 활동을 긍정적으로 생각하고 이를 수용하는 직원은 보안인식 수준이 높아질 수 있지만, 그렇지 않은 직원은 변화가 없을 수도 있습니다. 심지어 정보보호 인식제고 활동에 대한 저항 탓에 보안인식의 수준이 오히려 낮아질 수도 있습니다. 이렇게 되면, 고비용의 정보보호 인식제고 활동을 했음에도 불구하고 보안인식의 잔여 위험은 오히려 더 크게 남을 수 있습니다.

정보보호 인식제고 활동에도 불구하고 직원 개개인의 '보안인식 잔여 위험'을 관리하고 그 수준을 감소시키는 방안이 필요합니다. 특히 부서 단위의 조직체마다 이른바 '그들만의 문화와 공감대'가 형성되는 기업의 특성을 고려하여 부서 단위의 보안인식 잔여 위험을 관리하고 그 수준을 감소시킬 수 있는 방안을 짜야 합니다. 개인별 그리고 부서별 보안인식 잔여 위험을 관리할 수 있는 방안에 대해서는 제4부 제6장 '보안인식 위험 관리하기'를 참고해주시기 바랍니다.

보안사고를 바라보는 시점과 관점의 차이

현재 정보보호 법률에 의하면, 보안사고가 발생했을 때 기업이 의무적으로 실행해야 하는 기본적인 절차들이 있습니다. 특히 개인정보 유출 사고의 경우, 일정 시간 이내에 관계 기관에 신고해야 하고, 개인정보 유출 사실을 개인정보 주체에게 통보해야 합니다. 이는 개인정보 주체의 법적 권익을 보호하기 위하여 보안사고 사실을 적극적으로 신고하도록 기업에 의무를 부과하기 때문입니다. 정보보호 법률에서 요구하고 있는 보안사고 발생 시의 기본적인 절차는 보안사고 기업에서 당연히 준수해야 하는 기본 중의 기본이라고 할 수 있습니다.

기업의 모든 정보보안 부서는 보안사고를 예방하기 위해서 많은 노력을 하고 있습니다. 그러나 노력을 한다고 해서 사고가 일어나지 않는 것은 아닙니다. 마치 교통사고를 예방하기 위해서 많은 노력을 해도 도로상의 여러 돌발 변수로 교통사고가 날 수도 있는 것처럼 말입니다. 다시 말해 아무리 예방을 한다고 해도 예기치 않은 그리고 원하지 않는 보안사고는 언제든 발생할 수 있습니다. 이 지점에서 필자가 말하고 싶은 것은 이것입니다. "보안사고는 100% 예방할 수 없습니다. 따라서 보안사고 발생을 전제로 한 대응 방안이 마련되어 있어야 합니다"

아무리 도로교통체계가 잘 갖추어져 있고 교통경찰관이 교통 통제를 잘한다고 하더라도 도로 위에서 '운전자의 부주의'로 인한 교통사고를 완전히 예방할 수는 없습니다. 이런 이유에서 교통사고의 발생을 전제로 사고 당시의 상황을 파악할 수 있는 여러 장치(도로 위의 CCTV, 자동차 블랙박스 등)를 활용하는 것입니다. 그리고 이러한 장치에서 나온 증거와 자료를 기반으로 교통사고를 낸 운전자의 과실 여부와 비율을 사법기관으로부터 판단받게 되는 것입니다.

이 말을 보안 환경에 대입해보면, 아무리 정보보호 관리체계가 잘 갖추어져 있고 정보보안 부서에서 보안통제를 잘한다고 하더라도 '임직원의 부주의'로 인한 보안사고를 완전히 예방할 수는 없다는 의미가 됩니다. 그렇기 때문에 보안사고의 발생을 전제로 보안사고 당시의 상황을 파악할 수 있는 여러 보호 조치가 적용되어 있어야 하는 것입니다. 그래야만 보안사고 예방을 위해 적용해놓은 보호 조치의 적절성 여부와 기업의 관리·감독 책임 이행에 대한 판단을 사법기관으로부터 받을 수 있게 됩니다.

보안사고와 관련하여 정보보안 부서가 반드시 인식하고 있어야 하는 중요한 사실이 하나 있습니다. 사법기관과 기업은 보안사고를 바라보는 '시점과 관점'이 다르다는 것입니다. 이 말을 조금 풀어서 표현해보면, '이미 발생한' 보안사고에 대한 법적 책임의 여부를 판단하는 법원의 시점 및 관점과 비교해볼 때 '아직 발생하지 않은' 보안사고를 예방하기 위해 노력해야 하는 기업의 관점은 다르다는 것입니다.

먼저 수사기관을 포함하여 법원의 시점과 관점에 대해서 말씀드리겠습니다. 법원은 보안사고가 '이미 발생한 이후의 시점'에서 '사고 기업이 평소에 어떤 보호 조치를 했고 하지 않았는가?'를 연역적 관점에서 바라보게 됩니다. 여기서 말하는 연역적 관점이란 일반적 사실이나 잘 알려진 사실을 기준으로 하여 개별적인 행위에 대한 책임 여부를 판단하여 개별적이거나 구체적인 결론을 도출하는 관점입니다.

반면에, 사고 기업은 보안사고가 '발생하기 이전의 시점'부터 '보안사고의 예방을 위하여 다양한 보호 조치를 적용'하는 입장이므로 보안사고를

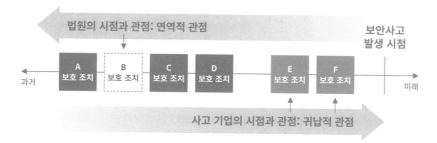

〈보안사고를 바라보는 관점의 차이〉

귀납적 관점에서 바라보게 됩니다. 여기서 말하는 귀납적 관점이란, 구체적 사실이나 개별적인 행위를 근거로 일반적인 결론을 도출하는 관점입니다. 예를 들어, 어떤 기업에서 보안사고가 이미 발생했고, 이 사고가 현재 법원의 판단을 받아야 하는 시점에 와 있다고 해보겠습니다.

연역적 관점으로 접근하는 법원은 다음과 같은 논리로 보안사고를 평가하게 됩니다. 먼저 보안사고 발생 시점을 기준으로 하여 보안사고 이전에 이 기업이 적용한 보호 조치가 무엇인지 확인합니다. 그런 다음에는 관련 법률에 의해서 반드시 적용해야 하는데도 적용하지 않은 보호 조치와 보안사고 간의 상당 인과관계를 다음과 같이 판단합니다.

[일반적 사실] 관련 법률에 근거하여 보면 일반적으로 기업에서는 보안사고 예방을 위한 ABCD 보호 조치를 해야 한다.
[개별적 행위] 그런데 이 기업은 관련 법률이 규정하고 있는 B 보호 조치를 적용하지 않았다.
[개별적 결론] 따라서 이 기업은 관련 법률을 위반했다.

반면에 귀납적 관점으로 접근할 수밖에 없는 기업은 다음과 같은 논리로 보안사고 책임에 대한 반박을 하게 됩니다. 특히 보안사고가 발생하기 이전의 시점부터 기업이 법률에 기반하여 적용한 보호 조치뿐만 아니라 보안 자율 규제에 의해서 추가적으로 적용한 보호 조치를 근거로 다음과 같은 항변을 합니다.

> **[개별적 행위]** 보안사고를 예방하기 위해서 관련 법률에서 규정하고 있는 ABCD 보호 조치뿐 아니라, 보안을 강화하기 위해 자체적으로 EF 보호 조치를 추가로 적용해왔다.
> **[일반적 사실]** 그럼에도 불구하고 보안사고를 100% 예방할 수는 없다.
> **[일반적 결론]** 따라서 우리는 관련 법률을 위반하지 않았다.

이처럼 관점의 차이에 따라서 접근 방식과 결론이 달라질 수 있습니다. 이러한 이유에서 정보보안 부서는 보안사고를 바라보는 법원과 기업의 관점이 다르다는 매우 중요한 사실을 이해해야만 합니다. 그래야 관점의 차이에 따른 대응 방안을 적용할 수 있기 때문입니다.

보안사고를 바라보는 관점의 차이에 대한 대응 방안

법원과 기업 간에 보안사고를 바라보는 관점이 다르다는 것을 전제로, 정보보안 부서는 이러한 차이를 극복할 수 있는 대응 수단을 미리 마련해두어야 합니다. 여기서 말하는 대응 수단이란 ⅰ) '평상시', ⅱ) 정보보호 법률에서 요구하는 '모든 보호 조치' 적용, ⅲ) 정보보호 법률에서 요구하는 수준을 넘어서는 '보안 자율 규제' 적용 등을 의미합니다. 이에 대해서 좀 더 상세하게 설명하겠습니다.

첫째, 모든 보호 조치는 '평상시'에 적용해야 합니다. 왜냐하면 법원은 보안사고가 이미 발생한 이후의 시점에서 시간을 거슬러 가면서 보안사고 발생 이전에 기업이 적용해놓은 보호 조치와 적용해놓지 않은 보호 조치를 평가하기 때문입니다. 즉 다음과 같은 판단 기준에 따라 법적 책임 여부를 판단하는 것입니다. '보안사고 발생 이전에 기업이 어떠한 보호 조치를 했는가?'

이 말을 기업 입장에 대입해보면, 보안사고 예방을 위한 보호 조치는 보안사고 발생 이전에 이미 적용하고 있어야 한다는 말이 됩니다. 따라서 정보보안 부서에서는 평소에 보호 조치를 누락 없이 적용하고 있어야만 합니다. 이렇게 하면 '보안사고 발생 이전부터 적용했던 보호 조치'들을 보안사고 예방을 위한 기업의 관리·감독 책임을 이행한 입증 자료로 활용할 수 있습니다.

둘째, 평소에 정보보호 법률에서 요구하는 '모든 보호 조치'를 반드시 적용하고 있어야 합니다. 특히 정보보호 법률에서 요구하는 보호 조치는 법원과 기업에 공통적으로 적용되는 '책임 판단 기준'이라는 점을 잘 이해하고 있어야 합니다. 여기서 말하는 책임 판단 기준이란 정보보호 법률과 지침, 가이드라인, ISMS 통제 항목, 경영진의 정보보호 지원 현황(정보보호 최고책임자 지정, 보안 인력 채용지원, 보안 예산 승인) 등을 말합니다.

그리고 여기에 매우 중요한 판단 기준 하나가 판례에서 더 추가되었습니다. 바로 '사회 통념상 합리적으로 기대 가능한 보호 조치'입니다.[69] 특히 이 기준은 보안사고에 대해 과징금을 부과하는 경우에 가중 또는 감경의 판단 기준으로 활용됩니다.

정보보안 부서는 평소 보안사고에 대한 책임 판단 기준을 잘 인지하고 있어야 합니다. 또한 이 기준에 부합하는 보호 조치를 잘 적용하고 있어야 합니다. 이렇게 하려면 보안성 검토 시 검토 대상 업무에 보안사고에 대한 책임 판단 기준(관련 법률과 지침, 가이드라인, ISMS 통제 항목, 경영진의 지원 현황, 사회 통념상 기대 가능한 보호 조치 등)을 모두 대입해보는 방법이 가장 현실적일 것입니다.

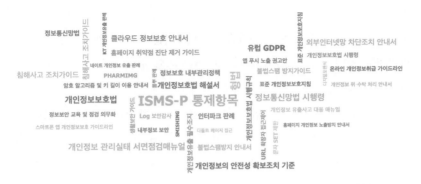

〈보안성 검토 시 반드시 반영해야 책임 판단 기준(예시)〉

이렇게 하면, 최소한 법원의 관점에서 적용하는 책임 판단 기준을 모두 평소에 준수할 수 있게 됩니다. 뿐만 아니라 보안성 검토의 대상이 되는 실무 부서에게 보안성 검토의 중요성과 필요성을 가장 잘 인지시킬 수 있는 장점도 있습니다.

셋째, 정보보호 법률에서 요구하는 것보다 더 높은 수준의 보안통제를 추가로 적용하는 것입니다. 이는 기업의 분야별 특성에 맞는 '보안 자율 규제'의 개념이라고 할 수 있습니다. 다음의 보안사고 시 책임 판단 기준(예시)의 그림에서 보면 법원의 관점에서는 정보보호 법률의 범위 내에서 사고 기업이 적용하지 않았던 보호 조치(B)에 대해 법적인 책임을 물으려고 할 것입니다. 그런데 만약 사고 기업에서 정보보호 법률에서 요구하는 모든 보호 조치(ABCD)를 적용했을 뿐만 아니라 이에 더하여 기업의 분야별 특성에 맞는 '보안 자율 규제'를 위해 추가적인 보호 조치(EF)도 적용했음을 입증한다면 어떨까요? 이렇게 되면, 사고 기업이 평소에 보안사고를 예방하기 위한 관리·감독 의무와 법적인 의무를 성실하게 이행했다고 주장할 수 있게 될 것입니다.

따라서 정보보안 부서에서는 보호 조치를 적용함에 있어서, 정보보호

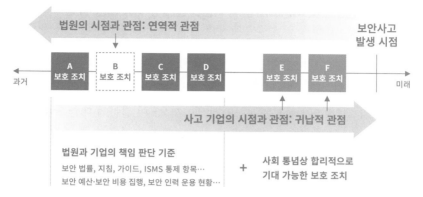

법원의 시점과 관점: 연역적 관점

보안사고
발생 시점

| A 보호 조치 | B 보호 조치 | C 보호 조치 | D 보호 조치 | E 보호 조치 | F 보호 조치 |

과거   미래

사고 기업의 시점과 관점: 귀납적 관점

법원과 기업의 책임 판단 기준

보안 법률, 지침, 가이드, ISMS 통제 항목…
보안 예산·보안 비용 집행, 보안 인력 운용 현황…

\+

사회 통념상 합리적으로
기대 가능한 보호 조치

〈보안사고 시 책임 판단 기준(예시)〉

법률에서 적용을 의무화하고 있는 기본적인 보호 조치뿐만 아니라 보안 자율 규제로서 하나 이상의 추가적인 보호 조치까지도 평소에 적용해두어야 합니다.

어느 기업에 보안사고가 발생한다면, 이 기업의 대표이사가 받게 될 다양한 질문 중에는 이 질문이 반드시 포함될 것입니다. "평소에 보안사고를 예방하기 위한 보호 조치를 적용했습니까?" 이 질문에 대한 가장 올바른 대답은 무엇일까요? 아마도 이런 대답이어야 할 것입니다. "네, 평소에 보안사고 예방을 위한 다양한 보호 조치를 적용하고 있었습니다."

대표이사가 이렇게 자신 있게 대답할 수 있으려면, 정보보안 부서가 평소에 보안사고 예방을 위해 시의적절하게 보호 조치를 적용 및 통제하고 있어야 합니다. 그리고 그 결과물들을 입증할 수 있는 객관적이고 현실적인 방법이 마련되어 있어야 한다는 점을 반드시 인지하시기 바랍니다.

정보보호 책임에서 법적 책임의 분할 관계에 대한 계도

누차 강조했듯이, 기업의 정보보호에 대한 성공과 실패의 최종 책임자는 대표이사입니다. 그렇다면 최종 책임이 아니라 '평소 기업의 보안통제를 준수할 책임Due Diligence'은 누구에게 있을까요? 이 질문에 대한 답을 찾아가기 위한 여정에서 필자는 임직원에게 종종 이렇게 물어보곤 합니다. "기업의 보안통제 준수 책임이 누구에게 있습니까?"

대부분의 임직원은 정보보호에 관한 모든 책임이 정보보안 부서에 있다고 대답하곤 합니다. 하지만, 정보보호 분야에 종사하고 있는 모든 보안 전문가들은 위와 같은 대답이 틀렸다는 것을 잘 알고 있습니다. 그렇다면 왜 임직원들은 '정보보호에 관한 모든 책임이 정보보안 부서에 있다'고 생각하는 것일까요?

필자는 위와 같이 대답하는 임직원을 보면 다음과 같이 질문을 바꾸어서 다시 한번 물어봅니다. "교통 통제 준수 책임은 누구에게 있나요?"

이 질문에 대해서 '모든 책임이 교통경찰관에게 있다'고 대답하는 직원은 없을 것입니다. 자동차를 운행하는 운전자에게 교통 통제 준수 책임이 있다는 사실을 누구나 알고 있기 때문입니다.

그런데 왜 보안통제 준수 책임에 대해서는 '임직원에게 그 책임이 있다'고 생각하지 않을까요? 게다가 보안통제를 '주관'하는 정보보안 부서에 보안통제 '준수' 책임이 있다고 생각을 하는 것일까요? 이는 기업의 정보보호 책임에서 특히 법적 책임이 임직원에게 어떻게 분할되어 있는가에 관한 교육이나 계도가 없었기 때문입니다. 자동차 운전의 경우 교통법규 준수와 자동차 안전 운행 책임이 운전자에게 있다는 사실을 운전면허증 취득 과정에서 명확하게 인지하게 됩니다. 법규 위반과 안전 운행 위반 시에 운전자에게 벌금이나 과태료 심지어는 형사 처벌 등의 법적 처벌이 부과된다는 사실을 분명하게 인지하면서 필기시험을 준비하기 때문입니다.

정보보호 책임에 관해서는 정보보호 법률 위반이나 보안통제 미준수에 대한 법적 책임이 임직원에게 있다는 사실에 관하여 임직원을 대상으로 교육 내지는 계도 활동을 거의 하지 않습니다. 이러한 교육이나 계도 활동을 하지 않는 이유야 기업마다 다양하겠지만, 아마도 정보보호 책임의 분할 관계를 정확하게 인지하지 못하는 데서 기인하거나 아니면 보안통제에 대한 임직원의 저항감이 너무 크기 때문일 수도 있습니다.

정보보호 관리체계를 유지하고 개선하는 과정에서 임직원의 역할은 매우 중요합니다. 특히 정보보호 법률과 보안통제를 준수하는 것은 그 누구도 아닌 임직원 스스로 해야 하는 부분이 월등히 많습니다. 도로 위의 교통안전을 유지하고 개선하기 위해서 교통경찰관이 해야 하는 부분보다 자동차 운전자가 해야 할 부분이 월등히 많은 것과 같은 이치입니다.

정보보안 부서에서는 정보보호와 관련된 법적 책임이 모든 임직원에게 분할되어 있다는 점을 먼저 정확히 인지하고, 이러한 내용을 모든 임직원을 대상으로 교육하거나 계도해야 합니다. 그래야 임직원들이 보안통제를 더 잘 준수하도록 만들 수 있습니다.

정보보호와 관련된 법적 책임은 기본적으로 세 가지로 분할되어 있습니다. 먼저 정보보안 부서의 고유한 법적 책임 영역이 있습니다. 이 책임은 정보보호 관련 법률에 기반하는 책임으로, 기업 내 보안통제를 주관해야 하는 책임입니다. 즉 정보보안 부서는 기업 내에 정보보호 법률의 준수를 보장하기 위하여 관리적 보안통제와 기술적 보안통제 그리고 보안 컴플라이언스 통제를 주관해야 합니다. 여기에서 말하는 정보보호 법률은 기본적으로 「개인정보보호법」과 「정보통신망법」 등이 있고 기업의 사업 영역이나 사업 특성에 따라서는 유럽 「일반 개인정보보호법」(GDPR), 「신용정보호법」, 「전자금융거래법」, 「주민등록법」, 「전자상거래법」 등이 포함될 수도 있습니다.

이처럼 정보보호 법률에 기반하여 보안통제를 주관하는 것은 정보보안

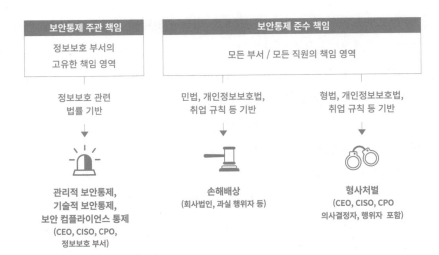

보안통제 주관 책임	보안통제 준수 책임
정보보호 부서의 고유한 책임 영역	모든 부서 / 모든 직원의 책임 영역

정보보호 관련 법률 기반	민법, 개인정보보호법, 취업 규칙 등 기반	형법, 개인정보보호법, 취업 규칙 등 기반
관리적 보안통제, 기술적 보안통제, 보안 컴플라이언스 통제 (CEO, CISO, CPO, 정보보호 부서)	손해배상 (회사법인, 과실 행위자 등)	형사처벌 (CEO, CISO, CPO 의사결정자, 행위자 포함)

〈정보보호와 관련된 법적 책임의 분할 관계〉

부서의 고유한 업무이자 고유한 법적 책임의 영역입니다. 따라서 보안사고
에 대한 법적 책임을 다투게 되는 경우 정보보안 부서는 '정보보호 법률에
기반하는 보안통제를 평소에 신의성실하게 주관하고 적용했다는 것'을 입
증해야만 합니다.

　다음으로 정보보안 부서뿐만 아니라 기업의 모든 부서와 모든 임직원
의 책임 영역이 있습니다. 이 영역은 세부적으로 민사 책임의 영역과 형사
책임의 영역으로 구분됩니다. 민사책임의 영역을 보면 모든 임직원은 취업
규칙 등에 근거하여 회사의 보안통제를 준수해야 할 의무가 있고, 이러한
의무를 준수하지 않음으로 인해 회사에 손해가 발생한 경우에는 근거 규정
에 따라 민법상 불법 행위 책임에 따른 손해배상을 해야 할 수도 있습니다.

　간단하게 표현하면, 손해 발생에 상당한 인과관계가 있는 행위를 한 과
실 행위자에게도 민사 책임이 뒤따를 수 있다는 것입니다. 따라서 보안사
고에 대한 법적 책임을 다투게 되는 경우에는 '보안사고와 관련된 임직원
은 자신이 보안통제를 잘 준수했다는 점'을 스스로 입증해야 할 수도 있습

니다. 이에 반해서 회사 법인의 경우에는 민법상 불법 행위 책임과 「개인정보보호법」에서 운용하고 있는 징벌적 손해배상 책임 그리고 법정 손해배상에 따라 민사 책임을 져야 할 수도 있습니다.

다음으로 형사 책임의 영역입니다. 이 책임 영역은 개인정보 유출 내지 보안사고 발생에 대해 직접적으로 처벌 규정을 두고 있는 「개인정보보호법」, 「정보통신망법」, 형법 등에 근거하는 책임 영역입니다. 이 형사 책임에 있어서 특이한 점은 정보보호 관련 법률을 위반한 행위자뿐만 아니라 법률 위반 행위를 실행하도록 지시한 의사결정권자도 법적 처벌을 받을 수 있다는 점입니다. 이러한 이유에서 의사결정 과정의 각 단계에서 보안성 검토를 반드시 거치도록 하는 프로세스를 내재화할 필요성이 업무 현장에서 강하게 제기되고 있는 것입니다.

위 내용을 정리하자면, 정보보안 부서에서는 위와 같은 법적 책임의 분할 관계를 정확히 인식하여 기업 내 보안통제를 성실하게 적용해야 합니다. 그리고 정보보호교육이나 정보보호 인식제고 활동 과정에서는 임직원에게도 정보보호와 관련된 민사적 그리고 형사적 책임이 분할되어 있다는 사실을 임직원에게 명확히 인지시킬 필요가 있습니다.

「개인정보보호법」은 일부 산업군이나 일부 전문 분야 종사자에게만 적용되는 특별법이 아니라 모든 산업군과 모든 사람들에게 예외 없이 적용되는 일반법입니다. 그러므로 정보보안 부서는 임직원을 대상으로 '개인정보보호 책임은 모든 사람에게 부과되어 있다'는 사실을 지속적으로 강조해야 합니다. 그래서 법적 책임의 이행과 법률 준수의 중요성을 인지시키고, 임직원이 일상적인 업무 과정에서 자연스럽게 보안통제를 준수할 수 있도록 만들어야 합니다. "개인정보보호 책임으로부터 자유로울 수 있는 직장인은 존재하지 않기 때문입니다.

임직원 개인의 일탈에 의한 보안사고를
예방하기 위한 관리·감독 방안 수립

아무리 도로교통체계가 안전하게 수립되어 있고 교통경찰관이 교통 통제를 잘한다고 하더라도 자동차를 운행하는 운전자의 부주의나 실수 등 도로교통체계를 벗어나는 개인의 일탈 행위로 인해 교통사고는 발생할 수밖에 없습니다. 대표적으로 교통신호 위반, 전방 주시 태만, 규정 속도 위반, 주·정차 규정 위반, 운전 중 휴대전화 사용 등과 같이 「도로교통법」에서 정하고 있는 가장 기본적인 규정 위반을 들 수 있습니다.

이러한 체계를 벗어나는 일탈 행위가 정보보호 관리체계에서는 일어나지 않을까요? 그렇지 않다는 사실은 잘 아실 겁니다. 기업에서는 정보보호 관리체계를 유지하고 개선하기 위해 엄청난 노력을 하고 있습니다. 하지만, 정보보호 관리체계를 벗어나는 임직원 개인의 일탈도 여러 곳에서 다양한 형태로 나타나고 있습니다. 그리고 이와 같은 개인적 일탈이 보안사고의 원인이 되는 경우가 비일비재합니다.

여기서 말하는 개인의 일탈이란 기술적 보안통제 우회를 시도하거나 실제로 우회하여 의도적인 행위를 하는 것, 관리적 보안통제에 저항하여 안전한 업무 절차를 준수하지 않는 것, 보안 컴플라이언스 통제를 따르지 않음으로써 결과적으로 정보보호 법률을 위반하는 것 등이 있습니다.

다만, 사고 발생의 책임 소재 관점에서 운전자와 임직원 간에는 '개인이냐, 조직이냐?'라는 차이가 있습니다. 즉 운전자는 자신의 운전 행위에 대한 모든 책임을 전적으로 스스로 집니다. 반면에 임직원은 기업이라는 조직의 구성원이므로 과실 행위자인 임직원의 책임과 더불어 기업의 관리·감독 책임도 존재하게 됩니다.

이 지점에서 정보보안 부서에서는 보안사고 예방을 위해 기업이 준수해야 하는 관리·감독 책임을 어떻게 실행할 것인가에 대한 방안이 필요할 수밖에 없습니다. 보안사고가 발생하면 1차적으로는 기업이 책임을 집니다. 그러나 보안사고의 원인을 파악해보았더니, 어느 직원이 정보보호 관리체계를 벗어나는 행위[70]를 했음을 알게 되었습니다. 이러한 행위는 그야말로 개인적인 일탈 행위이기 때문에, 이러한 행위를 실행한 직원에게 법적인 책임을 물어야 하는 것이 당연합니다.

하지만 말씀드린 바와 같이 기업에는 임직원에 대한 관리·감독의 책임이 있습니다. 그렇기 때문에, 사법기관의 판단을 받는 과정에서 아래의 사항이 매우 중요한 쟁점이 될 수가 있습니다. "보안사고 예방을 위해서 기업이 임직원을 대상으로 어떠한 관리·감독을 했는가?"

이 말은 설령 어느 직원의 개인적인 일탈 행위로 인해 보안사고가 발생했다고 하더라도, 기업이 평소에 보안사고를 예방하기 위하여 임직원을 대상으로 어떤 관리·감독을 했는가에 따라서 직원의 일탈 행위에 대한 법적 책임과 기업의 관리·감독에 대한 법적 책임의 무게중심이 달라질 수가 있다는 의미가 됩니다.

따라서 정보보안 부서에서는 평소에 임직원을 대상으로 보안사고 예방을 위한 통제 활동을 성실하게 실행했음을 입증해야만 하는 상황이 올 수 있다는 것을 알고 있어야 합니다. 특히 사람의 생각을 경유하는 사이버 공격이 폭발적으로 증가하고 있는 현재의 상황을 고려해볼 때, 기업의 부서별 내지 임직원 개인별로 보안인식의 수준을 높이기 위해 정보보안 부서가 어떠한 정보보호 인식제고 활동을 했는지가 매우 중요한 쟁점이 될 수 있음을 알고 있어야 할 것입니다.

부서별 그리고 개인별 보안인식 수준 관리를 하는 방법에 관해서는 '제4부 정보보호 인식제고와 보안문화'에서 상세하게 이야기하겠습니다.

임원과 부서장에 특화된 '보안통제 준수 교육' 커리큘럼 실행

정보보호 관리체계를 회사의 모든 부서에 적용하고 유지하기 위해서는 모든 실무 부서 직원이 보안통제를 준수해야 합니다. 특히 이 과정에서 중요한 것은 임원과 각 실무 부서의 의사결정권자인 부서장의 역할입니다. 왜냐하면 임원과 부서장은 자신이 책임지고 있는 부서 소속의 모든 직원이 보안통제를 준수하도록 하는 가장 영향력 있는 역할을 맡고 있기 때문입니다. 그리고 이러한 역할은 비단 보안통제에서만 중요한 것이 아니라, 인사 통제나 법무 통제 그리고 재무 통제에서도 똑같이 중요합니다.

체계가 잘 갖추어진 대기업의 경우를 제외하고, 중소기업이나 대부분의 스타트업 기업에서는 임원이나 부서장을 대상으로 하는 직책자 교육을 거의 하지 않습니다. 또는 직책자 교육을 하고 있다 하더라도 기업의 통제 업무에 관한 교육을 하지 않는 경우도 많습니다.

직책자 교육이란 신규로 입사하거나 임명된 임원과 부서장을 대상으로 조직 관리 기법, 의사결정 방법, 업무 결재 방법, 인력 관리 방법 등을 포함하여 기업 내 통제 부서 업무에 대한 이해와 협조 방안 등을 교육하는 것을 말합니다. 이러한 직책자 교육을 통하여 교육 참석자들은 의사결정권자로서 자신이 관리하고 책임져야 하는 여러 역할을 이해할 수 있게 되고, 기업은 의사결정권자에게 기대하는 다양한 역할을 체계적으로 교육할 수 있게 됩니다.

특히 보안통제를 실무 부서에 적용시킬 때도 해당 실무 부서 의사결정권자인 부서장의 역할이 매우 중요합니다. 그런데 보안통제에 있어서 부서장의 중요한 역할을 부서장에게 알려줄 기회가 없다면, 이는 정보보호 관리체계 관점에서 매우 큰 취약점으로 작용할 가능성이 매우 높습니다.

정보보안 부서에서는 일반적인 보안통제의 중요성을 교육하는 신규 입사자 대상 정보보호교육 이외에, 임원과 부서장을 대상으로 하는 '보안통제 준수 교육' 커리큘럼을 반드시 개설하여 이를 체계적으로 실행해야 합니다.

임원과 부서장에 특화된 '보안통제 준수 교육'을 체계적으로 유지하기 위해서는 두 가지 상황을 고려해서 실행 방안을 만들면 됩니다. 첫째 상황은 기업 내에 임원과 부서장에 대한 체계적인 교육 프로그램은 이미 존재하지만, 이 프로그램에 정보보호 세션이 포함되어 있지 않는 상황입니다. 이럴 경우에는 해당 교육 프로그램을 주관하는 부서(대부분은 인사 부서)에 정보보호 세션을 추가해달라고 공식적인 협조 요청을 하면 됩니다. 그런 다음에 정보보호 세션이 추가되면 정보보안 부서에서는 임원과 부서장에 특화된 보안통제 준수 교육 자료를 만들고 교육 강사를 보내어 할당받은 시간 동안 보안통제 준수를 위한 의사결정권자의 역할에 대해서 교육을 하면 됩니다.

둘째 상황은 기업에서 임원과 부서장에 대한 체계적인 교육 프로그램 자체가 존재하지 않는 상황입니다. 이럴 경우에는 기업 내 통제 부서(인사, 법무, 재무, 보안)를 모아서 임원과 부서장에 특화된 교육의 필요성에 대해 공감대를 형성하고, 각 통제 부서의 통제 업무가 전사에 적용될 수 있도록 하는 통제 부서 공통의 교육 커리큘럼을 만들어내면 됩니다. 물론 이렇게 개설된 커리큘럼의 주무 관리 부서는 인사 부서가 될 수 있다는 점은 미리 인사 부서와 협의해놓는 것이 좋습니다.

이렇게 해서 임원과 부서장에 특화된 '보안통제 준수 교육'을 할 수 있는 체계적인 커리큘럼이 생겼다고 가정해보겠습니다. 이 교육 과정에서 정보보안 부서가 중점을 두어야 하는 교육 내용은 두 가지입니다. 첫째는 보안통제 미준수로 인한 의사결정권자의 법적 책임 안내이고, 둘째는 의사결정 과정에서 보안성 검토 프로세스 내재화입니다.

'보안통제 미준수로 인한 의사결정권자의 법적 책임 안내'가 필요한 이유는, 모든 권한에는 그에 상응하는 책임이 따르기 때문입니다. 그런데 앞서 살펴본 것처럼 의사결정권자이면서도 자신의 의사결정이 어떠한 법적 책임으로 연결될 수 있는지를 정확하게 인지하고 있는 의사결정권자가 많지 않은 것이 현실입니다. 특히 정보보호 관련 법률의 경우에는 금전적인 책임뿐만 아니라 형사 책임까지도 의사결정권자에게 부과될 수 있다는 사실을 임원과 부서장에게 반드시 인지시켜야 합니다.

'의사결정 과정에서 보안성 검토 프로세스 내재화'를 교육해야 하는 이유는, 의사결정 과정에서 정보보호 관련 법률을 준수할 수 있는 방법을 임원과 부서장에게 알려주기 위함입니다. 즉 실무 부서에서 실무자가 업무 결재를 요청하는 경우 의사결정의 기준을 실무 업무에만 국한하는 것이 아니라 정보보호 관련 이슈까지도 포함할 수 있는 방법을 알려주는 것입니다. 그 방법이 바로 '의사결정 과정에서 보안성 검토 프로세스 내재화'입니다.

'보안성 검토 프로세스 내재화'가 의사결정 과정에서 어떻게 활용될 수 있는지 예시를 들어보겠습니다. 우선 실무자가 업무 결재를 요청하면 의사결정권자는 실무자에게 해당 업무 기획에 대해서 보안성 검토를 받았는지 확인합니다. 그러고 나서 만약 보안성 검토를 받지 않았다면, 보안성 검토를 받고 그 결과까지 업무 기획에 반영하여 업무 결재를 다시 요청하라고 지시할 수 있습니다. 또한 만약 실무자가 이미 보안성 검토를 받았다면, 보안성 검토 결과가 업무 기획에 반영되었는지를 확인하면 됩니다.

위와 같은 방식은 기업의 실무 부서가 업무를 수행하는 과정에서 통제 부서의 검토를 받고 그 결과를 반영하는 가장 일반적인 방식입니다. 따라서, 위와 같은 방식을 기업의 모든 의사결정 과정에 적용하는 것은 불가능하거나 무리한 변화를 야기하는 것이 아닙니다.

그러니 정보보안 부서에서는 임원과 부서장에 특화된 '보안통제 준수 교육' 커리큘럼을 반드시 개설하시기 바랍니다. 그런 다음에 이 교육 과정을 통해서 '보안통제 미준수로 인한 의사결정권자의 법적 책임'의 존재를 인식시키기 바랍니다. 뿐만 아니라 '의사결정 과정에서 보안성 검토 프로세스 내재화'에 대한 협조를 모든 임원과 부서장에게 공식적으로 그리고 당당하게 요구하시기 바랍니다.

"원칙을 지킨다는 것은 어렵습니다. 그러나 누군가는 지켜야 합니다"

제3장
기업의 모든 임직원이 받아들여야 할 가장 기본적인 보안인식

다른 나라와 비교해볼 때, 우리나라의 정보보호 관련 법률 위반에 대한 처벌 조항은 무거운 편에 속합니다. 그럼에도 불구하고 보안사고나 개인정보 유출 사건은 계속 발생하고 있습니다. 그리고 이로 인해 개인정보 주체에게 큰 피해가 발생하고 사회적 비용이 증가하며 법률적 에너지 소모가 점점 커지고 있습니다.

왜 이렇게 보안사고와 개인정보 유출 사건이 줄지 않는 것일까요? 심지어 우리나라는 모든 사람들에게 예외 없이 적용되는 일반법인 「개인정보보호법」을 시행하고 있는데도 말입니다. 여러 이유가 있을 수 있습니다만, 필자는 그 이유의 근원을 역시 '사람'에서 찾아야 한다고 생각합니다.

그동안 우리 사회는 엄청난 보안사고와 개인정보 유출 사건을 경험하면서 '기술적 보안통제'와 '관리적 보안통제'를 강화해왔습니다. 그리고 일반법인 「개인정보보호법」의 시행을 통하여 '보안 컴플라이언스 통제'도 강화되었습니다. 현재의 보안 환경은 한마디로 이렇게 말할 수 있습니다. "보안사고나 개인정보 유출 사건을 예방하기 위하여 기술적·관리적으로 그리고 법적으로는 해야 할 만큼 충분히 보호 조치를 하고 있습니다."

그럼에도 불구하고 보안사고나 개인정보 유출 사건이 줄어들기는커녕 계속 발생하는 상황에 대해서 필자는 '사람'이라는 엄청난 변수가 작용하고 있기 때문이라고 판단하고 있습니다. 필자가 이렇게 판단하는 근거는 앞에서 살펴본 것처럼 보안 위협의 73.8%가 인적 요인, 즉 '사람'이라는 데 기인한 것입니다. 보안사고나 개인정보 유출 사건을 예방하기 위해 이제 남아 있는 보호 조치는 '사람'이라는 변수에 대한 조치입니다.

정보보호가 법률의 지위를 가지게 되었기 때문에 정보보호 관련 법률에서도 사람의 역할이 분명히 존재합니다. 특히 기업의 경우에는 모든 임직원에게 정보보호 관련 법률을 준수해야 하는 아주 중요한 역할이 부여되어 있습니다. 그렇지만, 정보보호와 관련하여 자신에게 법적인 책임이 있다는 사실을 인지하고 있는 임직원이 얼마나 있을까요?

물론 보안사고나 개인정보 유출 사건의 모든 원인이 임직원에게 있다는 의미는 절대로 아닙니다. 외부에서의 사이버 공격이나 내부 네트워크 오류 등으로 인한 보안사고나 개인정보 유출 사건도 많이 발생합니다.

하지만, 이러한 상황이라 하더라도 정보보호 관련 법률상 기업의 임직원에게 부과되는 법적 책임이 있다는 사실은 변하지 않습니다. 그런데 이러한 사실을 임직원이 인지하지 못하고 있기 때문에, 업무 과정에서 스스로 생각을 편하게 하고 그로 인해 자유로운 행동(그러나 정보보호 법률을 위반하는 행동)을 할 수가 있는 것입니다.

이처럼 법적 책임에 대한 인식 부족에서 비롯된 부주의나 실수로 정보보호 규정을 위반하거나 보안통제를 준수하지 않는 등의 개인적인 일탈 행동을 하게 되는 경우가 많습니다. 게다가 임직원의 부주의나 실수는 결과적으로 기업의 보안사고나 개인정보 유출 사고로 이어지기도 합니다.

따라서 기업의 모든 임직원은 정보보호에 있어서 보안통제를 준수할 의무가 자신에게 있고, 정보보호 법률상 법적인 책임도 자신에게 부과될 수 있다는 사실을 최우선적으로 인식할 필요가 있습니다. 이러한 인식이 있어야만 기업의 정보보호 관리체계를 위협할 수 있는 부주의한 행동이나 실수를 임직원 스스로 최소화할 수 있게 될 것입니다.

이번 장에서는 부주의나 실수에 의한 개인적인 일탈 행위를 최소화하고 높은 수준의 보안인식을 갖추기 위해서 임직원 스스로 자신의 생각 영역으로 받아들여야 하는 가장 기본적인 보안인식에 대해서 말씀을 드리겠습니다.

정보보호는 '나 자신'을 위한 것이다

필자가 1,000회 이상의 정보보호 인식제고 교육과 기업 보안 특강을 해오면서, 교육을 시작하기 전에 항상 청중들에게 물어보는 질문 하나가 있습니다.

"정보보호가 나와 상관이 있다고 생각하시는 분이 계신가요? 계신다면 손을 들어주세요!"

일반적으로 사람들은 정보보호가 자신과는 무관하다고 생각합니다. 이러한 생각은 기업의 임직원도 똑같이 가지고 있습니다. 특히 정보보호 직군이 아니거나 기존에 해킹이나 보이스 피싱 등의 피해를 입어본 경험이 없는 임직원이라면 필자의 질문에 대부분 정보보호는 자신과 상관이 없다고 생각합니다.

도로 위에서 자동차를 운행하는 운전자가 교통사고 예방은 자신과 상관이 없다고 생각한다면 과연 옳을까요? 운전자 스스로 안전운행을 하려고 노력하는 이유는 교통사고를 예방하기 위해서입니다. 설령 스스로 조심한다고 하더라도 상대방 운전자의 부주의나 과실로 사고가 날 수도 있다는 것을 거의 모든 운전자는 예상하고 있습니다. 그래서 모든 운전자는 언제나 교통사고를 염두에 두고 있습니다. 교통사고의 가능성을 항상 생각하면서 자동차를 운전해야 자신과 자신의 가족 그리고 타인의 생명과 신체를 보호할 수 있기 때문입니다.

그런데 정보보호에 대해서는 왜 자신과 상관이 없다고 생각하는 것일까요? 필자가 정말 많은 교육을 해오면서 위의 질문을 했을 때, 임직원의 생각 속에는 두 가지 형태의 인식이 존재하고 있음을 알 수 있었습니다. 첫째는 '정보보호는 나와 상관이 없다'는 인식이고, 둘째는 '정보보호 실패로 인해 내가 피해를 입을 일은 없다'는 인식입니다.

언론[71]에 따르면 지난 2010년부터 2020년까지 우리나라에서는 약 23만여 건의 보이스피싱 사건이 있었습니다. 이로 인해 약 3조 2,000억 원의 피해가 발생했으며, 주요 피해 지역은 서울과 경기 그리고 인천 등이라고 합니다.

이 수치에는 필자의 지인이 두 명이나 포함되어 있고, 이들이 입은 피해액은 결혼 준비금 약 8,000만 원과 부모님 은퇴자금 약 2억 원입니다. 여러분은 정말로 이 수치에 포함되지 않을 자신이 있으신가요?

필자의 경험에 비추어볼 때, 사이버 공격으로 피해를 경험하게 된 임직원들에게서 나타나는 공통적인 현상이 하나 있습니다. 그것은 바로 '뒤늦게 깨닫는 현상'입니다. 정보보호교육 시간에 "우리나라의 그 어떤 정부 기관도 전화 통화를 하면서 금융정보나 개인정보를 요구하지 않습니다! 그러니 전화가 와서 금융정보나 개인정보를 요구하면 그냥 전화를 끊으세요!"

구분	내용	평균
기간	2010년 ~ 2020년(10년간)	
총 피해 건수	23만 3,278건	매일 약 64건
총 피해 금액	약 3조 2,000억 원	매일 약 8억 7,671만 원

〈지난 10년간 우리나라 보이스피싱 피해 건수와 피해 금액〉

라고 아무리 강조해도 그 당시에는 강사의 말이 자신과는 상관이 없는 얘기로 들렸다는 것입니다. 그러다가 자신이 피해를 입었다는 사실을 인지하는 순간, '아, 정보보호교육 시간에 이런 상황에 주의하라고 했었는데'라고 생각하면서 이렇게 뒤늦게 깨닫는 것입니다. '정보보호도 나 자신을 위한 것이었구나!'

필자가 강조하고 싶은 것은 '정보보호도 나 자신을 위해서 준수해야 한다'는 것입니다. 왜냐하면, 안전 운전이나 정보보호나 메커니즘이 동일하기 때문입니다. 'IT 인프라'라는 도로 위에서 '단말기'라는 자동차를 이용하여 '업무를 수행'하는 운전자가 바로 '임직원'입니다. 따라서 도로 위에서 자동차를 운행하는 운전자가 교통사고를 염두에 두고 항상 안전 운전을 하려고 노력하는 것과 기업의 임직원이 업무 수행을 하면서 보안사고의 가능성을 염두에 두고 항상 정보보호를 위해 노력하는 것은 다를 것이 전혀 없습니다.

기업의 정보보호 규정과 보안통제 방식을 그대로 개인의 생활 환경에 대입해도 똑같이 자신의 개인정보를 보호할 수 있습니다. 예를 들면, 비밀번호의 복잡성과 변경 주기, 유해 사이트 접속 차단, 바이러스 탐지 및 치료용 백신 설치, 신원이 불분명한 발신자의 이메일에 포함된 URL 클릭 금지 및 첨부파일 다운로드 금지, 이용을 마친 컴퓨터 전원 종료 등이 그러합니다.

이러한 정보보호 규정과 보안통제는 회사 내에서는 그저 업무를 수행하는 데 불편함을 야기하는 것처럼 느껴지지만, 이 규정과 통제 방식을 개인의 생활 환경에 똑같이 대입한다면 개인의 안전을 지켜주는 매우 강력한 방패가 될 수 있습니다.

모든 임직원은 자신이 근무하고 있는 회사에서 시행하는 정보보호 규정과 보안통제를 적극적으로 준수하면서 이러한 보안통제가 필요한 이유를 깊이 생각해야 합니다. 그리고 깊은 생각 속에서 회사의 정보보호 규정과 보안통제의 필요성이 이해된다면, 그때부터는 그 규정과 보안통제가 몸에 베이도록 노력해야 합니다.

이렇게 하면 회사 생활뿐만 아니라 개인의 생활 환경도 스스로 지킬 수 있는 기본적인 원칙과 방법도 터득하게 될 것입니다. 그러다가 어느 순간 정보보호 규정과 보안통제가 다시 불편하게 느껴진다면, 안전 운전과 정보보호에 똑같이 적용되는 이 한마디를 떠올리시기 바랍니다. "안심하는 사람은 안전할 수 없습니다."

보안사고 '발생'의 중심과 보안사고 '예방'의 중심에 내가 있다

보안사고 발생의 중심과 보안사고 예방의 중심에 자신이 있다는 사실을 인지하고 있는 임직원이 얼마나 될까요? 달리 표현하면 이렇게 말할 수 있습니다. 본인의 부주의나 실수로 보안사고가 발생할 수도 있고, 본인의 주의나 조심으로 보안사고를 예방할 수도 있다는 것을 알고 있는 임직원이 얼마나 될까요?

정확하게 수치로 표현하기는 어렵지만, 정보보호 분야에 종사하지 않은 직장인이라면 거의 대부분 위와 같은 사실을 인지하지 못하고 있을 것입니다. 그런데 교통사고 발생의 가장 중요한 원인은 운전자이고 또한 교통사고 예방을 위해서 가장 중요한 역할을 하는 것도 운전자라는 사실은 거의 모든 운전자가 인지하고 있는 사실입니다. 마찬가지로 이제는 직장생활을 하고 있는 모든 사람은 보안사고와 관련하여 자신이 어디에 서 있는지를 정확하게 바라볼 필요가 있습니다.

기업의 임직원, 즉 사람은 언제나 보안사고 발생의 중심에 있습니다. 뿐만 아니라 사람은 보안사고 예방 활동에서 언제나 가장 중요한 역할을 담당하고 있습니다. 특히 사람이 보안사고의 중심에 서 있다는 것은 몇 가지 사실에서 그 근거를 확인할 수 있습니다. 첫째 근거는 사람이 보안 위협의 73.8%에 해당한다는 사실입니다. 둘째는 사람의 생각을 경유하거나 타깃으로 삼는 사이버 공격이 폭발적으로 증가하고 있다는 사실입니다. 셋째는 사람의 생각은 '편리함(즉 위험함)'의 방향으로 너무 쉽게 회귀할 수 있다는 사실입니다. 편리함을 기준으로 좋고 나쁨을 판단하는 '생각의 씨앗'이 어느 순간부터 사람의 머릿속에 뿌리 깊게 자리 잡았기 때문입니다.

이러한 사실들을 종합해볼 때, 너무나도 당연한 두 가지 결론을 도출할 수 있습니다. 첫째는 보안사고 예방을 위해서는 사람의 역할이 너무나 중요하다는 결론입니다. 그리고 둘째는 사람의 역할이 위험을 야기하는 것이 아니라 안전을 지키는 것으로 바뀌어야 한다는 결론입니다.

이를 위해서는 무엇보다 사람의 생각 영역 속에 있는 보안인식의 수준을 높여야 합니다. 그리고 상황이 바뀌거나 시간이 흘러도 보안인식 수준이 낮아지지 않도록 하는 노력도 필요합니다. 왜냐하면 이렇게 해야만 보안사고 예방 활동의 중심에서 사람이 가장 중요한 역할을 할 수 있기 때문입니다.

기업에서 보안사고가 발생하는 경우에는 보안사고의 원인 행위를 한 직원에게도 법적 책임이 부과될 수 있다는 사실을 반드시 인지하고 있어야 합니다. 특히 보안사고의 원인 행위자에게 부주의나 과실 행위가 입증되는 경우에는 그 직원 개인에 대해서도 법적 책임이 확장되는 현재의 정보보호 법률 환경을 반드시 인지하고 있어야 합니다.

과거에는 기업이 보안사고를 예방하기 위해 정책과 규정을 수립할 책임을 다 하지 않았을 때 기업이 법적 처벌의 대상이었습니다. 이에 비해 이러한 정책과 규정을 준수할 책임을 다하지 않은 임직원은 단지 윤리적 비난의 대상이었습니다. 여기서 말하는 윤리적 비난이란 견책, 감봉, 전보, 해고 등 기업의 내부 규정에 의한 처벌을 의미합니다.

그렇지만 현재의 정보보호 법률 환경에서는 보안사고를 예방하기 위해서 기업이 수립해놓은 정보보호 정책과 보안통제를 준수할 책임을 다하지 않은 임직원에게도 법적인 구성 요건에 해당하는 행위에 대해서 법적 책임을 부과하고 있습니다.

따라서 기업의 임직원은 보안사고 발생과 보안사고 예방에서 자신들이 어떤 역할을 하고 있는지 분명하게 인지하고 있어야 합니다. 특히 두 가지 사실을 꼭 기억하시기 바랍니다. 첫째, "보안사고 발생의 가장 중요한 원인은 보안인식이 낮은 임직원이다." 둘째, "보안사고 예방을 위해 가장 중요한 역할을 하는 것은 보안인식이 높은 임직원이다."

정보보호 규정과 보안통제를 준수하면서 업무를 수행하는 것이 언제나 편리하고 즐거울 수는 없습니다. 하지만 보안사고라는 엄청난 문제가 발생했을 때 임직원을 지켜주는 유일한 장치가 바로 정보보호 규정과 보안통제 준수라는 점을 기억하시기 바랍니다. 이는 마치 자동차 운행에서 운전자의 안전을 위해서 불편하더라도 의무적으로 반드시 착용해야 하는 안전벨트와 같다고 할 수 있습니다. 안전벨트의 불편함은 결정적인 순간에 안전함으로 바뀝니다.

보안통제 규정은 모두의 안전을 위한 '정보보호 상식'이다

직장인은 고용계약서에 서명하는 순간부터 회사의 취업 규칙을 준수할 의무가 생깁니다. 그리고 거의 대부분 회사의 취업 규칙에는 "임직원은 회사 내 모든 규정을 준수해야 한다. 이를 위반하는 경우에는 회사가 정한 절차에 따라 처벌할 수 있다"는 항목이 있습니다.

이처럼 취업 규칙에서는 '회사 내 모든 규정'이라고 표현하고 있을 것입니다. 기업에서 운용하는 규정 중 가장 많은 것은 무엇일까요? 바로 정보보호를 위한 보안통제 규정입니다. 아마도 대부분의 기업에는 최소한 10종

이상의 보안통제 규정이 있을 것입니다.

위 내용을 한마디로 표현하면, 직장인에게는 취업 규칙에 따라 보안통제 규정을 준수할 의무가 있다는 것입니다. 그리고 이러한 보안통제 규정을 위반하는 경우에는 취업 규칙이 정하고 있는 절차에 따라서 책임을 져야 합니다.

여기서 말하는 책임이란 규정 위반 사항이 상대적으로 경미한 경우에는 윤리적 책임(견책, 감봉, 전보, 해고 등)이 될 것이고, 중대한 위반으로 인해 법률을 위반하거나 회사에 손해를 끼친 경우에는 형사 책임이나 민사상 손해배상 책임이 될 수도 있습니다.

보안통제 규정을 위반한 임직원을 대상으로 규정 위반에 대한 사실관계를 파악하다 보면 그런 규정이 있는지 몰랐다고 하는 임직원이 생각보다 많습니다. 물론 규정 위반에 대한 책임을 추궁받는 임직원의 입장에서는 그렇게 말할 수 있을 것입니다. 하지만, 이 말이 행위를 정당화할 수 있는 것은 아닙니다. 회사의 모든 보안통제 규정은 임직원 그 누구라도 언제나 볼 수 있도록 그룹웨어 등에 공개적으로 게시되어 있기 때문입니다. 뿐만 아니라 임직원 본인의 업무 수행 과정에서 보안통제 규정 위반 가능성을 최소화할 수 있는 절차(보안성 검토 절차)가 이미 존재하기 때문입니다.

게다가 보안통제 규정을 몰랐다는 이유가 해당 규정에서 금지하고 있는 행위를 실행한 임직원이 져야 할 책임을 상쇄시켜주는 것도 아닙니다. 이러한 개념은 국회에서 입법한 모든 법률에도 똑같이 반영되어 있습니다. 즉, 국회가 입법한 법률에 대해서 우리나라의 모든 국민을 대상으로 해당 법률과 규정을 교육하거나 교육 자료 등을 배포하지 않습니다. 다만, 정부 기관은 해당 법률의 취지와 전문을 모든 국민에게 공개해두고 법률의 취지와 개정 사항 등을 지속적으로 공개하는 방식으로 법률의 존재를 알리고 있습니다. "규정의 무지는 행위의 변명이 될 수 없습니다."

이 부분에 대한 이해를 돕기 위해서 예를 하나 들어보겠습니다. 여러분은 형법 제250조[72]가 무엇인지 교육을 받거나 관련 자료를 정부 기관으로부터 받은 적이 없습니다. 그래서 법학을 전공하거나 법조인이 아닌 이상, 이 조항이 어떤 내용인지 모르는 것이 당연합니다. 그럼에도 불구하고 여러분이 이 조항에서 규정하고 있는 행위를 하는 경우, 즉 구성 요건에 해당하는 경우에는 이 규정을 평소에 알고 있었는지 여부와 무관하게 해당 규정에서 정하고 있는 처벌을 받게 됩니다. 법률이 행위자에게 책임을 묻는 것은 행위자의 '행동에 대한 책임'을 묻는 것이지, 행위자의 '법률 인지 여부에 따른 책임'을 묻는 것이 아닙니다.

한편, 직장인이라면 자동차를 운전하는 것과 회사에서 업무를 수행하는 것이 같다는 개념을 스스로의 생각 영역에 정립해둘 필요가 있습니다. 이 개념에 대해서 풀어서 설명해보겠습니다.

첫째, 모든 운전자는 운전면허증을 취득하기 위해 「도로교통법」을 열심히 공부했습니다. 마찬가지로 임직원은 회사의 직원으로서 자신의 업무와 관련된 정보보호 법률과 보안통제 규정에 대해 평소에 숙지할 필요가 있습니다. 자동차를 운행하는 환경이 「도로교통법」이 적용되는 도로 환경인 것처럼 업무를 수행하는 환경이 정보보호 법률이 적용되는 기업 환경이기 때문입니다. 따라서 회사의 임직원은 기본적으로 자신의 업무와 관련된 「개인정보보호법」이나 「정보통신망법」 및 이에 기반을 두고 있는 보안통제 규정을 숙지하고 있어야 합니다.

둘째, 자동차 운전은 운전자가 합니다. 자동차 정비사나 교통경찰관 또는 보험회사 직원이 운전을 대신 해주지 않습니다. 그렇기 때문에 자동차를 운행하는 운전자는 스스로 「도로교통법」을 준수해야 합니다. 그래서 「도로교통법」은 자동차를 운행하는 모든 운전자에게 공통적으로 적용되는 기본 규칙인 것입니다. 마찬가지로 직원은 스스로 자신의 업무를 수행합니다. 그래서 자신의 업무와 관련된 정보보호 법률이나 보안통제 규정을 숙지하고 준수해야 하는 것입니다. 이는 모든 직원에게 공통적으로 적용되는 기본 규칙입니다.

셋째, 「도로교통법」과 교통안전표지 등을 숙지하지 못하면 운전면허증을 취득하지 못합니다. 그래서 대부분의 사람들은 「도로교통법」과 교통안전표지의 의미 그리고 교통안전표지를 따라 운전하는 행동 수칙에 대해서 공부를 하고 시험도 보는 것입니다. 이 「도로교통법」과 교통안전표지에 대한 숙지가 부족하면, 운전면허증을 취득할 수 없게 되어서 결국 자동차를 운전할 자격을 얻지 못하게 됩니다.

이렇게까지 하는 이유는 모든 운전자와 모든 보행자의 안전을 보장하기 위함입니다. 참고로 교통안전표지에는 주의 표지가 41개, 규제 표지가 27개, 지시 표지가 35개, 보조 표지가 28개, 표지판 종류가 4종류, 노면 표시가 52개, 신호기 유형이 5종류, 신호등 유형이 15종류나 됩니다. 이 모든 교통안전표지 준수 의무는 오로지 운전자에게 있습니다. 따라서 운전자가 이 의무를 이행하지 않는 경우에는 「도로교통법」에 따라 법적인 책임을 져야 합니다. 이것은 교통안전을 위한 모두의 약속이자 상식입니다.

자동차 운전과 업무 수행은 개념상 동일한 선상에 있습니다. 그리고 모두가 안전하기 위한 최소한의 규정과 제도를 '상식'이라고 부르고, 이러한 상식을 벗어나는 행위를 '규정 위반'이라고 부릅니다. 마찬가지로 회사에서 업무를 수행하는 과정에서도 회사와 임직원 모두의 안전을 위해서 숙지하고 몸에 익혀야 할 '정보보호 상식'이 있다는 점을 꼭 기억하시기 바랍니다.

회사 밖에서 업무용 노트북을 사용할 때는 '내가 보안 담당자'이다

코로나-19라는 긴 터널을 지나오면서 최근에는 재택근무를 포함하여 사무실이 아닌 원격지에서 업무를 수행하는 이른바 원격 근무가 정착되었습니다. 원격 근무는 출퇴근에 소요되는 물리적 시간을 절약할 수 있고 또한 출퇴근으로 인한 에너지 소모도 줄일 수 있다는 장점이 있습니다. 따라서 업무 기한 준수와 산출물의 수준만 보장된다면 사무실에서 근무하는 방식보다 원격 근무 방식이 더 좋은 업무 효율성을 보여줄 수도 있습니다.

다만, 정보보호의 관점에서 볼 때 원격 근무 방식에는 몇 가지 심각한 우려가 있습니다. 그중에서도 특히 노트북 같은 휴대 가능한 업무용 단말기를 사용하는 '임직원의 행동'에 따른 우려는 거의 모든 정보보안 부서에 큰 부담으로 작용하고 있을 것입니다.

물론 일반적으로는 '휴대용 업무 단말기 자체'에 보안 솔루션을 탑재해둡니다. 그래서 설령 임직원이 사무실이 아닌 원격지에서 업무를 수행하더라도 최소한의 업무용 단말기 내에서 보안 체계가 유지되도록 하는 기술적 보안통제를 적용하고 있습니다.

다만, 휴대용 업무 단말기를 원격지에서 사용하고 있는 '임직원의 행동'에 대해서는 기술적 보안통제로는 말 그대로 통제가 되지 않습니다. 이러한 이유에서 정보보안 부서는 언제나 원격 근무 중인 '임직원의 행동'에 대해서 우려를 가지고 있는 것입니다.

예를 들어보겠습니다. 어느 렌터카 회사에서 자동차의 안전 운전에 필요한 여러 장치를 탑재해두었다고 가정해보겠습니다. 이러한 장치는 자동차를 안전하게 운전하는 데 크게 도움이 될 수 있을 것입니다. 하지만, 아무리 자동차에 안전 장치를 탑재했다 하더라도 이 장치들이 운전자의 운전 방식을 통제하지는 못합니다. 다시 말해 안전 장치 그 자체가 운전자로 하여금 「도로교통법」을 위반하지 않도록 하거나 교통신호 체계를 위반하지 않도록 만들지는 못한다는 것입니다. 법률 준수나 신호체계 준수는 온전히 '운전자의 의지와 행동'에 달려 있기 때문입니다.

이것이 정보보안 부서가 원격 근무 중인 '임직원의 행동'을 우려할 수밖에 없는 이유입니다. 사무실에서 업무용 단말기로 업무를 수행하는 것과 달리, 원격 근무 시에 보안인식이 없는 임직원에 의해서 일어날 수 있는 보안 위험의 유형은 매우 다양합니다. 예를 들면, 휴대용 업무 단말기 분실이나 도난, 무선 방식의 정보 유출, USB 등 저장 매체를 통한 정보 유출, 악성 코드 감염, 사이버 공격자의 원격 접속 등이 그러합니다.

특히, 원격 근무자가 카페 같은 공공장소에서 휴대용 업무 단말기로 공용 와이파이에 접속하는 경우에는 매우 심각한 정보 유출이나 악성 코드 감염, 사이버 공격자의 원격 접속 등의 상황이 발생할 수도 있습니다. 회사 외부에서 보안인식 없이 업무용 노트북을 사용하는 것은 무방비 상태에서 회사 정보를 공개하는 것입니다.

따라서 원격 근무를 하는 임직원은 원격 근무 중 휴대용 업무 단말기에 대한 안전 통제 책임이 자신에게 있다는 생각을 해야 합니다. 그래서 단말기 분실이나 도난을 방지하기 위하여 각별히 신경을 써야 합니다. 이뿐만 아니라 공용 와이파이에 접속하지 않고 단말기 내 정보가 유출되지 않도록 하는 등 해당 단말기를 회사로 무사히 가져갈 때까지 스스로 지켜야 하는 엄격한 규칙이 있다고 생각을 해야 합니다. 왜냐하면, 회사가 보호하는 업무 환경이 아닌 외부에 있는 단말기에 대해서는 회사 내에 있는 정보보안 부서가 실시간으로 대응할 수가 없기 때문입니다.

이러한 이유에서 원격 근무에서 복귀한 임직원의 업무용 단말기에 대해서는 보안 점검을 먼저 실시한 후에 회사 내부 네트워크 접속을 허용하는 정책을 대부분의 기업이 적용하고 있습니다. 이 보안 점검에서 특이사항이 없어야만 원격 근무 동안 사용했던 업무용 단말기를 회사 내에서 사용할 수 있게 됩니다.

만약 보안 점검의 결과, 정보 유출이나 악성 코드 감염 등과 같은 중대한 보안사고 징후가 식별되었다면 기업 내 보안 감사 또는 디지털포렌식 분석 등의 단계로 넘어가기도 합니다. 이와 같은 불미스러운 상황이 발생하지 않도록 하기 위해서라도 '원격 근무 중에 내가 사용하고 있는 휴대용 업무 단말기의 안전 통제는 나의 책임이다!'라는 생각을 해야 합니다.

내가 사용하는 스마트폰은
'고성능·초소형·이동형·개인용 컴퓨터'이다

스마트폰의 상용화를 기점으로 삶의 형태는 엄청나게 변화했습니다. 특히 시간과 장소의 제약 없이 언제 어디에서나 정보를 검색하거나 이용할 수 있게 되었고, 이메일을 보내거나 은행 업무를 보고, 사진을 찍을 수도 있습니다. 뿐만 아니라 스마트폰은 엄청난 양의 정보를 저장할 수 있고 인터넷 접속이 편리하며 SNS와의 연결성도 매우 뛰어납니다. 우리 삶의 중심에 스마트폰이 있다고 해도 과언이 아닙니다. 게다가 한 개인의 삶이 스마트폰 안에 고스란히 기록될 정도로 스마트폰은 우리의 삶을 크게 바꾸어 놓았습니다.

이처럼 우리의 삶을 바꾸어놓은 스마트폰을 장점의 측면에서 한마디로 정의하자면, '편리함의 대명사'라고 할 수 있습니다. 심지어 집에 있는 컴퓨터를 부팅시켜서 인터넷에 접속하고 정보를 확인하는 것조차도 불편하게 느껴질 정도로, 스마트폰은 컴퓨터도 대체하고 있습니다. 그리고 이러한 행동 패턴이 오랜 기간 이어지다 보니, 사무실에서 근무하는 동안에도 개인용 스마트폰으로 정보를 찾거나 업무를 처리하는 상황을 자주 볼 수 있습니다.

하지만, 절대로 간과해서는 안 되는 사실이 하나 있습니다. 회사에서 업무용으로 지급받은 경우가 아니라면, 개인용 스마트폰은 개인적으로 사용해야 하는 단말기라는 사실입니다. 그것도 단순히 개인용이라는 의미가 아니라, 컴퓨터 그 이상의 성능을 가지고 있으면서도 크기는 컴퓨터보다 훨씬 작아서 언제 어디로든 휴대가 가능한 개인용 컴퓨터라는 것입니다. 한마디로 스마트폰은 '고성능·초소형·이동형·개인용 컴퓨터'입니다.

혹시 여러분은 집에 있는 개인용 컴퓨터를 사무실에 가져와서 업무에 사용하시나요? 그렇지 않을 것입니다. 그런데 스마트폰은 언제나 사람과 함께 있으며, 심지어 사무실에서 업무를 하는 중에도 사용합니다. 그렇다면 이 지점에서 한 가지 고민해봐야 할 것이 있습니다. '개인용 스마트폰과 업무 사이의 접점이 생겨도 될까?'

쉽게 표현하자면, 일반적인 통화나 의사소통 이외에 '업무를 수행하는 과정에서 스마트폰을 이용하여 고객의 개인정보 같은 중요 정보를 처리하고 이러한 정보가 포함된 파일을 첨부하여 이메일을 보내거나 스마트폰에 대외비 정보를 저장하는 행위 등을 해도 되는가?'라는 고민입니다.

업무를 수행하다 보면 스마트폰과 업무 사이의 접점은 불가피하다는 이유로 스마트폰을 업무에 사용할 수 있다고 생각하는 사람도 있을 것입니다. 반대로 스마트폰은 개인 용도의 단말기이므로 업무 용도로는 사용할 수 없다고 생각하는 사람도 있을 것입니다.

스마트폰은 개인 용도의 단말기이므로 업무와 접점을 가져서는 안 됩니다. 뿐만 아니라 업무용 컴퓨터에 물리적으로 접속 자체를 해서도 안 됩니다. 여기서 말하는 물리적인 접속이란 업무용 컴퓨터의 USB 포트를 이용하여 개인용 스마트폰을 연결하는 것을 말합니다. 설령 충전을 위한 목적이라도 스마트폰은 업무용 컴퓨터에 접속되어서는 안 됩니다.

이처럼 필자가 개인용 스마트폰과 업무 사이에 접점을 가져서는 안 된다고 강하게 표현하는 데에는 아래와 같은 두 가지 아주 중요한 이유가 있습니다.

첫째 이유는 '엄청난 위험의 존재'입니다. 흔히 투자 세계에서 "높은 수익에는 높은 위험이 따른다"고 말하는 것과 마찬가지로, 정보보호의 세계에도 이런 말을 합니다. "큰 편리의 이면에는 큰 위험이 존재합니다."

스마트폰은 우리의 삶 속에서 엄청난 편리를 제공하고 있습니다. 따라서 그 편리함의 이면에는 그에 상응하는 엄청난 위험이 존재하고 있는 것입니다. 무단횡단이라는 편리함 뒤에는 교통사고로 인한 상해 내지 사망이라는 위험이 당연히 내포되어 있는 것과 같은 이치입니다.

스마트폰이 제공하는 엄청난 편리함과 직접 맞닿아 있는 엄청난 위험에 관한 몇 가지 예시를 들어보겠습니다. 먼저 블루투스 기능입니다. 이 기능은 스마트폰과 다른 기기 간에 무선 접속을 편리하게 할 수 있도록 만들어주는 기능입니다. 그렇지만, 블루투스는 도청이나 사생활 침해의 위험성도 가지고 있습니다. 그래서 국가기관의 비밀회의나 기업의 전략회의를 시작하기 전에는 항상 스마트폰의 전원을 종료해두는 것입니다. 회사 내에서도 중요한 회의나 비밀 대화를 할 때에는 스마트폰의 전원을 끄거나 최소한 블루투스만이라도 꺼야 합니다.

다음은 USB 포트 연결 기능입니다. 이 기능은 스마트폰의 충전뿐만 아니라 스마트폰 상호 간의 정보 전송과 저장을 할 수 있도록 만들어주는 아주 편리한 기능입니다. 그렇지만, USB 포트 연결 기능을 이용하면 악의적인 정보의 전송도 가능할 뿐만 아니라 스마트폰 내에 있는 악성 코드가 회사의 업무용 컴퓨터로 전송될 위험도 있습니다. 회사에 있는 업무용 컴퓨터에는 보안 시스템이 설치되어 있어서 악성 코드 감염 등의 위험이 최소화되어 있는데, 어느 직원이 자신의 스마트폰을 충전하겠다는 이유로 업무용 컴퓨터의 USB 포트에 연결하는 순간 업무용 컴퓨터가 악성 코드에 감염될 수 있는 것입니다. 게다가 개인용 스마트폰에는 업무용 컴퓨터만큼의 보안 기능이나 보안 솔루션이 탑재되어 있지도 않습니다. 그렇기 때문에 충전은 스마트폰 전용 충전기를 이용하시고, 개인용 스마트폰과 업무용 컴퓨터 간의 USB 포트 연결은 절대로 하지 않기를 바랍니다.

와이파이 기능도 스마트폰의 사용성에 엄청난 편리함을 제공하고 있습니다. 특히 언제 어디서나 인터넷에 접속할 수 있는 편리함은 이 와이파이 기능이 있기 때문에 가능한 것이라고 해도 과언이 아닙니다. 그런데, 이러한 와이파이 기능은 기본적으로 무선 접속 방식으로 인터넷에 접속하기 때문에 악성 코드 감염 위험, 도청 위험, 정보 유출 위험이 언제나 존재합니다. 특히 지하철 등에서 운용되고 있는 공용 와이파이는 더 위험하다고 할 수 있습니다. 그렇기 때문에 은행 업무나 개인정보가 전송되는 민감한 서비스를 이용해야 할 경우에는 공용 와이파이 사용을 자제하는 것이 좋습니다.

개인용 스마트폰과 업무 사이에 접점을 가져서는 안 되는 둘째 이유는 '민감한 프라이버시 이슈' 때문입니다. 회사가 업무용으로 지급한 것이 아니라면, 스마트폰은 명백하게 개인용입니다. 이 스마트폰에는 한 개인의 사생활을 적나라하게 알 수 있는 정보가 들어 있을 것입니다. 뿐만 아니라 타인에게 공개하고 싶지 않은 민감한 사적 영역의 정보도 들어 있을 것입니다. 한마디로 스마트폰은 '개인의 역사적 기록물'이자 '민감한 프라이버시의 집약체'입니다.

만약 이러한 스마트폰을 이용하여 업무를 처리하다가 보안사고나 개인정보 유출 등의 사건이 발생한다면 어떤 일이 벌어질까요? '개인용 스마트폰을 업무에 사용하도록 허용하고 있는가'에 관한 기업의 관리·감독 책임과 더불어, 보안사고 과정에서 사용된 개인용 스마트폰이 조사나 수사 과정에서 매우 중요한 증거물이 될 수 있습니다.

여기서 말하는 조사란 기업 내 보안 감사 과정에서의 조사 그리고 정부 기관의 보안 감사 과정에서의 조사를 말합니다. 그리고 수사란 경찰이나 검찰 단계에서 이루어지는 수사를 말합니다. 최근에는 스마트폰 디지털 포렌식 기법이 상당히 광범위하게 활용되고 있기 때문에, 조사나 수사 과정에서는 스마트폰을 대상으로 디지털 포렌식을 할 가능성이 매우 높습니다.

물론, 조사나 수사 현장에서 개인의 스마트폰에 대해서 디지털 포렌식을 적용하려면 형사소송법상 강제수사 원칙에 따른 압수수색영장이 있어야 합니다. 그러나 보안사고나 개인정보 유출 사건의 혐의자로 의심받는 직원이 혐의를 벗기 위해 자신의 스마트폰을 임의 제출하는 경우도 많습니다.

따라서 스마트폰에 저장되어 있는 프라이버시를 보호하고자 한다면 스마트폰 소유자 스스로 자신의 프라이버시를 지킬 수 있는 행동을 해야 합니다. 그래서 직장인이라면 개인용 스마트폰을 업무용 컴퓨터나 회사 네트워크에 접속하지 않도록 하고, 특히 업무용 정보를 개인용 스마트폰에 저장하지 않아야 합니다.

한마디로, 회사 내에서 발생한 사고·사건과 개인용 스마트폰이 접점을 갖지 않도록 해야 한다는 것입니다. 이렇게 하는 것이 개인적인 영역에서 스마트폰의 편리함을 누리면서, 업무적인 영역에서 자신의 프라이버시가 침해되지 않도록 하는 방법입니다. 편리한 방식을 선택한 결과에 대한 책임은 그 방식을 선택한 사람이 지는 것입니다.

보안사고 책임으로부터 자유로운 직장 생활을 할 수 있는 유일한 방법!

도로 위에는 엄청나게 많은 자동차가 달리고 있습니다. 그리고 이 자동차의 수만큼이나 다양한 생각을 가진 운전자가 있습니다. 또한 도로 위에는 예상치 못한 변수가 언제나 존재합니다. 그리고 이러한 변수는 운전자마다 다르고, 도로의 위치나 형태마다 다르며, 계절마다 다를 것입니다. 이러한 변수 속에서 아무리 방어 운전을 한다고 하더라도 상대방 운전자가 내게 와서 충돌하는 교통사고까지 미리 방어한다는 것은 매우 어려운 일입니다. 그래서 이렇게 말합니다. "도로 위에서 교통사고를 100% 예방한다는 것은 불가능합니다."

보안사고나 개인정보 유출 사건도 마찬가지입니다. 한 기업의 업무 환경에는 매우 많은 단말기와 시스템이 작동하고 있고, 이 단말기나 시스템의 수만큼의 많은 임직원이 있을 것입니다. 그래서 업무 환경에서는 예상치 못한 변수가 매우 다양하게 나타나는데, 이 변수들도 임직원마다 다르고 환경이나 시기마다 다르게 나타납니다. 이러한 변수 속에서 아무리 내부 보안통제를 잘 유지한다고 하더라도 외부에서 침입하는 사이버 공격을 완전히 막아내는 것은 매우 어려운 일입니다. 그래서 이렇게 말하는 것입니다. "보안사고를 100% 예방한다는 것도 불가능합니다."

보안사고는 반드시 발생합니다. '언제 발생하느냐?'만 남아 있을 뿐입니다. 특히 외부에서 침입하는 해킹 공격을 기업이 100% 예방하는 것은 100%(확실하게) 불가능합니다. 그래서일까요? 2015년 다보스포럼에서 존 체임버스John T. Chambers 시스코 회장은 이렇게 언급했습니다.[73]

> "이 세상에는 두 종류의 회사가 존재합니다. 하나는 해킹을 당한 회사이고, 다른 하나는 해킹을 당한 줄 모르는 회사입니다. 이제 모든 회사가 보안 회사가 될 것입니다."

존 체임버스가 말하고자 하는 것은 두 가지입니다. 첫째는 그 어떤 기업도 해킹 위협으로부터 자유롭지 못하다는 것입니다. 둘째는 모든 기업이 해킹 위협에 대비할 수 있는 정도의 보안 수준을 갖추어야 한다는 것입니다. 해킹 등을 포함하여 보안사고나 개인정보 유출 사건이 발생하면 기본적으로 두 가지 책임에 대해서 법적인 평가를 받아야 합니다. 법적 평가의 대상이 되는 첫째 책임은 정보보호 규정 수립과 보안통제 실행 등을 의미하는 기업의 법적 책임입니다.

법적 평가의 대상이 되는 둘째 책임은 정보보호 규정과 보안통제에 대한 임직원의 준수 책임입니다. 즉 보안사고 내지 개인정보 유출 사건의 원인을 파악해본 결과, 어느 임직원이 정보보호 규정을 위반하거나 보안통제를 준수하지 않아서 발생한 것이라면 그 직원도 법적 책임을 지게 된다는 말입니다.

모든 임직원은 현재 이와 같은 법률 환경에서 직장 생활을 하고 있다는 현실을 직시해야 합니다. 따라서 임직원은 자신의 행위 책임에 대해서는 늘 고민해야 하고, 스스로 아래와 같은 질문을 하면서 늘 조심해야 합니다. '나의 행동으로 인해 회사에 보안사고가 발생하지 않도록 조심할 수 있는 방법은 무엇일까?'

사실 이 질문은 필자가 정보보호교육을 할 때마다 교육 현장에서 생각보다 많이 받는 질문입니다. 그때마다 필자는 항상 자동차 운전과 직장 생활을 같은 맥락에서 보라고 조언합니다. 자동차 운행에 관한 모든 책임은 운전자에게 있습니다. 그래서 운전자는 「도로교통법」을 잘 숙지하고 있어야 하고, 도로 위의 교통 체계뿐만 아니라 돌발상황에 대해서도 스스로 판단하여 행동을 취해야 합니다.

직장 생활도 마찬가지입니다. 업무 수행에 관한 모든 책임은 그 업무를 담당하고 있는 임직원 자신에게 있습니다. 그래서 임직원은 자신이 담당하고 있는 업무와 관련된 법률이나 규정(여기서는 정보보호 법률과 보안통제 규정)을 잘 숙지하고 있어야 합니다. 그리고 업무 과정에서 준수해야 하는 기본적인 보안 절차를 준수해야 할 뿐만 아니라 돌발적인 상황에 대한 업무적 판단을 스스로 할 수 있어야 합니다.

다만, 아무리 업무 담당자라 하더라도 자신이 담당하고 있는 업무와 관련된 모든 법률이나 규정을 숙지한다는 것은 쉽지 않습니다. 그렇기 때문에 업무를 기획할 때 해당 업무와 관련된 정보보호 법률과의 정합성이나 보안통제와의 적합성을 판단받을 수 있는 기회를 활용해야 합니다. 이 기회가 바로 보안성 검토입니다. 그리고 보안성 검토 결과 '법률 정합성'과 '보안 적합성'을 갖추기 위해서 자신이 기획 중인 업무를 재조정하고 그 결과를 부서장에게 보고한 후 의사결정을 받아야만 합니다.

이러한 일련의 과정을 거치는 이유는 두 가지 관점에서 매우 중요합니다. 첫째는, 직장 생활의 관점에서 이러한 과정이 '조직 내 정보보호 규정과 보고 체계를 준수하는 과정'이기 때문입니다. 둘째 이유는, 이러한 과정이 '보안사고의 발생 가능성을 항상 염두에 두고 자신의 업무와 관련된 보안인식의 수준을 높이는 과정'이기 때문입니다. 특히 이러한 과정이 반복되고 누적되면 자신의 담당 업무와 관련된 법률 정합성과 보안 적합성에 대해 충분한 식견을 갖출 수 있게 됩니다. 그 결과 생각 영역에서 보안인식의 수준이 높아지는 긍정적인 효과를 경험할 수 있게 됩니다.

보안인식이 부족한 직원에 의해서 보안사고가 발생할 가능성이 무려 73.8%나 된다는 사실은 여기서 다시 강조하지 않아도 이제는 머릿속에 잘 각인되어 있을 겁니다. 이를 반대로 보면, 보안인식을 잘 갖춘 직원으로 인해 보안사고의 발생 가능성도 상당히 낮출 수 있다는 말이 됩니다.

설령 예기치 못한 보안사고가 발생하더라도 '조직 내 정보보호 규정과 보고 체계를 준수'했을 뿐만 아니라 '보안인식의 수준이 높은 직원'에게 보안사고와 관련된 법적 책임을 부과하는 경우는 거의 없을 것입니다. 결국 보안사고 책임으로부터 자유로울 수 있는 직장 생활을 하는 유일한 방법은 스스로 높은 수준의 보안인식을 갖추고 조직 내 정보보호 규정과 업무보고 체계를 준수하는 것입니다.

자동차를 운전할 때 「도로교통법」과 교통 통제를 잘 준수했고, 안전 운전의 인식 수준이 높은 운전자는 교통사고의 위험으로부터 자신을 보호할 수 있습니다. 마찬가지로 직장 생활을 하는 우리도 자신을 보호하기 위해서 정보보호 법률과 보안통제 규정을 잘 준수하려고 노력해야 합니다. 그리고 이러한 노력을 가능하게 만드는 유일한 원동력이 바로 임직원이 스스로 갖추고 있는 '보안인식'이라는 점을 꼭 기억하시기 바랍니다. 정보보호 법률과 보안통제 규정으로부터 완전하게 자유로울 수 있는 직장인은 존재하지 않습니다.

"보안인식 없이 업무를 수행하는 것은, 눈을 감고 자동차를 운전하는 것과 같습니다."

제4부

정보보호 인식제고와
보안문화

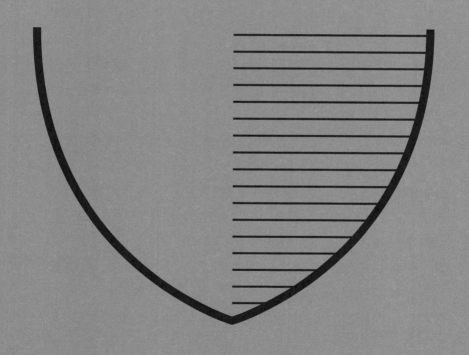

지금까지 정보보호 인식제고가 필요한 현실에 대해서 살펴보았습니다. 특히 정보보호가 법률화되었음에도 불구하고 우리의 업무 현장에서는 여전히 보안통제에 대한 반발력과 저항감이 존재하고 있다는 것을 다양한 사례를 통해서 알아보았습니다.

더 무서운 사실은 이처럼 보안통제에 대한 반발력이나 저항감을 가지고 있는 직원의 생각을 흔드는 공격이 폭발적으로 증가하고 있다는 것입니다. 이러한 공격 위험은 직원의 생각을 경유하고 있기 때문에 기술적 수단에서 제공하는 자동화 방식으로 대응할 수도 없습니다. 그렇다 보니 공격자들의 공격 성공률은 점점 더 높아지고 있으며, 이로 인한 기업의 피해는 기업의 존폐를 좌우할 정도로 점점 더 심각해지고 있습니다.

이러한 상황에서 안전을 보장하기 위해 회사는 어떤 대응책을 적용하고 있을까요? 특히 '사람의 생각을 경유하는 공격'과 이로 인한 피해를 최소화하기 위해 충분한 대비를 하고 있을까요? 아마도 그렇지 못할 것입니다. 사람의 생각을 경유하는 공격에 대비할 수 있는 이렇다 할 대응 방법을 아직 찾을 수 없기 때문입니다.

사람의 생각을 경유하는 공격에 대비하는 방법은 결국 '사람의 생각'에서 찾아야 합니다. 여기서 말하는 사람의 생각이란 '공격자의 생각'과 '임직원의 생각' 모두를 말하는 것입니다.

과거의 공격자들은 기술적 보안통제라는 강력한 방패를 뚫고 침투했습니다. 하지만 최근에는 사람의 생각을 경유하여 침투하는 공격이 폭발적으로 증가하고 있습니다. 공격자들은 보안인식의 수준이 낮은 사람의 생각을 경유하는 공격이 훨씬 더 쉽고 효율적이라고 생각하고 있기 때문입니다. 결국 이러한 '공격자의 생각'이 바뀌도록 만드는 대응 방법을 찾아야 합니다.

이를 위해서는 공격의 경유지인 '임직원의 생각' 안에서 먼저 변화가 생겨야 합니다. 한마디로 '임직원의 생각 안에 보안인식이라는 강력한 방패'를 만들어주어야 한다는 것입니다. 그리고 보안인식이라는 방패가 임직원의 생각을 바꾸게 하고, 결과적으로 회사와 자신에게 안전한 행동을 하도록 만들어야 합니다.

이렇게 할 수만 있다면 사람의 생각을 경유하여 침투하는 공격의 성공률을 낮출 수 있습니다. 그리고 이러한 공격 성공률의 하락은 결과적으로 사람의 생각을 경유하여 침투하는 공격이 더 이상 효율적인 공격이 아니라는 인식을 '공격자의 생각' 속에 만들어낼 수 있습니다.

이러한 맥락에서 이제는 정보보호 관리체계의 가장 중요한 변수가 '사람(생각)'이라는 현실을 받아들여야 합니다. 기존의 '보안통제'는 정보보호 관리체계의 기본 상수로 두고, 여기에 '사람(생각)'이라는 변수를 반드시 반영해야 합니다. "정보보호 관리체계에서 가장 중요한 변수는 '사람'입니다."

'사람의 생각'을 대상으로 하는 정보보호 인식제고에 더하여, '사람의 집단'에 스며들 수 있는 보안문화를 만들어내는 것은 정보보호 관리체계 유지를 위한 필수적인 과제입니다. 보안인식은 사람의 개인적인 생각 영역에서 작동합니다. 그리고 이러한 인식이 사람과 조직의 행동을 바꿉니다. 결국 이러한 행동들이 사람의 집단에서 보편적으로 받아들여지고 인정받게 되면 보안문화로 자리 잡게 됩니다. 이러한 배경에서 정보보호 인식제고는 매우 고차원적인 보안통제 활동이라고 할 수 있습니다.

특히 사람의 생각을 경유하여 침투하는 공격이 폭발적으로 증가하고 있는 현재의 상황을 고려해볼 때, 이제부터 모든 기업은 정보보호 인식제고를 통한 보안문화 조성이라는 가장 높은 봉우리를 향해 나아갈 수밖에 없습니다.

제4부에서는 보안 실무에서 적용할 수 있는 현실적이고 체계적인 정보보호 인식제고 기법, 그리고 변수가 많은 상황 속에서도 보안인식 수준을 지속적으로 유지할 수 있는 보안문화 조성 방법에 대해서 이야기하겠습니다.

제1장
정보보호
인식제고 기법

최근 정보보호 인식제고라는 단어가 자주 사용되고 있습니다. 심지어 정보보호 분야에 종사하지 않는 사람들도 그 말에 친숙해졌습니다. 최근에 정보보호 인식제고의 필요성과 중요성이 심각하게 강조되고 있기 때문일 겁니다. 그리고 마치 이러한 최근의 현실을 뒷받침이라도 하듯이 '사람으로 인한 보안 위협이 무려 73.8%'라는 내용은 이미 앞에서 자세하게 살펴보았습니다.

정보보호를 위해서 이렇게 중요하고 사회적으로 이슈가 되는 정보보호 인식제고라면 말 그대로 '인식을 제고', 즉 생각의 수준을 높이면 되는 것인데 이것이 쉽지 않습니다. 왜냐하면, 나의 생각은 나만의 영역인 것처럼, 타인의 생각은 오직 그만의 영역이기 때문입니다. 따라서 사람의 생각은 각자의 주관적인 인식 영역에 속하므로 각자가 스스로 자신의 생각 수준을 높이지 않는 이상, 누군가가 타인의 인식 수준을 의도적으로 높인다는 것은 매우 어려운 일임에는 틀림이 없습니다.

그럼에도 불구하고 기업의 정보보호 관리체계를 유지하기 위해서 기술적 보안통제와 관리적 보안통제 그리고 보안 컴플라이언스 통제와 함께 필수적으로 구현되어야 하는 것이 바로 임직원에 대한 정보보호 인식제고입니다. 그 이유는 결국 정보보호의 성공과 실패는 '사람의 생각'과 '사람의 행동'에 달려 있기 때문입니다.

이런 이유에서 기업의 정보보안 부서에서는 정보보호교육이나 보안 캠페인 등의 활동을 통해 임직원의 보안인식 수준을 높이기 위한 노력을 멈추지 않고 있습니다. 하지만 이러한 정보보안 부서의 노력은 그저 타인의 생각 밖에서 외치는 '돌아오지 않는 메아리'로 끝나는 경우가 많습니다. 그 타인은 자신의 생각 영역 안으로 '정보보호가 중요하구나!'라는 인식을 받아들이려고 하지 않기 때문입니다.

상황이 이렇다고 하더라도 정보보호 인식제고는 정보보안 부서 입장에서는 결코 멈춰서는 안 될 매우 중요한 보안통제 업무입니다. 그 이유는 이것 때문입니다. "정보보호는 사람의 생각에서 시작해서 사람의 행동으로 끝나야 합니다."

이번 장에서는 정보보호 인식제고에 대한 기본적인 개념과 정보보호 인식제고 기법을 단계적으로 적용하는 방법 등에 대해서 다루고 있습니다. 참고로 제1장의 내용은 2020년 과학기술정보통신부와 한국인터넷진흥원이 공동 발간한 「정보보호 최고책임자 길라잡이 -기본편-」 중에서 필자가 집필한 'Ⅳ 직원들에 대한 인식 제고' 편을 참고하여 이를 전면적으로 수정·보완한 것임을 밝혀둡니다.

여기서 소개되는 정보보호 인식제고 기법이 높은 수준의 정보보호 환경을 이루어내는 데 의미 있는 밑거름이 되기를 바라면서 이야기를 시작해 보겠습니다.

정보보호 인식제고 기법의 용어 정리

정보보호 인식제고에서 사용되는 용어 중에는 '인식'이라는 용어뿐만 아니라 '의식'이라는 용어도 있습니다. 그런데 두 용어 중에서 어떤 용어를 사용하는 것이 맞는지에 대한 연구가 거의 없습니다. 그래서 필자가 어학사전에 기대어 간단하게 구별해보려고 합니다.

인식認識이라는 단어의 사전적 의미는 "사물을 분별하고 판단하여 앎"입니다. 영어로 표현하면 'Awareness'입니다.

의식意識은 "사회적·역사적으로 형성되는 사물이나 일에 대한 개인적·집단적 감정이나 견해 또는 사상"입니다. 영어로 표현하면 'Consciousness'입니다.

이 두 용어를 정보보호와 결합하여 정의해보면, 다음과 같습니다.

- 정보보호 인식: 정보보호를 분별하고 판단하여 앎
- 정보보호 의식: 사회적·역사적으로 형성되는 정보보호에 대한 개인적·집단적 감정이나 견해, 사상

위 두 가지 용어 중 정보보호에 대한 생각의 수준을 표현하기에는 '인식'이 더 적합하다고 생각됩니다. 그 이유는 인식이라는 용어가 '정보보호에 대한 사람의 생각과 분별력을 갖추는 것'에 더 부합하기 때문입니다. 이러한 이유에서 이 책에서는 시작부터 '인식'이라는 용어를 사용하고 있습니다.

정보보호 분야에서 전 세계적으로 인정받고 있는 정보보호 지식체계인 (ISC)²의 CISSP CBK[74]는, '보안인식'과 '보안인식 훈련'을 이렇게 정의하고 있습니다.

- '보안인식'이란 조직 내 보안 정책의 중요성과 보안 정책을 준수할 수 있는 방법에 대한 '이해'를 수립하는 데 활용하는 것.[75]
- '보안인식 훈련'이란 직원들이 자신의 업무 환경에서 정보보호 요구 사항들

을 준수하도록 하고 정보보호에 있어서 직원들에게 역할과 요구 사항을 '알려주는' 기법.[76]

한편, CISSP에 비해서 관리적 보안 기법에 더 전문화되어 있는 정보보호 지식체계인 (ISC)²의 CISSP-ISSMP CBK[77]에 의하면, '인식'을 이렇게 정의하고 있습니다.

- 보안의 중요성과 보안 실패의 결과를 실감할 수 있도록 하기 위하여 개인 및 조직의 '사고방식'에 변화를 주는 단계적 훈련에 관한 학습 과정.[78]

위 자료의 내용을 토대로 살펴보면, 인식이란 사고방식, 즉 '사람의 생각'을 대상으로 한다는 것을 알 수 있습니다. 그리고 보안인식이란 보안의 중요성과 보안 준수 방법에 대한 '사람의 이해'를 목적으로 한다는 것을 알 수 있습니다.

이처럼 필자가 우리나라가 아닌 해외의 저명한 자료에서 정보보호 인식제고에 참고할 만한 근거를 찾는 이유가 있습니다. 안타깝게도 우리나라에서는 아직 정보보호 인식제고에 대해서 보편적으로 수용할 만한 수준의 정의에 도달한 자료가 없기 때문입니다.

(ISC)²의 CBK는 세계적인 보안 전문가들이 국제보안자격증을 취득하는 과정에서 필수적으로 참고하며 또한 자격증을 취득한 이후에도 실무 업무 과정에서 지속적으로 참고하는 자료입니다. 하지만 해외의 저명한 자료에도, '보안인식' 또는 '인식'에 대해서만 정의되어 있습니다. 정작 중요한 '정보보호 인식제고'에 대한 직접적인 정의는 존재하지 않습니다. 특히 '정도나 수준을 높인다'는 의미를 가지고 있는 '제고'라는 개념을 포섭하는 정의는 더더욱 존재하지 않습니다.

정보보호 인식제고는 현재 거의 모든 기업에서 고민하고 있고, 안전한 정보보호 관리체계를 유지하기 위해 필요한 보안 활동입니다. 그리고 정보보호 인식제고는 사람의 생각을 경유하는 공격을 방어할 수 있는 가장 효과적인 대응 기법이라고 할 수 있습니다. 그럼에도 불구하고 정보보호 인식제고에 대한 수용 가능한 보편적 정의가 없다는 것은 매우 안타까운 현실입니다.

여기서는 기업의 '정보보호 인식제고'와 '정보보호 인식제고 활동'에 관한 정의를 먼저 내린 후에 이 책을 이어가고자 합니다. 필자는 위 자료들과 정보보호 실무 경험을 토대로 '정보보호 인식제고'와 '정보보호 인식제고 활동'을 다음과 같이 정의했습니다.

> 정보보호 인식제고: 정보보호에 대한 인식 수준을 높이는 것.
> 정보보호 인식제고 활동: 정보보호에 대한 인식 수준을 정기적으로 평가하여 그 수준을 높이는 활동.

정보보호 관리체계에서 가장 중요한 변수: 사람

정보보호 관리체계에서 가장 중요한 역할을 하는 보안통제는 무엇일까요? 사실 이 질문에 대한 답은 보안사고 문제를 바라보는 인식의 역사적 변화와 맞닿아 있습니다. 즉 보안사고를 기술의 문제로 인식했을 때는 '기술적 보안통제'를 가장 중요한 보안통제로 생각했습니다. 그러다가 보안사고를 기업 인증의 문제로 인식했을 때는 기존의 기술적 보안통제에 더해서 '관리적 보안통제'를 가장 중요한 보안통제라고 생각했습니다.

그 후 2011년 「개인정보보호법」이 시행되면서 보안사고를 법률 준수의 문제로 인식하게 되었습니다. 그 결과 현재는 기술적 보안통제와 관리적 보안통제에 더하여 '보안 컴플라이언스 통제'를 가장 중요한 보안통제라고

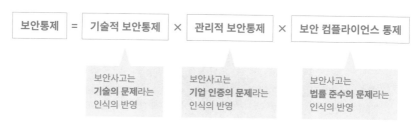

〈보안사고에 대한 역사적 인식 변화에 따른 보안통제의 적용〉

생각하고 있습니다.

통제라는 것은 결국은 사람이 주관하고 사람이 준수하는 것입니다. 예를 들어 교통 통제는 교통경찰관이라는 사람이 주관하고, 교통 통제를 준수하는 것은 운전자라는 사람이 합니다. '통제의 주관'과 '통제의 준수'는 모두 사람을 통해서 이루어집니다. 이처럼 통제에서 가장 중요한 역할이 '사람'에게 있음에도 '직접적으로 사람을 대상으로 하는 보안통제'가 자리매김하고 있지 못한 점은 이상하지 않나요?

지금까지의 보안통제를 평가해보면, 기존의 보안통제 중에서 기술적 보안통제와 관리적 보안통제를 소홀히 하지도 않았습니다. 그리고 최근에는 보안 컴플라이언스 통제도 강화하고 있습니다. 그런데도 보안사고는 더 많이 발생하고 있습니다.

게다가 보안사고의 원인을 보면 기존의 보안통제 영역에 이미 들어와 있는 '사람'을 경유하는 경우가 대부분입니다. 한마디로, 보안사고를 예방하거나 피해를 최소화하기 위해 보안통제 영역에서는 이미 많은 노력을 하고 있지만, 정작 보안사고는 '사람'이라는 전혀 다른 취약점을 경유해서 발생한다는 것입니다. 보안통제에서 놓치고 있는 취약점이 바로 '사람의 생각'입니다.

제2부에서 살펴본 것처럼 전체적인 정보보호 위협 요인 중에서 인적 요인이 포함된 정보보호 위협 요인이 무려 73.8%에 달합니다. 그래서인지

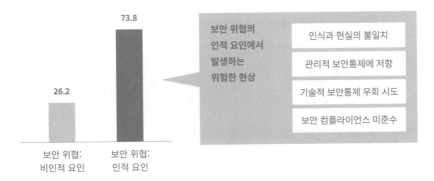

그림 내부 텍스트:
73.8

26.2

보안 위협의
인적 요인에서
발생하는
위험한 현상

인식과 현실의 불일치

관리적 보안통제에 저항

기술적 보안통제 우회 시도

보안 컴플라이언스 미준수

보안 위협:
비인적 요인

보안 위협:
인적 요인

〈보안 위협의 인적 요인에서 발생하는 위험한 현상〉

업무 현실에서는 생각과 행동의 불일치가 빈번하게 나타나고, 기술적 보안통제를 우회하려 하거나 실제로 우회하기도 합니다. 게다가 법률 준수를 전제로 하고 있는 보안 컴플라이언스 통제 자체에 저항하거나 이를 거부하기도 합니다.

이러한 현상은 마치 교통 체계를 아무리 잘 구성하고 교통경찰관이 아무리 안전하게 교통 통제를 한다고 하더라도, 운전자의 교통안전 인식과 운전 방식의 불일치가 일어나 교통 통제를 우회하거나 교통법규 자체를 부정하는 등의 저항이 나타나는 것과 같은 것입니다.

안전한 교통 환경을 유지하기 위해서는 반드시 '운전자라는 변수'를 반영해야 합니다. 마찬가지로, 안전한 정보보호 관리체계를 유지하기 위해서는 기존의 보안통제에 더하여 '사람이라는 변수'를 놓쳐서는 안 됩니다.

이러한 이유에서 전체적인 정보보호 위협 요인 중에서 인적 요인이 포함된 보안 위협 요인(73.8%)을 기존의 보안통제에 각각 반영할 필요성이 매우 심각하게 제기되고 있습니다. 이러한 현상은 사람에 의해서 기존의 기술적 보안통제, 관리적 보안통제 그리고 보안 컴플라이언스 통제가 한순간에 무너질 수도 있다는 보안 실무 현장의 우려가 반영된 것입니다.

이러한 우려의 배경에는 기술적 보안통제를 우회하려고 시도하는 것이

〈보안통제를 무너뜨리는 인적 요인에 의한 보안 위협〉

사람이고, 관리적 보안통제에 저항을 하는 것도 사람이며, 보안 컴플라이언스 통제를 위반하는 것도 사람이라는 인식이 있습니다. 게다가 최근에는 사람의 생각을 경유하거나 사람의 생각을 흔드는 사이버 공격이 폭발적으로 증가하고 있기 때문이기도 합니다. 이 지점에서 질문 하나를 해보겠습니다. "사람의 생각을 흔드는 공격에 대해서 여러분은 어떠한 방어 전략을 가지고 있습니까?"

아무리 잘 적용된 보안통제라고 하더라도 그 보안통제를 준수해야 하는 사람이 준수하지 않거나 의도적으로 우회하거나 저항하게 된다면 결과적으로 보안통제가 없는 것과 같은 결과를 가져올 수도 있습니다. 게다가 '사람'이라는 보안 위협은 각 보안통제(기술적 보안통제, 관리적 보안통제, 보안 컴플라이언스 통제) 영역 어디에서도 발생할 수 있습니다. 그래서 만약 '사람'이라는 보안 위협이 발생할 경우에는 모든 보안통제가 한순간에 무너지는 결과로 이어질 수가 있습니다.

따라서 이제는 정보보호 관리체계의 유지라는 목적을 달성하는 데 기존의 보안통제 방식에 '사람의 생각'이라는 중요한 변수를 반드시 반영해야만 합니다. 이를 풀어서 말하자면, 기존의 보안통제를 정보보호 관리체계의 기본 상수로 두고 여기에 '사람의 생각'이라는 중요 변수를 각각 반영해야 한다는 것입니다. 이 수식에서 '사람의 생각'은 기존의 보안통제의 각

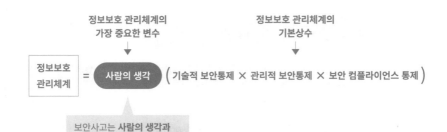

〈사람의 생각을 가장 중요한 변수로 반영한 정보보호 관리체계 수식〉

영역에서 가장 중요한 변수로 작용하게 됩니다. 기존의 보안통제가 아무리 잘 적용되어 있다고 하더라도 이러한 보안통제를 준수해야 할 사람이 이를 준수하지 않는다면 정보보호 관리체계는 한순간에 무너지게 됩니다. 말 그대로 수식의 값이 '제로(0)'가 되어버리고 마는 것입니다.

　개인정보 유출 사고로 인해 기업이 존폐의 위기에 처하게 되었는데, 그 사고의 원인이 직원의 부주의나 편의주의에 따라 업무를 수행한 결과라면 어떨까요? 결국 보안인식 수준이 낮은 직원의 부주의나 편의주의로 인해서 기존의 보안통제가 한순간에 무너지게 되는 것이고, 그 결과 기업은 극단적 위험을 맞이하게 되는 것입니다.

　이처럼 정보보호에 있어서 사람, 특히 '사람의 생각'은 엄청난 변수로 작용할 수밖에 없습니다. 따라서 이제부터는 정보보호 관리체계를 유지함에 있어서 기존의 보안통제에 가장 파급력이 큰 영향을 미치는 중요한 변수로 '사람의 생각'을 반영해야 합니다.

정보보호 인식제고의 기본 개념:
생각의 스위치를 자극해서 행동의 변화를 만든다

기업의 임직원을 대상으로 '보안인식의 수준을 높인다'는 말은 정보보호에 대한 사람의 생각을 정보보호의 목적에 부합하는 긍정적인 수준까지 높인다는 말이 됩니다. 이 말은 결국 '사람의 생각을 바꾸게 만든다'는 것이 됩니다. 그런데 누군가가 타인의 생각을 바꾼다는 것은 영화처럼 초능력을 사용하는 것이 아닌 이상, 현실 세계에서는 거의 불가능하다고 보아야 합니다. 왜냐하면, 사람의 생각 영역은 그 사람의 개인적인 경험에 기반을 둔 지극히 주관적인 영역이기 때문입니다.

그럼에도 정보보안 부서 입장에서는 기업의 임직원, 즉 '사람의 생각'에 변화를 일으키고 그 생각의 변화가 행동에도 긍정적인 작용을 하도록 노력할 수밖에 없습니다. 여기서 말하는 노력이란 두 가지 방향으로 나뉩니다. 첫째는 부정적인 행동을 최소화하려는 노력입니다. '사람의 생각 변화'로 인해 최소한 보안사고가 나지 않도록 '행동'하게 만드는 노력입니다. 둘째는 긍정적인 행동을 최대화하려는 노력입니다. 즉 '사람의 생각 변화'를 통해 정보보호의 방향에 부합하는 '행동'을 하게 만드는 노력입니다.

보안 시스템에 기반을 둔 강제화나 자동화 방식으로는 사람의 생각을 바꿀 수 없습니다. 그래서 직원마다 이슈마다 시기마다 한 땀 한 땀 정보보호 인식제고 활동을 해야 하는 것입니다. 이런 이유에서 기업 구성원의 보안인식 수준을 높이는 것을 마치 등반가가 에베레스트를 등정하는 것과 같다고 하는 것입니다. 한마디로 정보보호 인식제고 활동이란 오랫동안 무거운 배낭을 메고 고통스럽게 발걸음을 옮기며 험한 오르막길을 한 발 한 발 올라가는 것과 같은 것입니다.

정보보안 부서가 임직원의 생각을 정보보호의 목적에 부합하는 방향으로 바꾸려는 노력을 멈추지 않는 데에는 매우 중요한 이유가 있습니다. 바

〈현재 공격자가 집중하고 있는
보안 위협의 접촉면: 사람의 취약성〉

로 보안 위협의 접촉면이 기술적 취약점이나 관리적 취약점이 아니라 바로 '사람의 취약성'으로 집중되고 있는 상황이기 때문입니다.

특히 랜섬웨어와 같이 '사람의 생각을 경유하는 공격'을 통해서 실제로 많은 기업에 엄청난 피해가 발생하는 현재 상황을 감안한다면, 정보보호에 대한 사람의 생각을 정보보호의 목적에 부합하는 긍정적인 방향으로 바꾸어야 할 이유는 충분해 보입니다.

기업에서 정보보호 관리체계를 유지하기 위해서는 임직원, 즉 사람의 생각을 정보보호에 부합하는 방향으로 바꾸어야 한다는 대전제가 성립되어야 합니다. 그렇다면, 정보보호 인식제고라는 높은 수준의 보안통제 활동을 어떻게 실행하면 될까요? 어떻게 하면 정보보호를 긍정적으로 생각하도록 사람의 생각을 바꿀 수 있을까요?

우리나라에서 정보보호 인식제고 교육과 기업 보안 특강을 가장 많이 해보았다고 자평하는 필자는 이 물음에 대해서 다음과 같은 해답을 드릴 수 있습니다. 그리고 이 해답은 필자가 오랜 시간 동안의 특강과 강연을 통해 수만 명의 생각을 자극해본 경험을 통해서 깨닫게 된 매우 중요한 해답입니다. "정보보호 인식제고, 사람이 생각하는 스위치를 자극하면 가능합니다!"

'생각의 스위치를 자극한다'는 말에는 두 가지 의미가 있습니다. 첫째는 개인적이고 지극히 주관적인 영역인 사람의 생각을 타인이 강제적으로 또는 직접적으로 바꿀 방법이 없음을 인정하는 것입니다. 이 의미를 전제로 하여, 둘째는 일반적으로 사람이 경험했거나 경험할 수 있는 특정한 사례를 활용하여 정보보호라는 개념을 자신의 생각 영역으로 스스로 가져가도록 만들어야 한다는 의미입니다. 이것이 필자가 터득한 '사람이 생각하는 스위치를 자극하는 노하우'입니다.

　이러한 과정을 통해서 임직원 스스로 정보보호에 대해서 고민(생각)하도록 만들고, 그 고민의 결과에 따라 자신에게 안전하고 동시에 기업이 추구하는 긍정적 방향을 선택(행동)하도록 만드는 것입니다. 이것이 바로 정보보호 인식제고 활동에 있어서 '생각의 스위치를 자극'하고 '행동의 변화'를 만드는 과정의 기본 개념입니다.

생각의 스위치를 자극하는 정보보호 인식제고의 세 가지 단계

　생각의 스위치를 자극하여 보안인식의 수준을 높이는 단계는 셋으로 구분할 수 있습니다. 첫째 단계는 '식별 단계'로서, 보안인식과 업무 방식의 접점을 식별하는 단계입니다. 둘째 단계는 '조치 단계'로서, 보안인식 제고를 위한 단계적 조치를 하는 단계입니다. 마지막으로 셋째 단계는 '보안문화 단계'로서, 보안인식의 수준을 유지하고 개선하는 단계입니다. 특히 셋째 단계는 보안인식이 보안문화로 정착되는 단계라고 할 수 있습니다.

　여기서 정보보호가 추구하는 '안전함'을 실현하기 위한 보안인식과 구

〈정보보호 인식제고의 단계〉

성원들이 업무 수행 과정에서 행동하는 '편리함' 간의 접점을 찾아내는 것이 '식별 단계'입니다. 그리고 이러한 접점을 보안인식 수준의 기준선으로 삼아 보안인식의 수준을 단계적으로 높여 나가는 것이 '조치 단계'입니다. 이렇게 높아진 보안인식 수준을 지속적으로 유지하고 개선해나가는 것이 '보안문화 단계'입니다.

이 세 가지 방법론적 단계 중에서 '식별 단계'와 '조치 단계'에 대해서 상세하게 살펴보겠습니다. '보안문화 단계'에 관한 내용은 제5장 '보안인식을 보안문화로 정착시키기(STEP 3)'를 참고하시기 바랍니다.

보안인식과 업무 방식의 접점을 식별하는 개념적인 방법 (STEP 1)

보안인식과 업무 방식의 접점 식별의 중요성

보안인식과 업무 방식의 접점은 언제나 그리고 어디에나 존재합니다. 다만 그 접점이 사람마다 혹은 조직마다 다르고 때로는 상황이나 시점마다 다를 뿐입니다. 이 책에서 말하는 보안인식은 안전함에 대한 인식, 즉 안전함에 대한 '직원의 생각'을 의미하며, 업무 방식은 업무 과정에서 편리함을

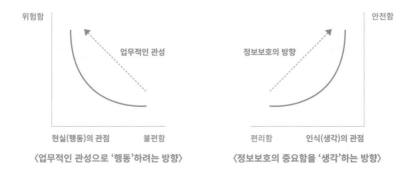

〈업무적인 관성으로 '행동'하려는 방향〉 　　 〈정보보호의 중요함을 '생각'하는 방향〉

추구하는 '직원의 행동'을 의미합니다. 그래서 정보보호에 관한 구성원들의 '생각'과 그들의 '행동' 사이에 존재하는 괴리와 그 접점을 찾아내는 것이 바로 보안인식과 업무 방식의 접점을 찾는 것입니다.

생각의 스위치를 자극하여 보안인식의 수준을 높일 수 있는 첫째 단계인 '보안인식과 업무 방식의 접점 식별'은 정보보호 인식제고를 위해서 매우 중요한 단계이면서 가장 어려운 단계이기도 합니다.

접점 식별이 중요한 이유는, 접점이 식별되어야 이를 보안인식 수준의 기준선으로 삼을 수 있기 때문입니다. 그러고 나서야 보안인식의 수준이 이 기준선 이하로 내려가지 않도록 함과 동시에 보안인식의 수준을 이 기준선보다 높이는 정보보호 인식제고 활동을 하는 이른바 '영점 조절'이 가능하기 때문입니다. 접점 식별이 어려운 이유는, 사람과 조직마다 이 접점이 다르고, 또한 동일인이나 동일 조직이라 하더라도 특정 상황이나 특정 시점에 따라 달라질 수도 있기 때문입니다.

생각대로 행동하는 힘 대 행동하는 대로 생각하는 힘

서로 다른 방향으로 나아가려는 두 힘이 동시에 작용하는 경우가 있습니다. 이런 경우 두 힘이 완전한 평형을 이루지 않는 한 조금이라도 센 쪽으로 힘이 작용하게 됩니다. 그렇다면, 업무 현장에서는 '업무적인 관성으

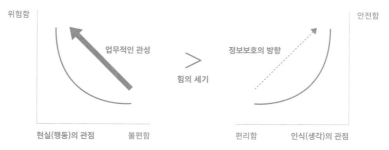

위험함　　　　　　　　　　　　　　　　　　　　　　안전함

업무적인 관성　　＞　　정보보호의 방향

힘의 세기

현실(행동)의 관점　불편함　　　편리함　인식(생각)의 관점

〈인식과 현실(행동) 간의 힘의 세기〉

로 행동하려는 힘'과 '정보보호가 추구하는 방향으로 생각하는 힘' 중에서 어느 방향으로 가려는 힘이 더 셀까요? 이 책을 읽고 계시는 분이라면 대부분 '업무적인 관성으로 행동하려는 힘'이 더 크다고 생각하실 겁니다. 필자의 생각도 그러합니다. 왜냐하면 사람은 누구나 불편함을 싫어하니까요.

「2021년 정보보호 실태조사」에 따르면, 기업의 88.9%가 '정보보호가 중요하다(중요한 편이다+매우 중요하다)'라고 응답했습니다.[79] 이와 같은 수치의 응답이 나온 이유는 대부분의 임직원이 정보보호의 중요성을 잘 인식하고 있기 때문일 것입니다. 그럼에도 불구하고 '보안인식과 업무 방식의 불일치' 현상이 나타나는 이유는 무엇일까요? '생각대로 행동'하는 것이 아니라 '행동하는 대로 생각'하기 때문입니다. 앞에서도 누차 강조했듯이 정보보호의 중요성에 대한 인식은 '생각'인 것이고, 인적 요인이 보안 위협이 된다는 것은 사람의 '행동'을 의미합니다.

'생각대로 행동'하는 것이 아니라 '행동하는 대로 생각'하게 되면 정보보호의 중요성을 강조하는 방향으로 업무를 실행(행동)하는 것이 아니라, 편리함을 추구하는 업무적인 관성에 따라 행동하는 방향으로 정보보호를 생각하게 됩니다. 그렇기 때문에 업무적인 관성을 유지하는 방향으로 '행동'하기 위해 보안통제에 대해서 일단 저항하려는 '생각'을 하거나 보안통제를 우회하려는 '생각'을 하게 됩니다.

정보보호 관리체계의 유지라는 기업의 목적과 정보보호 법률상의 의무 준수라는 관점에서 보면, 기업에서 임직원이 자신들에게 편리한 방식인 업무적인 관성에 따라 행동하는 것을 통제하지 않는 것은 매우 위험한 일입니다. 특히 업무적인 관성에 적응되어 있는 행동을 유지하기 위해 보안통제에 대한 부정적인 생각을 그대로 둔다면 매우 위험한 상황이 초래될 수 있습니다.

이때 매우 위험한 상황이란 마치 물리학에서 무질서와 무작위의 개념을 표현할 때 사용하는 엔트로피Entropy 상태와 같은 상황입니다. 즉 기업 내 보안통제가 전혀 준수되지 않고, 임직원 각자 또는 부서별로 관성에 따라 무질서하고 무작위적으로 행동하는 위험한 상황을 의미하는 것입니다. 무질서에 '방치와 방임'이 더해지면, 결국 '권리'가 됩니다.

그야말로 기업의 정보보호 관리체계가 완전히 무너지는 상황이라고 할 수 있습니다. 이는 기업의 정보보호 성패에 대해 책임을 져야 하는 자, 즉 최종 책임자인 대표이사와 총괄 책임자인 정보보호 최고책임자가 법령 미준수에 대한 법적 책임을 져야 하는 상황으로 이어질 수 있습니다. 따라서 기업의 정보보호 관리체계 유지와 정보보호 법률의 준수를 위해서라도 '보안인식과 업무 방식의 접점 식별'은 반드시 해야만 합니다.

이 접점을 식별하는 개념적인 방법을 살펴보겠습니다. 여기서 필자가 '개념적인 방법'이라고 표기하는 이유가 있습니다. 앞서 말씀드린 것처럼 이 접점은 사람이나 조직마다 다르고 게다가 동일인이나 동일 조직이라고 하더라도 특정 상황이나 특정 시점에 따라서도 달라질 수 있습니다. 이러한 특성 탓에 접점을 식별할 수 있는 '구체적인 방법'을 예시로 들기가 쉽지 않습니다.

업무 방식이 반영되지 못한 접점 식별

일반적으로 기업에서 임직원들의 보안인식 수준을 판단하는 경우 임직원들이 '생각'하는 정보보호의 중요성 인식을 기준으로 판단하곤 합니다. 이러한 기준으로 판단하게 된다면, 보안인식 수준이 88.9%라고 보아야 합니다.[80] 뿐만 아니라 정보보호의 관점에서는 '편리함'이라는 지표와 '안전함'이라는 지표를 반비례 관계에 두고 두 지표가 연결되는 선상에서 구성원들의 정보보호 인식 수준을 판단하고 있습니다.

그렇지만, 이러한 방법으로 보안인식 수준을 판단하는 것은 정보보호 관리체계가 추구하는 방향에 대해 '임직원들이 어떻게 생각하고 있는가에 대한 결과 값'을 판단하는 것일 뿐입니다. 반면에 이 결과 값에는 임직원들

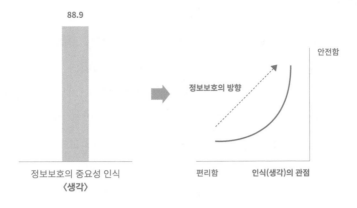

88.9

정보보호의 방향

안전함

정보보호의 중요성 인식
〈생각〉

편리함

인식(생각)의 관점

〈정보보호 인식의 관점에서 보는 보안인식 수준〉

이 실제로 업무를 수행하는 현실적인 방식, 즉 업무적인 관성(행동)이 전혀 포함되어 있지 못한 것입니다.

이를 달리 표현하자면, 정보보호 인식제고의 목적이 임직원이 안전한 방식으로 업무 수행을 하도록 만드는 것임에도 불구하고 임직원들이 업무를 수행하는 방식이 반영되지 못했다는 것입니다.

더 큰 문제는 이처럼 정보보호의 관점에서만 임직원의 보안인식의 수준을 판단한 후에 그 수준을 높이기 위한 보안통제를 적용하면, 임직원의 저항만 커지게 된다는 것입니다. 업무 방식이 반영된 임직원의 실제 보안 인식 수준은 정보보호의 관점에서 평가된 수준(위 예시에서는 88.9%)보다 훨씬 낮기 때문입니다.

실제 보안인식 수준과 평가된 보안인식 수준의 간극이 클수록 보안통제에 대한 저항력은 커질 수밖에 없습니다. 이는 마치 새로운 도로교통체계에 대해서 '운전자들이 어떻게 생각하는가'를 묻기만 할 뿐, 새로운 도로교통체계를 통해서 '운전자들의 운전 방식이 실제로 안전한 방식으로 변화하고 있는가'를 알 수는 없는 것과 같습니다. 즉 어떠한 대상에 대한 '생각'을 묻는 것일 뿐, 그 대상으로 인한 '행동'의 변화를 알 수 있는 방식이 아니

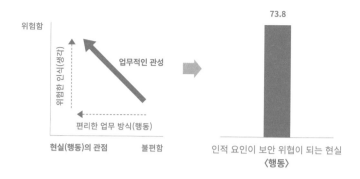

위험함

위험한 인식(생각)

업무적인 관성

편리한 업무 방식(행동)

현실(행동)의 관점　　　　불편함

73.8

인적 요인이 보안 위협이 되는 현실
〈행동〉

〈업무 현실(행동)의 관점에서 보는 보안 위협 수준〉

라는 의미입니다.

　그렇기 때문에 '보안인식과 업무 방식의 접점 식별'은 반드시 업무 방식의 '행동'에서 찾아야 합니다. 이렇게 해야만 임직원의 안전한 업무 수행(행동)이라는 정보보호 인식제고 활동의 목적을 달성할 수 있고, 이를 통해서 업무 현실에서 보안통제의 수용력이 높일 수 있습니다.

　실제 업무 현실에서 회사의 임직원은 아마도 '안전하더라도 불편한 방식'이 아니라 '위험하더라도 편리한 방식'을 선호할 것입니다. 편리한 방식의 이면에 존재하는 위험을 잘 알지 못하기 때문입니다. 그리고 이와 같은 업무 방식에 대한 경험과 시간이 누적되면서 업무 처리 과정에서 '편리함'을 추구하는 관성이 자연스럽게 만들어졌다고 할 수 있습니다. 이처럼 편리한 방식으로 업무를 실행하는 관성적인 행동으로 인해 사람이 보안 위협으로 작용하는 수치가 무려 73.8%가 되는 것입니다.

　'위험'에 대한 구체적인 지식과 경험이 없는 집단에서는, 업무 처리 과정에서 '편리함'을 추구하는 관성이 어쩌면 너무나도 당연한 현상일 수 있습니다. 그러다 보니 정보보호 업무를 직접 수행하지 않는 임직원의 머릿속에 '위험함'이라는 지표를 전혀 고려하지 않는 인식이 너무나 자연스럽게 자리를 잡은 것입니다. 그러는 와중에 '편리함'이라는 지표는 업무 방식을 결정하고 판단해야 하는 상황에서 매우 중요한 기준으로 작용하게 되는 것입니다.

이러한 현상을 고려하여 보안인식과 업무 방식의 접점 식별은 반드시 업무 현장의 현실에 입각해 이루어져야 합니다. 즉 '업무를 수행하는 방식 안에서 보안통제에 대한 임직원의 인식' 간의 접점을 식별해야 한다는 것입니다. 이는 마치 운전 방식에서 도로교통체계가 추구하는 운전 인식 간의 접점을 식별하는 것과 같은 이치입니다.

한마디로, 임직원들이 업무를 수행하는 습관적인 방식 안에서 보안통제에 대한 임직원의 인식을 식별하고, 이들 '행동과 생각 간의 교차 지점'을 찾아내는 것이 바로 업무 방식이 반영된 접점의 식별이라고 할 수 있습니다.

업무 방식이 반영된 접점 식별

정보보호 인식제고를 위해서 보안인식과 업무 방식의 접점을 식별하고 임직원의 보안인식 수준을 판단할 때 정말 중요한 것이 있습니다. 바로 임직원에게 생각을 물어보면서 인식을 알아내는 것이 아니라, '임직원의 행동' 안에서 인식을 알아내야 한다는 것입니다. 그래야만, 정보보호가 추구하는 방향을 임직원들이 어느 정도 수용하는지 알 수 있습니다. 따라서, 보안인식과 업무 방식의 접점을 식별하기 위해서는 업무 현장에서 업무가 수행되는 방식의 관성을 현명하게 활용할 필요가 있습니다.

한 가지 더 분석할 것이 있습니다. 바로 임직원들이 업무 현장에서 '보안통제에 저항하는 현실적인 이유'입니다. 왜냐하면, 실제로 업무가 수행되는 방식과 보안통제에 저항하는 현실적인 이유(생각) 간의 교차 지점이 그야말로 현실적인 보안인식의 수준이 되기 때문입니다. 이러한 현실적인 보안인식 수준(교차 지점)은 보안인식 수준의 기준선 역할을 하게 됩니다. 이 기준선은 매우 중요한 두 가지 중요한 역할을 합니다.

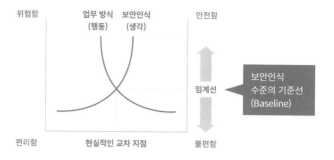

〈보안인식 수준의 임계선 역할을 하는 기준선〉

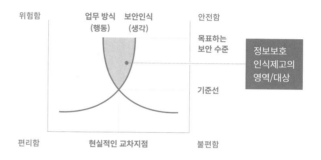

〈정보보호 인식제고의 영역과 대상을 특정하는 역할을 하는 기준선〉

첫째는 '보안인식 수준의 임계선 역할'입니다. 즉 보안인식이 일정한 수준 이하로 내려가지 않도록 설정하는 기준 역할을 한다는 것입니다. 보안인식 수준의 기준선을 식별하는 구체적인 방법에 대해서는 296쪽의 '보안인식 관리체계를 활용한 접점 식별 방법(STEP 1)'에서 상세하게 설명하겠습니다.

보안인식 수준 기준선의 둘째 역할은 '정보보호 인식제고의 영역과 대상을 특정하는 것'입니다. '기준선'과 '목표하는 보안 수준' 사이에 있는 면적이 바로 정보보호 인식제고의 영역과 대상입니다. 정보보호 인식제고의 영역과 대상을 식별할 수 있는 방법에 대해서도 '보안인식 관리체계를 활용한 접점 식별 방법(STEP 1)'에서 더 상세하게 설명하겠습니다.

보안인식 수준 평가·관리 도구: 보안인식 관리체계

보안인식과 업무 방식의 접점 식별이라는 것이 관념적으로 생각하는 것과 실제로 실행하는 것에 많은 차이가 있습니다. 왜냐하면 머리로는 '어찌어찌해서 접점을 식별하면 되겠구나' 생각할 수 있지만, 이를 실행하는 것은 생각처럼 쉽지 않기 때문입니다. 그리고 특히 접점 식별을 실제로 실행하는 것이 쉽지 않은 현실적인 이유는 아마도 접점을 식별하는 데 활용할 수 있는 도구가 없기 때문일 것입니다.

필자 역시 많은 기업 환경과 부서 환경을 경험하면서 보안인식과 업무 방식의 접점을 식별하는 데 활용할 수 있는 평가 도구의 필요성을 오래전부터 인지하고 있었습니다. 나아가 보안인식과 업무 방식의 접점 식별에 더하여 정보보호 인식제고 활동의 전 과정에서 활용할 수 있는 '보안인식 수준 평가 및 관리 도구'의 필요성을 깊이 인지하고 있었습니다. 이러한 필요성은 많은 정보보호 업종 종사자의 의견을 통해서도 충분히 알 수 있었습니다.

결국 정보보호 인식제고 활동의 전 과정에서 활용할 수 있는 '보안인식 수준 평가 및 관리 도구'가 없기 때문에 정보보호 인식제고 자체를 처음부터 시작하지 못하거나 시작하더라도 정보보호교육이나 캠페인 정도로 그치는 현상이 발생하는 것입니다.

'제고'라는 것은 '수준을 높인다'는 의미인데, 수준을 높이려면 우선 현재의 수준을 측정할 수 있어야 합니다. 그런데 지금까지는 보안인식의 현재 수준을 측정할 수 있는 평가 도구나 개선 수준을 관리할 수 있는 도구가 마땅히 없었습니다. 이것은 마치 현재 위치도 모른 채 운전하는 것과 다를 바가 없습니다. 이처럼 '보안인식 수준의 실체'를 파악하지도 못한 채 정보보호 인식제고 활동을 하면 보안통제에 대한 반발력과 저항력을 키울 수밖에 없습니다.

현재는 정보보호 인식제고 활동에서 가장 먼저 해야 하는 단계인 보안 인식과 업무 방식의 접점을 식별할 수 있는 평가 도구 자체가 없습니다. 따라서 정보보호교육이나 보안 캠페인 이외에 추가적인 정보보호 인식제고 활동을 할 엄두를 내지 못하고 있는 현실입니다.

이러한 필요성에 의해서 필자는 보안 업무 현장의 경험과 식견을 토대로 보안인식 관리체계를 만들었습니다. 이 보안인식 관리체계는 정보보호 인식제고 활동의 모든 단계(식별 단계, 조치 단계, 보안문화 단계)에서 보안인식 수준을 평가하고 관리하는 데 효과적으로 활용할 수 있습니다. 뿐만 아니라 정보보호 인식제고 활동을 통해서 조성된 보안문화를 유지하고 개선하는 데도 효과적으로 활용할 수 있습니다.

보안인식 관리체계는 '업무 방식 기반 보안인식 수준 평가 및 수준 관리 방식'을 적용하고 있기 때문에, 업무 방식이 반영된 보안인식 수준을 평가하고 관리할 수 있습니다. 이하에서는 보안인식 관리체계의 기본적인 개념과 속성 그리고 그 활용법에 대해서 간단하게 설명하겠습니다.

보안인식 관리체계의 설정 지표 및 지표 간의 관계

보안인식 관리체계는 보안인식과 업무 방식의 접점을 식별하여 보안인식 수준의 기준선을 확인하고 단계적인 정보보호 인식제고 활동을 통해 임직원의 보안인식 수준을 높일 때 활용할 수 있습니다.

보안인식 관리체계에는 4개의 지표와 4개의 사분면이 존재합니다. 여기서 4개의 지표는 '안전함, 위험함, 편리함, 불편함'입니다. 1사분면은 안전 구간, 2사분면은 위험 구간, 3사분면은 편리 구간 그리고 4사분면은 불편 구간입니다. 예를 들어 어느 부서나 어느 직원의 업무 방식이 편리함을 중심으로 이루어진다면 3사분면(편리 구간)에서 보안인식과 업무 방식의 접점이 식별되는 것이고, 안전함을 중심으로 업무가 이루어진다면 1사분면(안전 구간)에서 그 접점이 식별되도록 기본 체계가 만들어졌습니다.

〈보안인식 관리체계의 4개 지표와 4개 사분면〉

이들 각 지표의 관계를 잠깐 설명하겠습니다. 먼저 업무 현실에서 보안 인식과 업무 방식의 첫 번째 '충돌 속성'인 '안전함'과 '편리함'이 설정되어 있습니다. '편리함'과 '안전함'은 반비례 관계에 있습니다. 편리한 업무 방식이 증가하면 안전한 인식이 낮아지고, 안전한 인식이 높아지면 편리한 업무 방식이 줄어듭니다. 그래서 이 두 지표('편리함'과 '안전함')의 반비례 관계가 보안인식 관리체계에서 보안인식의 변화를 판단하는 가장 중요한 기준이 됩니다.

다음으로 업무 현실에서 보안인식과 업무 방식의 두 번째 '충돌 속성'인 '위험함'과 '불편함'이 설정되어 있습니다. '위험함'과 '불편함'의 관계도 당연히 반비례 관계에 있습니다. 불편한 업무 방식이 증가하면 위험한 인식이 낮아지고, 위험한 인식이 높아지면 불편한 업무 방식이 줄어듭니다. 그래서 이 두 지표('위험함'과 '불편함')의 반비례 관계도 당연히 보안인식 관리체계에서 보안인식의 변화를 판단하는 기준이 됩니다.

하나의 행위에 '편리함과 불편함'이 공존할 수 없고, '위험함과 안전함'이 공존할 수 없는 현실을 반영하여 이들을 '반대 속성'으로 구성했습니다. 이에 반해 하나의 행위에 '편리함과 위험함'이 공존할 수 있고, '불편함과 안전함'이 공존할 수 있는 업무 현실의 특성을 반영하여 이들을 '유사 속성'으로 구성했습니다.

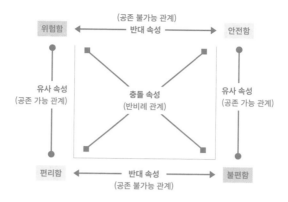

〈보안인식 관리체계의 지표 간 속성 관계〉

보안인식 관리체계 4개 구간의 특징

보안인식 관리체계에 존재하는 4개의 구간은 좌표평면에서 표현하는 사분면으로 존재합니다. 여기서 말하는 4개의 구간은 앞에서 본 4개의 지표(안전함, 위험함, 편리함, 불편함)에 상응하는 구간으로서, '안전 구간, 위험 구간, 편리 구간, 불편 구간'입니다. 각 구간의 특징을 설명하면 다음과 같습니다.

안전 구간(1사분면)은 안전한 인식의 수준이 높아서 업무를 안전한 방식으로 수행(행동)하는 구간입니다. 특히 업무 수행 중에 안전함을 충분히 인지하는 등 실제로 보안상 안전이 확인된 구간으로, 정보보호 인식제고가 추구하는 궁극적인 구간입니다.

편리 구간(3사분면)은 위험한 인식의 수준이 낮고 업무 수행 중에 편리한 방식을 추구하며, 편리한 방식으로 인해 발생할 수 있는 위험에 대해서는 전혀 인지하지 못하는 구간입니다. 다행히 이 구간에는 보안 위험이 낮거나 식별되지는 않습니다.

위험 구간(2사분면)은 위험한 인식의 수준이 높아서 실제로도 위험한 방식으로 업무를 수행하는 구간입니다. 그리고 위험한 업무 방식으로 인한

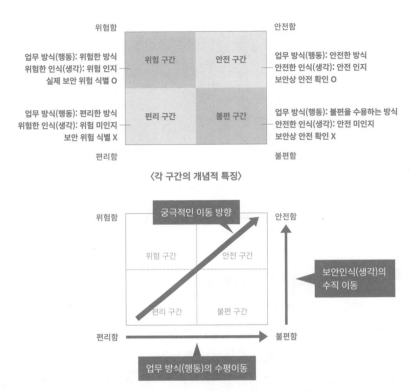

위험함　　　　　　　　　　　　　　　　안전함

업무 방식(행동): 위험한 방식　　　　　　　　　업무 방식(행동): 안전한 방식
위험한 인식(생각): 위험 인지　위험 구간　안전 구간　안전한 인식(생각): 안전 인지
실제 보안 위험 식별 O　　　　　　　　　　　보안상 안전 확인 O

업무 방식(행동): 편리한 방식　　　　　　　　　업무 방식(행동): 불편을 수용하는 방식
위험한 인식(생각): 위험 미인지　편리 구간　불편 구간　안전한 인식(생각): 안전 미인지
보안 위험 식별 X　　　　　　　　　　　보안상 안전 확인 X

편리함　　　　　　　　　　　　　　　　불편함

〈각 구간의 개념적 특징〉

위험함　궁극적인 이동 방향　안전함

위험 구간　안전 구간

보안인식(생각)의
수직 이동

편리 구간　불편 구간

편리함　　　　　　　　　불편함

업무 방식(행동)의 수평이동

〈보안인식과 업무 방식의 접점이 궁극적으로 이동해야 하는 방향〉

위험을 인지하고 있는 구간입니다. 따라서 이 구간은 보안 위험이 실제로
식별되는 구간입니다.

　마지막으로 불편 구간(4사분면)은 안전한 인식의 수준은 낮으나 보안통
제를 준수하기 위해 불편한 업무 방식을 수용하고 있는 구간입니다. 이 구
간은 불편한 업무 방식을 수용함으로써 어느 정도로 안전해졌는지를 인지
하지는 못하는 구간입니다. 그래서 실제로 안전하다는 것을 확인할 수 없
는 구간이기도 합니다.

　임직원의 보안인식과 업무 방식의 접점은 거의 대부분 편리 구간(3사분
면)에 존재할 가능성이 높습니다. 따라서 이 접점이 편리 구간(3사분면)의
어느 수준에 있든 정보보호 인식제고 활동을 통해 궁극적으로 이동해야 하

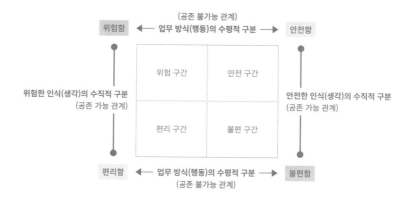

〈보안인식 관리체계의 수평적 구분과 수직적 구분〉

는 방향은 안전 구간(1사분면)입니다.

다만 접점의 수준이 편리 구간(3사분면)에 있는 부서는 위험 구간(2사분면)으로 접점의 수준이 이동하지 않도록 특별히 주의해야 합니다. 접점의 수준이 최소한 불편 구간(4사분면)으로 이동하거나 궁극적인 방향인 안전 구간(1사분면)으로 이동할 수 있도록 보안인식의 수준을 단계적으로 높여가야 합니다. 이에 대한 상세한 내용은 312쪽 '보안인식 관리체계를 활용한 단계적 조치 적용 시 두 가지 주의할 사항'을 참고해주시기 바랍니다.

보안인식 관리체계의 수평적 구분과 수직적 구분

보안인식 관리체계에는 '안전함, 위험함, 편리함, 불편함'이라는 4개의 지표가 설정되어 있습니다. 그리고 4개의 지표에 따라 네 가지 구간(안전 구간, 위험 구간, 편리 구간, 불편 구간)으로 구분되어 있습니다.

보안인식 관리체계에서는 수평적으로는 '업무 방식'을 구분하고 수직적으로는 '보안인식'을 구분합니다. 특히 여기서 보안인식의 경우에는 정보보호 인식제고의 목적에 맞게 '안전한 인식'과 '위험한 인식'을 구분하여 적용하고 있습니다.

먼저 보안인식 관리체계에 적용된 업무 방식의 수평적 구분을 살펴보

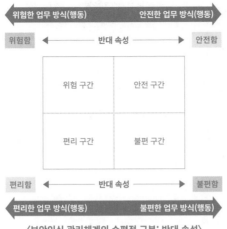

＜보안인식 관리체계의 수평적 구분: 반대 속성＞

겠습니다. 수평적 구분은 평가 대상 부서나 임직원의 특징적인 업무 방식을 식별할 수 있도록 구분했습니다. 특히 보안인식 관리체계는 '업무 방식에 기반하여 보안인식 수준을 평가·관리하는 체계'라는 중요한 특징을 가지고 있습니다.

'편리함과 불편함'의 지표는 '반대 속성' 지표로서 업무 현실에서는 두 지표가 공존할 수 없습니다. 그래서 업무 방식이 편리한 방식인지 아니면 불편한 방식인지를 평가할 수 있도록 수평적으로 구분해놓은 것입니다.

마찬가지로 '위험함과 안전함'의 지표도 '반대 속성' 지표로서 업무 현실에서 공존할 수 없습니다. 그래서 업무 방식이 위험한 방식인지 아니면 안전한 방식인지를 평가할 수 있도록 수평적으로 구분해놓은 것입니다.

다음으로 보안인식 관리체계에 적용된 보안인식의 수직적 구분을 살펴보겠습니다. 수직적 구분은 앞에서 본 '업무 방식의 수평적 구분에 기반하여 평가 대상의 보안인식 수준을 식별'할 수 있도록 구분했습니다. 특히 보안인식 관리체계에서 보안인식의 경우는 1사분면과 4사분면에서는 '안전한 인식' 그리고 2사분면과 3사분면에서는 '위험한 인식'에 집중하여 평가할 수 있도록 구분해두었습니다.

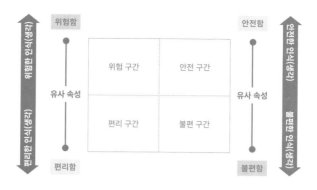

〈보안인식 관리체계의 수직적 구분: 유사 속성〉

'편리함과 위험함'의 지표는 '유사 속성' 지표로서 업무 현실에서 공존할 수 있습니다. 업무 현실에서는 위험한 인식을 하면서 편리한 업무 방식을 실행할 수 있습니다. 반대로 편리한 인식을 하면서 위험한 업무 방식을 실행할 수도 있습니다. 물론, 위험한 인식으로 인해 위험한 업무 방식을 실행하거나 편리한 인식으로 인해 편리한 업무 방식을 실행할 수도 있습니다. 그렇지만, 정보보호 인식제고의 목적에 부합하는 보안인식의 변화를 식별하기 위하여 2사분면과 3사분면의 구간에서는 '위험한 인식'의 수준 변화에 집중하고 있습니다.

'불편함과 안전함'의 지표도 '유사 속성' 지표로서 업무 현실에서 공존할 수 있습니다. 그래서 업무 현실에서는 불편한 인식을 하면서 안전한 업무 방식을 실행할 수 있습니다. 반대로 안전한 인식을 하면서 불편한 업무 방식을 실행할 수도 있습니다. 물론, 안전한 인식으로 인해 안전한 업무 방식을 실행하거나 불편한 인식을 하면서 불편한 업무 방식을 실행할 수도 있습니다. 그렇지만, 정보보호 인식제고의 목적에 부합하는 보안인식의 변화를 식별하기 위하여 1사분면과 4사분면의 구간에서는 '안전한 인식'의 수준 변화에 집중하고 있습니다.

보안인식 관리체계에서 수평 이동 변화와 수직 이동 변화의 개념

사람의 생각은 여러 요인에 의해서 변화한다는 점을 고려할 때, 보안인식과 업무 방식의 접점의 수준도 어느 한 상태에 머물러 있지 않습니다. 그래서 보안인식과 업무 방식의 접점은 다양한 변화의 영향을 받아 긍정적인 방향으로 이동하거나 부정적인 방향으로 이동할 수밖에 없습니다. 여기서 말하는 변화란 환경의 변화, 시간의 변화, 구성원의 변화, 보안통제의 변화 등 매우 다양합니다.

이 과정에서 보안인식과 업무 방식의 접점이 긍정적인 방향으로 이동한다는 것은 위험한 생각(인식)이 줄어들거나 안전한 인식이 커지고, 업무 방식에서 기꺼이 불편한 방식을 수용하거나 업무 자체를 안전하게 실행한

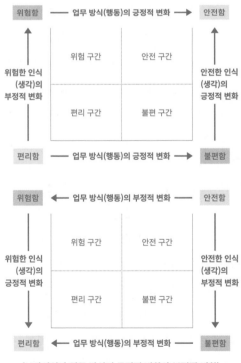

〈보안인식과 업무 방식의 긍정적 변화와 부정적 변화〉

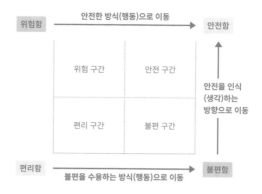

〈정보보호 인식제고가 추구하는 행동의 수평 이동과 생각의 수직 이동 개념〉

다는 것을 의미합니다. 반대로 보안인식과 업무 방식의 접점이 부정적인 방향으로 이동한다는 것은 환경이나 시간 그리고 구성원의 변화 등으로 인해서 기존에 비해 안전한 인식이 줄어들거나 위험한 인식이 커지고, 업무 방식을 편리하거나 또는 위험하게 실행한다는 것을 의미합니다.

정보보호 인식제고의 관점에서 보안인식과 업무 방식의 접점을 식별하려는 목적은 크게 두 가지입니다. 첫째는 업무 방식이 기존의 위험하거나 편리한 방식에서 향후 불편함을 수용하는 방식이나 안전한 방식으로 이동(오른쪽으로 수평 이동)할 수 있도록 만드는 것입니다. 그리고 둘째는 보안인식이 기존의 불편함을 느끼던 인식에서 향후 안전함을 인식하는 수준으로 이동(위쪽으로 수직 이동)할 수 있도록 만들기 위함입니다.

이 말을 풀어서 설명하면, 업무를 수행하는 과정에서 무조건 편리한 것이 좋은 것이 아니고 필요한 경우에는 불편한 것도 수용하는 방식으로 업무를 수행하도록 만드는 것이 '수평 이동'입니다. 그리고 이러한 업무 방식의 수평 이동 과정에서, 보안통제가 불편한 통제라고 인식하는 것에서 반드시 준수해야 하는 안전한 통제라고 인식하도록 만드는 것이 '수직 이동'입니다.

업무 방식의 수평 이동과 보안인식의 수직 이동이 동시에 이루어져야만 정보보호 인식제고 활동의 효과를 기대할 수 있습니다. 만약 업무 방식이 수평 이동만 한다면, 여기에는 보안인식의 변화가 없기 때문에 언제든 업무 방식이 다시 편리함 또는 위험함으로 회귀할 수 있습니다.

반면에 수직 이동만 하는 경우에는 두 가지 경우를 고려해야 합니다. 첫째는 '위험 구간이나 편리 구간'에서 업무 방식의 수평 이동은 없고 보안 인식이 위쪽으로 수직 이동만 하는 경우입니다. 둘째는 '안전 구간이나 불편 구간'에서 업무 방식의 수평 이동은 없고 보안인식이 위쪽으로 수직 이동만 하는 경우입니다.

첫째 경우에는 보안인식이 안전함으로 이동하는 것이 아니라 오히려 위험함으로 이동하는 것이므로 정보보호 인식제고의 목적에 부합하지 않는 부정적인 이동이 됩니다. 이러한 이동은 업무 방식의 긍정적 변화 없이 위험한 인식만 커지는 것입니다.

둘째 경우에는 보안인식이 안전함으로 이동하는 것이며, 게다가 업무 방식도 이미 불편함을 수용하는 구간에 들어서 있거나 또는 안전 구간으로 들어올 수 있습니다. 따라서 정보보호 인식제고의 목적에 부합하는 긍정적인 이동이 됩니다.

따라서 정보보호 인식제고 활동을 설계하는 경우에는 그 목적에 부합할 수 있는 방향으로 보안인식과 업무 방식의 접점 수준이 이동하도록 설

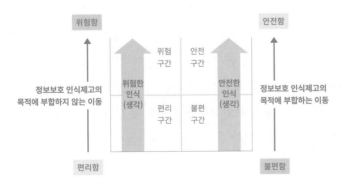

〈보안인식의 수직 이동에 내포된 두 가지 이동 방향〉

계해야 합니다. 그 반대의 경우가 발생하지 않도록 주의해야 할 구체적인 내용에 대해서는 312쪽 '보안인식 관리체계를 활용한 단계적 조치 적용 시 두 가지 주의할 사항'을 참고해주시기 바랍니다.

보안인식 관리체계의 5분할 점수 체계

보안인식 관리체계는 속성별로 5분할된 점수 체계를 가지고 있습니다. 이는 접점 식별 대상의 수준을 '유사 속성'과 '반대 속성'에 따라 5단계로 나누어서 정량화하기 위함입니다. 물론 5분할보다 더 세밀하게 나눌 수도 있습니다만, 분할이 너무 많아지게 되면 각 분할의 간극을 분명하게 파악하지 못하는 경우가 생깁니다. 필자의 경험에 비추어볼 때, 5분할 구성이 가장 적합한 구성이라고 생각됩니다. 5분할 방식이라고 하더라도 세부적으로 보면 25개의 좌표로 구분될 수 있습니다. 따라서 접점 식별 대상의 수준을 '유사 속성'과 '반대 속성'에 따라 5분할 하는 것으로도 충분합니다.

반면에 '유사 속성'과 '반대 속성'을 숫자가 아니라 구체적인 보안 이슈를 기준으로 나누는 방식도 가능하지 않을까 하는 생각을 해보았습니다. 그렇지만 기업이나 부서 그리고 조직마다 환경, 문화, 인식, 이슈 등이 모두 다를 수밖에 없기 때문에 구체적인 보안 이슈를 기준으로 수준을 나눈

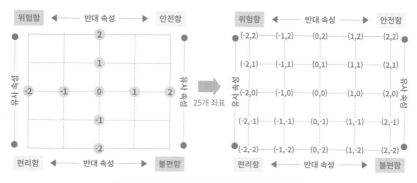

〈보안인식 관리체계의 5분할 구성과 25개의 좌표〉

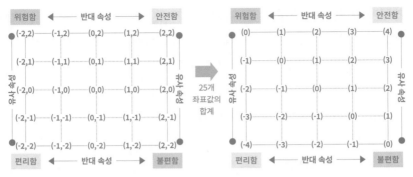

〈보안인식 관리체계에 적용된 보안인식 점수화 체계〉

다면, 모든 다양성을 누락 없이 평가·관리 도구에 구분하여 반영하는 것이 현실적으로 쉽지 않습니다.

그래서 보안인식 관리체계를 개발하면서 현실적으로 최소 구분이 가능한 5분할 구성 방식을 적용했습니다. 그리고 이 방식을 여러 상황에서 적용해본 결과 '유사 속성'과 '반대 속성'의 수준을 충분히 구분해낼 수 있음을 경험했습니다.

앞 그림의 25개 각 좌표(x, y)는 수평 방향인 '반대 속성'과 수직 방향인 '유사 속성'을 표현하고 있습니다. 따라서 각 좌표에 있는 두 수치, '반대 속성(수평 방향)의 수치'와 '유사 속성(수직 방향)의 수치'를 합산하면 25개의 각 좌표(반대 속성, 유사 속성)의 합계가 산출될 수 있습니다. 이 방식이 보안인식 관리체계에서 업무 방식에 기반하여 보안인식을 점수로 산출하는 가장 기본적인 방식입니다.

5분할 구성 방식을 활용한 점수화 체계에 관한 더 자세한 내용은 제4부 제5장 415쪽 '보안인식 관리체계의 보안인식 점수화 방식' 부분을 참고하시기 바랍니다.

보안인식 관리체계의 9등급 체계

보안인식 관리체계는 보안인식의 수준을 등급으로 구분하여 산출할 수

〈보안인식 관리체계에 적용된 보안인식의 9등급 체계〉

도 있습니다. 즉 5분할 점수 체계에 따라 25개로 구분되어 있는 각 좌표(반대 속성, 유사 속성)의 합계를 각각의 점수별로 묶어서 9등급으로 구분할 수 있습니다.

이와 같이 보안인식 관리체계에 9등급 체계를 적용하면 각 사분면에 존재하는 각각의 좌표에 대한 등급 부여가 가능합니다. 9등급 체계에 관한 더 자세한 내용은 제4부 제5장 418쪽에 있는 '보안인식 관리체계의 보안인식 등급화 방식' 부분을 참고해주시기 바랍니다.

보안인식 관리체계에 반영되는 정성적 입력치

일반적인 위험 평가 기법과 마찬가지로 보안인식 관리체계에서도 100% 객관적인 정량평가를 할 수는 없고, 주관적인 정성적 입력치가 반영됩니다. 잘 아시겠지만, 대부분의 위험 평가 기법에는 정성적 입력치가 항상 존재하기 때문에 100% 정량평가만으로는 수행될 수 없습니다. 이해를 돕기 위해서 예를 들어보겠습니다. 특정 위험에 대한 정량적인 평가인 연간예상손실액Annualized Loss Expectancy(ALE)을 평가하는 경우에도 단일예상손실액Single Loss Expectancy(SLE)이라는 정량화된 수치에 연간발생빈도Annualized Rate of Occurrence(ARO)라는 정성적 입력치가 반영됩니다.

보안인식 관리체계에서 반영되는 정성적 입력치는 두 가지입니다. 첫째는 평가 대상의 업무 방식에서 '가장 특징적이고 중심적인 구간을 선정하는 것'이고, 둘째는 선정된 구간 내에서 '그 업무 방식의 수준을 선정하는 것'입니다.

다만, 보안인식 관리체계에서 정성적 입력치를 반영하는 경우에도 객관적인 보안 지표에 근거해서 정성적 입력치에 대한 평가를 하게 됩니다. 여기서 말하는 객관적인 보안 지표란 평가 대상의 보안 교육 이수 여부, 보안 신고 건수, 보안 이슈에 대한 개인적 공유 내용, 보안 가이드 요청 건수, 보안성 검토 요청 건수, 보안 규정 위반 건수 또는 규정 위반 시도 건수 등과 같은 지표입니다.

그리고 임직원의 행동을 파악할 수 있는 기록인 시스템 로그 기록도 객관적인 보안 지표에 포함됩니다. 일반적으로 로그 기록이 남는 시스템으로는 네트워크접근제어(NAC), 정보유출방지(DLP), 보안 USB, 개인정보보호필터, 유해 사이트 차단 솔루션, 자료전송 시스템, 방화벽(F/W), 백신(V3), 문서보안솔루션(DRM), 출력물 보안 시스템 등이 있습니다.

이 책에서 말하는 객관적인 보안 지표는 일반적인 예시로 든 것입니다. 회사마다 활용할 수 있는 객관적인 보안 지표는 더 많을 수 있습니다. 따라서 정성적 입력치를 산출할 수 있는 객관적인 보안 지표는 회사 내에서 다양하게 수집해보시기 바랍니다. 그리하면 '평가 대상의 가장 특징적이고 중심적인 업무 방식을 선정'하고 '그 업무 방식의 수준을 선정'하는 데 반영되어야 하는 정성적 입력치의 객관성을 더 확실하게 보장할 수 있습니다.

위와 같은 객관적인 보안 지표를 기반으로 '평가 대상의 업무 방식에서 가장 특징적이고 중심적인 구간을 선정'하고 선정된 구간 내에서 '그 업무 방식의 수준을 선정하는 것'은 충분히 합리적이고 설득력 있는 정성적 입력치라고 할 수 있습니다.

보안인식 관리체계를 활용한 보안인식 수준의 정성적 평가 방법

보안인식 관리체계를 활용하여 보안인식 수준을 정성적으로 평가하는 방법을 설명하겠습니다. 앞서 말씀드린 바와 같이 보안인식 관리체계는 '업무 방식에 기반하여 보안인식의 수준을 평가하고 관리하는 체계'입니다. 따라서 평가 대상의 보안인식의 수준을 평가하기 위해서는 평가 대상의 업무 방식에 대한 평가가 선행되어야 합니다.

평가를 처음 시작할 때는 보안인식 관리체계에서 중심 지점(아래 그림에서 가운데 지점)에 평가 대상 부서나 임직원 개인의 업무 방식이 있다고 간주합니다. 이렇게 하는 이유는 모든 평가 대상에 대해서 어느 한 구간으로 편향된 선입견을 배제한 상태에서 평가를 시작하기 위함입니다. 그런 다음 평가 대상의 업무 방식을 관찰하여 가장 특징적이거나 중점적으로

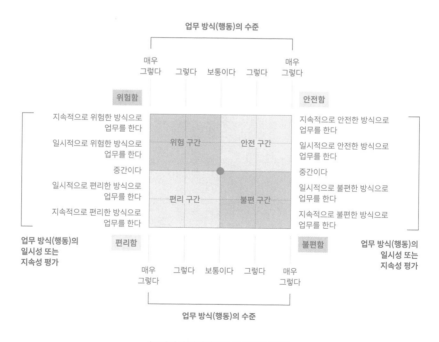

〈보안인식 관리체계의 정성평가 체계〉

나타나는 업무 방식의 지표 구간(위험 구간, 편리 구간, 불편 구간, 안전 구간)을 선정합니다.

그런 다음 선정한 지표 구간 내에서 업무 방식의 정도가 일시적인지 아니면 지속적인지를 평가합니다. 예를 들어 편리 구간에 존재하는 편리한 업무 방식이 일시적인지 아니면 지속적인지를 평가하는 것입니다.

그다음에는 평가된 업무 방식의 수준을 선정하면 됩니다. 가장 특징적이거나 중점적으로 나타나는 업무 방식의 일시성 또는 지속성의 수준을 해당 지표 구간 내에서 세 가지(보통이다. 그렇다. 매우 그렇다) 설정값 중 하나로 평가하는 것입니다.

이와 같이 업무 방식을 중심으로 수준을 평가하면, 임직원들이 실제로 업무를 수행하는 '방식' 안에서 보안인식 수준에 대한 정성적인 평가를 마무리하게 됩니다. 그리고 이제부터는 보안인식 수준을 정량적으로 평가할 준비가 된 것입니다.

보안인식 관리체계를 활용한 보안인식 수준의 정량적 평가 방법

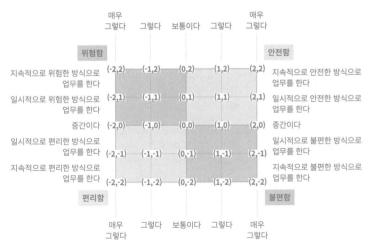

〈보안인식 관리체계의 '5분할 점수 체계'에서 정성적 입력치를 정량적 점수로 변환〉

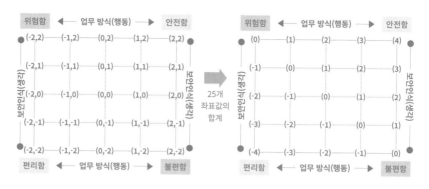

〈보안인식 관리체계를 활용한 보안인식의 정량평가 방식〉

이번에는 보안인식 관리체계를 활용하여 보안인식의 수준을 정량적으로 평가하는 방법을 설명하겠습니다. 정성평가가 마무리되면, 정량평가는 간단하게 할 수 있습니다. 정량평가에 반드시 반영되어야 할 정성적 입력치가 산출되었기 때문입니다.

앞에서 본 정성평가의 결과를 보안인식 관리체계의 '5분할 점수 체계'에 대입하면 바로 정량화된 숫자로 변환할 수 있습니다. 즉 정성적 입력치가 반영된 정성평가의 결과 값이 존재하는 좌표 지점에 해당하는 숫자로 변환하면 됩니다.

여기서 이와 같이 변환된 각 좌표는 업무 방식에 대한 '반대 속성'의 값과 보안인식에 대한 '유사 속성'의 값을 표현하고 있습니다. 즉 (x, y) 좌표값에서 x값은 업무 방식에 대한 '반대 속성'의 값을 의미하고, y값은 보안인식에 대한 '유사 속성'의 값을 의미합니다.

보안인식 관리체계에서는 각 좌표의 x값과 y값을 합산하여 최종적인 보안인식에 대한 정량평가가 마무리됩니다. 특히 보안인식을 정량적인 점수로 산출하는 구체적인 방법에 대해서는 제4부 제5장 415쪽 '보안인식 관리체계의 보안인식 점수화 방식' 부분을 참고해주시기 바랍니다.

보안인식 관리체계를 활용한 접점 식별 방법 (STEP 1)

앞서 말씀드린 바와 같이 '보안인식과 업무 방식의 접점을 식별하는 개념적인 방법'에는 분명한 한계가 존재합니다. 이런 한계는 업무 현장의 현실이 제대로 반영되지 못할 수 있다는 데서 발생합니다. 이러한 이유에서 보안인식과 업무 방식의 접점을 식별할 때 업무 현장의 현실을 반영할 수 있는 방법이 필요할 수밖에 없습니다.

임직원의 보안인식 수준을 높이고자 하는 가장 중요한 목적은 임직원이 안전한 방식으로 업무를 수행(행동)하도록 하기 위함입니다. 이와 같은 목적에서 보안인식과 업무 방식의 접점을 식별하는 경우에는 임직원이 업무를 수행(행동)하는 업무 현장에서 그 접점을 찾아내는 것이 당연합니다. 이제부터 보안인식 관리체계를 활용하여 '임직원이 업무를 수행하는 방식을 기반'으로 하여 보안인식과 업무 방식의 접점을 식별하는 방법을 설명하겠습니다.

보안인식 관리체계를 활용하여 보안인식과 업무 방식의 접점을 식별하면, 보안인식 수준의 기준선을 쉽게 설정할 수 있음은 물론이고, 향후 이 기준선의 개선 방향과 정보보호 인식제고 활동의 설계 방향도 구체적으로 설정할 수 있습니다.

보안인식 관리체계를 활용한 보안인식 수준 기준선 식별 방법

예를 들어보겠습니다. A 부서는 위험한 인식의 수준이 낮아서 업무 수행 중에는 편리한 방식으로 진행하는 현상이 일시적으로 나타나며, 자신들의 편리한 업무 방식으로 인해 발생할 수 있는 위험에 대해서는 전혀 인지하지 못하는 수준입니다. 이에 비해 B 부서는 안전한 인식의 수준이 보통이라서 업무 수행 과정에서 불편한 방식이나 안전한 방식에 대한 수용도가 중간 정도의 수준입니다.

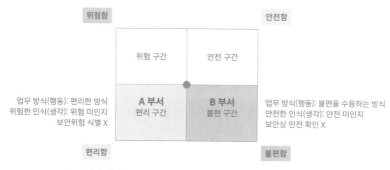

위험함　　　　　　　　　　　　　　　안전함

위험 구간　　　안전 구간

업무 방식(행동): 편리한 방식　　　　　**A 부서**　　**B 부서**　　업무 방식(행동): 불편을 수용하는 방식
위험한 인식(생각): 위험 미인지　　　편리 구간　　불편 구간　　안전한 인식(생각): 안전 미인지
보안위험 식별 X　　　　　　　　　　　　　　　　　　　　　　　보안상 안전 확인 X

편리함　　　　　　　　　　　　　　　불편함

〈보안인식 관리체계를 활용한 평가 대상 부서의 구간 설정(예시)〉

이 두 부서에 대한 객관적인 보안 지표를 기반으로 가장 특징적이고 중심적으로 나타나는 업무 방식을 보면, A 부서는 '편리함을 추구하는 방식'이고 B 부서는 '불편한 방식과 안전한 방식의 중간 형태'임을 알 수 있습니다. 이와 같은 두 부서의 업무 방식을 보안인식 관리체계의 구간에 대입해 보면 위 예시의 그림과 같습니다.

편리한 방식으로 업무를 수행하는 특징으로 인해 A 부서는 편리 구간에서 보안인식 수준의 기준선이 식별될 것이고, 불편한 방식과 안전한 방식의 중간 정도로 업무를 수행하는 특징으로 인해 B 부서는 불편 구간에서

〈보안인식 관리체계를 활용한 보안인식 수준의 기준선 식별(예시)〉

보안인식 수준의 기준선이 식별될 것입니다. 그런 다음에 이 두 부서의 특징적인 업무 수행 방식이 일시적인지 아니면 지속적인지, 그 방식의 수준을 세 가지(보통이다. 그렇다. 매우 그렇다)로 구분하여 보안인식 관리체계에 대입해보면 앞의 그림과 같습니다.

이러한 과정을 통해서 3사분면에 있는 A 부서의 보안인식 수준의 기준선이 식별되었습니다. 그리고 1사분면과 4사분면의 선상에 있는 B 부서의 보안인식 수준의 기준선도 식별되었습니다.

보안인식 관리체계를 활용한 기준선 개선 방향 식별 방법

앞에서 식별된 각 부서의 보안인식 수준의 기준선은 어느 방향으로 이동하도록 만들어야 그 부서의 보안인식 수준이 높아지게 될까요? 기본적으로 각 부서의 보안인식 수준의 기준선을 1사분면(안전 구간)으로 이동할 수 있도록 만드는 것이 정보보호 인식제고 활동의 궁극적인 목표입니다. 따라서 부서별로 식별된 보안인식 수준의 기준선은 점진적으로 1사분면(안전 구간)으로 이동할 수 있도록 향후의 정보보호 인식제고 활동을 설계해야 합니다.

단, 보안인식 수준의 기준선이 어느 사분면에 있느냐에 따라서 경우의 수가 달라지게 됩니다. 다음 그림에서 3사분면에 있는 A 지점의 경우에는 이동 가능한 경우의 수가 ①과 ② 그리고 ③ 방향입니다. 그런데 A 지점을 기준으로 보면 ① 방향으로 이동하는 것은 '위험한 인식의 수준'만 수직적으로 이동하여 결과적으로 위험 구간으로 가까이 갑니다. 게다가 ① 방향은 A 부서 업무 방식의 수평적 변화도 없는 방향이므로 A 부서에게는 큰 도움이 되지 않습니다. 따라서 A 지점은 ①의 방향으로 이동하는 경우의 수를 제외해야 합니다. 결과적으로 A 지점이 이동할 수 있는 경우의 수는 ②의 방향과 ③의 방향입니다.

여기서 A 지점의 보안인식 수준 기준선이 ②의 방향으로 이동한다는

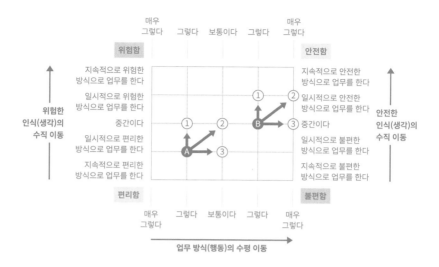

〈보안인식 관리체계에서 보안인식 수준 기준선의 개선 방향 식별 방법(예시)〉

것은 A 부서의 보안인식이 기존의 낮은 수준의 위험함에서 중간 정도의 안전함을 수용하는 인식으로 변화함과 동시에 일시적으로 편리함을 추구하던 업무 방식에서 편리한 방식과 안전한 방식의 중간 수준으로 개선된다는 것을 의미합니다. 그리고 A 지점의 보안인식 수준 기준선이 ③의 방향으로 이동한다는 것은 A 부서의 낮은 수준의 위험한 인식에는 변화가 없으나 일시적으로 편리함을 추구하던 업무 방식이 편리한 방식과 불편한 방식의 중간 수준으로 개선된다는 것을 의미합니다.

반면에 B 지점의 경우에는 업무 방식의 불편함을 적극적으로 수용하는 방향인 ③의 방향으로 수평 이동하는 경우의 수를 포함하여 ①과 ②의 방향으로 이동이 가능합니다. 왜냐하면, 현재 B 지점이 1사분면과 4사분면의 중간선에 있는데, 기준선이 일단 1사분면 내부로 갈 수만 있다면 그 자체로 안전한 인식의 수준이 높아지고 업무 방식도 안전한 방식으로 실행한다고 볼 수 있기 때문입니다.

여기서 B 지점의 보안인식 수준 기준선이 ①의 방향으로 이동한다는 것은 B 부서의 업무 방식이 일시적으로 안전함을 추구하며, 안전한 인식의 수준이 높아짐으로써 일시적이나마 안전함을 추구하는 수준으로 개선된다는 것을 의미합니다. 그리고 B 지점의 보안인식 수준 기준선이 ②의 방향으로 이동한다는 것은 B 부서의 안전한 인식 수준이 높아짐으로써 업무 방식도 일시적이나마 안전함을 추구하는 방식으로 개선된다는 것을 의미합니다. 마지막으로 B 지점의 보안인식 수준 기준선이 ③의 방향으로 이동한다는 것은 B 부서의 안전한 인식의 수준에는 변화가 없으나 업무 방식이 불편함을 더 수용하는 수준으로 개선된다는 것을 의미합니다.

이와 같은 방식으로 보안인식 관리체계를 활용하여 각 평가 대상의 보안인식 수준의 기준선을 체계적으로 식별할 수 있습니다. 또한 식별된 기준선을 중심으로 향후 어느 방향으로 보안인식 수준 기준선이 개선되어야 하는지도 구체적으로 알 수 있습니다. 여기서 말하는 개선 방향이 바로 향후 정보보호 인식제고의 영역과 대상을 설계할 때 매우 의미 있는 나침반 역할을 하게 됩니다.

보안인식 관리체계를 활용한 정보보호 인식제고의 목표 방향 식별 방법

위의 사례를 활용하여 이제는 정보보호 인식제고의 목표 방향을 식별하는 방법을 알아보겠습니다. 일단 A 부서와 B 부서의 보안인식 수준의 기준선을 식별했다면, 그 기준선을 중심으로 부서별로 정보보호 인식제고의 목표 방향을 식별할 수 있습니다.

여기서 정보보호 인식제고가 목표하는 방향을 식별하는 방법은 기준선이 식별된 구간을 기준으로 두 가지 방법으로 나눌 수 있습니다. 첫째 방법은 다른 구간으로 보안인식 수준 기준선이 이동할 수 있는 정보보호 인식제고의 방향을 식별하는 방법입니다. 그리고 둘째 방법은 같은 구간 내에서 보안인식 수준 기준선을 높일 수 있도록 정보보호 인식제고의 방향을 식별하는 방법입니다.

다른 구간으로 기준선이 이동할 수 있는 정보보호 인식제고 방향 식별 방법을 먼저 살펴보겠습니다. 보안인식 관리체계의 구간을 넘어서는 정보보호 인식제고의 방향을 식별하는 방법은 각 구간의 개념적 정의에서 시작할 수 있습니다.

먼저 안전 구간(1사분면)은 안전한 인식 수준이 높아서 업무를 안전한 방식으로 수행(행동)하는 구간입니다. 특히 업무 수행 중에 안전함을 충분히 인지하는 등 실제로 보안상 안전이 확인된 구간으로, 정보보호 인식제고가 추구하는 궁극적인 구간입니다.

편리 구간(3사분면)은 위험한 인식 수준이 낮고 업무 수행 중에 편리한 방식을 추구하며, 편리한 방식으로 인해 발생할 수 있는 위험에 대해서는 전혀 인지하지 못하는 구간입니다. 다행히 이 구간에는 보안 위험이 낮거나 식별되지는 않습니다.

반면에 위험 구간(2사분면)은 위험한 인식 수준이 높아서 실제 업무 방식에서도 위험한 방식으로 업무를 수행하는 구간입니다. 그리고 자신들의 위험한 업무 방식 때문에 구성원 간에 위험을 인지하고 있는 구간입니다. 따라서 이 구간은 보안 위험이 실제로 식별되는 구간입니다.

마지막으로 불편 구간(4사분면)은 안전한 인식 수준은 낮으나 보안통제를 준수하기 위해 불편한 업무 방식을 수용하고 있는 구간입니다. 다만 이

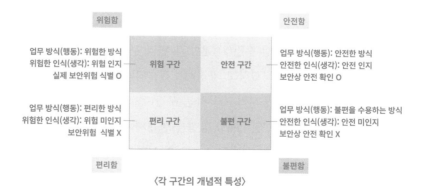

〈각 구간의 개념적 특성〉

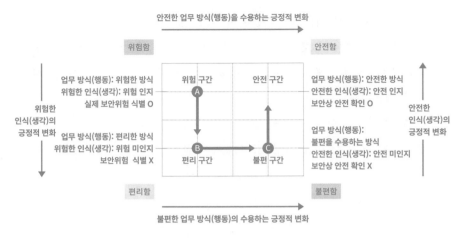

안전한 업무 방식(행동)을 수용하는 긍정적 변화

| 위험함 | | | 안전함 |

업무 방식(행동): 위험한 방식
위험한 인식(생각): 위험 인지
실제 보안위험 식별 O

위험 구간   안전 구간

업무 방식(행동): 안전한 방식
안전한 인식(생각): 안전 인지
보안상 안전 확인 O

위험한
인식(생각)의
긍정적 변화

업무 방식(행동): 편리한 방식
위험한 인식(생각): 위험 미인지
보안위험 식별 X

편리 구간   불편 구간

업무 방식(행동):
불편을 수용하는 방식
안전한 인식(생각): 안전 미인지
보안상 안전 확인 X

안전한
인식(생각)의
긍정적 변화

| 편리함 | | | 불편함 |

불편한 업무 방식(행동)의 수용하는 긍정적 변화

〈각 구간의 개념적 특성에 부합하는 정보보호 인식제고 방향을 식별(예시)〉

구간은 불편한 업무 방식을 수용함으로써 어느 정도로 안전해졌는지 인지하지는 못하는 구간입니다. 그래서 실제로 안전하다는 것을 확인할 수는 없는 구간이기도 합니다.

　어느 부서의 보안인식 수준 기준선을 식별했는데, 이 기준선을 다른 구간으로 이동시키고자 한다면, '이동시키고자 하는 구간(즉, 목표 구간)'의 개념적인 특성에 부합할 수 있도록 정보보호 인식제고 활동을 다르게 설계해야 합니다. 즉 이동시키고자 하는 목표 구간의 개념적 특성의 범위로 들어갈 수 있는 정보보호 인식제고 방향을 설계하고 실행해야 한다는 것입니다.

　예를 들어 A 부서, B 부서 그리고 C 부서의 보안인식 수준 기준선이 위의 그림과 같이 각각 위험 구간(2사분면)과 편리 구간(3사분면) 그리고 불편 구간(4사분면)에서 식별되었다고 가정해보겠습니다. 이럴 경우 향후 보안인식 수준 기준선을 '이동시키고자 하는 구간(목표 구간)'의 개념적 특성에 부합할 수 있는 정보보호 인식제고 방향을 설계해야 합니다.

　위험 구간(2사분면)에서 식별된 A 부서의 보안인식 수준의 기준선을 편리 구간(3사분면)으로 이동시키고자 한다고 가정해보겠습니다. 이럴 경우 A

부서를 대상으로 정보보호 인식제고 활동을 설계할 때 위험한 인식의 수준을 줄여서 기존의 '위험한 업무 방식'에서 위험하지는 않지만 '편리한 방식'으로 업무 방식이 변화될 수 있는 정보보호 인식제고 활동을 설계해야 합니다. 또한 업무 방식에서 '실제로 식별된 보안 위험을 제거'할 수 있는 정보보호 인식제고 활동도 설계해야 합니다. 이렇게 하면 A 부서의 보안인식 수준이 편리 구간(3사분면)의 개념적 특성에 부합하게 됩니다. 그 결과 A 부서의 보안인식 수준의 기준선은 편리 구간(3사분면)으로 이동하게 됩니다.

편리 구간(3사분면)에서 식별된 B 부서의 보안인식 수준의 기준선을 불편 구간(4사분면)으로 이동시키고자 한다고 가정해보겠습니다. B 부서를 대상으로 정보보호 인식제고 활동을 설계할 때는, '편리함을 추구하는 기존의 업무 방식'에서 '불편함을 수용할 수 있는 업무 방식'으로 변화될 수 있는 정보보호 인식제고 활동을 설계해야 합니다. 이렇게 하면 B 부서의 보안인식 수준은 불편 구간(4사분면)의 개념적 특성에 부합하게 됩니다. 그 결과 B 부서의 보안인식 수준 기준선이 불편 구간(4사분면)으로 이동하게 됩니다.

마지막으로 불편 구간(4사분면)에서 식별된 C 부서의 보안인식 수준의 기준선을 안전 구간(1사분면)으로 이동시키고자 한다고 가정해보겠습니다. C 부서를 대상으로 정보보호 인식제고 활동을 설계할 때는, 안전한 인식의 수준을 높여서 기존의 '불편한 업무 방식'에서 '실제로 안전할 수 있는 업무 방식'을 적용하도록 만드는 정보보호 인식제고 활동을 설계해야 합니다. 이렇게 하면 A 부서의 보안인식 수준은 안전 구간(1사분면)의 개념적 특성에 부합하게 됩니다. 그 결과 A 부서의 보안인식 수준의 기준선이 안전 구간(1사분면)으로 이동하게 됩니다.

이처럼 각 구간별 개념적 특성에 부합할 수 있는 정보보호 인식제고 방향을 식별해서 향후 이동시키고자 하는 목표 구간에 최적화된 정보보호 인식제고 활동을 설계하고 실시해야 합니다. 여기서 말하는 정보보호 인식제고 활동에는 '이동시키고자 하는 목표 구간'별 개념적 특성에 부합하도록 인식하게 하고, 그 결과 업무 실행(행동)도 목표 구간의 개념적 특성에 부합하도록 만드는 모든 활동이 포함됩니다. 그리고 이러한 활동에 활용할 수 있는 소재들은 이 책에 수록된 모든 소재입니다.

다음으로, 같은 구간 내에서 보안인식의 수준을 높일 수 있는 정보보호 인식제고 방향 식별 방법을 살펴보겠습니다. 같은 구간 내에서의 보안인식의 수준을 높이고 정보보호 인식제고의 방향을 식별할 때 주의할 점이 두 가지 있습니다. 첫째, 보안인식 수준 기준선이 어느 구간에서 어떤 수준으로 존재하느냐에 따라 '긍정적인 변화를 일으키는 방향으로 정보보호 인식제고 활동 방향을 다르게 설계해야 한다'는 점입니다. 왜냐하면 정보보호

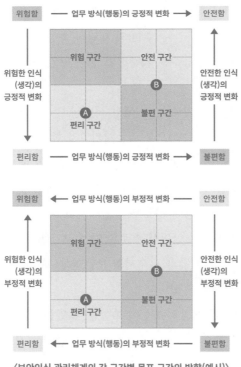

〈보안인식 관리체계의 각 구간별 목표 구간의 방향(예시)〉

인식제고 활동의 궁극적인 목표는 보안인식 수준과 업무 방식이 안전 구간(1사분면)으로 이동하도록 만드는 것이기 때문입니다.

앞의 그림에서 A 부서는 현재 편리 구간(3사분면)에 보안인식 수준 기준선 있기 때문에, 위험 구간(2사분면)으로 가까이 가는 방향이 아니라 안전 구간(1사분면)의 방향으로 가까이 이동하도록 만드는 것이 가장 이상적입니다. 최소한 불편 구간(4사분면)의 방향으로 가까이 이동하도록 정보보호 인식제고 활동을 설계하고 실행해야 합니다.

반면에 B 부서는 보안인식 수준 기준선이 안전 구간(1사분면)과 불편 구간(4사분면)의 중간 선상에 있으므로, 보안인식의 수준이 안전 구간(1사분면) 안으로 들어갈 수 있도록 정보보호 인식제고 활동을 설계하고 실행해야 합니다.

첫 번째 주의할 점을 한마디로 정리하자면, 보안인식 수준 기준선이 긍정적인 방향으로 변화하도록 정보보호 인식제고 활동을 설계하고 실행해야 한다는 것입니다

정보보호 인식제고의 방향을 식별할 때 두 번째로 주의할 점은, 보안인식 수준 기준선이 존재하는 구간에 따라 '정보보호 인식제고 활동이 구체적이며 단계적으로 달라져야 한다'는 점입니다. 다시 말해 식별된 보안인식 수준 기준선이 궁극적인 이동 방향(1사분면)으로 이동할 수 있도록 만드는 '구체적이고 단계적인 정보보호 인식제고 활동이 수반되어야 한다'는 것입니다.

먼저 A 부서를 대상으로 어느 방향으로 정보보호 인식제고 활동을 할 것인가에 관해 살펴보겠습니다. A 부서의 경우에는 보안인식 수준 기준선이 ③ 방향으로 이동할 수 있도록 만드는 정보보호 인식제고 활동을 해야 합니다. 즉 보안인식이 낮은 수준의 위험함에서 중간 정도의 안전함을 수용하는 인식으로 변화함과 동시에 일시적으로 편리함을 추구하던 업무 방식에서 편리한 방식과 안전한 방식의 중간 수준으로 개선되도록 만들어야

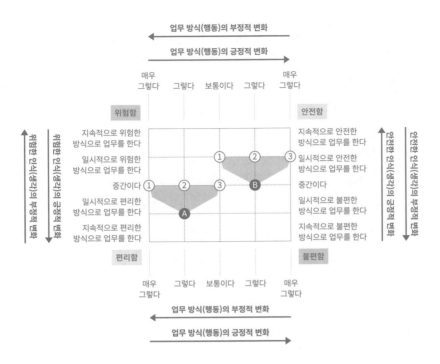

（보안인식 수준 기준선에 따라 달라져야 하는 정보보호 인식제고의 전개 방향(예시)）

한다는 것입니다.

한편, ① 방향과 ② 방향은 위험한 인식의 수준이 증가하는 부정적인 방향입니다. 게다가 ① 방향은 업무 방식도 부정적인 방향으로 변화되는 것이어서 적절하지 않습니다. 그리고 ② 방향은 업무 방식에 긍정적인 변화가 없는 방향입니다. 따라서 A 부서에게는 ① 방향과 ② 방향은 업무 방식의 긍정적인 변화를 기대할 수 없는 정보보호 인식제고 활동 방향이 됩니다.

반면에 B 부서의 경우에는 안전함에 대한 인식이 부족한 상태에서 업무적인 불편함을 수용하는 업무 방식을 가지고 있습니다. 따라서 B 부서는 지금보다 조금 더 안전해질 수 있도록 만드는 ② 방향 또는 ③ 방향으로 정보보호 인식제고 활동을 전개해야 합니다.

여기서 ② 방향이란 안전한 인식이 커져서 불편한 방식보다는 일시적으로나마 안전한 업무 방식을 추구하는 방향이며, ③ 방향이란 안전한 인식이 커져서 불편한 업무 방식을 완전하게 수용함과 동시에 일시적으로나마 안전한 업무 방식을 추구하는 방향입니다. 이에 반해 ① 방향은 안전함을 추구하는 안전한 인식의 수준은 높아지지만, 업무 방식이 기존에 비해서 위험함으로 가까이 가는 방향이므로 B 부서에게는 적합하지 않습니다.

보안인식 관리체계를 활용한 접점 식별의 주기

위와 같이 보안인식 관리체계를 활용하여 평가 대상 조직의 보안인식과 업무 방식의 접점을 식별하는 주기는 어느 정도로 봐야 할까요? 연간 정보보호 활동 운영 현황표를 보면 기업의 정보보호 활동에는 '대상 업무의 특성'을 고려하여 작게는 매년 1회부터 많게는 매일 1회까지 다양한 업무 수행 주기가 있습니다.

그렇다면 보안인식과 업무 방식의 접점 식별의 특성을 고려하여 실행 주기를 정하면 될 것으로 생각됩니다. 필자는 보안인식과 업무 방식의 접점을 식별하는 것은 '최소 월 1회 또는 변화 시마다' 실행하는 것이 합리적이라고 생각합니다.

여기서 최소 월 1회로 접점을 식별하는 것은 월간 보안 점검의 주기와 비슷하므로 쉽게 수긍할 수 있습니다. 그런데 '변화 시마다' 접점을 또 식별해야 하는 이유는 무엇일까요? 그 이유는 바로 평가 대상이 '보안인식(즉 사람의 생각)'을 대상으로 하기 때문입니다.

사람의 생각은 평소에도 한 형태의 수준으로 고정되어 있지 않습니다. 게다가 사람의 생각은 내외부의 변화에 따라 급격하게 달라질 수 있습니다. 그렇기 때문에 전사 조직을 대상으로 하는 내외부적인 변화가 발생하는 경우에는 다시 접점 식별을 할 필요가 있는 것입니다. 또는 특정 부서 내에서만 변화가 발생하는 경우에도 그 부서를 대상으로 한 번 더 접점을 식별해야 하는 것입니다.

여기서 보안인식과 업무 방식의 접점을 다시 한번 더 식별해야 하는 변화라는 것은 어떤 것이 있을까요? 그것은 기업마다 조직마다 다르겠지만, 일반적으로 조직 내외부적으로 발생한 변화로 인해 다시 한번 접점 식별이 필요하다는 평가자의 주관적 판단에 따른다고 할 수 있습니다. 예를 들면, 어느 부서에 경력직 입사자가 들어왔거나, 특정 부서에서 보안통제 위반 행위가 발생하는 경우, 타사에서 발생한 보안사고의 형태가 우리 회사와 관련이 있는 경우 등 다양한 변화가 될 수 있습니다.

정보보호 인식제고 활동의 단계적 조치 적용(STEP 2)

보안인식 수준의 지속적 상승 단계

보안인식 수준의 기준선이 식별되고 나면, 이제부터는 이 기준선을 보안인식의 '기본 수준Baseline Level'으로 설정할 수 있게 됩니다. 그리고 이렇게 보안인식의 '기본 수준'을 설정하게 되면, 본격적인 정보보호 인식제고 활동을 실행할 준비가 된 것입니다. 이 시점부터 다양한 정보보호 인식제고 활동들을 체계적이고 구체적인 방향으로 설계하고 실행할 수 있습니다.

먼저 각 단계의 특징을 보면, '기본 수준 단계'에서는 보안통제에 대한 임직원의 저항이 거의 없습니다. 저항이 없는 이유는 두 가지 경우에 따라 달라집니다. 첫째 경우는 정보보호의 방향과 업무적인 관성이 균형을 이루는 경우입니다. 즉 보안통제가 업무 현실에서 잘 적용되는 경우라고 할 수 있습니다. 보안인식과 업무 방식의 접점이 균형 있게 맞닿아 있는 그야말로 이상적인 경우에 해당합니다.

둘째 경우는 보안통제라는 정보보호의 방향이 거의 힘을 발휘하지 못하는 상태에서 업무적 관성이라는 힘이 훨씬 더 우세한 경우입니다. 따라

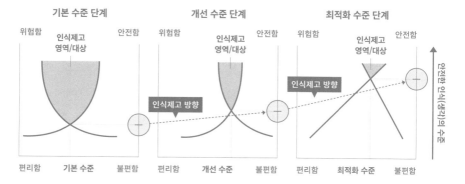

〈정보보호 인식 수준의 상승 단계〉

서 보안통제에 저항할 이유가 없는 경우라고 할 수 있습니다. 아마 거의 대부분의 업무 현실이 이 경우에 해당할 것입니다.

다음으로 '개선 수준 단계'로 접어들면 비로소 보안통제에 대한 임직원들의 저항과 보안통제 우회 현상이 나타나게 됩니다. 왜냐하면 이때부터 기존에 비해서 정보보호의 방향으로 더 큰 힘이 발생하기 때문입니다. 그래서 이 단계부터는 보안인식의 수준을 올릴 수는 있습니다만, 증가된 정보보호의 힘에 반발하는 저항력도 그만큼 생기게 됩니다.

특히 '개선 수준 단계'로 접어들었다는 것은 기존에 거의 힘을 발휘하지 못하고 있었거나 업무 현실과 일종의 균형을 맞추고 있던 보안통제가 기존과 비교해서 더 큰 힘의 세기로 적용된다는 것을 의미합니다. 그리고 이는 임직원들에게는 기존에 없던 새로운 불편함을 야기하게 됨을 의미합니다.

이러한 이유에서 '개선 수준 단계'부터는 보안통제에 대한 임직원들의 저항이 시작되는 것입니다. 그리고 이 저항은 시간이 흐름에 따라 점점 더 가중되는 상황으로 전개됩니다. 그런데 이렇게 저항이 가중되는 상황을 그대로 둔다면 앞서 말씀드린 바와 같이 보안통제가 없는 무질서 상태인 엔트로피 상태가 될 수 있습니다.

그래서 이 단계부터는 정보보호 인식제고 활동을 본격적으로 실행해야 합니다. 이는 보안인식 수준 기준선의 위치에 따른 단계적이고 체계적인 방향으로 인식 제고 활동을 설계·실행하는 것을 의미합니다.

마지막으로 '최적화 수준의 단계'로 접어들면, 기업 내 정보보호 관리체계에서 실행하는 보안통제가 상당한 힘을 발휘하게 됩니다. 그래서 이 단계에서는 업무 현장에서 보안통제를 준수하는 것이 당연시되는 환경으로 변화됩니다. 이러한 변화는 보안통제가 현실적인 업무 처리 방식에 자연스럽게 스며들어 결과적으로 업무적인 관성(행동) 자체가 정보보호가 추구하는 방향과 일치되는 긍정적인 변화라고 할 수 있습니다.

이 단계부터는 기업이나 실무 부서 내에 정보보호가 일종의 문화 형태로 정착하게 됩니다. 그 결과 '개선 수준 단계'에 비해 '최적화 수준의 단계'에서는 정보보호 인식제고의 영역과 대상이 훨씬 더 좁아지게 됩니다.

이와 같은 일련의 단계를 정리해보면, 보안인식과 업무 방식의 접점인 기준선을 식별하는 '기본 수준 단계'를 거치고, 이를 토대로 하여 보안인식 수준의 기준선을 단계적으로 향상시켜서 '개선 수준 단계'로 가게 됩니다. 그리고 최종적으로는 정보보호의 방향과 업무 현실의 방향이 일치되는 '최적화 수준의 단계'로 가게 되는 것입니다.

이와 같이 정보보호 인식제고의 각 단계를 거치면서 임직원의 생각 영

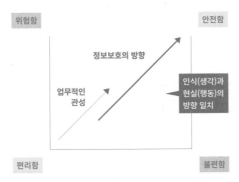

〈정보보호의 방향과 업무적인 관성의 방향이 일치되는 최적화 수준 단계〉

역에 있는 보안인식의 수준도 지속적으로 향상됩니다. 이에 따른 결과로 임직원의 업무 방식도 정보보호의 방향에 부합하는 방향으로 변화되는 것입니다.

보안인식 수준의 순간적 하향 상황에 대한 대응

보안인식 수준이 어느 수준에 이른 후 그 수준을 계속 유지하면 참 좋겠지만, 아시다시피 보안인식이라는 것은 사람의 '생각 영역'에 존재하고 있기 때문에 언제든 변화가 생길 수밖에 없습니다.

기업을 구성하는 가장 중요한 요소 중 하나인 직원은 말 그대로 사람입니다. 기업은 여러 사람이 모여서 조직을 이루고, 사람을 통해서 업무가 진행됩니다. 이러한 특징은 정보보호에도 그대로 적용됩니다. 사람을 대상으로 보안통제를 적용하고, 사람을 통해서 정보보호 정책과 보안통제가 준수되며, 사람에 의해서 정보보호 체계가 위협받게 됩니다.

특히 보안인식은 사람의 '생각 영역'에 존재하는 것이므로, 긍정적이든 부정적이든 보안인식 수준의 변화를 촉발하는 매우 강력한 요소가 바로 '사람'이기도 합니다. 예를 들어, 보안인식 수준을 높이기 위해 장기간에 걸쳐서 지속적으로 노력해온 어느 부서에 새로운 경력직 직원이 입사했다고 해보겠습니다. 이때 신규 경력직 직원은 이 부서가 유지해오던 기존의 보안인식 수준에 변화를 촉발하는 요인이 될 수 있습니다. 특히 예전에 다니던 회사에서 보안통제에 저항을 많이 해본 경력직 입사자에 의해서 그동안 이 부서가 잘 유지해오던 보안인식 수준이 한순간에 낮아지거나 흔들리는 부정적인 현상이 일어날 수 있습니다.

이러한 현상이 나타나는 중요한 원인은 두 가지로 정리할 수 있습니다. 첫째는 보안인식이라는 것이 처음부터 사람의 '생각 영역'에서 존재하는 것이기 때문입니다. 둘째는 사람의 생각 영역에 대한 보안통제가 쉽지 않다는 태생적 한계 때문입니다.

이러한 이유로 '최적화 수준의 단계'에 오른 보안인식 수준도 한순간에 하향하는 상황이 발생하는 것입니다. 그러므로 보안인식 수준이 성공적으로 '최적화 수준의 단계'에 이르렀다고 하더라도 또다시 '사람'이라는 변수로 인해 낮아지거나 흔들릴 수 있습니다.

어느 부서에서 보안인식 수준의 하향 현상이 발생했다면, 해당 부서의 보안인식 수준을 다시 '기본 수준 단계'에서 보안인식과 업무 방식의 접점을 식별한 후 정보보호 인식제고 활동을 단계적으로 설계하고 실행해야 합니다. 이 점이 중요한 이유는, 이렇게 하지 않는다면 보안인식 수준이 하향된 수준으로 고착화되거나 최초의 보안인식 수준 기준선보다 더 낮은 수준인 그야말로 보안통제가 없는 엔트로피 상태가 될 수도 있기 때문입니다.

보안인식 관리체계를 활용한 단계적 조치 적용 시 두 가지 주의할 사항

앞의 내용을 보면서 어느 정도 감을 잡았겠지만, 보안인식 관리체계를 활용하여 보안인식 수준 기준선을 단계적으로 높이는 경우에는 두 가지 주의할 사항이 있습니다. 이것들은 보안인식 관리체계가 설정하고 있는 두 가지 대전제와 관련되어 있습니다.

[대전제 1] 보안인식 수준의 궁극적인 이동 방향이 있다.
[대전제 2] 정보보호 인식제고 활동은 단계적으로 설계·실행되어야 한다.

첫째 대전제와 관련된 주의사항을 설명해보겠습니다. 보안인식 관리체계에서 보안인식과 업무 방식의 접점(기준선)이 어느 구간에서 어떤 수준으로 식별되든 정보보호 인식제고 활동을 통해서 이 접점이 궁극적으로 이동해야 하는 방향은 안전 구간(1사분면)입니다.

'안전 구간(1사분면)으로의 이동이 궁극적 이동 방향이라는 대전제'와 관련하여 주의할 사항이 하나 있습니다. 식별된 보안인식 수준 기준선과

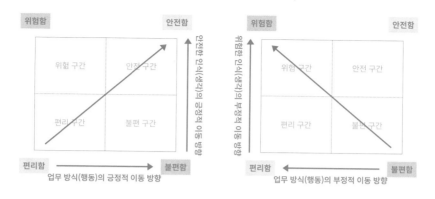

위험함   안전함

위험 구간   안전 구간

편리 구간   불편 구간

편리함   불편함

업무 방식(행동)의 긍정적 이동 방향

안전한 인식(생각)의 긍정적 이동 방향

위험함   안전함

위험 구간   안전 구간

편리 구간   불편 구간

편리함   불편함

업무 방식(행동)의 부정적 이동 방향

위험한 인식(생각)의 부정적 이동 방향

〈보안인식 관리체계의 대전제(1): 보안인식 수준의 궁극적인 이동 방향〉

궁극적인 이동 방향의 화살표를 연결한 선상을 기준으로 하여, 화살표의 위쪽 영역으로 기준선이 이동하도록 해서는 안 된다는 것입니다.

보안인식 수준 기준선이 특히 위험 구간(2사분면)이나 편리 구간(3사분면)에 있는 부서의 경우에 이 기준선이 위험 구간(2사분면) 안으로 이동하거나 가까이 가지 않도록 특별히 주의해야 합니다.

보안인식 수준 기준선과 궁극적인 이동 방향의 화살표 선상을 기준으로 볼 때, 위험 구간(2사분면)이나 편리 구간(3사분면)에서 위쪽 영역(다음 쪽의 그림에서 부정적인 변화 영역)은 업무 방식의 긍정적인 변화는 없고 위험한 인식이 커지는 영역이기 때문입니다.

정보보호 인식제고 활동을 하는 이유가 보안인식의 수준을 안전함으로 가까이 가도록 만들고, 이를 통해서 업무 방식의 긍정적인 변화를 만들어 내기 위한 것임을 놓치지 말아야 합니다. 이러한 관점으로 볼 때, 보안인식 수준 기준선과 궁극적인 이동 방향의 화살표 선상을 기준으로 위쪽 영역 (그림에서 부정적인 변화 영역)은 정보보호 인식제고를 통한 업무 방식의 긍정적인 변화 효과를 기대하기 어려운 영역이라고 이해하시면 됩니다.

이러한 이해를 기반으로 예를 들어보겠습니다. 어느 부서의 보안인식 수준 기준선이 편리 구간(3사분면)에 존재하고 있다고 가정해보겠습니다.

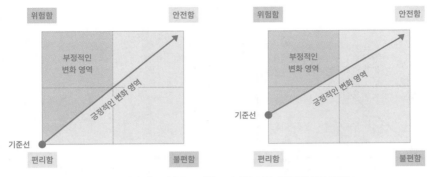

〈궁극적인 이동 방향을 고려한 보안인식 수준 기준선의 이동 영역〉

이 부서를 대상으로 하는 정보보호 인식제고 활동을 설계할 때는 이 부서의 기준선이 위험 구간(2사분면)으로 들어가거나 최소한 가까이 가지 않도록 주의하면서 정보보호 인식제고 활동을 설계하고 실행해야 합니다. 왜냐하면 편리 구간(3사분면)에서 보안인식이 위쪽으로 수직 이동한다는 것은 보안인식이 안전함이 아니라 위험함으로 가까이 감으로써 결과적으로 위험한 인식이 더 커지는 이동이기 때문입니다.

다음으로 둘째 대전제에 관해서 설명해보겠습니다. 보안인식 관리체계에서 보안인식과 업무 방식의 접점(기준선)이 어느 구간에서 식별되든 정보보호 인식제고 활동은 단계적으로 설계하고 실행해야 합니다. 사람의 생각과 사람의 행동이 어떠한 계기로 인하여 극적으로 변화하는 경우가 거의 없다는 사실을 고려한다면, 단계적 설계·실행의 필요성과 중요성을 잘 이해할 수 있습니다.

'정보보호 인식제고 활동을 단계적으로 설계·실행해야 한다는 대전제'와 관련해서 주의할 사항도 하나 있습니다. 특히 위험 구간(2사분면)에 보안인식 수준 기준선이 존재하는 부서를 대상으로 정보보호 인식제고 활동을 설계하는 경우 매우 주의해야 하는 사항입니다.

위험 구간(2사분면)에서 바로 안전 구간(1사분면)으로 보안인식 수준 기준선이 이동하도록 만드는 정보보호 인식제고 활동을 설계하지 않도록 해

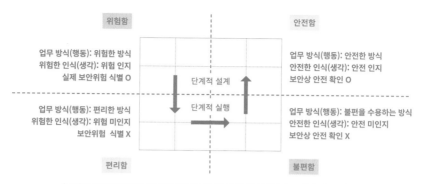

〈보안인식 관리체계의 대전제(2): 정보보호 인식제고 활동의 단계적 설계·실행〉

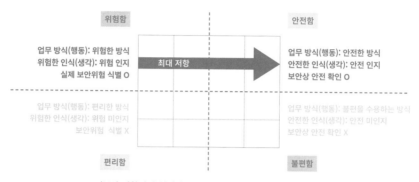

〈보안 저항감이 최대가 되는 정보보호 인식제고 활동 방향〉

야 합니다. 왜냐하면, 이런 경우가 보안 저항감이 가장 커지거나 보안통제를 가장 많이 우회하도록 만드는 경우이기 때문입니다.

위의 내용처럼 주의해야 할 두 가지 사항을 잘 지킨다면, 보안인식과 업무 방식의 접점이 이상적으로 이동해야 하는 방향을 식별할 수 있게 됩니다. 또한 평가 대상별로 특화된 정보보호 인식제고 활동의 방향을 단계적이고 구체적으로 설계하고 실행할 수 있게 됩니다. 결국 이러한 과정을 통해서 평가 대상의 보안인식 수준의 긍정적인 변화를 만들고, 그 결과 업무 방식의 긍정적인 변화를 단계적이며 체계적으로 만들어갈 수 있게 됩니다.

정보보호 인식제고 수준의 유지와 개선 (STEP 3)

　오랫동안 지속적인 상승 단계를 거쳐서 '최적화 수준의 단계'에 오른 보안인식 수준도 언제든 달라질 수 있다는 말씀을 이미 드렸습니다. 그렇기 때문에, 보안인식을 가능한 한 일정한 수준 이상으로 유지하는 것이 매우 중요합니다. 이를 위해 반드시 수행해야 하는 정보보호 인식제고 활동들이 있습니다.

　먼저 임직원들의 보안인식 수준이 지속적으로 유지될 수 있도록 하는 정보보호교육이 효과적으로 이루어져야 합니다. 특히 정보보호교육은 생각의 스위치를 자극하는 정보보호 인식제고 단계 중에서 '단계적 조치 단계(STEP 2)'와 '보안문화 단계(STEP 3)' 전체에 걸쳐서 실행해야 하는 매우 중요한 정보보호 인식제고 활동입니다.

　다만, 이 책에서 말하는 정보보호교육은 단순히 정보보호 정책과 규정을 안내하는 교육을 말하는 것이 아닙니다. 교육을 듣는 사람의 생각을 바꾸게 만드는 교육을 말하는 것입니다. 정보보호를 부정적으로 보던 기존의 생각에 자극을 줄 수 있는 기법과 소재를 적극적으로 활용하는 정보보호교육을 말하는 것입니다. 이러한 정보보호교육에 대해서는 후술하는 제4부 제3장 '생각의 스위치를 자극하는 정보보호교육'에서 상세하게 이야기하겠습니다.

　다음으로 보안인식의 수준이 일정한 수준으로 유지될 수 있도록 기업 내에서 보안문화를 조성하여 이를 지속시켜야 합니다. 그리고 한번 조성된 보안문화가 '사람'이라는 변수에 의해서 흔들리지 않고 계속 유지될 수 있도록 하기 위해서는 임직원의 보안인식 수준을 상시적으로 측정할 수 있는 정량화된 평가·관리 도구를 활용할 필요가 있습니다.

　특히 임직원의 환경(승진, 부서 이동, 업무 변경 등)이나 임직원 자체의 변경(신규 입사, 경력직 입사 등) 등의 상황이 발생해도 보안인식 수준이 낮아지지 않을 정도의 보안문화를 조성해야 합니다. 그리고 이러한 보안문화를 조성하고 유지하기 위해서는 임직원의 자발적 참여를 유도하고, 이러한 자발적 참여 여부를 가시적으로 정량화할 수 있는 측정 수단도 필요합니다.

이러한 일련의 과정에서 활용될 수 있는 것이 보안인식 관리체계입니다. 보안인식 관리체계를 활용하여 보안인식 수준을 유지하고 보안문화를 조성하는 방법에 대해서는 후술하는 제5장 '보안인식을 보안문화로 정착시키기'에서 더 상세하게 이야기하겠습니다.

"정보보호 인식제고, 사람이 생각하는 스위치를 자극하면 가능합니다."

제2장

생각의 스위치를
자극하는
단계별 정보보호
인식제고 사례

제1장에서는 총론적 개념으로서 정보보호 인식제고 기법에 대해서 살펴보았습니다. 제2장에서는 다양한 사례들을 통해서 생각의 스위치를 자극할 수 있는 각론적인 방법을 소개하겠습니다. 여기서 소개할 사례들을 통해 회사의 정보보호 관리체계를 더욱 견고하게 만들고 임직원들의 보안 인식 수준을 높이는 데 활용하시면 좋을 것 같습니다.

제2장은 2020년 과학기술정보통신부와 한국인터넷진흥원이 공동 발간한 「정보보호 최고책임자 길라잡이 -기본편」 중에서 필자가 집필한 'Ⅳ 직원들에 대한 인식 제고' 편을 참고하고 이를 대폭적으로 수정·보완한 것임을 밝혀 둡니다.

접점 식별(STEP 1): 조직문화 이해하기

정보보호 인식제고 방법론의 첫 단계는 '보안인식과 업무 방식의 접점 식별'입니다. 이를 위해 가장 먼저 해야 하는 구체적인 행동은 '조직문화'를 이해하는 것입니다. 특히 기업 전체보다는 부서 단위 조직을 대상으로 평상시 업무 방식을 관찰하면서 조직문화를 이해하는 것이 중요합니다.

부서 단위로 조직문화를 이해해야 하는 이유는, 임직원 집단의 최소 단위인 부서별로 고유한 업무문화가 만들어져 있기 때문입니다. 이렇게 부서 단위로 조직문화를 파악해두면, 향후 보안성 검토 등의 업무를 할 때 부서별 보안인식 수준에 맞는 맞춤식 검토도 가능합니다.

이처럼 부서 단위의 조직문화를 이해하기 위해서는 조직의 성향 파악하기, 조직의 컴플라이언스 수준 파악하기, 조직의 보안사고 동향에 대한 이해 수준 파악하기 등의 방법을 거치면 됩니다.

조직 성향 파악하기: 부서 성과 지표(속도) 대 회사 안전 지표(방향)

정보보호 인식제고의 첫 단계는 '보안인식과 업무 방식의 접점 식별'입니다. 이를 위해서는 조직의 성향을 파악하는 것이 가장 중요합니다. 여기서 말하는 조직은 '기업 전체'가 되어야 하겠지만, 이해의 편의를 위해서 '부서 단위'의 조직으로 정해두겠습니다.

'보안인식과 업무 방식의 접점 식별'을 위해 조직 성향을 파악하는 단계에서는 말 그대로 조직 성향을 파악하는 데 집중해야 합니다. 그리고 이 단계에서 알게 된 보안 취약점에 대한 보안 조치는 '향후 보안 조치'로만 남겨두는 것이 중요합니다. 왜냐하면 조직 성향 파악 단계에서는 '실제에 부합하는 조직 성향을 파악하는 것'이 우선이기 때문입니다. 이후 식별된 보안 취약점을 개선하고 보안인식 수준을 단계적으로 올려나가면 됩니다.

부서의 업무 방식을 지켜보면 그 부서가 부서 자체의 성과 지표인 '업무 속도'를 중시하는지 아니면 회사 전체의 안전 지표인 '방향'을 중시하는지 혹은 둘 모두 고려하는지 알 수 있습니다. 아마도 대부분은 회사 전체의 방향보다는 그 부서 자체의 업무 속도를 상대적으로 더 중시할 것입니다. 부서의 업무 속도는 곧 그 부서의 업무 성과와 매우 밀접하게 관련이 되기 때문입니다. 업무 속도를 중시하는 조직 성향을 나쁘다고 할 수는 없습니다.

조직문화의 생리상 업무 속도를 중시하는 것은 당연하다 할 수 있습니다.

이러한 조직 성향과 관련하여 3개의 부서를 예시로 설명해보겠습니다. A 부서는 회사 전체의 안전 지표인 '방향(기업 내 모든 규정, 특히 정보보호 규정, 보안통제 등)'은 전혀 고려하지 않고 부서 자체의 성과 지표인 '속도'만 중시합니다. 이 경우 A 부서는 정보보호 인식제고의 관점에서 보안인식 수준이 매우 낮은 부서라고 판단해야 합니다. 보안통제의 필요성이나 중요성을 전혀 인식하지 못하고 있기 때문입니다. 여기에서 말하는 보안통제는 회사 전체의 안전 지표인 방향에 해당하는 통제라고 보시면 됩니다.

안전 지표인 '방향'에 대한 고려가 전혀 없는 조직에 대한 향후 보안 조치

A 부서의 조직 성향이 안전 지표인 방향에 대한 고려 없이 오직 성과 지표인 속도에 중점이 맞춰져 있음을 파악했다면, A 부서의 정보보호 인식 수준 개선 단계에서 정보보호 최고책임자는 A 부서가 업무 수행 과정에서 안전 지표인 방향도 함께 고려할 수 있도록 만드는 관리적 보안 절차와 기술적 보안 수단을 적용해야 합니다.

B 부서는 부서 업무를 수행하는 과정에서 성과 지표인 '속도'뿐만 아니라, 일시적이기는 하지만 회사의 안전 지표인 '방향'도 함께 고려합니다. 오직 속도만을 고려하는 A 부서보다 B 부서의 보안인식 수준이 높다고 할 수 있습니다. 다만, 안전 지표인 '방향'을 고려하는 프로세스가 지속적이지 않고 일시적이라는 점을 기록해두었다가 '향후 보안 조치'에 이를 반영해야 합니다.

안전 지표인 '방향'에 대해서 일시적으로 고려하는 조직에 대한 향후 보안 조치

B 부서의 조직 성향이 일시적으로 안전 지표인 방향에 대한 고려를 하고 있음을 파악했다면, B 부서의 정보보호 인식 수준 개선 단계에서 정보보호 최

고책임자는 B 부서가 지속적으로 안전 지표인 방향을 고려할 수 있는 환경을 구성해주어야 합니다. 현재와 같이 일시적으로 안전 지표를 고려하는 조직 성향은 말 그대로 일시적인 성향이기 때문입니다. 뿐만 아니라 부서장이나 구성원이 변경되면 언제든지 안전 지표를 고려하지 않는 조직 성향으로 변화될 수도 있기 때문입니다.

따라서 부서장이나 구성원이 변경되더라도 업무 수행 과정에서 안전 지표를 고려하는 조직 성향이 지속적으로 유지될 수 있는 환경을 구성해주는 것이 가장 현명한 방법입니다. 예를 들면, 업무 수행 과정에서 성과 지표인 '속도'와 안전 지표인 '방향'을 함께 고려하는 B 부서의 업무 방식을 '안전한 업무 실행의 모범 사례'로 지정하여 기업 내 모든 부서를 대상으로 공개하는 것입니다. 이렇게 하면 모범 사례로 지정된 B 부서의 조직 성향이 일시적이지 않고 지속적으로 유지될 수 있을 뿐만 아니라 다른 부서가 이 모범 사례를 벤치마킹하는 효과도 기대해볼 수 있습니다.

한편, 기업의 안전 지표인 '방향'의 중요성을 인지하고 이를 부서 업무에 적극적으로 반영하고 있는 C 부서도 있습니다. C 부서는 부서 자체의 업무 속도를 중시하기는 하지만 혹여 부서 자체의 업무가 성과 지표인 속도만 고려하다가 잘못된 방향으로 가지 않도록 하는 자체적인 교정 프로세스를 가지고 있습니다. 즉 부서 업무 수행 과정에서 회사의 안전 지표로 회귀하는 프로세스를 가지고 있는 것입니다.

C 부서는 업무 검토와 의사결정 그리고 실행 등의 속도가 빠르기는 하지만, 그 과정에서 회사 전체의 방향인 업무 관련 통제를 확인하고 그 통제에 맞도록 부서 자체의 업무를 조정하는 프로세스를 가지고 있습니다. 이를 정보보호 관점에서 보면, 부서 자체적인 업무 검토와 의사결정 과정에서 보안통제 규정을 직접 확인하면서 업무를 진행하는 것입니다. 따라서 이러한 조직 성향을 가지고 있는 C 부서의 보안인식 수준의 기준선은 B 부

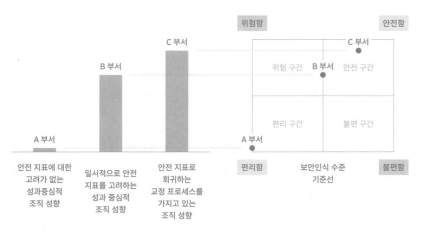

〈조직 성향별 보안인식 수준의 기준선(예시)〉

서보다 더 높다고 할 수 있습니다.

안전 지표로 회귀하는 교정 프로세스가 있는 조직에 대한 향후 보안 조치

C 부서와 같이 회사 전체의 방향에 맞지 않는 상황을 식별하고 이를 자체적으로 교정하는 프로세스를 가지고 있다면, C 부서의 정보보호 인식 수준 개선 단계에서 정보보호 최고책임자는 이 부서가 조금 더 적극적이고 효과적인 교정 프로세스, 즉 의사결정 과정에서 보안성 검토를 반드시 거치고 그 결과를 반영하는 프로세스를 의무적으로 적용하도록 조치해야 합니다.

이처럼 부서별 조직 성향을 파악하면, 그 부서의 업무 현실에서 '보안 컴플라이언스'가 기능을 하고 있는지 그리고 그 부서의 의사결정 과정에서 '보안성 검토 프로세스'가 가동되고 있는지 파악할 수 있습니다. 그리고 이러한 과정을 통해서 파악된 각 부서의 조직 성향은 그 부서의 현실적인 보안인식 수준의 기준선이 됩니다.

컴플라이언스 수준 파악하기

기업에는 다양한 부서의 고유 업무와 관련해 반드시 준수해야 하는 법령이 있습니다. 일반적으로, 실무 부서는 업무 수행을 위해서 준수해야 하는 법령이 있는지를 먼저 확인합니다. 그러고 나서 어떻게 하면 그 법령을 준수할 수 있는지 확인합니다.

조직의 문화를 이해하기 위해서는 업무 수행을 위해서 준수해야 하는 법령이나 규정이 업무 프로세스에 녹아져 있는지를 확인할 필요가 있습니다. 뿐만 아니라, 업무 관련 법령이나 규정이 변경되는 경우에는 그에 관한 관리를 하고 있는지도 확인해야 합니다.

조직의 컴플라이언스 수준을 파악하는 방법에 대해서도 앞의 예시처럼 3개의 부서를 기준으로 설명해보겠습니다. A 부서는 구성원들이 자신의 부서에서 수행되는 고유 업무와 관련된 법령이나 규정의 숙지가 안 되어 있습니다. 특히 우리나라의 직장인이라면 그 누구도 자유로울 수 없는 「개인정보보호법」과 관련된 규정조차도 전혀 인지되어 있지 않을 뿐만 아니라 「개인정보보호법」상 자신들이 특정한 규정을 준수해야 한다는 사실조차 전혀 모르는 상황입니다.

보안이 법률의 지위를 가지고 있는 현재 정보보호, 특히 개인정보보호는 비단 정보보안 부서만의 업무가 아닌 기업 전 부서의 업무라고 해도 과언이 아닙니다. 게다가 직장인은 재직 중인 회사의 직원이기도 하지만, 다른 회사의 고객이기도 합니다. 즉 「개인정보보호법」상 보호를 받아야 하는 개인정보의 주체라는 말입니다. 그렇기 때문에 모든 직장인은 업무를 수행하는 과정에서 반드시 준수해야 하는 「개인정보보호법」 규정은 최소한 인지해야 하고, 해당 규정대로 업무를 수행하는 방법도 숙지하고 있어야 합니다.

그런데 A 부서는 고객의 개인정보보호 업무는 정보보안 부서의 업무일 뿐 자신들과는 무관하다고 생각하고 있습니다. 그렇다 보니 이 부서는 자신들이 준수해야 하는 규정이 있다는 사실조차 인지하지 못하고 있습니다.

업무 관련 법령에 대한 인지나 숙지가 없는 조직에 대한 향후 보안 조치

A 부서 같은 조직이 있다면, 정보보호 최고책임자는 이 부서가 자신들의 업무와 관련된 법령과 규정을 인지하고 숙지할 수 있도록 관리적 보안 조치를 취해야 합니다. 뿐만 아니라 이와 유사한 수준의 보안인식을 가지고 있는 다른 부서의 존재도 부정할 수는 없으므로, 실무 부서에서 업무 수행 과정에서 반드시 인지하고 숙지해야 하는 필수적인 정보보호 관련 법령과 규정을 선별하여 이를 전사에 공지하고 준수 여부를 모니터링해야 합니다. 특히, 개인정보 유출이 직원의 부정행위나 고의 등으로 발생하는 경우에는 해당 직원도 민형사상의 처벌을 받을 수 있다는 점을 공지 과정에서 분명하게 인지시킬 필요가 있습니다.

B 부서는 자신들의 고유 업무 수행 과정에서 준수해야 하는 법령과 규정을 인지하고 있기는 하지만, 이 규정들을 실제로 적용하지는 않습니다. 이 부서는 법령을 '인식'하고 있지만 법령을 '준수(행동)'하지 않는 부서라고 할 수 있습니다. 이 개념을 정보보호에 대입해보면, 정보보호 법률의 존재와 규정의 내용을 알고는 있지만, 실제로 그 규정을 준수하는 방식으로 업무 수행을 하지 않는 것입니다.

아마 대부분의 기업에서 발견할 수 있는 상황일 겁니다. 대부분의 임직원은 「정보통신망법」이나 「개인정보보호법」의 존재를 인식하고 있으며, 자신들에게도 이 법률을 준수할 의무가 있다는 사실 역시 인지하고 있기 때문입니다. 그런데도 실제 업무 수행 과정에서는 법률이 정하는 방식이 아니라 자신에게 편리한 방식을 따르고 있을 것입니다.

그 이유는 설령 정보보호 법률상 자신들에게 규정 준수의 의무가 있음을 인식하고 있더라도, 실제 업무 과정에서는 불편한 방식을 따르고 싶지 않다는 것이 가장 큰 이유일 것입니다. 한마디로 말해서 정보보안 부서에 걸리지만 않는다면 가능한 한 편리한 방식으로 업무를 수행하고 싶어서일 것입니다.

마치「도로교통법」상 무단횡단을 하면 안 된다는 규정을 인식은 하고 있지만, 걸리지만 않으면 무단횡단(행동)을 하고 싶어 하는 심리와 비슷합니다. 그나마 다행인 것은 이 B 부서는 자신들이 준수해야 하는 정보보호 규정의 존재와 준수 의무를 최소한 인지는 하고 있다는 것입니다. 그래서 A 부서에 비해서 상대적으로 보안인식 수준이 높다고 할 수 있습니다.

업무 관련 법령을 인지는 하고 있으나 준수하지 않는 조직에 대한 향후 보안 조치
B 부서 같은 조직이 있다면, 정보보호 최고책임자는 이 부서가 자신들의 업무와 관련된 법령과 규정을 준수할 수밖에 없도록 회사 내의 관리적 보안 절차와 기술적 보안통제를 적용해야 합니다. 뿐만 아니라 이러한 관리적 보안 절차와 기술적 보안통제가 필요할 수밖에 없는 이유와 준수 방법 그리고 위반시의 법적 책임을 알려주는 주기적인 교육도 병행되어야 합니다.

C 부서는 자신들의 업무와 관련된 법령의 숙지와 준수는 물론 해당 법령의 개정 내용 등에 대해서도 인지하고 있습니다. 이 부서는 업무 관련 법령 등에 대한 변화 관리가 잘되고 있는 부서라고 할 수 있습니다.

이 개념을 정보보호에 대입해보면, 정보보호 관련 법률의 변화 관리가 되고 있는 부서라고도 할 수 있습니다. 정보보호와 관련된 다양한 법률은 타법 개정이나 정부 정책의 변경 등의 이유로 개정되기도 합니다. 이와 같은 개정 내용이 만약에 C 부서의 고유 업무와 관련되어 있는데, 이 C 부서가 해당 내용을 숙지하고 있다는 것은 보안인식 수준이 매우 높다는 것을 의미합니다.

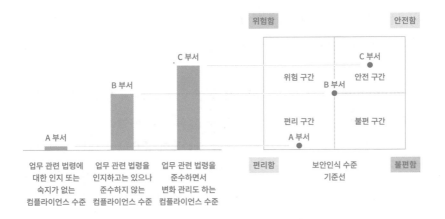

위험함　　　　　　　　　　　　　安全함

C 부서

B 부서

위험 구간　　안전 구간

C 부서
B 부서

편리 구간　　불편 구간

A 부서

A 부서

| 업무 관련 법령에 대한 인지 또는 숙지가 없는 컴플라이언스 수준 | 업무 관련 법령을 인지하고는 있으나 준수하지 않는 컴플라이언스 수준 | 업무 관련 법령을 준수하면서 변화 관리도 하는 컴플라이언스 수준 |

편리함　　　　　보안인식 수준 기준선　　　　　불편함

〈보안 컴플라이언스 수준별 보안인식 수준의 기준선(예시)〉

업무 관련 법률을 잘 준수하면서 변화 관리도 하고 있는 조직에 대한 향후 보안 조치

C 부서와 같은 조직이 있다면, 정보보호 최고책임자는 이 부서의 업무와 관련된 정보보호 법률의 내용을 이 부서에 지속적으로 공유해주는 업무 프로세스를 만들어서 적용해야 합니다. 이렇게 하는 이유는 정보보호 법률을 실무 부서와 공유하는 업무 프로세스를 통해서 보안인식의 수준과 업무 현실의 간극을 최소화할 수 있기 때문입니다.

위와 같이 부서별로 컴플라이언스 수준을 파악하는 이유는, 정보보안 관점에서 볼 때 그 부서의 업무 프로세스 내에 보안 컴플라이언스가 어느 정도의 수준에서 기능하고 있는지를 알 수 있기 때문입니다. 그리고 보안 이슈나 정보보호 법률을 문의하는 보안성 검토 신청 전담자가 있는지도 알 수 있기 때문입니다. 이렇게 확인된 보안 컴플라이언스 수준은 조직 성향을 파악할 때와 마찬가지로 그 부서의 현실적인 보안인식 수준의 기준선이 됩니다.

보안사고 동향에 대한 이해 수준 파악하기

보안인식과 업무 방식의 접점 파악이라는 관점에서 보면, 보안사고 동향에 대해서 어느 정도로 이해하고 있는지 파악하는 것은 매우 중요한 과정이라고 할 수 있습니다. 특히 동종 업계에서 최근에 발생한 보안사고나 현재 사회적 이슈가 되고 있는 보안사고에 대한 동향을 인지 및 이해하고 있는지 여부는 보안인식 수준에 많은 영향을 미칠 수 있는 변수라고 할 수 있습니다.

보안사고 동향에 대한 이해 수준도 3개의 부서를 예시로 들면서 설명해 보겠습니다. A 부서는 동종 업계에서 최근에 발생한 보안사고를 전혀 모르고 있습니다. 이 부서에 지금 당장 필요한 격언이 바로 '타산지석'입니다.

특히 정보보호 업계에서는 이 격언의 의미를 매우 높게 평가하고 있습니다. 우리나라에서는 매우 다양한 업종과 매우 다양한 서비스를 제공하는 기업이 존재하고 있는데도 보안사고의 발생 형태가 반복되는 현상이 나타나기 때문입니다.

필자는 동종 업계에서 최근에 발생한 보안사고를 인지하고 있다는 것만으로도 보안인식 수준에 매우 긍정적인 효과가 나타날 수 있다는 점을 강조하고 싶습니다. 하지만 반대로 만약 동종 업계에서 발생한 최근의 보안사고를 전혀 인지하고 있지 못한 부서는 보안인식 수준이 매우 낮은 수준이라고 평가할 수밖에 없습니다.

동종 업계에서 최근에 발생한 보안사고를 전혀 인지하지 못하고 있는 조직에 대한 향후 보안 조치

A 부서 같은 조직이 있다면 정보보호 최고책임자는 최근에 발생한 보안사고의 사실관계와 수사 상황 그리고 가능하다면 재판 상황까지도 확인하여 이를 회사 내 모든 조직을 대상으로 공지할 필요가 있습니다.

이에 더하여 동종 업계에서 발생한 보안사고가 아니더라도 다양한 보안사고 사례를 카테고리 별(외부 침입, 내부 유출, 부주의, 노출, 분실 등)로 선별하여 사실관계와 수사 및 재판 상황을 정리해두어야 합니다. 이렇게 정리해둔 자료는 외부에서 유사한 보안사고가 발생했을 때 즉시 전사 공지용 자료로 활용할 수 있습니다.

한편 B 부서는 동종 업계에서 최근에 발생한 보안사고를 인지하고 있고, 부서 내 구성원들에게 해당 사고를 전파하는 채널까지 가지고 있습니다. 이 부서는 이슈가 된 보안사고를 '타산지석'으로 삼아 부서 내 업무에 적용하려 하는 부서라고 할 수 있습니다.

그리고 보안사고 사례 전파를 통해서 부서 내 구성원들의 경각심을 고취시키고 있으며, 혹시 존재할 수도 있는 보안사고의 원인을 부서 스스로 진단해보는 기회로 활용하고 있습니다. 따라서 이 부서의 보안인식 수준은 앞서 본 A 부서보다 높은 수준이라고 평가할 수 있습니다.

동종 업계에서 최근에 발생한 보안사고를 전파하는 채널을 가진 조직에 대한 향후 보안 조치

만약 B 부서와 같은 조직이 있다면, 정보보호 최고책임자는 B 부서뿐만 아니라 회사 내 모든 부서를 대상으로 보안사고를 전파할 수 있는 채널을 추가적으로 만들어야 합니다. 예를 들면 사내 공지창, 정보보호 알림창, 전사 이메일, 전사 메신저, 컴퓨터 화면보호기 등의 채널을 더 만들 수 있습니다.

여기에 하나만 더 추가한다면, 여건이 되는 범위 내에서 부서별로 보안 담당자를 지정하는 것입니다. 이렇게 한다면 정보보안 부서가 전사를 대상으로 전파하고 있는 보안사고를 부서 내 보안 담당자가 내부적으로 한 번 더 전파하도록 할 수 있습니다.

보안사고의 전파 채널을 많이 두고 활용할수록 구성원이 보안사고 전파 내용에 더 많이 노출될 수 있으며, 그 결과 구성원의 생각을 자극하는 아주 좋은 스위치가 될 수 있기 때문입니다.

마지막으로, C 부서는 동종 업계에서 최근에 발생한 보안사고와 유사한 상황이 부서 내에서 발생하지 않도록 '나름의 대책'까지 수립하고 있습니다. 이 부서는 이슈가 된 보안사고를 '타산지석'으로 삼아 부서 내 업무에 적용하려는 수준을 넘어서서, 부서 내에서 동일한 유형의 보안사고가 발생하지 않도록 예방 활동까지 하고 있습니다.

옆 동네에서 가스레인지를 사용한 후 가스밸브를 잠그지 않아 화재가 발생했다는 뉴스를 보게 되면, 우리 집 가스밸브도 한 번 더 확인해보는 것이 인지상정입니다. 동종 업계에서 발생한 보안사고를 바라보는 조직의 태도도 이와 마찬가지입니다. 따라서 부서 자체적으로 보안사고 예방을 위한 활동을 하는 것은 먼 나라의 이야기가 아닙니다.

대부분의 기업에서는 정보보안 부서에서 보안 대책을 수립한 후 전사 부서를 대상으로 보안통제를 하는 방식으로 예방 활동을 실행하고 있을 것입니다. 다만, 필자가 말하는 '나름의 대책'이란 정보보안 부서의 보안통제를 실무 부서 내 업무 처리 과정에 적용하기 위한 대책을 말하는 것입니다. 한마디로, 기존에는 횡단보도(보안통제)가 없던 도로(업무 환경)였지만, 도로를 건널 때 새롭게 생긴 횡단보도를 잘 활용하기 위한 '보행자들만의 대책'이라고 생각하시면 됩니다.

이처럼 동종 업계에서 발생한 보안사고와 관련하여 정보보안 부서의 보안통제를 자신들의 업무 처리 과정에 적용하기 위해서 나름의 대책까지 강구하는 부서라면, 당연히 보안인식 수준이 매우 높다고 평가할 수 있습니다. 뿐만 아니라 이 정도의 보안인식 수준은 정보보호 인식제고 활동이 추구하는 이상에 가장 근접한 것이라고도 할 수 있습니다.

정보보안 부서의 보안통제를 자신들의 업무에 적용하려는 나름의 대책을 가진

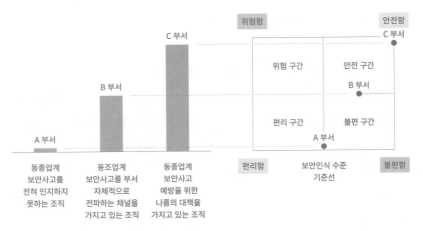

	위험함		안전함

C 부서

B 부서

A 부서

위험 구간	안전 구간
편리 구간	불편 구간

C 부서

B 부서

A 부서

동종업계 보안사고를 전혀 인지하지 못하는 조직	동조업계 보안사고를 부서 자체적으로 전파하는 채널을 가지고 있는 조직	동종업계 보안사고 예방을 위한 나름의 대책을 가지고 있는 조직

편리함   보안인식 수준 기준선   불편함

〈보안사고 동향에 대한 이해 수준별 보안인식 수준의 기준선(예시)〉

조직에 대한 향후 보안 조치

C 부서와 같은 조직이 있다면, 정보보호 최고책임자는 C 부서의 우수한 보안 준수 사례를 전사에 공개해야 합니다. 그리고 가능하다면 대표이사 선에서 포상이 이루어지도록 해야 합니다. 개선 노력과 성과 달성 사이에는 보상이라는 접착체가 필요하기 때문입니다.

위와 같이 보안사고 동향에 대한 이해 수준을 파악하는 이유는, 정보보호 관점에서 볼 때 그 부서 내에 위험 평가 프로세스가 존재하는지 그리고 그러한 위험 평가에 따라 업무 수행 과정에서 보안 대책을 적용하고 있는지를 알 수 있기 때문입니다. 그리고 이러한 과정에서 확인된 보안사고 동향에 대한 이해 수준도 그 부서의 현실적인 보안인식 수준의 기준선이 되기 때문입니다.

단계적 조치 적용(STEP 2): 속도 조절하기

보안인식과 업무 방식의 접점을 식별한 후부터는 조직의 보안인식 수준을 높이기 위한 단계적인 조치를 실행해야 합니다. 단계적 조치를 적용할 때 중요한 점은 임직원의 저항을 최소화해야 한다는 점입니다. 그래야만 단계적 조치의 최종 목표인 정보보호 인식제고라는 높은 봉우리에 더 효과적으로 도달할 수 있습니다.

단계적 조치를 적용할 때는 정보보안 부서가 주관하는 '보안통제 적용 속도'와 보안통제를 준수해야 하는 부서의 '보안통제 수용 속도'를 조절하는 것이 중요합니다. 이를 위해서 다음과 같은 방법들을 적용해볼 수 있습니다.

팀플레이

기업에는 일반적으로 정보보안 전담 부서가 있습니다. 그러다 보니 실무 부서의 구성원들은 정보보호 업무를 정보보안 부서가 전담한다고 생각하는 경향이 있습니다. 물론 정보보안 부서가 수행하는 고유한 업무(보안 정책 수립 및 시행, 보안 컴플라이언스 검토, 보안성 검토, 보안 점검, 보안 교육, 보안 감사 등)가 있습니다. 하지만 실무 부서에서 주로 접하게 되는 정보보안 부서의 업무는 통제 업무입니다. 이 지점에서 아이러니한 사실이 하나 있습니다. 그것은 정보보안 부서가 주관하는 보안통제를 준수해야 할 의무가 실무 부서의 구성원에게 있다는 사실을 그 실무 부서 구성원들이 종종 망각한다는 것입니다. 이는 마치 교통경찰관의 교통 통제를 준수할 의무가 운전자 자신에게 있다는 것을 자동차 운전자가 망각하는 것과 같습니다.

실무 부서의 구성원들이 위와 같은 망각을 하지 않도록 하려면 기업의 정보보호 업무는 모든 구성원이 함께 수행해야만 실현 가능하다는 것을 일깨워줘야 합니다. 즉 기업의 정보보호는 정보보안 부서와 실무 부서가 함께 수행하는 팀플레이여야 한다는 점을 구성원들에게 인지시킬 필요가 있습니다. 아래에서는 팀플레이를 하는 방법에 대해서 말씀드리겠습니다.

(1) 보안통제 적용 속도 = 보안통제 수용 속도

기업의 정보보호 관리체계를 성공적으로 유지하기 위해서는 보안통제를 주관하는 정보보안 부서와 보안통제를 준수하는 실무 부서 간의 팀플레이가 이루어져야 합니다. 여기서 팀플레이라는 것은 일방에 포커스를 둔 것이 아니라 쌍방에 포커스를 둔 의미라는 것을 잘 이해하실 겁니다. 다만, 정보보안 부서는 보안통제를 '주관'하는 부서이고 실무 부서는 보안통제를 '준수'해야 하는 부서라서, 아무래도 통제를 주관하는 정보보안 부서가 주도권을 가질 수밖에 없는 구조입니다.

그렇기 때문에 보안통제 주관 부서의 입장에서는 보안통제 준수 부서의 상황과 상태를 배려해야 합니다. 즉 정보보안 부서의 관점에서는 '보안통제 적용 속도'가 중요할 수 있지만 이 개념에만 매몰되지 말고, 보안통제 준수 부서의 '보안통제 수용 속도'도 함께 고려해야 합니다. 기업의 정보보호 관리체계가 유지된다는 말에는 보안통제 주관 부서의 '보안통제 적용 속도'와 보안통제 준수 부서의 '보안통제 수용 속도'가 같은 속도로 유지된다는 의미가 내포되어 있습니다.

(2) 보안통제 적용 속도의 기준은 상대방 부서

기업의 내부에서 정보보호 관리체계를 흔들거나 위협하는 새로운 보안 취약점이 식별된다면, 정보보안 부서 입장에서는 가능한 한 이른 시일 내에 대응 조치를 적용하고자 할 것입니다. 이렇게 하는 것이 정보보안 부서의 고유한 업무이자 정보보호 법률을 준수하는 것이기 때문입니다.

대응 조치가 정보보안 부서 자체적으로 적용 가능한 분야(기술적 보안통제나 내부 보안 감사 등)라면 '가능한 한 빠른 조치'를 하는 것이 맞고, 또 그렇게 할 수 있습니다. 하지만 대응 조치를 적용하기 위해서 다른 실무 부서의 협조가 필요하다면 반드시 해당 실무 부서의 대응 조치 협조 속도에 맞추어서 보안통제 적용 속도를 조절해야 합니다.

보안 실무를 하는 과정에서는 '보안통제 적용 속도'와 '보안통제 수용 속도'가 다른 경우가 비일비재합니다. 정보보안 부서에서는 새롭게 개정되는 정보보호 법률이나 고시에서 규정하고 있는 특정한 보안통제를 가능한 한 빠르게 전사 조직에 적용하고자 할 것입니다. 이에 반해서 실무 부서는 부서 내 업무 시스템의 특성 때문에 새롭게 적용되는 보안통제를 정보보안 부서가 추구하는 속도에 맞추어 반영하기 어렵습니다. 이런 경우에는 어떻게 해야 할까요?

이런 경우에는 정보보안 부서의 부서장과 실무 부서의 부서장이 함께 모여서 새로운 보안통제를 완전하게 반영할 수 있는 시점을 정해야 합니다. 그러고 나서 정보보안 부서는 그 시점이 도래할 때까지 새로운 보안통제를 반영하지 못함으로써 발생하는 취약점을 최소화할 수 있는 보완 통제 Compensating Control를 적용해야 합니다.

이처럼 보안통제를 준수해야 하는 실무 부서의 업무 처리에 영향을 주지 않는 범위 내에서 새로운 보안통제의 '적용 속도'를 조절하는 것은 보안통제 준수 부서의 저항력을 낮추면서 결과적으로 기업의 정보보호 관리체계를 유지하는 데 큰 도움이 됩니다.

(3) 합리적 근거에 기반하는 보안통제 적용 속도의 가속

기업의 정보보호 관리체계를 유지하기 위한 팀플레이는 앞에서 말씀드린 것처럼 보안통제 적용 속도의 기준을 상대방 부서에 두고 이를 배려하고 조절하는 것이 이상적입니다.

그렇지만 어떤 경우에는 어쩔 수 없이 보안통제 적용을 빠르게 진행해야 하기도 합니다. 예를 들면, 웹/앱 서비스상에 이용자 개인정보에 대한 법령상의 동의 절차가 누락되어 있다거나 이용자 금융정보에 대한 암호화가 적용되어 있지 않는 경우가 이에 해당합니다. 이는 말 그대로 '정보보호 법률을 위반하고 있는 상황'입니다. 이러한 상황에서 빠르게 조치를 하지 않으면 정보보호 법률을 계속 위반하게 됩니다.

이런 경우에는 보안통제를 준수해야 하는 상대방 부서의 상황을 배려하는 것이 아니라, 정보보호 법률의 준수를 빠르게 실행하는 것이 더 중요합니다. 이처럼 상대방 부서의 상황보다 보안통제의 적용 속도가 더 중요한 경우는 i) 정보보호 법률 위반 상황 해소 및 정보보호 법률 준수, ii) 정보보호 인증심사 결함 사항 이행 조치, iii) 정부 기관 보안 점검 지적 사항에 대한 이행 조치 등의 상황이 있습니다. 이처럼 기업의 임직원 누구라도 합리적으로 수용할 수 있는 근거에 기반을 둔 보안통제의 경우에는 보안통제 적용 속도를 빠르게 해야 합니다.

특히, 합리적 근거에 의해서 특정 보안통제를 빠르게 적용해야 할 필요가 있는 경우에는 해당 부서(개발 부서, 영업 부서 등) 내 업무 우선순위에서 보안통제 적용이 상위로 조정될 수 있도록 해당 부서장에게 요청해야 합니다. 그리고 그 요청의 합리적 근거를 이메일 등을 통해서 공유하는 것도 놓치지 말아야 합니다. 정보보호는 담당자만의 업무가 아니라 모든 구성원이 함께 지켜야 하는 '공동의 가치'이기 때문입니다.

소통

기업 내에서 통제 업무를 담당하는 부서(인사, 재무, 법무, 보안)는 실무 부서와 지속적으로 소통해야 합니다. 특히 정보보안 부서가 하는 소통은 정보보호 관리체계 유지에 매우 중요한 역할을 합니다. 여기서 말하는 정보보안 부서의 소통에는 다른 실무 부서와의 업무 협조 회의나 보안성 검토, 전사 보안 공지, 신규 입사자 보안 교육, 전사 보안 점검 및 점검 결과 공유, 최근 보안사고 사례 전파 및 대응 방안 공유, 내부 보안 이슈에 대한 타운홀 미팅 등이 포함됩니다. 이처럼 정보보안 부서가 다른 실무 부서와 지속적으로 소통해야 하는 이유는 바로 정보보호 책임은 기업의 모든 임직원에게 분산되어 있는 책임이기 때문입니다.

정보보안 부서가 다른 실무 부서와 소통할 때 주의해야 할 사항과 소통의 효과를 극대화할 수 있는 노하우 등을 살펴보겠습니다.

(1) 보안 개념은 업무 기획 단계부터 소통하기

일반적으로, 사업 기획 부서나 개발 부서 등에서는 사업 기획의 참신성이나 시장성 그리고 실현 가능성 등에 방점을 두고 업무를 합니다. 그러다 보니 이러한 부서는 새로운 아이디어나 내외적 기회가 생기면 그 아이디어를 사업이나 서비스 개발로 빠른 시간 안에 실현시키고자 합니다. 그리고 이것이 자연스러운 업무 과정입니다.

다만, 정보보호의 관점에서 보면 이러한 과정 안에는 매우 중요한 문제가 있습니다. 바로 '처음부터 다시 기획'해야 한다는 문제입니다. 예를 들어 보겠습니다. 사업 기획 부서나 개발 부서가 기획의 마무리 단계나 서비스 개발의 완성 단계에 이르러서야 뒤늦게 정보보안 부서에 보안성 검토를 문의했다고 상상해보십시오. 이런 경우에는 거의 대부분 정보보안 부서로부터 해당 기획 내용에 정보보호 법률 위반 사항이 있다는 통보를 받게 될 것입니다.

문제는 정보보호 법률 위반 사항을 해소하기 위해서 업무 기획을 다시 하거나 거의 완성에 임박한 개발 서비스에 대해서 다시 초기 단계로 돌아가서 보안 기능을 적용해야 한다는 것입니다. 사실 이러한 문제는 정보보안 부서만의 문제로 끝나지 않고 사업 기획 부서나 개발 부서, 나아가 회사 전체에도 상당히 큰 부담으로 작용할 수 있습니다.

이러한 문제를 미리 방지하고 시간과 자원을 효율적으로 사용하기 위해서는 신규 사업이나 신규 서비스 개발을 '기획하는 시점'에 해당 기획을 담당하는 부서가 정보보안 부서에게 보안성 검토를 요청하도록 해야 합니다.

여기서 기획을 담당하는 부서가 정보보안 부서에 보안성 검토를 '요청' 해야 하는 중요한 이유가 있습니다. 정보보안 부서에서는 어떤 부서에서 어떤 기획을 하고 있는지 미리 알 수 없기 때문입니다. 이는 마치 환자가 의사에게 와야만 의사가 환자의 병증을 문진하고 진단과 처방을 할 수 있는 것과 같은 이치입니다.

보안성 검토를 업무 기획 단계에서 요청하도록 하려면, 정보보안 부서에서는 '보안성 검토 요청을 위한 소통 채널'을 미리 구축해두어야 합니다. 여기서 말하는 소통 채널이란 보안 공지나 보안 교육, 부서장급 이상의 회의 시 공지, 의사결정 품의 단계에서 정보보안 부서를 회람자로 지정하는 것 등입니다.

여기에 더해서 새로운 업무 기획을 주관하는 실무 부서의 의사결정권자가 기획안을 승인하기 전에 기획 실무 담당자에게 아래와 같은 질문을 반드시 하도록 의사결정 프로세스를 정립해두어야 합니다.

"이 기획안에 대해 정보보안 부서로부터 보안성 검토를 받았습니까? 검토를 받았다면 그 결과가 반영되어 있습니까?"

이 과정에서 보안성 검토를 받지 않은 것이 확인되었다면, 그 시점에서 정보보안 부서로 보안성 검토를 요청하면 됩니다. 이렇게 한다면 정보보호 법률에서 의무적으로 적용하도록 규정하고 있는 보안 기능을 기획 단계에서부터 바로 적용할 수 있습니다. 그리고 이렇게 하는 것이 기업의 시간과 자원을 효율적으로 활용하는 방법입니다.

(2) 상대방의 언어로 소통하기

개발이나 영업 또는 마케팅 등의 업무를 담당하는 실무 부서와 통제 업무를 하는 정보보안 부서가 업무 협조 회의를 하다 보면 간혹 분위기가 얼어붙는 경우가 있습니다. 그 이유는 아무래도 양 부서의 의견이 다르기 때문일 것입니다. 의견이 다른 이유는 다양합니다. 하지만 가장 근본적인 이유는 양 부서가 각자 자신의 입장과 자신의 업무적 관점에서만 의사표현을 함으로써 의사소통이 이루어지지 않기 때문일 것입니다.

그런데 재미있는 현상이 있습니다. 며칠 흐른 후에 위 두 부서가 다시 동일한 주제로 업무 협조회의를 해보면, 지난번 회의와는 달리 순조롭게 진행되기도 합니다.

이런 현상이 발생하는 이유는 두 가지 정도로 정리할 수 있습니다. 첫째, 비록 분위기가 좋지는 않았지만 지난 회의를 통해서 상대방 부서의 의견과 입장을 알게 되었고, 시간이 지나면서 그에 대해서 고민하고 일정 부분 이해하게 되었기 때문입니다. 둘째, 이러한 고민과 이해를 바탕으로 다음 회의에서는 상대방 부서의 입장을 고려하여 양 부서가 의사 표현, 즉 소통을 했기 때문입니다.

정리해보면, 양 부서가 자신의 입장에서만 의사소통을 할 때는 '오해와 갈등'이 생기지만, 상대방 부서의 입장을 이해한 상태에서 의사소통을 하면 '이해와 소통'이 가능해집니다. 이해가 안 되면 오해가 되고, 소통이 안 되면 갈등이 됩니다.

이러한 상황을 고려해볼 때, 보안통제를 주관하는 정보보안 부서는 상대방 부서의 입장을 고려하여 의사소통을 할 필요가 있습니다. 보안통제를 적용하는 가장 중요한 목적이 상대방 부서가 보안통제를 준수하도록 만드는 데 있다면, 더더욱 상대방 부서의 입장을 고려하는 소통을 해야 합니다.

상대방 부서의 입장을 고려하는 소통이란 기밀성이나 무결성의 관점에서 파생되는 어려운 보안 용어만을 사용하는 의사소통이 아닙니다. 그보다는 상대방 부서의 업무 처리 방식과 상대방 부서의 업무 상황 등을 고려하여 보안통제에 관한 의사소통을 하는 것입니다.

특히 정보보안 부서는 기업 전체의 정보보호 관리체계를 유지하고 개선하기 위해 다양한 부서들과 긴밀한 관계를 유지해야 하는 경우가 매우 많습니다. 이러한 관계를 유지하는 과정에서 상대방 부서의 관점과 업무 상황 등을 적절하게 활용한다면, 정보보안 부서가 주관하는 보안통제에 대한 상대방 부서의 저항을 줄일 수 있습니다.

(3) 안 되는 방법보다는 합법적으로 '되는 방법'으로 소통하기

전문성에 기반하여 운영되는 부서에서는 아무래도 전문적인 영역과 표준(법령, 지침, 자격, 경력, 자격증 등)이 있기 마련입니다. 특히 법령에 기반하여 기업 내 모든 부서를 통제하는 부서는 더더욱 그러합니다. 정보보안 부서도 전문적인 영역과 표준에 기반하여 운용되는 부서입니다. 특히 기술적 보안통제 영역은 정보보호 법률과 정부 발간 지침 그리고 보안 가이드라인에서 요구하는 기술적 영역이 매우 넓을 뿐만 아니라 적용해야 할 기술적 수단 역시 상당히 전문적입니다.

그렇지만 보안통제를 준수해야 하는 실무 부서는 대부분 위와 같은 기술적 보안통제 영역에서 표준으로 적용되는 내용을 인지하지 못할 것입니다. 그러다 보니 실무 부서에서 정보보호 법률이나 지침 또는 보안 가이드라인을 위반하는 방식으로 업무가 진행되는 경우가 종종 있습니다. 이런 경우에는 보안통제를 주관해야 하는 정보보안 부서와 이러한 보안통제를 준수해야 하는 실무 부서가 다시 얼굴을 맞대고 회의 테이블에 앉게 될 텐데, 이 자리에서는 '표현의 관점'이 매우 중요합니다.

앞서 말씀드린 것처럼, 소통에서 중요한 것은 상대방의 언어로 하는 것입니다. 그렇지만 그보다 더 중요한 것은 상대방 부서의 요청 사항에 대해서 부정적인 표현을 하지 않는 것입니다. 상대방 부서의 요청 사항을 합법적으로 실현할 수 있는 방법을 같이 찾아보자는 식으로 긍정적인 표현으로 소통하는 것이 매우 중요합니다. 한마디로 '되는 방법'을 같이 찾아보자는 소통을 하는 것입니다.

일반적으로 실무 부서는 자신들의 업무 방식이나 업무 내용이 정보보호 법률이나 보안통제 규정에 위반된다는 것을 인지하지 못합니다. 그리고 위반을 인지했다면 그 사항을 해소할 수 있는 방법을 알아내기 위해 정보보안 부서에 문의를 하는 경우가 대부분입니다.

이러한 상황에서 보안 부서가 '정보보호 법률상 안 되는 방법'이라는 응답만 하는 것은 좋은 소통 방법이 아닙니다. 이러한 소통은 실무 부서가 기술적 보안통제를 우회하거나 보안통제에 대한 저항감을 키우는 계기가 될 수 있습니다. 정보보안 부서가 보안통제를 하는 목적은 실무 부서가 정보보호 법률을 위반하는 기존의 업무 방식을 수정하여 법률을 준수하도록 만들기 위함입니다. 따라서 기술적 보안통제를 위반하지 않으면서도 실무 부서의 업무 방식을 실행할 수 있는 합법적인 방법을 함께 고민해주는 것이 더 좋은 소통 방법입니다.

(4) 통제 부서로서 감정 관리

이 책에서 여러 번 언급하고 있는 것이 '정보보안 부서는 통제 부서'라는 것입니다. 즉 정보보안 부서는 기업 내 다양한 목적과 형태로 운용되고 있는 여러 실무 부서의 업무 방식이나 업무 절차에 대해서 보안통제를 하고 있습니다. 그리고 보안통제의 효과성을 높이기 위해서 보안성 검토와 업무 협조 회의, 보안 교육, 보안 점검 등을 수행하고 있습니다.

이러한 보안통제 과정에서 상대방 부서가 통제 내용에 반발하거나 통제 자체에 반감을 표현하는 경우가 생각보다 많습니다. 더욱이 상대방 부서의 업무 방식에 대해서 정보보안 부서가 '정보보호 법률상 안 되는 방법'이라는 표현을 하는 상황에서는 더더욱 반발이 커집니다.

정보보안 부서의 입장에서는 보안통제에 실무 부서가 반발하거나 반감을 가지고 보안통제를 비판하는 것 자체가 이해되지 않을 수 있습니다. 정보보안 부서가 수행하는 보안통제라는 것이 정보보호 법률에 기반하는 것이어서 보안통제는 '준수의 대상'이지 '비판의 대상'이 아니라 생각하기 때문입니다. 그래서 보안통제에 반발하거나 반감을 드러내는 실무 부서의 구성원과 감정적으로 충돌하는 경우도 생깁니다. 이는 마치 교통신호를 위반한 운전자와 교통 통제를 하는 교통경찰관이 도로 위에서 언성을 높이면서 싸우는 것과 같습니다.

보안통제를 할 때 정보보안 부서가 감정 관리를 하지 못하면, 통제 부서로서의 권위를 잃을 수 있습니다. 권위를 잃은 통제 부서의 통제는 실무 부서에 통제로서의 기능을 유지할 수 없게 됩니다. 이는 결국 기업의 정보보호 관리체계를 약화시키는 결과로 이어질 수도 있습니다.

따라서 보안통제에 대해 반발이나 반감을 표현하는 실무 부서나 임직원에 대해서는 감정을 배제한 상태에서 정보보호 법률을 준수해야 한다는 원칙적 범위에서만 보안통제 준수를 요구해야 합니다. 상대방의 감정적 자극이나 부정적인 표현에 대해서 정보보안 부서가 감정적으로 맞대응하지 않도록 주의해야 합니다.

그럼에도 지속적으로 보안통제에 대한 반발과 반감을 표현하면서 실질적으로 보안통제를 준수하지 않으려는 직원이 있다면 어떻게 해야 할까요? 이런 경우에는 감정적 대응보다는 기업 내에서 허용되는 절차와 규정을 활용하여 아래와 같은 두 가지 방법으로 접근할 수 있습니다.

첫째는 해당 직원의 소속 부서장에게 이메일을 보내는 것입니다. 이 이메일에서 부서 소속 구성원의 정보보호 법률 위반 사항을 공유하는 것입니다. 그러면서 보안통제에 반발하거나 반감을 가진 직원에 대한 특별한 관리를 요청하는 것입니다. 이 방법은 만약 이 직원에 의해서 보안사고가 발생할 경우 매우 중요한 증거 자료로 활용될 수도 있습니다. 예를 들어 이 직원에 의해서 보안사고가 발생한 경우 수사기관이나 사법기관은 '소속 부서장이나 회사에서 이 직원에 대해서 어떠한 관리·감독을 했는가?'라는 관점으로 수사와 조사를 하게 될 것입니다.

수사기관이나 사법기관으로부터 이러한 판단을 받아야 하는 경우 소속 부서장에게 보낸 이메일과 부서장의 특별한 관리 결과는 소속 부서장이나 회사가 이 직원을 평소에 관리·감독 했음을 입증할 수 있는 매우 중요한 증거 자료로 활용됩니다.

둘째는 인사 통제를 담당하는 부서에 이 직원의 취업 규칙 위반을 근거로 징계를 요청하는 이메일을 발송하는 것입니다. 대부분의 기업에는 모든 임직원이 예외 없이 준수해야 하는 취업 규칙이 있습니다. 그리고 취업 규칙에는 아래와 같은 규정이 반드시 포함되어 있습니다.

"모든 임직원은 회사의 제규정을 준수해야 하고, 이를 위반할 시에는 취업 규칙이 정한 대로 징계가 가능하다."

보안통제를 준수하지 않는 것은 회사의 정보보호 규정을 준수하지 않는 것이므로 결과적으로 취업 규칙을 위반하는 것입니다. 이에 대해서 인사 부서가 징계 여부를 판단하고, 판단의 결과에 따라 인사 관리를 합니다. 그리고 이 방법 역시 이 직원에 의해서 보안사고가 발생했을 경우 '회사 조직이 이 직원에 대해서 어떤 관리·감독을 했는가?'를 수사기관이나 사법기관이 판단할 때 중요한 증거 자료로 활용됩니다.

이처럼 강력한 방식을 제안하는 데는 두 가지 중요한 이유가 있습니다. 첫째는 보안통제에 대한 '반발과 반감'은 보안통제에 대한 '저항'으로 이어질 수 있고, 이는 결국 보안인식과 업무 방식의 접점을 매우 낮은 수준으로 떨어뜨리는 원인이 되기 때문입니다. 둘째는 보안인식의 수준은 올라갈 때와 내려갈 때 매우 다른 양상을 보이는 특징이 있기 때문입니다. 보안인식 수준이 떨어지는 것은 창문에서 떨어지는 것처럼 한순간이지만, 올라가는 것은 계단으로 올라가는 것과 같이 오랜 시간 동안 많은 노력이 듭니다."

따라서 보안통제에 대한 반발과 반감을 가지고 지속적으로 보안통제를 준수하지 않으려는 부서나 직원이 있는 경우에는, 기업 내에서 허용되는 통제 체계와 통제 절차를 활용해 보안통제가 제대로 작동될 수 있는 환경을 만들어야 합니다. 그렇게 하지 못하면, 보안통제에 '일단 반발하고 보자!'는 보안 저항의 환경이 확산될 수 있고 이로 인해 보안인식의 수준이 한순간에 창문 아래로 급전직하할 수 있습니다.

(5) 새로운 보안통제 적용 전에는 반드시 먼저 소통하기

정보보호 법률의 개정이나 정부에서 발간한 보안 가이드라인의 업데이트로 인해 기존에 없었던 보안통제를 새롭게 적용해야 하는 경우가 있습니다. 정보보안 부서라면 이런 경우 개정된 정보보호 법률을 준수하고 정보보호 관리체계를 강화하기 위해서 '당연히 필요한 조치'라고 생각할 것입니다. 반면에 실무 부서 입장에서는 기존에 없던 새로운 절차, 즉 '새로운 불편'이 생긴다고 생각할 것입니다.

마치 그동안 편하게 무단횡단을 해왔던 특정한 도로구간에 어느 날 횡단보도가 생기는 것과 같은 식입니다. 이제부터 보행자는 언제 어디서나 무단횡단을 하던 편리한(그러나 위험한) 방법을 활용할 수 없게 됩니다. 횡단보도가 있는 곳으로 걸어가서 보행신호를 기다렸다가 길을 건너야 하는 불편한(그러나 안전한) 방법을 따라야 합니다.

횡단보도 보행이라는 '새롭게 적용되는 교통 통제'는 교통경찰관 입장에서는 당연한 교통 통제가 되고, 편하게 무단횡단을 하던 보행자 입장에서는 기존에 없던 새로운 불편이 됩니다. 그런데 "정보보호는 '모든 임직원에게 분산화되어 있는 책임'입니다. 보안통제를 주관해야 하는 정보보안 부서에는 '통제 책임'이 있고, 보안통제를 준수해야 하는 실무 부서에는 '준수 책임'이 있습니다."

이러한 이유에서 새롭게 적용되는 보안통제의 경우에는 사전에 기업 내 모든 부서 임직원을 대상으로 그 취지와 근거 그리고 준수 방법 등을 알려줄 필요가 있습니다. 특히 새로운 보안통제를 시행하는 근거가 예를 들어 법률의 준수나 대표이사의 승인 등과 같이 재론의 여지가 없는 것이라 하더라도 미리 알려줄 필요가 있습니다.

그 방법으로는 전사 공지나 전사 이메일 발송 등이 있습니다. 다만 이 방법은 일방향 소통입니다. 양방향 소통이 가능한 방법도 있습니다. 예를 들면, 새롭게 적용될 보안통제에 관심이 있는 임직원이 편하게 참여하고 의견을 제시할 수 있는 타운홀 미팅 또는 부서장 이상의 직책자가 참여하는 회의에서 새롭게 적용될 보안통제를 설명하는 방법 등입니다.

이러한 양방향 소통 과정에서 질문과 대답이라는 상호 간의 소통을 통해 새로운 보안통제에 대한 저항을 줄일 수 있습니다. 게다가 새롭게 적용될 보안통제의 적용에 대해 대표이사가 이미 승인한 상태라면, 참석자들은 대표이사의 승인 여부를 정보보안 부서로부터 듣게 되는 것이므로 정보보안 부서가 통제 부서로서 권위를 유지하는 부수적인 효과도 기대할 수 있습니다.

기다림의 미학

정보보안 부서는 정보보호 관리체계의 중요성을 잘 알고 있습니다. 그렇다면, 다른 실무 부서는 정보보호의 중요성을 모르고 있을까요? 필자는 다른 실무 부서에서도 정보보호의 중요성을 알고 있다고 생각합니다. 「2021년 정보보호 실태조사」에 따르면, 기업의 88.9%가 '정보보호가 중요하다(중요한 편이다+매우 중요하다)'라고 응답했습니다.[81]

따라서 정보보안 부서뿐만 아니라 다른 실무 부서도 정보보호의 중요성을 너무나도 잘 알고 있다고 보아야 합니다. 다만, 앞서 설명한 바와 같이 실무 부서에서는 '보안인식과 업무 현실의 불일치'와 '기술 보안 우회' 그리고 '관리 보안에 대한 저항' 현상이 발생하는 것입니다.

이러한 현상을 극복하고 기업의 정보보호 관리체계를 유지하기 위해서는 다음과 같은 몇 가지 단계적인 조치를 적용해볼 필요가 있습니다. 이렇게 하는 이유는 정보보안 부서 '하나'일 때보다 기업의 많은 부서가 '함께' 동참할 때 정보보호 관리체계가 유지될 수 있기 때문입니다.

(1) 통제보다는 가이드

정보보안 부서의 기본적인 업무가 '보안통제'이다 보니 실무 부서 입장에서는 '통제를 받는다'고 생각하게 됩니다. 물론 긴급하거나 중요한 사안인 경우에는 통제라는 형식과 절차로 보안통제가 진행되어야 합니다. 다만, 긴급성이나 중요성이 상대적으로 낮은 경우라면, '통제'보다는 '가이드'의 형식으로 보안통제를 적용하는 것이 동참을 이끌어내는 데 효과적입니다.

(2) 설명하고, 설명하고, 그리고 설명하기

새로운 보안통제가 기업 내 모든 부서로 이식되는 데는 최소 1~2개월 이상 소요되는 것으로 생각됩니다. 이 기간 동안 정보보안 부서에서는 모든 부서의 업무 프로세스에 보안통제가 성공적으로 이식되도록 하기 위해 엄청난 활동을 하게 됩니다. 여기서 말하는 활동이란 보안 공지와 교육, 협조 회의, 타운홀 미팅 등입니다.

이와 같은 활동을 한마디로 정의하자면 바로 '설명'입니다. 다시 말해 새로운 보안통제를 기업 내 모든 부서에 이식시키기 위해 여러 방법으로 '설명'을 하는 것입니다. 여기서 중요한 점은 새로운 보안통제가 성공적으로 이식된 이후에도 지속적으로 보안통제에 대한 설명을 해야 한다는 점입니다. 보안통제가 잘 이식된 부서라고 하더라도 시간이 흐름에 따라 내부적인 변화가 발생하기 때문입니다.

내부적인 변화에는 인적 구성의 변화, 업무 담당자의 변화, 신규 업무 수행, 보안통제에 대한 구성원의 긴장감 변화 등이 포함됩니다. 따라서 정보보안 부서는 이와 같은 실무 부서 내부의 변화를 이해하고, 보안통제에 대한 지속적인 설명을 할 수 있는 절차와 방법을 수립하여 상시적으로 적용해야 합니다.

(3) 기다리고 있다는 것을 알게 해주기

기업의 88.9%가 '정보보호가 중요하다'고 인식하고 있습니다. 그럼에도 불구하고 업무 현장에서는 보안인식과 업무 현실의 불일치가 발생하고 있습니다. 이와 같은 불일치를 최소화하는 방안으로 '기다리고 있는 것을 알게 해주는 방법'을 활용해볼 수 있습니다.

즉 보안통제를 즉시 적용하는 것이 아니라 정보보안 부서가 '실무 부서의 보안성 검토 요청을 기다리고 있다'는 것을 알게 해주는 것입니다. 예를 들어 어느 부서의 업무 내용 중에서 보안 취약점이 식별되었다면, 이에 대해서 즉시 보안통제를 적용하는 것이 아니라 해당 부서에 보안 취약점이 있다는 사실을 알게 해주고, 정보보안 부서로 보안성 검토 요청을 하라고 일러주는 것입니다.

그러고 나서는 이 부서가 실제로 보안성 검토를 요청해올 때까지 기다려주는 것입니다. 물론 기다리는 중에 정보보안 부서에서는 식별된 보안 취약점을 제거할 조치 방안을 이미 수립해놓았을 것입니다. 이렇게 기다리고 있어도 이 부서에서 보안성 검토 요청이 들어오지 않으면, 보안성 검토 요청을 기다리고 있다고 한 번 더 알려주면 됩니다.

이런 방법은 주로 새로운 사업을 기획하고 있는 부서에 적용하기 좋습니다. 예를 들어, 개발 부서에서 웹/앱 기반의 새로운 서비스를 기획하고 있다는 내용을 정보보안 부서가 알게 되었다고 가정해보겠습니다. 이때 정보보안 부서가 곧바로 보안성 검토 과정을 진행하자고 개발 부서에 요청하는 것이 아니라 개발 부서에 신규 기획 서비스에 대해서 보안성 검토가 필요하다는 사실을 알려주는 것입니다. 그리고 기다리는 것입니다.

물론 너무 오래 기다리게 되면 기획 단계에서 진행해야 할 보안성 검토 타이밍을 놓칠 수도 있습니다. 필자의 경험을 토대로 볼 때는 최대 2주 정도 기다려주는 것이 좋습니다. 그리고 이렇게 기다리면서 정보보안 부서에서 '개발 부서의 보안성 검토 요청을 기다리고 있다'는 사실을 종종 알려주면 됩니다.

이렇게 한다면 기획 초기 단계에서부터 보안성 검토를 적용할 수 있을 뿐만 아니라 기획을 담당하고 있는 부서에서는 기획의 초기 단계에서부터 보안성 검토를 받아야 한다는 절차적인 보안인식도 높일 수 있습니다. 아울러 기획을 주관하는 실무 부서의 타임라인을 배려하여 정보보안 부서가 기다려주었다는 사실 그 자체로도 보안통제에 대한 저항감을 상당히 완화시킬 수 있습니다.

(4) 보안통제를 수용할 수 있는 시간 주기

'새로운 보안통제를 적용하기 전에 먼저 소통하는 방법'이나 '기다리고 있다는 것을 알게 해주는 방법'을 적용하여 보안통제를 준수해야 하는 실무 부서와 지속적으로 소통하는 아주 중요한 이유가 있습니다. 그것은 실무 부서에 보안통제를 수용할 수 있는 시간을 주기 위함입니다.

특히 필자는 이러한 수용의 시간을 보낸 부서와 그렇지 않은 부서가 보안통제를 수용하는 수준이 현저하게 다르게 나타나는 상황을 자주 목격했습니다. 수용의 시간을 보낸 부서가 그렇지 않은 부서에 비해 보안통제를 수용하는 수준이 높을 수밖에 없는 이유는, 수용의 시간을 거치면서 인식과 현실(행동)의 불일치가 줄어들기 때문입니다.

보안통제를 수용하는 시간을 거치면 해당 부서의 보안인식 수준과 업무 현실의 관성(행동)의 차이가 줄어들게 됩니다. 이처럼 인식과 현실(행동)의 차이가 최소화되므로 결과적으로 보안통제를 잘 수용하게 됩니다.

정보보안 부서는 보안통제를 적용하기 전에 실무 부서가 보안통제의

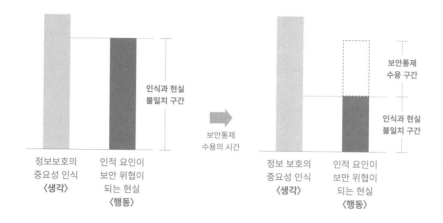

인식과 현실 불일치 구간

보안통제 수용의 시간

정보보호의 중요성 인식 〈생각〉

인적 요인이 보안 위협이 되는 현실 〈행동〉

보안통제 수용 구간

인식과 현실 불일치 구간

정보 보호의 중요성 인식 〈생각〉

인적 요인이 보안 위협이 되는 현실 〈행동〉

〈보안통제 수용 시간의 중요성〉

내용에 대해서 충분히 고민하고 생각할 시간을 가능한 한 허용해주는 것이 좋습니다. 이렇게 해주면, 수용의 시간 동안 실무 부서에서는 앞으로 준수해야 하는 새로운 보안통제에 대한 내부 회의와 토론이 이어지고, 심지어 그에 대한 성토의 장이 마련되기도 합니다.

하지만, 이러한 과정을 통해서 보안통제를 의식적으로 수용하게 되는 것입니다. 혹 실무 부서의 요청이 있다면, 실무 부서 구성원들의 회의에 정보보호 최고책임자나 정보보안 부서의 팀장이 참석해 다시 한번 보안통제에 대해서 설명해주는 것도 아주 좋은 방법입니다.

(5) 넛지 효과 활용하기

정보보안 부서에서 보안통제를 적용하는 경우에는 정책 수립 및 전사 공지, 정책 준수 모니터링 및 점검, 정책 위반 현황 관리 등과 같이 주로 '직접적인 보안통제 방법'을 적용하게 됩니다. 물론 이와 같은 직접적인 방법들은 그 자체로 목적과 효과가 있는 방법들입니다. 그러나 보안통제를 준수해야 하는 실무 부서와의 자연스러운 소통을 통해서 보안인식의 수준을 높이고자 하는 목적이라면, 직접적인 방법과 더불어 간접적인 방법을 함께 활용하는 것도 효과적입니다.

간접적인 방법의 가장 좋은 예시가 바로 넛지Nudge 방식입니다. 넛지란 일반적으로 '팔꿈치로 툭 치다'라는 의미를 가지고 있습니다. 그리고 강압적인 방법이 아닌 부드러운 방법을 적용할 때 더 좋은 결과가 나오는 것을 넛지 효과Nudge Effect라고 합니다.

넛지 방식을 활용한 예를 들어보겠습니다. 어느 회사에서 최근에 큰 위협이 되고 있는 랜섬웨어에 대비하기 위해 새로운 보안 정책을 수립하여 전사에 공지하고, 이 정책에 대한 준수 여부를 모니터링하고 있다고 가정해보겠습니다. 이와 같은 방법은 직접적인 통제라고 할 수 있습니다. 이런 경우 직접적인 통제 방법뿐만 아니라 넛지 방식을 활용한 간접적인 통제도 함께 적용할 수 있습니다.

예를 들면, '정보보안 부서 직원의 일상'을 사내 공지용 기사로 만들어 전사에 배포하는 것입니다. 이 기사는 우리 회사와 임직원을 보호하기 위해 정보보안 부서에서 근무하고 있는 기술적 보안통제 담당자가 어떤 업무를 수행하고 있으며 얼마나 수고하고 있는지를 주요 내용으로 하는 기사입니다. 이렇게 간접적인 방법을 적용한다면, 직접적인 보안통제에 대한 실무 부서의 저항감이 줄어들 뿐만 아니라 기존에 적용 중인 다른 보안통제에 대한 실무 부서의 저항감도 줄어드는 경험을 필자는 자주 했습니다.

단계적 조치 적용(STEP 2): 현상이 아닌 원인에 집중하기

어느 임직원이 정보보호 규정 내지 보안통제 규정을 위반한다는 것은 이 직원이 회사의 정보보호 관리체계를 벗어나는 행동을 한다는 것을 뜻합니다. 여기서 위반 행동은 '현상'이라고 할 수 있습니다. 그리고 현상이라는 것은 '원인'에 의해 결과적으로 나타나는 것입니다. 물론, 정보보호의 관점에서 보면 정보보호 규정 내지 보안통제 규정을 위반하는 행동이라는 '현상'에 대해서 보안통제를 강화하고 책임 소재를 따지는 것이 일반적인 순리입니다.

그렇지만 위반 행동이 반복적으로 발생한다면 정보보안 부서에서는 위반 행동에 대해서 다른 각도로 고민을 해보아야 합니다. 왜냐하면, 위반 행동이라는 '현상'이 반복된다는 말은 그 '원인'을 해결하지 못했다는 말이 되기 때문입니다.

여기서는 위반 행동이라는 '현상'이 아닌 위반 행동의 '원인'에 집중해서 보안통제를 적용하는 데 도움이 되는 몇 가지 사례를 공유하겠습니다.

흔들리는 나뭇가지가 아니라 바람이 중요한 이유

나뭇가지는 자신의 힘으로 흔들리지 않습니다. 나뭇가지를 흔드는 것은 눈에 보이지는 않지만 물리적인 힘을 가지고 있는 바람입니다. 여기서 나뭇가지가 흔들리는 것은 '현상'이고, 이 현상의 원인은 '바람'입니다. 이 개념을 정보보호 관리체계에 대입해보면, 정보보호 규정 내지 보안통제 규정을 위반하는 행위는 '현상'이고, 이러한 현상이 발생한 '원인'은 따로 있다는 말이 됩니다.

예를 들어, 점심마다 실시하는 생활 보안 점검에서 유독 어느 한 직원은 항상 책상 위에 문서(특히 개인정보가 기재되어 있는 문서)를 방치한 채 식사를 하러 나가고, 또 어떤 직원은 항상 컴퓨터 전원을 종료하지 않은 채 퇴근을 한다고 가정해보겠습니다.

이때 '이석시 문서 방치'와 '퇴근시 컴퓨터 전원 미종료'는 그저 하나의 현상일 뿐입니다. 따라서 문제가 되는 '현상'에 대한 조치를 한다고 해서 문제의 '원인'이 해결되었다고 생각해서는 안 됩니다. 이러한 관점에 따라 정보보안 부서는 정보보호 관리체계를 벗어나는 '현상'과 '원인'을 각각 식별하여 '원인을 해소할 수 있는 보안통제'를 적용해야 합니다.

한편, 정보보호 인식제고와 관련해서도 위반이라는 '현상'이 아니라 그 '원인'이 중요한 이유가 있습니다. 바로 원인에 집중하는 과정을 통해서 실무 부서와 임직원에게 내재되어 있는 보안인식의 취약점을 식별할 수 있기 때문입니다. 이뿐만 아니라, 식별된 보안인식의 취약점에 특화된 그야말로 맞춤형 정보보호 인식제고 활동을 할 수 있기 때문입니다.

따라서 정보보호 정책을 위반하는 행동이 발생하는 경우 위반 행동이라는 '현상'이 아니라 그 '원인'을 식별하고, 이를 해결하는 과정을 거쳐야 합니다. 이러한 과정은 보안통제에 대한 임직원의 저항을 최소화하면서 보안인식의 수준을 효과적으로 높일 수 있는 매우 중요한 단계적 조치라고 할 수 있습니다.

원인을 해결할 수 있는 효과적인 보안통제 적용하기

위반 행동이라는 '현상'에만 집중하고자 한다면 점심시간 동안 책상 위에 문서를 방치하는 현상이 발생할 때마다 정보보안 부서가 정보보호 위반 경고장도 반복적으로 발부하면 됩니다. 이것이 '현상'에 대한 보안통제를 적용하는 형태입니다.

그런데, 이 직원이 반복적으로 문서를 방치하는 '원인'이 책상 위치 때문이라면 어떨까요? 이 직원의 자리가 다른 직원들이 전혀 다니지 않고 눈에 잘 띄지도 않는 구석에 있다 보니 문서 방치에 대한 긴장감이 완화된 것이라면 말입니다. 이러한 '원인'에 대해서는 어떤 보안통제를 적용하시겠습니까?

이런 상황이라면 이 직원에게 정보보호 위반 경고장을 발부하기보다는, 이 직원의 부서장에게 '이 직원의 자리를 좀 더 공개되고 다른 직원이 많이 다니는 곳으로 이동시키라'고 협조를 요청하는 것이 더 효과적입니다. 이것이 '원인'을 해소하는 동시에 경고장보다는 보안통제에 대한 저항감을 훨씬 줄일 수 있는 방법이기 때문입니다.

이처럼 부서장의 협조 아래 이 직원의 자리를 공개적인 곳으로 옮기면 이러한 사실이 이야깃거리가 되어 다른 부서에도 영향을 끼치게 됩니다. 그래서 비록 부서가 다르더라도 구석 자리에 있는 직원들은 문서 방치를 하지 않으려는 생각과 행동을 하게 되는 것입니다. 특히 이러한 방법을 활용한다면 다음과 같은 매우 좋은 파급효과가 나타날 수 있습니다. "동일한 원인에 의해서 나타나는 '동일한 행동'을 하나의 보안통제로 해결할 수 있습니다."

반면에 위반 행동의 '원인'이 매우 심각한 상황으로 판별되는 사례도 충분히 있을 수 있습니다. 예를 들어보겠습니다. 앞뒤 주말을 붙여서 무려 10일 동안 장기 휴가를 떠난 직원이 있습니다. 그런데 이 직원의 컴퓨터에서 모니터의 전원은 종료되어 있으나 본체의 전원은 종료되어 있지 않았습니다.

이러한 현상에 대해서 정보보안 부서에서 가용할 수 있는 기술적 시스템과 보안 장비를 동원하여 상황을 좀 더 파악해보았습니다. 그랬더니 이 직원은 휴가 시작 전에 업무용 컴퓨터를 통해서 가상화폐 사이트에 접속한 후 '예약 매도 및 예약 매수' 기능을 사용하고 있었습니다. 따라서 이 경우는 휴가 중인 직원의 컴퓨터 본체 전원이 종료되지 않는 것은 '현상'이고, 가상화폐 사이트에 접속하여 휴가 기간 중에도 자동적으로 매도와 매수가 이루어지도록 한 것이 '원인'이라고 할 수 있습니다.

이런 상황에서 위반 행위의 원인을 파악해보지 않고 그저 단순하게 위반 행위라는 현상 그 자체(컴퓨터 전원 미종료)에 대해서 정보보호 위반 경고장을 발부한 것으로 조치를 마무리한다면 어떻게 될까요? 만약 이렇게 한다면 아마도 이 직원은 물론 다른 직원들의 인식에서도 '일단 걸리지만 않으면 되는 거고, 걸리더라도 경고장만 받으면 되는구나!' 하는 생각이 자리를 잡을 수 있습니다. 그 결과 정보보호 규정이나 보안통제 규정을 위반해서라도 자신의 목적('가상화폐 사이트 접속' 및 '예약 매도/예약 매수')을 달성하기만 하면 된다는 생각이 확산될 수 있습니다.

허가되지 않은 사이트에 접속하는 것 자체만으로도 정보보호 관리체계에 상당한 위협이 될 수 있는데, 이 사례는 그보다 더 큰 위협이 내재되어 있는 사례였습니다. 이런 상황에서 '원인'은 그대로 두고 '현상'에 대한 보안통제만 하는 것은 나중에 더 큰 보안 위험의 발생 가능성을 키우게 되는 것임을 반드시 기억해야 합니다.

이 사례처럼 정보보호 관리체계를 위반하는 '행동의 원인'이 심각한 경우에는 해당 원인의 심각성에 비례하는 강력한 보안통제를 적용해야 합니다. '장기 휴가 중인 직원의 업무용 컴퓨터에서 가상화폐 사이트 접속 및 예약 기능 사용 사례'의 경우에는 다음과 같은 보안통제를 적용해볼 수 있습니다.

i) 해당 컴퓨터 강제 종료
ii) 접속 차단이 가능한 모든 가상화폐 사이트 식별 및 강제 접속 차단 정책 적용
iii) 허가되지 않는 사이트 접속 금지에 관한 전사 공지
iv) 허가되지 않는 사이트에 접속한 이력이 있는 전사의 모든 단말기 식별
v) 가상화폐 사이트 접속 이력이 있는 전사의 모든 단말기 식별
vi) 가상화폐 사이트 접속 이력이 있는 직원에게 심각한 정보보호 규정 위반 내용을 이메일 공지 및 차상급자도 이메일 수신자로 지정하여 근무 태도 관리 강화 요청
vii) 당사자 복귀 시 소명서 징구
viii) 당사자 동의하에 디지털포렌식 감사
ix) 취업 규칙 위반 사유 인사위원회 회부

필자의 경우에는 이와 같은 위반 사례에 대해 위에 기재한 모든 보안통

제를 적용했습니다. 그 후로는 회사가 업무용으로 지급한 단말기를 이용하여 가상화폐 사이트에 접속하는 직원이 한 명도 나타나지 않았습니다.

단계적 조치 적용(STEP 2): 정보보안 부서의 업무 이해시키기

지금부터 할 이야기는 정보보안 부서에서 근무하고 있는 보안 전문가들이 반드시 알고 있어야 하는 매우 중요한 내용입니다. 여기서 다루는 내용을 정보보안 부서에서 먼저 잘 이해한 후, 실무 부서에 대한 보안통제를 할 때 최대한 활용하기 바랍니다.

보안통제 업무 이해시키기

기업은 다양한 목적을 달성하기 위해 다양한 형태의 부서를 운용하고 있습니다. 기업 내 다양한 부서들은 그 목적과 형태가 다르기는 하지만, 업무는 일반적으로 세 가지 정도로 분류할 수 있습니다. 그 부서 자체의 업무(고유 업무), 다른 부서의 업무에 협조를 해야 하는 업무(협조 업무). 그리고 다른 부서를 통제해야 하는 업무(통제 업무)입니다.

통제 업무는 기업의 모든 부서가 수행하는 것이 아니라 통제 권한, 즉 관련 법률이나 내부 규정에 기반을 둔 권한이 있는 부서에서만 수행합니다. 일반적으로 법무 부서, 인사 부서, 재무 부서 그리고 정보보안 부서가 통제 업무를 수행합니다.

정보보안 부서의 업무에도 고유 업무와 협조 업무가 있습니다만, 가장 많은 업무 면적을 차지하는 것은 통제 업무입니다. 정보보안 부서가 통제 업무를 수행하는 권한은 「개인정보보호법」과 「정보통신망법」 등 정보보호 관련 법률에 기인하고 있습니다. 다음 쪽의 표는 통제 부서인 정보보안 부서에서 수행하는 업무 분류와 간단한 예시입니다.

구분	업무 권한	업무 실행	예시
고유 업무	고유 업무에 대한 판단 권한과 의사결정권이 정보보호 부서에 있음	정보보호 부서가 실행	정보보호 정책과 규정 제·개정, 보안성 검토, 보안 규정 수립, 보안 감사 등
협조 업무	협조 업무에 대한 판단 권한이나 의사결정권이 협조 요청 부서에 있음	협조 주관: 협조 요청 부서 협조 실행: 정보보호 부서	투자 회사 제공용 정보보호 현황 제공, 법무 대응용 보안통제 현황 제공 등
통제 업무	통제 업무에 대한 판단 권한과 의사결정권 그리고 통제 권한이 정보보호 부서에 있음	통제 주관: 정보보호 부서 통제 준수: 통제 대상 부서	관리적 보안통제, 기술적 보안통제, 보안 컴플라이언스 통제 등

〈통제 부서인 정보보안 부서의 업무와 역할〉

이런 이야기를 하는 이유는 실무 부서에서 간혹 정보보안 부서의 업무를 이해하지 못하는 경우가 있기 때문입니다. 정보보안 부서는 자신들의 통제 업무를 잘 이해하지 못하는 실무 부서가 의외로 많다는 사실을 알고 있어야 합니다. 그리고 이러한 사실을 기반으로 통제 업무의 특성과 필요성을 실무 부서에 지속적으로 설명해주고 이해시켜주어야 합니다. 정보보호는 정보보안 부서 담당자만의 업무가 아니라 기업 구성원 모두가 함께 지켜야 하는 '공동의 가치'이기 때문입니다.

보안 실무를 수행하다 보면, 정보보안 부서의 통제 업무에 대한 실무 부서의 이해가 부족하다는 것을 피부로 실감하곤 합니다. 그럼에도 불구하고 정보보안 부서는 보안통제를 적용시키기 위해서 실무 부서에게 많은 설명을 해주고 해당 보안통제의 근거를 제시하기도 합니다. 사실 정보보안 부서가 이렇게까지 하지 않아도 됩니다. 그렇지만 굳이 이렇게까지 하는 이유는, '이렇게까지 해서라도 보안통제를 적용할 수만 있으면 좋겠다'는 보안 전문가로서의 사명감 때문일 것입니다.

통제 업무에 대한 이해가 부족한 상황을 예로 들어보겠습니다. 보안통제를 준수해야 하는 실무 부서 구성원들은 종종 "그 보안통제 준수 업무를 정보보안 부서에서 해주면 안 되나요?" 하고 말하는 경우가 있습니다. 이는 교통경찰관이 안전 운행을 위해서 운전자에게 교통 통제를 했더니, 운전자가 자동차를 세우고 나서 교통경찰관에게 "방금 한 교통 통제 방식대로 운전을 대신해달라”고 말하는 것과 같은 상황입니다.

이뿐만이 아닙니다. 정보보호 법률의 준수를 목적으로 하는 보안 컴플라이언스 통제를 하는 경우 통제 준수 의무가 있는 실무 부서의 직원이 정보보안 부서 직원에게 이렇게 말하기도 합니다. “이걸 왜 해야 하나요?”

이는 마치 「도로교통법」상 자동차가 정지해야 하는 빨간 신호에 맞춰 교통경찰관이 자동차 운전자에게 정지하라고 했더니, 운전자가 왜 정지해야 하냐고 묻는 것과 같은 상황입니다.

사실 정보보안 부서 직원이라면 왜 보안 컴플라이언스 통제에 따라야 하냐고 묻는 직원에게 ‘이걸 안 해도 되는 이유가 있나요?’라고 되묻고 싶을 겁니다. 그렇지만 정보보호는 모든 직원이 함께 수행하는 업무임을 다시 한번 상기하면서, 정보보안 부서의 보안통제를 실무 부서가 준수해야 한다는 내용을 차분하게 이해시켜주어야 합니다.

보안 법률 준수를 보장해야 하는 업무 이해시키기

정보보안 부서의 통제 업무에 대해서 실무 부서가 가장 자주 하는 말은 “보안통제는 사업적 수익을 방해한다”는 말일 겁니다. 정보보안 부서의 직원도 수익 창출을 가장 큰 목적으로 하는, 기업의 직원입니다. 최근 정보보호 실패의 원인이 임직원에게 있는 경우에는 그 임직원에게 법적인 책임을 묻는 쪽으로 법률 환경이 변화하고 있습니다. 이러한 현실에서, 임직원의 안전을 지켜주는 정보보안 부서인데도 위와 같은 말들이 너무나 자주 들립니다.

보안 전문가로서 이런 말을 듣게 되면 가슴 한구석이 휑한 느낌이 들겠지만, 실무 부서에게 정보보안 부서의 업무를 지속적으로 설명해주어야 합니다. 특히 정보보호 실패에 대한 법적 책임으로서 과징금과 손해배상의 비율이 증가된 현실을 실무 부서가 간과하지 않도록 설명해줄 필요가 있습니다. 예를 들면, “정보보안 부서가 회사의 수익 창출을 방해한다”고 말하는 직원에게는 이렇게 말해주시기 바랍니다.

"정보보안 부서는 실무 부서에서 고생해서 창출한 수익을 지키는 업무를 하고 있습니다"

같은 맥락에서, "정보보안 부서 때문에 뭘 할 수가 없어요!"라고 말하는 직원이 있다면 이렇게 말해주시기 바랍니다.

"정보보호 법률 때문에 못 하는 겁니다!"

무단횡단을 하면 안 되는 이유는 교통경찰관 때문이 아니라 「도로교통법」 때문입니다. 따라서 관련 법률이 개정되지 않는 한, 통제하는 사람의 유무와 관계없이 법률에서 금지하고 있는 행위를 해서는 안 됩니다.

특히 정보보안 부서는 임직원이 정보보호 법률을 준수하도록 보장해야하는 업무를 전담하고 있는 부서입니다. 즉 정보보호 법률에 따라 정보보호 규정과 보안통제 규정을 수립해야 하고, 임직원들이 보안통제를 준수하도록 통제해야 할 의무가 있습니다.

정보보호 법률에 기반하여 정보보호 규정과 보안통제 규정을 수립하는 것은 정보보안 부서의 '고유 업무'이고, 임직원들이 보안통제를 준수하도록 통제하는 것은 정보보안 부서의 '통제 업무'입니다. 정보보안 부서는 이러한 고유 업무와 통제 업무의 실행을 통해서 임직원이 정보보호 법률을 준수하도록 보장하는 매우 중요한 역할을 전담하고 있는 것입니다.

게다가 정보보호 법률의 개정이 없는 한, 정보보안 부서는 관련 법률에서 금지하고 있는 행위에 대해서 임직원이 할 수 있도록 승인하거나 반대로 실행해야 하는 행위를 임직원이 하지 않도록 승인할 수 없습니다. 더 정확히는 정보보호 법률에서 금지하고 있는 행위를 승인할 권한 내지 실행하라고 규정하고 있는 행위를 하지 않도록 승인할 권한이 정보보안 부서에는 없습니다. 정보보안 부서도 실무 부서의 임직원들과 마찬가지로 정보보호 법률을 준수해야 할 의무가 있기 때문입니다. 이러한 보안 법률 환경의 현실을 임직원에게 지속적으로 일깨워주어야 합니다.

혹시 주변에서 "보안통제는 사업적 수익을 방해한다"라거나 "정보보안 부서 때문에 일을 할 수가 없다"라고 말하는 사람이 있다면, 이 말을 다음과 같이 표현을 바꾸어서 질문해보시기 바랍니다. 그러고 나서 이 질문에 대해서도 동의하는지 꼭 되물어보시기 바랍니다. "브레이크가 자동차의 주행을 방해합니까?"

브레이크도 자동차 주행에 필요한 장치입니다. 특히 「도로교통법」상 신호 체계와 규정 속도를 준수하거나 주행 전방의 위험 상황에 안전하게 대응하기 위해 반드시 필요한 장치가 바로 브레이크입니다. 브레이크도 자동차 주행의 '필수 장치'입니다.

마찬가지로 기업이 수익을 창출하고 업무를 수행하는 과정에서 준수하고 이행해야만 하는 관리·감독 활동이 바로 보안통제임을 임직원에게 일깨워주시기 바랍니다.

"정보보호의 시작과 끝은 사람입니다!"

제3장
생각의 스위치를 자극하는 정보보호교육 (STEP 2)

흔히 '정보보호 인식제고'라고 하면 정보보호교육을 떠올리곤 합니다. 물론 임직원의 보안인식에 대해서 직접적으로 언급 가능한 시간이 정보보호교육 시간이다 보니 그럴 수도 있을 것입니다. 또한 그래서인지 정보보호 인식제고 활동을 마치 정보보호교육에 포함된 부수적인 활동 정도로 바라보는 사람들도 생각보다 많습니다.

결론부터 말씀드리자면, 정보보호 인식제고 활동은 정보보호교육에 포함되어 있는 부수적인 활동이 아닙니다. 오히려 정보보호교육이 정보보호 인식제고 활동에 포함되어 있습니다. 왜냐하면 정보보호 인식제고 활동은 정보보호 관리체계 전체를 관통하는 보안통제로서 가장 포괄적이고 가장 수준 높은 보안통제이기 때문입니다.

특히 정보보호 인식제고 활동은 정보보호 관리체계를 구성하는 보안통제(기술적 보안통제와 관리적 보안통제 그리고 보안 컴플라이언스 통제) 전체에 걸쳐 가장 중요한 변수로 작용하는 '사람에 대한 보안통제' 활동입니다. 이처럼 중요한 정보보호 인식제고 활동에 정보보호교육이 포함되어 있는 것입니다.

이렇게 표현하는 이유는, '정보보호교육을 했으니 정보보호 인식제고 활동을 다 했다'고 생각하는 경우가 종종 있기 때문입니다. 정보보호교육은 정보보호 인식제고에 포함되어 있는 하나의 활동이라는 점을 다시 한번 강조하고 싶습니다.

이제부터는 정보보호교육에 관하여 이야기해보겠습니다. 대부분의 기업에서는 1년에 최소 1회 정보보호교육을 하고 있을 것입니다. 특히 「정보통신망법」과 「개인정보보호법」의 적용을 받는 기업에서 정보보호교육은 반드시 준수해야 하는 매우 중요한 보안 컴플라이언스 사항입니다.[82]

한편, 전자금융감독규정의 적용을 받는 금융 회사의 경우에는 정보보호 최고책임자에게 직군별로 구분하여 연간 정보보호교육을 실시할 의무를 구체적으로 명시하고 있으며, 이러한 연간 정보보호교육 이후 평가 의무는 대표이사에게 부과하고 있습니다.[83] 이처럼 정보보호교육은 기본적으로 법령에 근거를 두고 있는 매우 중요한 정보보호 인식제고 활동입니다.

다만, 법령에 근거한 정보보호교육이라고 해서 너무 틀에 박힌 방식이나 보안 규정 중심으로 진행하는 것은 지양할 필요가 있습니다. '정보보호교육을 주관하는 정보보안 부서의 관점'이 아니라, '정보보호교육을 이수해야 하는 임직원의 관점'에서 교육을 진행해야 합니다. 정보보호 인식제고라는 목표를 달성하는 데 가장 중요한 것이 바로 '임직원의 인식'과 '임직원의 업무 방식'이 정보보호의 방향과 일치하도록 만드는 것이기 때문입니다.

정보보호교육을 통해서 임직원들이 가지고 있던 보안 저항감이 최소화되고 보안인식 수준을 높일 수 있는 결과를 얻어야만 말 그대로 '정보보호에 대한 인식의 제고'를 기대해볼 수 있습니다. 이러한 기대를 조금이라도 높일 수 있도록 하기 위해서 정보보호교육 시 적용해볼 수 있는 여러 기법과 사례들을 공유하겠습니다.

특히 제3장에서 소개할 기법과 사례들은 보안 전문가 양성 교육, 연간 정보보호교육, 보안 규정 위반자 특별 보안 교육, 기업 임원 정보보호 특강 등 필자가 (ISC)² CISSP 공인 강사 및 정보보호 인식제고 전문가로서 약

1,000회 이상 교육을 하면서 체득하게 된 기법과 사례들입니다. 이 내용들이 임직원의 보안 저항감을 완화시키고 보안인식 수준을 높이는 데 의미 있게 활용되기를 바랍니다.

제3장의 내용은 2020년 과학기술정보통신부와 한국인터넷진흥원이 공동 발간한 「정보보호 최고책임자 길라잡이 -기본편-」 중에서 필자가 집필한 'Ⅳ 직원들에 대한 인식 제고' 편을 참고하여 이를 수정·보완한 것임을 밝혀둡니다.

정보보호교육 강사의 관점부터 바꾸기

정보보호교육의 효과가 좋지 못했던 근본적인 원인 받아들이기

우리나라에서 직장 생활을 하는 거의 모든 사람들은 정보보호교육을 받았을 것입니다. 그리고 이러한 경험은 매년 누적되고 있습니다. 특히 개인정보 유출 사건이 증가하고 그 피해 규모도 점차 커짐에 따라 임직원에 대한 정보보호교육의 중요성은 더욱 강조되고 있습니다.

그래서 전자금융감독규정의 적용을 받는 금융 회사의 경우에는 직군별로 이수 시간을 특정하여 연간 정보보호교육을 실시하도록 구체적으로 명시하고 있는 것입니다. 그리고 정보보호 관리체계 인증을 받아야 하는 기업의 경우에도 인증 요건과 통제 항목에서 임직원을 대상으로 매년 일정 시간 정보보호교육을 실시한 결과 자료를 제시하도록 하고 있습니다.

정보보호교육이 이렇게 중요한데도 교육 효과는 어떠한가요? 만족할 만한 수준의 효과를 거두고 있다고 생각하십니까? 우리나라에서 정보보호 교육을 가장 많이 해본 사람 중 하나인 필자의 경험에 비추어볼 때, 대부분의 경우 정보보호교육에 들이는 시간과 노력에 비해 그 효과는 크지 않을 것입니다. 심한 경우 교육을 듣기 전보다 교육을 듣고 난 후 보안통제에 더 크게 저항하는 경우도 있습니다. 왜 이런 현상이 발생하는 것일까요?

이 물음에 답을 찾기 위해서는 당연히 원인을 먼저 찾아야 합니다. 기업 환경이나 교육 당시의 사정, 강사의 수준, 교육 내용의 적합성 등 다양한 원인이 있을 수 있습니다. 그렇지만, 근본적인 원인은 정보보호교육을 통해서 임직원의 생각을 바꾸지 못했기 때문일 것입니다. 즉 '정보보호 문제는 내 문제가 아니야!'라고 생각하는 임직원이 교육을 들은 뒤 '정보보호 문제가 내 문제가 될 수도 있구나!'라고 인식하도록 만들지 못했다는 것입니다. 이것이 필자가 생각하는 정보보호교육의 효과를 높이지 못한 가장 근본적인 원인입니다. 따라서 그동안 정보보호교육의 효과가 좋지 못했던 가장 근본적인 이유를 한 문장으로 표현하면 이렇게 됩니다. "임직원의 생각을 바꾸게 만드는 정보보호교육을 하지 못한 것입니다."

정보보호교육은 직장 생활을 하면서 의무적으로 이수해야 하는 교육입니다. 하지만 이 교육을 적극적으로 듣고 싶어 하는 임직원은 거의 없을 것입니다. 게다가 대부분의 임직원은 정보보호 문제를 자신의 문제라고 생각하지도 않습니다. 그렇기 때문에 실무 업무로 바쁜 와중에도 불구하고 그저 의무적으로 들어야 하니까 어쩔 수 없이 교육장에 앉아 있는 것입니다.

이러한 생각을 하고 있는 임직원을 대상으로 정보보호교육을 하고 효과를 높이려면, 당연히 교육을 통해서 임직원이 가지고 있던 기존의 생각에 변화를 만들어내야 합니다. 한마디로, 정보보호교육을 이수한 이후에는 '보안통제를 준수하는 것이 나 자신을 위한 일이구나!'라고 인식하도록 만들어야 한다는 것입니다. "가장 효과적인 정보보호교육이란 임직원의 생각을 바꾸게 만드는 교육입니다."

이를 위해서는 '효과적인 정보보호교육이란 임직원의 생각을 바꾸게 만드는 교육이라는 사실'을 정보보호교육을 하는 강사가 먼저 받아들여야만 합니다. 그래야 정보보호교육 현장에서 효과를 거둘 수 있는 현실적인 방법들을 착안해낼 수 있을 것입니다.

'의무'가 아닌 '의미' 있는 정보보호교육으로 만들기

어떻게 하면 '임직원의 생각을 바꾸게 만드는 정보보호교육'을 할 수 있을까요? 이를 가능하게 하는 방법은 정보보호교육을 담당하고 있는 강사마다 다를 것입니다. 오랫동안 정보보호 인식제고 교육을 수행하면서 다양한 교육 현장에서 여러 유형의 교육 효과를 경험해본 필자가 감히 단언컨대, 임직원의 생각을 바꾸는 가장 효과적인 방법은 이 질문의 답에 달려 있습니다. "정보보호교육을 하는 강사가 어떤 통찰력을 가지고, 어떤 의미의 메시지를 주는가?"

정보보호법령상 의무적으로 수행해야 하는 교육이라는 관점에서 회사 내 정보보호 규정과 이 규정 위반 시의 처벌 규정 정도만 전달하는 교육 방식으로는 임직원의 생각을 바꿀 수 없습니다. 어떤 교육이든 사람들의 생각을 바꾸게 하는 원동력은 바로 이것에서 시작됩니다. 어떤 현상에 대해서 강사의 통찰력으로 해석된 의미 있는 메시지!

따라서 정보보호교육이 비록 법정 의무교육이지만, 그럼에도 불구하고 '의무적인 교육'이 되어서는 안 되고, 정보보호교육에 참석한 임직원들에게 '의미가 있는 교육'이 되어야 합니다. 이하에서는 '의미 있는 정보보호교육'을 만들 수 있는 실무적인 방법에 대해서 이야기하겠습니다.

(1) '전달'보다는 '해석'을 해주는 정보보호교육

'의무적인 차원'에서 정보보호교육을 하는 경우에는 기업에서 준수해야 하는 정보보호 규정 그 자체를 교육하는 것만으로도 정보보호 법률을 준수했다고 볼 수도 있습니다. 그러나 정보보호교육이 임직원들에게 '의미 있는 교육'이 되고 교육의 효과를 거두기 위해서는 단순히 정보보호 규정을 전달만 해서는 안 되고 그 내용을 강사가 해석해서 임직원에게 이해시키는 방식으로 진행되어야 합니다.

다만 정보보호교육 시간이 일반적으로 1시간 이내인 점을 감안할 때, 이 짧은 시간 안에 정보보호 규정과 그 내용의 해석 그리고 이해를 높일 수 있는 사례까지 교육한다는 것은 쉽지 않습니다. 이런 경우 필자는 교육을 듣고 있는 임직원들의 눈과 귀를 분리하는 방식으로 교육을 하곤 합니다. 예를 들어 정보보호 규정을 기재한 화면을 띄워서 임직원들이 눈으로 볼 수 있게 해놓고, 이 규정에 대한 해석과 이해를 높일 수 있는 사례 등을 구두로 설명하는 방식입니다. 특히 이 과정에서 해당 정보보호 규정의 취지와 위반 시 발생 가능한 위험 등을 상세하게 설명합니다.

이렇게 하면 교육을 듣는 임직원의 생각 속에 '정보보호 규정의 기능과 필요성'에 관한 인식이 만들어집니다. 이는 마치 교통법규를 화면에 띄워놓고 해당 법규를 위반해서 발생한 교통사고 사례를 설명해주는 것과 같은 맥락입니다.

(2) '현상'보다는 '원인'을 말해주는 정보보호교육

보안통제는 '현상'이 아니라 '원인'에 집중하여 적용해야 합니다. 이러한 메커니즘은 정보보호교육에도 그대로 대입할 수 있습니다. 즉 어떤 정보보호 규정을 교육하는 경우 이 규정을 위반한 행위만을 말해주는 것이 아니라, 그 규정을 위반할 당시 행동의 구체적인 원인도 함께 말해주는 것이 교육 효과를 높이는 데 도움이 된다는 것입니다.

예를 들어 '문서 방치 금지'나 '컴퓨터 전원 종료'라는 정보보호 규정을 교육한다면, 화면에는 이러한 규정의 취지를 기재해서 설명해주고, 이를 위반한 사례의 구체적인 원인(책상 위치, 가상화폐 거래 사이트 예약 거래 기능 사용 등)은 구두로 설명하는 것입니다. 이렇게 한다면 정보보호교육의 효과를 기대하는 데 더 도움이 될 뿐만 아니라, 이와 유사한 위반 행위를 줄이는 효과도 기대할 수가 있습니다.

(3) 지점/지사 방문 시 위반 사례 활용

정보보안 부서의 업무 중에는 본사 외에도 지사나 지점을 방문하여 보안 점검을 하거나 정보보호교육을 하는 업무가 있습니다. 그리고 지사나 지점을 방문했을 때 간혹 정보보호 규정 위반 사례(문서 방치, PC 미종료, 비밀번호 부착, 화면보호기 미설정 등)를 목격하는 경우가 있습니다. 이처럼 어느 지사나 지점에서 목격된 위반 사례는 그 지사나 지점의 임직원을 대상으로 하는 정보보호교육을 할 때 매우 효과적인 교육 소재로 활용할 수 있습니다.

예를 들어, A 지점에 방문했을 때 목격한 정보보호 규정 위반 사례를 촬영하거나 메모 등으로 잘 정리해두는 것입니다. 그리고 나중에 A 지점을 대상으로 정보보호교육을 할 때 자료로 제시하면서 교육을 하는 것입니다. 특히 정보보호 규정을 위반한 A 지점의 위반 사례를 구체적으로 제시하면, A 지점 소속의 임직원들에 대한 교육 효과는 한순간에 높아질 수 있습니다. 그리고 유사한 규정 위반 사례의 재발 방지를 A 지점장에게 공식적으로 요청한다면, 이 A 지점의 보안인식 수준은 교육 이후에도 상당 기간 유지될 수 있습니다.

요즘은 개인정보 위·수탁 관계에 관한 법률적·보안적 개념이 잘 정립되어 있습니다. 그렇지만 간혹 일부 고객센터에서는 '실제 고객의 개인정보'를 내부 교육 자료로 활용하는 경우도 있습니다. 예를 들어 개인정보 수탁사인 고객센터에 위탁사로서 의무적으로 실행해야 하는 보안 점검을 하기 위해 방문했는데, 고객센터 내 상담 직원용 교육 자료에 위탁사 고객의 실제 개인정보가 그대로 기재되어 있는 상황을 목격할 수도 있습니다.

이런 경우에는 당연히 현장에서 교육 자료 내에 있는 실제 고객의 개인정보를 모두 삭제하거나 마스킹하라고 계도해야 합니다. 그리고 필요하다면 고객센터 부서장에게 재발 방지를 공식적으로 요청해야 합니다. 그리고 이러한 내용은 잘 기록해두었다가 그 고객센터를 대상으로 정보보호교육을 할 때 사례로 반드시 언급해야 합니다. 그러면서 그 사례에 대한 현재의 개선 여부도 교육 현장에서 확인해본다면, 그 고객센터 상담원들에 대한 정보보호교육 효과가 높아질 수 있습니다.

직장 생활 자체를 정보보호교육의 기회로 활용하기

정보보안 부서의 입장에서 보면, 임직원을 대상으로 하는 정보보호교육은 많이 하면 할수록 좋습니다. 그렇지만 기업의 존재 이유는 수익 창출이므로 1년 내내 정보보호교육만 할 수는 없는 것이 현실입니다. 그럼에도 불구하고 사람을 통한 보안 취약점은 점점 커지고 있고, 이러한 취약점을 노리면서 사람의 생각을 경유하는 공격 또한 증가하고 있습니다.

그렇다 보니 정보보안 부서 입장에서는 정보보호교육을 한 번이라도 더 할 수 있는 방법 또는 한 번의 정보보호교육이라도 좀 더 효과적으로 할 수 있는 방법 등을 고민할 수밖에 없습니다. 아래의 내용은 이러한 고민을 조금이나마 해소할 수 있는 방법에 관한 내용입니다.

(1) 가능한 한 높은 직급자가 교육하기

최근에는 직급을 없애고 평준화된 체계를 운영하는 기업이 많이 있기는 합니다만, 직장 내에는 공식적이든 비공식적이든 직급 체계가 존재합니다. 이러한 직급 체계가 정보보호교육을 하는 과정에서 상당히 좋은 장치로 사용될 수 있습니다.

예를 들어 정보보호교육을 정보보호 최고책임자가 직접 한다거나 최소한 정보보안팀의 팀장이 직접 하는 것이지요. 이렇게 하면 정보보호교육에 참석한 임직원뿐만 아니라 기업 전체 구성원들에게도 정보보호의 중요도 인식에 좋은 영향을 끼치는 선순환 효과를 얻을 수 있습니다.

회사 내 팀장급 이상의 임직원들을 대상으로 정보보안 부서 소속의 사원급 직원이 정보보호교육을 한다면 사원급 직원은 교육 자체를 부담스러

위 하면서 교육 효과를 제대로 거두지 못할 것입니다. 그리고 직급이 낮은 강사를 바라보는 팀장급 직원들은 당연히 정보보호교육에 집중하지 않고 마음 편하게 다른 생각을 하거나 교육 시간에 본인의 부서 업무를 할 가능성이 상당히 높지요. 이러한 상황은 말 그대로 악순환이 되는 것입니다.

따라서 이러한 교육 현장의 악순환을 예방하고 정보보호교육의 선순환적 효과를 거두기 위해서는 정보보호교육을 듣는 임직원들보다 직급이 높은 직원이 정보보호교육을 하는 것이 좋습니다. 필자의 경험에 비추어볼 때, 정보보호 최고책임자가 직접 정보보호교육을 할 때 교육을 듣는 임직원들의 집중도와 관심도가 제일 높아진다고 생각합니다.

(2) 컴플라이언스 목적보다는 직원의 법적 안전을 강조하는 정보보호교육하기

정보보호가 법률의 지위를 가지고 있는 현 시점에서 정보보호 관련 법률이나 지침의 중요성은 아무리 강조해도 지나치지 않습니다. 특히 「개인정보보호법」이 특별법이 아닌 일반법[84]으로 법률화되었기 때문에 정보보안 부서의 직원뿐만 기업의 모든 임직원들이 보안 컴플라이언스라는 보안 법률 준수 의무를 이행해야 합니다.

그렇지만, 정보보호법률상 의무적으로 준수해야 하는 내용만을 강조하는 것은 좋은 정보보호교육이라고 할 수 없습니다. 이보다는 오히려 임직원들이 안전하게 보안통제를 이행할 수 있는 방법을 알려주는 것이 훨씬 더 효과적인 교육이 될 수 있습니다.

예를 들어서 어느 직원이 부주의로 랜섬웨어 악성 코드가 포함된 이메일의 첨부파일을 클릭했다고 가정해보겠습니다. 이럴 경우 이 직원에게 부과될 법적 책임에 관한 내용만을 강조하기보다는, 위험한 이메일을 선별할 수 있는 방법과 대응 방안 그리고 신고 채널을 알려주는 것이 더 효과적인 정보보호교육이 될 수 있습니다.

그리고 이 과정에서 정보보안 부서가 '임직원의 법적 안전'을 위해서 정보보호교육을 하고 있다는 것을 알려주는 것입니다. 이러한 관점의 정보보호교육을 들은 임직원들은 정보보안 부서의 업무 영역에 대한 이해도가 높아질 뿐만 아니라 정보보안 부서가 주관하는 보안통제의 필요성과 중요성에 대한 이해도 함께 높아질 수 있습니다.

(3) 직장 생활의 일상을 파고드는 정보보호교육하기

정보보호교육은 일반적으로 연간 교육일정계획표에 따라 실시됩니다. 그 외에는 특별한 이유가 없는 한 공식적인 정보보호교육은 거의 하지 않는 것이 직장 생활의 현실일 것입니다. 그렇지만, 주변을 잘 둘러보면 직장 내 일상생활 중에도 정보보호교육을 할 기회가 상당히 많이 있습니다.

예를 들어 휴게실이나 엘리베이터 등에서 어떤 직원이 정보보호 최고책임자에게 회사 내 보안통제 규정과 관련된 문의를 해왔다고 가정해보겠습니다. 이런 상황에서는 일반적으로 해당 문의사항에 대한 답을 하고 그 현장에서 대화가 마무리될 것입니다. 왜냐하면, 문의를 한 직원은 대답을 들었고, 문의를 받은 정보보호 최고책임자는 대답을 했기 때문입니다.

하지만 필자는 여기서 한 걸음만 더 나아가라고 권하고 싶습니다. 즉 문의를 했던 직원에게 이메일을 보내는 것입니다. 아까 문의했던 내용과 정보보호 최고책임자의 대답 그리고 그 대답의 근거(법령이나 정보보호 규정 등)와 함께, 문의해준 것에 대한 감사의 내용을 기재한 이메일을 보내는 것입니다.

이렇게 하면 이 이메일을 수신한 직원은 자신이 근무하고 있는 부서 내에서 정보보안 부서를 도와주는 조력자가 될 가능성이 매우 높아집니다. 뿐만 아니라 이 직원은 자신이 문의한 내용과 비슷한 궁금증을 가지고 있는 동료 직원에게 자신이 수신한 이메일 내용을 근거로 상세한 설명을 대신해주기도 합니다.

이처럼 직장 내에서 가볍게 이루어질 수 있는 대화나 회의 속에서 임직원의 보안인식 수준을 높일 수 있는 매우 좋은 교육 기회가 많습니다. 필자의 경험에 비추어 볼 때, 정보보호교육의 효과를 높이는 데 이처럼 드라마틱한 방법은 없다고 생각합니다.

정보보호교육에 활용할 수 있는 '인식 전환 사례' 발굴하기

정보보호교육의 성공 여부를 판가름할 수 있는 결정적인 질문은 바로 이것입니다. "임직원의 생각에 변화를 주었는가?"

이러한 이유에서 보안통제에 대해서 임직원이 기존에 가지고 있던 '부정적인 생각'이 정보보호교육을 통해서 '긍정적인 생각'으로 바뀌게 해야 합니다. 그래서 임직원의 업무 방식이 '정보보호의 방향에 부합되는 방식'으로 변화하도록 만들어내는 것이 정보보호교육의 목적이 되어야 합니다.

이를 위해서는 정보보호에 깊은 통찰력을 가지고 있는 수준 높은 강사와 완성도 높은 강의 교안이 기본적으로 필요합니다. 하지만 이보다 더 중요한 것은 정보보호교육을 듣는 임직원의 생각에 변화를 만들어낼 수 있는 '인식 전환 사례'를 평소에 발굴해놓는 것입니다.

여기서 말하는 인식 전환 사례란 뉴스 기사나 사진, 사건·사고 등 역사적 사건을 토대로 임직원의 '생각의 스위치'를 자극할 수 있는 실제 사례입니다. 이러한 실제 사례에 대한 예시를 들어보면 다음과 같습니다.

관점이 달라지면 결과도 달라진다는 실제 사례 보여주기

어느 초등학교 앞에 몹시 낡은 육교가 하나 있었습니다. 계단 몇 개가 허물어지기도 하고 다리 위에서는 아래를 지나가는 자동차가 보일 정도로 구멍이 나 있었습니다. 이렇게 낡은 육교에 대해서 일부 학부모는 관할 구청에 낡은 육교를 허물고 '편리하게 건널 수 있는 횡단보도'를 설치해달라는 민원을 제기했습니다.

며칠 뒤 다른 학부모들이 관할 구청에 '이 육교를 허물지 말고 차라리 보수를 해달라'는 민원을 제기했습니다. 이 학부모들은 육교가 비록 계단을 오르내려야 하는 불편함은 있지만, 초등학교 아이들에게는 횡단보도보다 육교가 '안전한 수단'이라고 생각했던 것입니다.

이와 같이 동일한 대상에 대한 상반된 민원을 받은 관할 구청은 기존의 육교를 더 깨끗하고 튼튼하게 보수했다는 기사를 본 적이 있습니다.[85] 이 기사가 강조한 것은 바로 이 말이었습니다. "안전을 희생하면서 편리를 추구할 수 없습니다."

이 기사에서 얻을 수 있는 통찰력은 기사에서 강조한 것처럼 '안전을 희생하면서 편리를 추구해서는 안 된다'는 것도 있지만, '관점에 따라서 결과가 완전히 달라진다'는 것도 있습니다. 뿐만 아니라 이러한 기사를 정보보호교육에 활용하여 임직원에게 줄 수 있는 통찰력은 '안전이 담보되지 않는 편리함은 위험하다'는 것입니다.

이와 같이 우리의 삶 곳곳에 존재하고 있는 실제 사례를 활용하여 '편리함'을 기준으로 좋고 나쁨을 판단해오던 기존의 생각에 변화를 줄 수 있는 사례들을 평소에 많이 발굴해두어야 합니다. 그리고 이러한 사례들을 정보보호교육 시간에 적절히 활용해서 '편리하더라도 안전함을 놓쳐서는 안 된다' 또는 '편리함과 안전함은 반비례관계다'라는 새로운 생각으로의 변화를 만들어내야 합니다.

역사적 사실을 소재로 인식의 변화 자극하기

그동안 인지하지 못했던 역사적인 사실을 알게 되었을 때, '아, 그런 거였어?'라는 생각을 하도록 만들 수 있는 내용으로 임직원의 생각을 자극하는 것도 정보보호교육의 효과를 높이는 데 활용할 수 있습니다. 이 책에서는 '보행 방향'과 '몸뻬바지' 두 가지 사례를 들어보겠습니다.

먼저 '보행 방향'에 관한 사례입니다. 우리나라는 1905년 고종황제 시절부터 우측통행을 하던 국가였습니다. 그런데 일제 강점기에 좌측통행으로 갑자기 바뀌게 되었습니다. 일제가 좌측통행으로 바꾼 이유는 일본의 오랜 습성 때문이었습니다. 과거에 사무라이들이 좌측 허리에 긴 칼을 차고 다녔는데, 이들이 만약 우측통행을 한다면 반대편으로 지나가는 사무라이의 칼과 자신의 칼이 부딪히게 될 가능성이 매우 높았습니다. 사무라이의 세계에서 상대방과 칼을 부딪친다는 의미는 목숨을 건 도전을 의미하는 것이기 때문에 일본은 불필요한 살상을 미연에 방지하기 위해서 좌측통행을 해왔던 것입니다.

이러한 배경에서 일제 강점기 시절 좌측통행이 일반화된 이후 꽤 긴 기간 동안 우리 사회는 좌측통행이 당연한 줄 알고 살아왔습니다. 심지어 보행자가 볼 수 있도록 곳곳에 '좌측통행'이라는 푯말을 붙여두기도 했습니다. 그러나 당연하게 생각해왔던 좌측통행의 역사적 배경을 알게 된 우리 사회는, 일제에 의해서 강요된 좌측통행 제도에서 우리나라의 원래 제도였던 우측통행으로 바꾸는 운동을 전개했던 것입니다.

정보보호교육 시간에 이처럼 오랜 기간 당연하게 '좌측통행'을 해왔던 우리 사회가 '우측통행'으로의 변화를 위해 노력했던 이유를 설명하면, 교육을 듣는 사람들은 좌측통행과 우측통행의 의미를 다시 한번 생각해보게 될 것입니다. 역사적 사실에 대해서 몰랐다면 어쩔 수 없겠지만, 사람이란 교육을 통해서 알게 된 사실과 그 의미로 인해서 자신이 가지고 있던 기존의 인식에 스스로 변화를 만들어냅니다.

정보보호교육에서도 이러한 인식 전환 사례를 충분히 활용할 수 있습니다. 즉 초고속 인터넷망에 적응하여 편리하게 일상생활을 영위하고 있는 임직원의 생각 속에는 '당연히 편리해야 한다'는 인식이 크게 작용하고 있을 것입니다. 그러나 정보보호교육을 듣고 나서는 '편리보다는 안전이 우선되어야 한다'는 인식을 심어줄 수가 있는 것입니다.

둘째는 '몸뻬바지'에 관한 사례입니다. 한때 우리나라에서는 '몸뻬바지'

라고 불리는 옷이 유행한 적이 있었습니다. '촌스럽다'는 기존의 개념에서 완전히 벗어나 이 바지가 편하고 시원하다는 이유로 특히 젊은 사람들 사이에서 선풍적인 인기를 누렸습니다.

사실 이 몸뻬바지는 일본의 도호쿠 지방에서 전통적으로 입던 옷입니다. 그러다가 일본이 1940년대에 자원과 경비를 절약하기 위해 여성 표준복으로 정한 것이죠. 특히 일제 강점기에는 우리나라 여성을 상대로도 몸뻬바지의 착용을 의무화했으며, 몸뻬바지를 입지 않은 여성은 버스나 전차 등을 타지 못하게 했고, 관공서나 극장 출입도 금하는 등 몸뻬바지의 착용을 말 그대로 강요했습니다.[86]

필자는 정보보호교육 시간에 이 몸뻬바지 사례를 자주 활용하는 편입니다. 그때마다 임직원들에게서 두 가지 반응을 발견하곤 합니다. 첫째 반응은 몸뻬바지에 관한 역사적 사실을 알고 난 이후 놀라움의 반응(생각의 반응)입니다. 두 번째 반응은 집에 있는 몸뻬바지를 앞으로는 입지 않겠다는 선언적 반응(행동의 반응)입니다.

물론 필자가 정보보호교육 시간에 몸뻬바지 사례를 소개하는 이유는 몸뻬바지를 입지 말라고 주장하려는 것이 아닙니다. 필자가 주장하려는 것은 그동안 알지 못했던 역사적 사실을 알게 되는 순간 '생각'과 '행동'에 변화가 생긴다는 것입니다. 즉 알지 못했던 사실을 알게 되는 것 자체로 '기존 생각'을 바꾸고, 나아가 '기존 행동'을 바꾸게 되는 계기가 된다는 것입니다.

이처럼 역사적 사실을 소재로 생각의 전환을 만들어내는 방식은 정보보호교육에도 적극적으로 적용할 수 있습니다. 그동안 그저 '불편하다'고 생각해왔던 보안통제인데, 이제부터는 '안전하다'고 생각하도록 생각의 스위치를 자극하는 교육 장치로 충분히 활용할 수 있습니다.

평소에 생각하지 못했던 '원칙의 당연한 의미' 알려주기

여러분은 혹시 자동차를 운전하면서 브레이크와 액셀러레이터를 동시에 밟아보신 적이 있으신가요? 아니면 최소한 동시에 밟으면 어떻게 될까 생각해보신 적이 있으신가요? 아마도 자동차를 만드는 제조사에서는 분명히 이러한 의문을 가지고 있었을 겁니다. 그래서 자동차 제조사는 두 페달 중에서 브레이크를 먼저 인식하도록 만들었습니다. 즉 액셀러레이터 페달을 밟고 있는 상태에서 브레이크 페달도 동시에 밟는 경우에는 속력이 줄어들고 결국 정지하도록 제조한 것입니다.

이것은 정보보호교육의 좋은 소재가 될 수 있습니다. 자동차에서 액셀러레이터를 주행 장치라고 본다면 브레이크는 안전 장치라고 할 수 있습니다. 편리함을 제공하는 주행 장치와 안전함을 제공하는 안전 장치가 동시에 작동하는 경우, '안전 장치 우선 작동 원칙'은 기업의 업무 환경에서 매우 중요한 원칙으로 활용할 수 있습니다.

안전을 위해서는 보안통제를 준수해야 한다고 '생각'하지만, '실제 행동'은 편리함을 추구하는 상황이 바로 자동차에서 브레이크와 액셀러레이터를 동시에 밟는 상황이기 때문입니다. 특히 정보보호의 중요성 인식 비율(88.9%)과 인적 요인의 보안 위협 비율(73.8%)에 내포되어 있는 함의가 바로 임직원들이 브레이크와 액셀러레이터를 동시에 밟고 있는 상황이라고 할 수 있습니다.

다만, 자동차의 경우와 업무 환경의 경우는 중요한 차이가 존재합니다. 먼저 자동차에서는 운전자가 두 페달을 동시에 밟을 때는 브레이크가 우선 작동하도록 설계되었습니다. 즉 자동차 제조사가 운전자인 사람의 안전을 우선하여 브레이크가 먼저 작동되도록 특별한 기능(브레이크 오버라이드 시스템 등)을 적용해둔 것입니다. 그러므로 이것은 기능적으로 정해진 작동 원칙이며 운전자는 이 기능적 원칙에 따라 자동차를 운전합니다.

그런데 업무 환경에서는 임직원의 안전을 위해서 적용하고 있는 보안

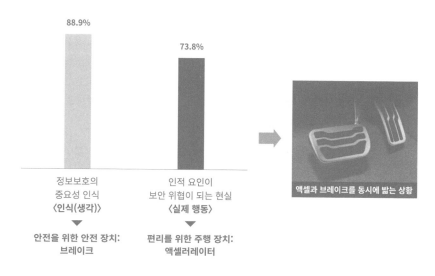

88.9%

73.8%

정보보호의
중요성 인식
〈인식(생각)〉
▼
안전을 위한 안전 장치:
브레이크

인적 요인이
보안 위협이 되는 현실
〈실제 행동〉
▼
편리를 위한 주행 장치:
액셀러레이터

액셀과 브레이크를 동시에 밟는 상황

〈인식과 실제 행동의 관계는 브레이크와 액셀러레이터의 관계〉

통제라는 특별한 조치에 대해서 임직원이 저항하거나 우회하는 등 정해진
원칙을 따르지 않고 실제 업무를 편리한 방식으로 실행(행동)하려는 상황이
반복적으로 나타나고 있습니다.

이처럼 자동차의 편리한 주행 장치와 안전을 위한 안전 장치의 기능적
충돌이 발생할 경우에는 '안전 장치가 우선한다는 당연한 원칙'을 정보보
호교육에서도 적극적으로 활용해야 합니다. 그렇게 해서 업무 현실에서도
편리한 방식과 안전한 방식이 충돌하는 경우에는 '안전한 방식이 우선 적
용되어야 한다'는 당연한 인식을 임직원의 생각 속에 심어두어야 합니다.

반론의 여지가 없는 '간결한 보안인식 메시지' 활용하기

기업의 임직원은 1시간 정도의 정보보호교육을 일년에 한두 번 듣게 됩
니다. 이 시간 동안 임직원은 자신들의 업무 과정에서 반드시 알고 있어야

하는 정보보호 규정과 보안통제의 내용을 배웁니다. 반면에 정보보안 부서 입장에서는 정보보호교육 시간을 활용하여 임직원에게 가능한 한 많은 내용의 교육을 하고 싶을 것입니다.

문제는 정보보호교육 시간이 너무 짧다는 것입니다. 즉 정보보안 부서 입장에서는 교육할 내용은 많은데 시간이 너무 짧습니다. 그리고 교육을 들어야 하는 임직원의 입장에서도 알아야 할 내용은 많은데, 시간이 너무 짧습니다. 그러다 보니 정보보호교육의 효과가 기대에 미치지 못하곤 합니다.

이러한 문제를 해소하기 위해 적용할 수 있는 방법이 하나 있습니다. 임직원이 반드시 기억해야 하는 내용들을 짧은 메시지로 만들어서 활용하는 것입니다. 특히 반론의 여지가 없는 간결한 메시지를 평소에 작성해두었다가 정보보호교육 시간에 적절히 활용하는 것입니다.

필자의 경우 다음과 같이 반론의 여지가 없는 간결한 보안인식 메시지를 평소에 기재해두었다가 강조하고자 하는 정보보호 규정과 연결시키는 방식으로 활용하고 있습니다.

"고객의 개인정보는 고객의 것입니다!"
"정보보호의 시작과 끝은 사람입니다!"
"예외가 앞서면 원칙이 무너집니다!"
"사람의 생각을 흔드는 공격, 당신의 방어 수단은 무엇입니까?"
"안전벨트의 불편함은 결정적인 순간에 안전함으로 바뀝니다!"
"브레이크도 자동차 주행의 필수 장치입니다!"
"공격자는 당신을 연구하고 있습니다. 당신은 공격자를 연구하고 있습니까?"

필자가 이와 같은 간결한 보안인식 메시지를 작성하여 정보보호교육 시간에 적극적으로 활용하는 가장 큰 이유는 '간결한 메시지가 주는 힘'을 잘 알고 있기 때문입니다. 임직원들은 정보보호교육 시간에 듣게 되는 모든 내용을 다 기억하지는 못해도, 간결한 메시지로 정리된 한 문장은 기억할 수 있습니다. 그리고 이렇게 임직원의 인식 속에 기억된 간결한 보안인식 메시지는 향후 업무 과정에서 보안통제에 대한 저항을 줄여주기도 합니다.

간결하게 정리해둔 메시지는 정보보호교육뿐만 아니라 전사 보안 공지나 보안통제와 관련하여 전사에 이메일을 발송할 때도 충분히 활용할 수 있습니다. 즉 전사 공지 내용과 관련이 있는 보안인식 메시지를 공지의 하단이나 이메일의 하단에 기재하여 내용을 총정리하는 화룡점정의 한 줄 메시지처럼 사용하는 것입니다.

실제로 존재하지만 평소에 인지하지 못했던 위험한 사실 제시하기

효과적인 정보보호교육이란 '임직원의 생각을 바꾸게 만드는 교육'입니다. 정보보호교육에서 활용할 수 있는 임직원의 생각을 바꾸게 만드는 방법과 소재는 다양하게 착안하고 발굴할 수 있습니다. 그중에서도 임직원들이 일상생활에서 누리고 있는 편안함의 이면에 존재하지만 평소 인지하지 못하고 있는 위험에 관한 사실을 활용해보시기 바랍니다. 이는 정보보호에 관심이 없던 임직원들의 교육 몰입도를 높일 수 있는 가장 좋은 방법입니다. 왜냐하면 주변에 실제로 존재하고 있는 위험한 사실을 알게 된 임직원의 생각 속에 '정보보호가 나의 안전과 관련되는구나!' 하는 인식을 효과적으로 심어줄 수 있기 때문입니다.

투자자들이 흔히 듣는 충고가 있습니다. "높은 수익률의 이면에는 그에 상응하는 높은 손실률이 있다"는 말입니다. 높은 수익률만 바라보다가 그 이면에 있는 높은 손실률을 간과하는 실수를 하지 말라는 의미의 말입니다. 너무나도 당연한 말이지요! 귀한 돈을 투자하는데, '큰 수익'만 생각하다가 '큰 손실'이 나면 안 되니까요.

정보보호 세계에서 말하는 '편리함과 위험함의 관계'도 투자 세계에서 말하는 '수익과 손실의 관계'와 같은 맥락을 가지고 있습니다. 한마디로 말해서, 더 많이 편리할수록 더 많이 위험해진다는 것입니다. 그런데 일상생활에서는 '편리함이라는 기준'에 따라 어떤 대상에 대한 좋고 나쁨을 판단하는 데는 잘 적응되어 있는 반면, '위험함이라는 기준'에 따라 어떤 대상에 대한 좋고 나쁨을 판단하는 데는 아직 서툰 것이 현실입니다.

그렇기 때문에 '위험함을 기준'으로 어떤 대상을 판단할 인식을 가질 수 있도록 만들어주는 계기가 더 많이 필요한 것입니다. 특히 정보보호교육에서는 '편리함'보다는 '안전함'을 기준으로 자신의 생각과 행동을 결정할 수 있는 인식을 임직원에게 만들어주는 것이 매우 중요합니다. "편리함의 이면에는 그에 상응하는 위험함이 있습니다."

필자는 이처럼 편리함의 이면에 실제로 존재하고 있지만 임직원들이 평소에 인지하지 못했던 위험을 정보보호교육 시간에 가능한 한 많이 제시하는 실험을 해보았습니다. 특히 이 실험 과정에서는 편리해서 이용했던 서비스로 인해 서비스 이용자에게 위험이 발생하고, 그 위험의 모든 책임도 이용자가 져야만 하는 구체적인 사례들을 제시해보았습니다.

그 결과 임직원의 생각 속에서 정보보호에 대한 드라마틱한 경각심을 갖는 모습을 매우 많은 시간 동안 목격했습니다. 특히 이러한 경각심을 갖게 된 임직원은 아래와 같은 말을 무의식적으로 터트리곤 했습니다. "(내 문제가 아니라고 생각했지만), 정보보호는 내 문제였구나!"

지금부터는 이러한 경각심을 높이는 데 활용할 수 있는 몇 가지 사례를 소개하겠습니다. 이 사례에 더하여 회사의 업무 환경, 조직 이슈에 부합하는 구체적인 사례를 더 많이 찾아내 정보보호교육 시간에 적절하게 활용하시기 바랍니다.

다만, 위험에 대한 경각심을 높일 수 있는 사례를 찾거나 그 사례를 정보보호교육 시간에 활용할 때는 '사용자의 관점'보다는 '이용자의 관점'에서 부각시키는 것이 교육 효과가 더 크다는 것을 꼭 기억해주시기 바랍니다. 즉 위험의 사례를 소개할 때 '기업 임직원의 관점'에서 설명하고 주의 사항을 알려주는 방식보다는 임직원들도 다른 기업의 고객이므로 '고객의 관점'에서 해당 사례의 위험함을 생각하도록 설명하는 것입니다. 그래야 개인의 생각 영역에 있는 임직원의 보안인식 수준을 높이고 정보보호교육에 대한 더 큰 효과를 기대할 수 있기 때문입니다.

와이파이, 그 이면의 위험

언젠가 지하철에서 옆에 있던 어느 모녀의 대화를 우연히 들은 적이 있습니다. "엄마, 지금 와이파이 안테나가 빵빵하니까 얼른 송금해!"라는 내용이었습니다. 한마디로 와이파이 안테나가 잘 잡히고 있는 지하철 구간에서 얼른 모바일 뱅킹을 하라는 것이었습니다. 물론 지하철 구간에서는 와이파이 사용이 무료이고, 비밀번호도 없이 간편하게 사용할 수 있습니다. 그래서 은행 업무를 모바일로 처리한다는 편리함의 관점에서 보면 이 두 모녀의 대화에 무슨 문제가 있나 싶을 수도 있습니다.

그러나 이러한 편리함의 이면에는 그에 상응하는 위험이 언제나 존재하고 있다는 것을 정보보호교육 시간에 임직원들에게 반드시 알려줄 필요가 있습니다. 이 사례에서 말하는 '위험'이란 누구나 자유롭게 사용할 수 있는 공짜 와이파이는 해킹에 매우 취약하다는 점입니다.

만약 이 와이파이가 누군가에게 이미 해킹되어 있다면, 이 와이파이는 마치 거미가 쳐놓은 줄과 같다고 생각하시면 됩니다. 수많은 곤충들이 거미줄에 걸려드는 것처럼, 이 와이파이로 정보를 보내는 수많은 무선 접속 신호가 해커에게 그대로 노출될 수 있습니다.

따라서 정보보호교육 시간에는 임직원들에게 이러한 위험함을 인지시켜주면서 임직원 자신의 안전을 위해서라도 '안전함을 기준으로 자신의 행동을 결정할 수 있는 보안인식'을 만들어줄 필요가 있습니다.

스마트폰 블루투스, 그 이면의 위험

빠르고 간편한 연결성의 관점에서 보면 스마트폰의 블루투스 기능은 최고의 편리성을 제공하는 기능이라고 할 수 있습니다. 이 블루투스 기능은 스마트폰 기기 간의 정보 연결은 물론이고, 헤드셋이나 키보드, 마우스, 스피커 심지어 게임패드와도 무선 연결을 가능하게 해주는 편리함을 제공합니다.

그렇지만 이렇게 편리한 기능을 제공하는 스마트폰 블루투스라고 하더라도 이 기능은 필요할 때만 사용하지 않고 24시간 내내 켜두는 것은 매우 위험합니다. 필자가 블루투스의 위험성을 알려주기 위해서 정보보호교육을 듣고 있는 분들에게 항상 물어보는 질문이 있습니다. "주무실 때 스마트폰 끄고 주무시는 분 계신가요?"

필자가 이 질문을 하면 대부분은 어이가 없다는 표정을 짓곤 합니다. 그 이유는 스마트폰에서 아침 기상 알람도 설정해두어야 하고 인터넷 검색도 해야 하고 음악도 들어야 하고, 늦은 밤이라도 전화가 올 수도 있다는 등등의 생각에서 비롯되는 표정일 것입니다. 설마 필자가 그런 이유를 몰라서 이런 질문을 했겠습니까?

필자는 하나의 질문으로 임직원의 생각에 자극과 변화를 주고 싶어서 위와 같은 질문을 한 것이었습니다. 필자가 이 질문을 하고 나서 블루투스가 켜져 있는 스마트폰을 해킹한 후 그 스마트폰이 놓여 있는 공간의 모든 소리를 도청하는 것은 초급 수준의 해킹이라는 사실을 말해주는 순간, 그리고 이러한 블루투스 도청 위험 때문에 정부 기관이나 기업에서 중요 전략회의를 할 때 스마트폰을 소지하지 못하게 한다는 사실을 말해주는 순간, 임직원들의 얼굴이 순식간에 놀라움으로 변하는 것을 늘 목격하고 있습니다.

방 안에 블루투스가 켜진 채 스마트폰이 놓여 있고, 이 방 안에서 누군가와 은밀한 대화를 한다거나 사랑하는 사람과 사랑을 나누고 있다고 생각해보십시오. 아마 이 책을 읽고 있는 독자들의 표정도 달라질 것입니다. 이처럼 정보보호교육을 듣는 임직원들의 표정이 달라지는 순간에 필자는 이렇게 강조합니다. "스마트폰을 끌 수 없다면, 최소한 블루투스만이라도 끄세요!"

이러한 사실을 인식한 임직원은 최소한 블루투스 보안은 자신의 안전과 민감한 사생활의 보호를 위해서라도 반드시 지켜야 하는 당연하고도 매우 중요한 행동 습관이라고 인식하게 됩니다.

IP 카메라, 그 이면의 위험

한때 집안에 IP 카메라를 설치하는 것이 유행처럼 번진 적이 있었습니다. 특히 집에서 반려동물을 기르는 사람이라면 아마도 IP 카메라를 설치하여 반려동물을 관리했을 것입니다. 이처럼 IP 카메라의 사용이 확산한 데는 집 밖에서도 집 안에 있는 반려동물의 상태와 모습을 볼 수 있다는 편리함이 있기 때문입니다. 그래서일까요? 필자가 정보보호교육을 할 때 확인해보면 생각보다 많은 가정에 IP 카메라가 있음을 알 수 있습니다.

그렇지만 이렇게 편리한 IP 카메라도 기초적인 보안 조치를 하지 않으면 너무 쉽게 해킹될 수 있습니다. 여기서 말하는 '기초적인 보안 조치'란 초기 아이디와 비밀번호를 변경하는 정도의 조치입니다. 하지만 불행하게도 이러한 기초적인 보안 조치를 적용하지 않아서 많은 IP 카메라가 해킹을 당했고, 집 안에 있던 피해자의 사생활이 심각하게 침해당하는 사건들이 발생했습니다.[87]

반려동물을 관찰하려고 설치해둔 IP 카메라에 설치한 사람이 촬영·녹화되고, 이 모습을 타인이 보는 상황을 상상해보십시오. 그것도 IP 카메라를 설치한 사람의 의지에 반하는 촬영인 데다 민감하고 은밀한 사생활이 적나라하게 촬영·녹화되는 상황 말입니다. 이렇게 된다면 해킹되어 있는 IP 카메라의 촬영 각도 안에 들어오는 사람의 모든 행동이 촬영되고 녹화될 수 있습니다.

IP 카메라에 자신이 촬영될 수도 있다는 생각을 하지 않는 데는 IP 카메라가 '해킹될 수 있는 단말기'라는 인식이 없기 때문입니다. 그저 설치 후에 편리하게 이용하면 된다고 생각했던 것입니다. 공격자들은 바로 이러한 '생각의 지점'을 놓치지 않고 해킹을 감행하는 것입니다.

필자가 정보보호교육 시간에 강조하는 부분이 바로 '기초적인 보안 조치'의 중요성입니다. 즉 IP 카메라를 구매할 당시 설정되어 있던 초기 아이디와 비밀번호를 구매자 자신만 알 수 있는 것으로 변경하기만 하더라도 심각한 사생활 침해라는 되돌릴 수 없는 피해는 입지 않을 수 있었다는 점을 강조합니다.

이러한 논리는 기업의 정보보호 관리체계 유지와 매우 많은 부분이 맞닿아 있습니다. 그래서 IP 카메라 해킹 사건을 활용해서 업무용 컴퓨터에 사용하고 있는 아이디와 비밀번호 보호의 중요성도 함께 인식시킬 수 있습니다. 특히 이러한 경우에는 아래와 같은 한 줄의 보안인식 메시지를 곁들이면 임직원들에게 비밀번호 보호의 중요성을 더 잘 각인시킬 수 있을 것입니다. "비밀번호만 잘 관리해도 정보보호의 80% 수준은 달성할 수 있습니다."

"정보보호가 나와 상관없다고 생각하는 임직원에게 '정보보호 문제가 내 문제구나!'를 알게 해주는 것이 정보보호교육입니다."

제4장
보안인식의 수준을
알 수 있는 중요 지표:
정보보호 예산

이 책을 쓰면서 정보보호 예산에 관한 내용을 '정보보호 인식제고에 포함시킬 것인지' 고민했습니다. 이런 고민을 한 이유는 언뜻 정보보호에 대한 투자를 하고 그 보안 투자를 유지한다는 것이 정보보호 인식제고와 크게 관련이 없어 보이기 때문입니다. 그렇지만, 한번 더 생각해보니 예산을 통한 '정보보호 투자'는 그 기업의 보안인식 수준을 알 수 있는 매우 중요한 지표임을 깨닫게 되었습니다.

'안전이 중요하다'고 말하면서도 안전 장치를 장착하지 않는다면 사실상 '안전을 중요하게 생각하지 않는' 것입니다. 이처럼 어느 기업이 정보보호가 중요하다고 하면서도 정보보호에 투자를 하지 않는다면 사실은 정보보호를 중요하게 생각하지 않는 것입니다. 그래서 정보보호 예산에 관한 내용을 정보보호 인식제고의 범주에 포함시켰습니다.

기업의 정보보호 투자는 정보보호 예산을 평가하는 재무 부서 그리고 정보보호 예산을 최종적으로 승인하는 대표이사의 보안인식 수준에 따라서 자연스럽게 진행되거나 그 반대가 될 수 있습니다. 여러 유형의 회사에 근무하면서 정보보호 예산을 요청한 후 그 결과가 나올 때까지 마음 졸이며 기다리던 필자의 경험에 비추어볼 때, 아마 대부분의 기업에서도 정보보호 예산을 승인받는 것이 쉽지 않을 것이라는 생각이 듭니다.

필자는 재무 부서나 대표이사에게 정보보호 예산에 대한 승인을 부탁하는 것이 아니라, 정당한 근거에 기반해서 당당하게 정보보호 예산 승인을 요구할 수 있도록 하는 장치와 노하우를 공유할 필요가 있다는 생각을 오래전부터 해왔습니다.

그래서 제4장의 내용을 이 책에 수록하게 되었습니다. 기업마다 사람마다 상황이 다를 수는 있겠지만, 이 장에 수록된 내용이 회사에서 정보보호 예산을 승인받고 집행하는 데 활용할 수 있는 당당한 근거가 될 수 있기를 바라면서 이야기를 시작하겠습니다.

제4장의 내용은 2020년 과학기술정보통신부와 한국인터넷진흥원이 공동 발간한 「정보보호 최고책임자 길라잡이 -기본편-」 중에서 필자가 집필한 'IV 직원들에 대한 인식 제고' 편을 참고하고 이를 수정·보완한 것임을 밝혀둡니다.

법령과 지침에 근거하고 있는 정보보호 예산

기업의 정보보호 관리체계를 유지하고 개선해나가기 위해서는 정보보호 예산을 확보하는 것이 매우 중요합니다. 이러한 중요성으로 인해 「전자금융감독규정」에는 기업 전체 인력의 5%를 IT 인력으로 두고, IT 인력의 5%는 정보보호 인력으로 구성하며, IT 부문의 예산 중 7%를 정보보호 예산으로 사용하도록 하는 이른바 '5·5·7 규정'을 두고 있습니다.

이 '5·5·7 규정'은 금융 업종에 해당하는 강행 규정이므로, 금융 업종을 제외한 나머지 업종에 종사하고 있는 정보보호 최고책임자는 정보보호 예산에 대해서 경영진을 설득하는 데 활용할 '정보보호 투자의 법적인 근거'가 아쉬울 수 있습니다. 만약에 법적인 근거가 있다면, 재무 부서나 대표이사에게 정보보호 예산을 신청하고 승인받는 과정에서 의사결정을 더 효과적으로 할 수 있을 테니 말입니다.

예를 들어보겠습니다. 새로운 보안 위협에 대응하기 위하여 신규 보안 시스템을 구축하고자 하는 경우, 이 구축에 필요한 비용을 재무 부서와 협의하게 됩니다. 이런 경우에 대부분 정보보호 최고책임자는 보안 위협에 대응이 필요하다는 관점에서 구축 비용의 필요성을 주장하는 반면, 재무최고책임자는 비용 대비 이익의 관점에서 해당 구축 비용의 필요성을 판단합니다. 이렇게 되면 결국은 재무최고책임자의 의견에 따라 구축 비용이 승인되지 않는 경우가 생각보다 많습니다.

이런 상황에서 정보보호 최고책임자가 재무최고책임자를 설득할 수 있는 법률적 근거가 있다면 얼마나 좋겠습니까? 다행히 법률적인 근거가 있습니다. 특히 비금융권 기업의 정보보호 예산 확보 및 보안 투자에 관해서는「정보통신망법」에 따른「정보보호 조치에 관한 지침」제3조에서 규정하는 '별표1'을 활용할 수 있습니다. 왜냐하면, 이 별표 1의 '1.8.1 정보보호 투자계획 수립·이행 항목'에서는 정보기술 부문 예산의 5% 이상을 정보보호에 투자하도록 규정하고 있기 때문입니다.

다만, 이 규정은 강행 규정이 아니라 권고 규정이라는 점이 아쉽습니다.[88] 그래도 비금융권 기업을 대상으로 일정 비율 이상의 정보보호 예산을 수립하도록 법률과 지침에서 규정하고 있다는 것은 정보보호 최고책임자 입장에서는 큰 힘이 될 수 있습니다.

따라서 이「정보보호 조치에 관한 지침」제3조에서 규정하는 '별표1'을 근거로 하여 기업 전체 IT 부문에 배당되는 연간 예산 기준으로, 최소한 이 기준의 5%에 해당하는 정보보호 예산을 재무최고책임자에게 요청하는 방법을 활용할 수 있습니다.

이렇게 한다면, 정보보호 최고책임자 입장에서는 비록 권고 규정이라고 하더라도 법률적인 근거를 가지고 정보보호 예산을 요청할 수 있게 되는 것입니다. 또한 재무최고책임자 입장에서도 아무리 해당 규정이 권고 규정이라고 하더라도 법률적인 근거에 기반하고 있는 요청사항이므로, 최종 의사결정 시에 심리적인 부담을 안게 됩니다.

물론 이와 같이 법률적인 근거에 기반하는 정보보호 예산 요청으로 인해 정보보호 최고책임자와 재무최고책임자 간에 갈등이 유발될 수도 있습니다. 왜냐하면, 「정보통신망법」 제45조의3에 따라서 기업 내 정보보호 업무는 정보보호 최고책임자가 총괄하기 때문입니다. 그리고 이러한 정보보호 업무를 실행하기 위해서는 정보보호 예산이 필요할 수밖에 없습니다. 그런데 기업 내 예산과 비용에 관한 의사결정권은 재무최고책임자에게 있다 보니, 일종의 '권한 갈등'이 유발될 수도 있다는 것입니다.

그럼에도 불구하고 정보보호 예산을 요청할 때에는 법률적 근거에 기반을 둘 필요가 있습니다. 그 이유는 기업의 예산과 비용을 총괄하는 재무 부서의 인식 속에 정보보호 예산을 '이익의 관점'이 아니라 '법률 준수의 관점'으로 보도록 하는 보안인식을 심어주기 위함입니다.

법원의 판결에 근거하고 있는 정보보호 예산

우리나라에서는 개인정보 유출 사건이 많이 발생하고 있습니다. 이러한 현상은 「개인정보보호법」과 「정보통신망법」이 강화된 이후에도 지속적으로 이어지고 있습니다. 다만, 불행 중 다행인 점은 과거에 엄청난 사회적·법률적 이슈가 되었던 개인정보 유출 사건에 대한 법원의 판단이 현 시점에서 순차적으로 나오고 있다는 점입니다.

이러한 법원의 판단 중에서 개인정보 유출 사건에 대한 판례는 정보보호 최고책임자가 정보보호 업무를 총괄하고 의사결정을 하는 과정에서 매우 중요한 판단의 기준으로 작용하게 됩니다. 뿐만 아니라 정보보호 예산을 확보하고 보안 투자를 얻어내는 데 활용할 수 있는 상당히 의미 있는 근거 자료가 되기도 합니다. 이하에서는 정보보호 예산 확보의 근거로 활용할 수 있는 몇 가지 판결을 소개해드리겠습니다.

먼저, 2012년 발생한 KT 개인정보 유출 사건에 대해 2018년 1월 18일 서울중앙지방법원 민사항소4부는 다음과 같이 판결했습니다.

"정보보호 규정을 지켰다면, 회사 책임 없다."

이 판결에는 두 가지 함의가 있습니다. 첫째는 정보보호 규정을 지켰다면 회사는 관리·감독상의 부주의가 없다는 것입니다. 둘째는 정보보호 규정을 지키지 않았다면 회사는 관리·감독상의 부주의가 있다는 것입니다.

정보보호 최고책임자는 이 중에서 둘째 의미를 지혜롭게 활용할 필요가 있습니다. 예를 들면, 정보보호 규정에 '정보보호 연간 예산의 비율을 명시적으로 규정'해둔다거나 '정보보호 최고책임자가 요청한 정보보호 예산에 대해 재무최고책임자가 의무적으로 협조하도록 하는 명시적인 규정' 또는 '정보보호 최고책임자가 요청한 정보보호 예산에 대해 대표이사가 의무적으로 승인하도록 하는 명시적인 규정'을 미리 만들어두는 것입니다.

이와 같이 정보보호 예산에 관한 명시적인 규정을 미리 만들어둔다면, 이 규정들이 바로 판례가 말하는 '회사의 정보보호 규정'이 되는 것입니다. 그리고 그 후부터는 이 정보보호 규정이 회사가 개인정보를 보호하기 위하여 평소에 관리·감독상의 주의의무를 성실하게 했는지 여부를 판단하는 데 적용되는 기준이 되는 것입니다.

2008년 발생했던 오픈마켓 사이트 개인정보 유출 사건에 대해 2018년 1월 25일 대법원은 아래와 같이 판결했습니다.

"기술적·관리적 보호 조치에 관한 고시를 준수했다고 하더라도, '사회 통념 상 합리적으로 기대 가능한 보호 조치'를 취하지 않았다면 주의의무를 다했 다고 인정할 수 없다."

특히 이 판결은 새롭게 식별된 위협에 대응하기 위해서 정보보호 예산 이 추가적으로 필요한 경우에 활용할 수 있는 판결입니다. 즉 정기적으로 또는 필요에 의해 수행한 위험 평가의 결과로 새로운 위협이 식별되었고, 이 위협에 대응하기 위해 추가적인 보안 시스템이나 추가 보안 인력이 필 요한 경우 이 판례를 활용할 수 있습니다.

한마디로, 정보보호 최고책임자는 '대법원 판례에 따른 사회 통념상 합 리적으로 기대 가능한 보호 조치'를 위하여 정보보호 예산을 요청할 수 있 다는 것입니다. 그러니, 개인정보보호에 필요한 보안 예산을 요청하는 경 우에 특히 이 판결을 적극적으로 활용해보시기 바랍니다.

한편, 2015년 발생한 뽐뿌 개인정보 유출 사건에 대해 2018년 4월 14 일 서울행정법원 행정14부는 다음과 같이 판시했습니다.

"비용 절감 때문에 개인정보보호 조치를 다 하지 않았다면 이는 '매우 중대 한 위반'에 해당한다."

비용 절감을 위해 개인정보보호를 위한 기술적·관리적 보호 조치를 다 하지 않은 것은 개인정보보호위원회의 과징금 산정 기준 중 '매우 중대한 위반'에 해당하여 과징금이 가중됩니다. 이와 같은 법원의 판례는 정보보 호 최고책임자가 기업 전체 예산 중에서 정보보호 예산, 특히 개인정보보 호에 필요한 예산을 확보하는 데 직접적으로 활용 가능한 판례입니다.

"정보보호는 이익의 관점이 아니라 생존의 관점에서 보아야 보입니다."

제5장

보안인식을 보안문화로 정착시키기 (STEP 3)

정보보호 인식제고 단계는 간단하게 보안인식과 업무 방식의 접점을 제대로 식별(STEP 1)하고, 보안인식의 수준을 높일 수 있는 조치를 단계적으로 적용(STEP 2)하는 것으로 나눌 수 있습니다. 하지만, 앞에서 말씀드린 바와 같이 보안인식은 사람의 생각 영역에 있는 것이므로, 이를 강제화하거나 자동화할 방법이 없습니다. 이뿐만 아니라 보안인식 수준은 여러 요인(구성원의 변경, 업무 변경, 승진, 이직 등)에 의해서도 언제든 우하향할 수 있습니다.

이러한 이유에서 정보보호 인식제고의 최종 목표는 '보안인식을 보안문화로 정착시키는 단계(STEP 3)'여야 합니다. '개인의 생각 영역' 안에 존재하고 있는 보안인식이 '사람의 집단' 안에서 작용하는 보안문화로 정착된다면, 편리함을 추구하는 업무 현실의 관성을 약화시키고 안전함에 부합하도록 행동하게 만드는 엄청난 힘을 발휘하게 될 것입니다.

'인식'의 수준과 '문화'의 수준에서 개인의 위상을 살펴보면, '인식'은 개인의 생각 영역에 있기 때문에 개인이 주도권을 가집니다. 하지만, '문화'는 조직의 영역에서 수용되는 일종의 기준이므로 조직이 주도권을 가지게 됩니다. 이러한 맥락에서 보면, 문화가 형성되기 이전에는 '개인의 인식'이 개인의 행동을 판단하는 기준으로 작용됩니다. 그렇지만 문화가 정착된 후에는 '문화'가 개인의 행동을 판단하는 기준으로 작용할 수 있게 됩니다.

게다가 이러한 보안문화를 지속적으로 관리할 수 있고 정량화된 방식으로 유지·개선할 수 있도록 한다면, 언제든지 달라질 수 있는 '생각 영역' 속에 더 이상 보안인식이 머물러 있지 않게 됩니다. 이 말은 사람의 '생각 영역' 속에 있던 보안인식의 수준을 정량화된 수치로 평가하고 관리할 수만 있다면, 이것이 가능하다는 말이 됩니다. 보안인식의 수준도 조직의 관리 영역으로 포섭시킬 수 있습니다.

제5장에서는 보안인식을 보안문화로 만들 수 있는 방법에 대해서 이야기하려고 합니다. 물론 이 책에서 소개하는 방법이 보안문화를 만드는 유일한 방법은 아닙니다. 따라서 이 책에 있는 내용을 참고로 하여 회사에 맞는 방법으로 응용하거나 새로운 방법들을 착안하여 '우리 회사만의 보안문화'를 만들어보시기 바랍니다.

제5장의 내용은 2020년 과학기술정보통신부와 한국인터넷진흥원이 공동 발간한 「정보보호 최고책임자 길라잡이 -기본편-」 중에서 필자가 집필한 'Ⅳ 직원들에 대한 인식 제고' 편을 참고하고 이를 큰 폭으로 수정·보완한 것임을 밝혀둡니다.

인식을 문화로 만들기

여러 사람의 생각들이 모여서 문화의 단계로 가기 위해서는 어떤 과정을 거쳐야 할까요? 특히 기존에는 통제가 없어서 편리하게 생활했는데, 새롭게 통제가 적용되면서 기존에 없던 불편을 야기하는 경우에는 어떤 과정을 거쳐서 새로운 통제가 문화의 단계로 진화할 수 있을까요? 조직마다 환경마다 시기마다 사람마다 답은 달라질 것입니다. 하지만, 그럼에도 사람의 생각이 모여 집단 내에서 하나의 문화가 되는 기본적이고 일반적인 과정은 도출해볼 수 있을 것입니다.

인식이 문화가 되는 세 가지 단계

'개개인의 영역에 있는 사람의 생각들이 모여서 사람의 집단 내에서 문화가 형성되는 기본적이고 일반적인 과정'이란 바로 이것입니다.

불편의 단계 → 수용의 단계 → 문화의 단계

이해를 돕기 위해 도로에 기존에 없던 횡단보도가 새롭게 생겼다고 가정해보겠습니다. 이 횡단보도가 없던 시절 보행자는 편하게 도로 반대편으로 건너다녔습니다. 그러던 어느 날 도로에 새로운 횡단보도가 생기면, 보행자는 길을 건너가는 것이 불편해졌다고 생각하는 것이 인지상정입니다. 그 과정에서 보행자들끼리 횡단보도에 대한 불평을 말하고, 또 일부 보행자는 횡단보도에 대한 저항으로 예전처럼 무단횡단을 할 것입니다. 이 단계가 '불편의 단계'가 됩니다.

그렇지만 횡단보도가 생기기 전에는 그냥 횡단이라고 생각했지만, 횡단보도가 생기고 난 이후부터는 보행자들 사이에서 기존의 방식이 무단횡단이라는 생각을 하게 됩니다. 이러한 생각을 하는 보행자들이 점점 더 많아지고, 또 그렇게 시간이 흐르다 보면 일부 보행자들은 횡단보도의 신호체계를 준수하면서 도로를 건너게 됩니다. 이 단계가 바로 '수용의 단계'입니다.

그러다가 어느 시점부터는 대부분의 보행자 사이에서 횡단보도의 신호체계를 준수하면서 도로를 건너는 것이 당연한 행동이라는 '일종의 합의'가 이루어지는 순간이 옵니다. 이 시점부터는 무단횡단을 하는 것은 이러한 합의를 깨는 행동이라는 인식을 하게 될 것입니다. 특히 이러한 인식은 생각이 그저 생각의 단계에 머물러 있는 것이 아니라 '자신의 행동에 대한 윤리적 선택 기준'으로 작용함과 동시에 '타인의 행동에 대한 윤리적 판단 기준'으로도 작용하게 됩니다. 바로 이 단계부터 '문화의 단계'라고 할 수 있습니다.

문화 = 자신의 행동에 대한 윤리적 선택 기준 + 타인의 행동에 대한 윤리적 판단 기준

이처럼 '인식이 문화가 되는 과정'은 정보보호 인식제고에서도 동일합니다. 즉 보안통제에 저항하는 '불편의 단계'를 거치고, 정보보호 인식제고 활동으로 인해 점점 많은 임직원이 보안통제를 '수용하는 단계'를 거치게 됩니다. 그리고 난 후, 궁극적으로 보안통제가 추구하는 안전함이 자신과 타인의 행동에 대한 윤리적 선택 기준이자 윤리적 판단 기준으로 작용하는 '문화의 단계'로 진화합니다.

인식이 문화가 되기 위한 세 가지 조건

개인이 가지고 있는 어떠한 인식이 사람의 집단 내에서 문화의 단계로 가기 위해서는 세 가지 조건이 필요합니다. 첫째 조건은 '사람의 생각에서 작용하는 어떤 인식'이고, 둘째 조건은 '같은 인식을 가지고 있는 사람의 숫자'입니다. 그리고 마지막 셋째 조건은 '같은 인식이 유지되는 시간'입니다. 일반적으로, 이 세 가지 조건에 부합해야 사람들 사이에 '같은 인식'에 대한 일종의 합의가 이루어지고 결국 사람들 사이에서 문화라는 '선택 기준'과 '판단 기준'이 만들어지는 것입니다.

인식이 문화가 되기 위한 조건 = 사람의 인식 × 같은 인식을 가진 사람의 숫자 × 같은 인식이 유지되는 시간

다만, 어떤 경우에는 위 세 가지 조건 중 최소한 두 가지 조건만으로도

문화가 만들어지기도 합니다. 예를 들면 법령의 강제나 사회적인 이슈에 따른 급진적인 인식의 전환 등과 같은 변수는 세 번째 조건인 시간을 극복하게 해줍니다. 따라서 이런 경우에는 굳이 시간의 흐름을 기다릴 필요 없이 특정 문화가 만들어지기도 합니다.

한편, 생각을 문화의 단계로 빨리 가도록 하거나 문화로 가는 과정에서의 저항을 최소화할 수 있는 방법은 없을까요? 필자는 위 세 가지 조건에 더 많은 숫자가 곱해지면 가능하다고 판단하고 있습니다. 즉 어떤 인식에 대한 생각의 강도가 커질수록, 그렇게 인식하는 사람이 더 많아질수록, 그리고 그러한 인식이 유지되는 시간이 더 길어질수록 그 인식은 조직의 문화로 더 빨리 진화하거나 저항을 최소화할 수 있다는 것입니다.

이러한 개념을 보안문화 정착에도 대입할 수 있습니다. 새로운 보안통제를 적용하는 경우 생각의 자극을 통해 임직원 개개인의 보안인식을 강화하고, 더 많은 직원들의 보안인식 수준을 높이는 것입니다. 그러면서 높은 수준의 보안인식이 유지되는 시간을 더 길게 만든다면 보안인식은 '개인의 생각의 영역'에서 벗어나 문화라는 '조직의 영역'으로 더 빨리 들어갈 수 있고, 이 과정에서 저항도 최소화할 수 있습니다.

이렇게 한다면, 불편하다는 이유로 저항의 대상이 되는 보안통제가 점점 더 많은 임직원들 사이에서 '수용의 단계'에 접어들게 될 것입니다. 이러한 '수용의 단계'를 거친 결과 보안통제가 '임직원 자신의 행동을 선택하는 윤리적 기준'이 됨과 동시에 '다른 임직원의 행동을 판단하는 윤리적 기준'으로 작용될 수 있게 될 것입니다.

룰 하나가 문화를 만든다: 보안인식 관리체계

농구 경기에는 24초 공격 제한 시간이 있습니다. 공격권을 가진 팀이

24초 안에 공격을 마무리하지 않으면 공격권이 상대방에게 넘어가게 되는 것이죠. 이러한 규칙을 만들기 전에는 농구 경기가 지루할 수밖에 없었습니다. 굳이 위험을 감수하면서 상대방 골대에 슛을 할 필요가 없었으니까요. 그래서 당시 선수들은 점수를 얻기 위한 공격 자체를 하지 않거나 가능한 한 농구공을 자기 편끼리 돌려가면서 시간을 끌곤 했습니다.

그런데 이런 방식으로 진행되다 보니 경기가 재미없어지고 결과적으로 농구에 대한 관심이 식어버리는 상황에 처하게 되었습니다. 이러한 문제를 단번에 해결한 것이 바로 '24초 공격 시간 제한'입니다.

단지 룰 하나만 바꿨을 뿐인데 이때부터 농구 경기는 24초라는 제한 시간 안에 점수를 내기 위한 공격이 활발하게 일어나게 되었습니다. 그리고 그 결과 농구 경기를 관람하는 관중이 폭발적으로 증가하여 현재의 인기를 누리게 되었죠.

이러한 24초 공격 시간 제한이라는 규칙은 '인식이 문화가 되는 과정'을 가장 잘 설명하는 예시입니다. 농구 선수들의 입장에서 보면, '24초 공격 시간 제한'이 없던 시절에는 공격에 대한 부담은 없고 그저 상대팀의 실책을 유도해서 승리를 가져오는, 그야말로 몸과 마음이 편한 방식으로 경기를 했습니다.

그러다가 '24초 공격 시간 제한'이 처음 생겼을 때는 정해진 시간 안에 어떻게 해서든 공격을 해야 하니 몸도 힘들고 마음도 불편했을 겁니다(불편의 단계). 그러나 '24초 공격 시간 제한'을 적용하자 점차 농구 경기가 인기를 얻게 되는 것을 경험하게 됩니다(수용의 단계). 그 이후부터 현재까지 '24초 공격 시간 제한'은 농구 선수들 사이에서는 당연한 문화가 된 것입니다(문화의 단계).

'24초 공격 시간 제한'을 문화라고 표현하는 이유는 이 규칙이 농구 선수 자신의 행동에 대한 '선택 기준'이 됨과 동시에 다른 선수의 행동에 대한 '판단 기준'이 되기 때문입니다. 그리고 선수 개개인에 의해서 이 규칙이 달라지지 않고, 오히려 수많은 선수들이 이 규칙을 당연히 준수해야 하기 때문에 문화라고 표현하는 것입니다.

이처럼 문화는 개인의 생각을 바꾸고, 또 바뀐 개인의 생각을 유지시키는 데 엄청난 힘을 가지고 있습니다. 이러한 힘은 보안문화에도 당연히 존재합니다. 그렇기 때문에 '24초 공격 시간 제한'과 같은 기능과 효과가 있는 장치를 최대한 활용하여 보안문화를 만들어야 합니다. 그래야만 보안인식 수준이 임직원 개개인의 생각에 의해 매번 달라지지 않게 됩니다. 그리고 보안인식이 개인적인 '생각' 영역에 머물러 있지 않고 보안문화라는 '조직'의 영역에서 선택 기준과 판단 기준으로 작용될 수 있게 됩니다.

필자는 보안문화를 만드는 과정에서 보안인식 관리체계가 중요하고 의미 있는 '규칙Rule'으로서의 기능과 효과를 발휘할 수 있다고 판단하고 있습니다. 왜냐하면 보안인식 관리체계를 적용하기 이전과 비교해볼 때, 이 체계를 적용한 이후의 상황이 마치 '24초 공격 시간 제한'을 적용한 이후의 농구와 매우 유사하기 때문입니다.

보안인식 관리체계를 적용하기 이전에는 보안인식을 정량적 수치로 산출할 수 없었습니다. 그래서 보안인식의 현재 수준이 어느 정도인지 그 실체를 전혀 파악할 수 없었습니다. 그러한 상태에서 '편리함'을 기준으로 어떤 대상의 좋고 나쁨을 판단하는 '생각의 무게중심'은 임직원들의 업무 방식에도 고스란히 스며들었고, 이러한 상태가 상당 기간 동안 유지되고 있는 것입니다.

그렇지만 보안인식 관리체계를 적용하면 보안인식을 정량적인 수치로 산출할 수 있습니다. 그래서 인식 제고의 출발선상에서 수치화된 보안인식의 실체를 우선적으로 파악한 상태에서 보안인식의 수준을 높이는 정보보호 인식제고 활동이 가능하게 됩니다. 이와 같은 과정을 통해서 '안전'을 기준으로 어떤 대상의 좋고 나쁨을 판단하는 '생각의 무게중심'이 점차 확산되고, 그 결과 임직원들의 업무 방식도 정보보호의 방향에 부합하는 긍정적인 변화를 만들어내게 됩니다.

물론 이러한 과정은 '인식이 문화가 되는 과정(불편의 단계 → 수용의 단계 → 문화의 단계)'을 그대로 거칠 것입니다. 즉 임직원 개개인과 부서별로 보안인식을 점수나 등급으로 산출하는 보안인식 관리체계를 처음 적용하는 시점에는 '불편의 단계'를 거치게 될 것입니다. 이는 새로운 통제(즉 새로운 불편)를 경험하게 될 때 나타날 수밖에 없는 자연스러운 현상입니다. 그러나 점차 보안인식 관리체계에서 산출된 점수나 등급을 수용하는 임직원과 부서가 증가하는 '수용의 단계'를 거치게 될 것입니다.

이러한 수용의 시간이 점진적으로 길어질수록 임직원과 실무 부서의 보안인식은 생각이라는 '개인의 영역'에서 벗어나 문화라는 '조직의 영역'으로 들어갈 수 있을 것입니다. 그리고 보안인식 관리체계를 적용하여 임직원과 실무 부서의 보안인식 수준이 높아진 경험을 한 기업에서는 보안인식 관리체계를 적용하는 것이 당연하다고 생각하는 문화가 조성될 것입니다. 뿐만 아니라 이러한 기업의 제품·서비스를 이용해본 고객들 사이에서도 기업에서 보안인식 관리체계를 적용하여 안전한 제품과 서비스를 제공하는 것을 당연하게 생각하는 문화가 만들어질 것입니다.

이렇게 보안문화가 만들어진 기업에서는 보안인식 관리체계에서 산출되는 점수나 등급이 '임직원 본인의 행동에 대한 선택 기준'이 됨과 동시에 '다른 임직원의 행동에 대한 판단 기준'으로 작용할 것입니다. 이와 같은 일련의 과정에서 보안인식 관리체계는 기업의 정보보호 인식제고 활동 전반에서 게임 체인저의 기능과 효과를 발휘할 것입니다. 마치 농구 경기에서 '24초 공격 시간 제한'이 발휘한 기능과 효과처럼 말입니다.

그러니 보안인식 관리체계를 활용하여 '인식이 문화가 되어가는 단계'를 필연적으로 거치고, '인식이 문화가 되기 위한 조건'을 효과적으로 충족해보시기 바랍니다. 그리하여 '임직원 자신의 행동을 선택하는 기준'임과 동시에 '다른 임직원의 행동을 판단하는 기준'으로 작용할 수 있는 보안문화를 자연스럽게 만들어보시기 바랍니다.

보안문화 정의하기

기업의 정보보호 관리체계를 유지하기 위해서는 '보안문화'를 만들어야 한다는 말을 많이 들어보셨을 것입니다. 이 말은 언론기사나 보안 세미나 그리고 보안 전문가들 사이에서 많이 회자되는 말이기도 합니다.

보안문화가 정보보호에서 매우 중요한데도 그것이 무엇인지 한눈에 알 수 있는 정의를 찾기는 쉽지 않습니다. 보안문화가 무엇인지 정의하는 데 도움이 되는 예시로, 자동차 운전 환경을 생각해보겠습니다. 이 예시는 정보보안 부서뿐만 아니라 보안통제를 준수해야 하는 실무 부서(특히 보안통제에 대한 저항의 형태로 '불편의 단계'에 있는 실무 부서)를 이해시키는 데도 충분히 활용할 수 있는 아주 적합한 예시가 될 수 있습니다.

운전은 운전자가 합니다. 교통경찰관이나 자동차 정비 전문가가 운전을 대신해주지 않습니다. 그래서 편리 기능인 액셀러레이터나 안전 기능인 브레이크는 교통 통제와 도로 상황에 맞게 운전석에 앉아 있는 운전자가 직접 조작해야 합니다. 여기서 교통 통제란 모든 운전자와 보행자의 편리와 안전을 보장하기 위한 「도로교통법」과 도로교통체계를 말합니다. 그리고 도로 상황이란 운전자가 운전을 하는 과정에서 맞닥뜨리게 되는 도로상의 여러 변수를 의미합니다.

이 모든 과정에서 교통 통제 준수와 안전벨트 착용은 운전자 본인의 안전을 보장하기 위한 장치이므로 운전자의 당연한 의무로 인정되는 교통안전 문화입니다. 그래서 불가피하게 교통사고가 발생하더라도 교통 통제를 준수하고 안전벨트를 착용한 운전자는 자신의 신체와 생명을 보호할 수 있을 뿐만 아니라 법적 책임과 관련해서도 자기 과실의 비율이 줄어들게 됩니다. 반면에 교통 통제를 준수하지 않고 안전벨트를 착용하지 않은 운전자는 자신의 신체나 생명을 보호하지 못할 가능성이 매우 커질 뿐만 아니라 법적으로도 자기 과실의 비율이 당연히 높아지게 됩니다.

그래서 교통사고가 발생하는 경우 운전자가 교통 통제를 준수하면서 도로 상황에 맞게 운전을 했는지 그리고 안전벨트를 착용했는지가 법적 책임과 과실 여부를 판단하는 데 매우 중요한 기준이 되는 것입니다. 그 결과 현재는 교통 통제를 준수하고 안전벨트를 착용하는 것이 운전자 자신의 안전을 위한 당연한 '선택 기준'임과 동시에 다른 운전자의 행동에 대한 '판단 기준'으로 당연히 받아들여져 있습니다. 한마디로 도로에 있는 '모두의 안전을 위해 어렵게 쌓아 올린 합의'로 교통안전 문화가 만들어진 것입니다.

이러한 운전 환경은 일반적인 업무 환경에 그대로 대입할 수 있습니다. 업무(운전)는 직원(운전자)이 합니다. 보안 부서를 포함하는 통제 부서(교통경찰관 등)나 IT 부서(자동차 정비 전문가)가 대신해주지 않습니다. 그래서 편리를 우선하는 행동(액셀러레이터)과 안전을 추구하는 행동(브레이크와 안전벨트)에 대한 선택은 직원(운전자)이 스스로 해야 합니다.

이 과정에서 직원(운전자)은 보안통제(교통 통제)와 업무 진행 상황(도로 상황)에 부합하는 안전한 방식으로 업무(운전)를 해야 합니다. 여기서 말하는 보안통제(교통 통제)란 모든 임직원(운전자)과 고객(보행자)의 편리와 안전을 보장하기 위한 정보보호 법률과 정보보호 관리체계를 말합니다. 그리고 업무 진행 상황(도로 상황)이란 업무(운전)를 수행하는 과정에서 맞닥뜨릴 수 있는 업무상의 여러 변수를 의미합니다.

불가피하게 보안사고(교통사고)가 발생하더라도 보안통제(교통 통제)를 준수하고 보안 규정(안전벨트)을 지킨 직원(운전자)은 법적 책임과 관련해 본인 과실의 비율이 줄어듭니다. 반면에 보안통제(교통 통제)를 준수하지 않고 보안 규정(안전벨트)을 지키지 않는 직원(운전자)은 법적 책임과 관련해 본인 과실의 비율이 당연히 높아집니다.

기업 환경에서도 보안문화가 임직원 자신의 행동을 선택하는 데 적용되는 '행동 기준'이 되도록 해야 합니다. 그리고 이와 동시에 보안문화가 다른 임직원의 행동을 판단하는 데 적용되는 '판단 기준'으로도 당연히 받아들여지도록 하는 조직적 합의의 단계를 지속적으로 쌓아가야만 합니다.

이와 같은 예시에서 우리는 보안문화의 정의를 도출할 수 있습니다. 필자가 생각하는 보안문화란 구성원들 사이에서 정보보호를 위한 아래와 같은 합의된 기준이 유기적으로 살아 있는 문화입니다.

보안 관점에서 옳고 그름을 판단하는 데 구성원 간에 받아들여진 합의된 기준

보안문화에 대한 정의는 어느 하나의 형태로 규정되지 않습니다. 기업의 특성과 업무 환경에 맞게 재정의하여 활용할 수 있습니다. 특히 보안문화는 정보보호에 대한 대표이사의 철학이나 정보보호 최고책임자의 의지에 따라서 다양하게 정의될 수 있습니다.

다만, 기업의 특성과 업무 환경에 맞는 형태로 보안문화를 정의했더라도 정의된 보안문화에 대해 조직의 모든 구성원 간 합의를 지속적으로 쌓아가는 것이 중요합니다. 어떠한 형태를 가지고 있든 문화의 뿌리는 긴 시간 동안의 경험과 반성을 통해서 모든 구성원이 어렵게 쌓아올린 합의이기 때문입니다.

결론적으로 말씀드리자면, 보안인식을 보안문화로 만드는 출발선상에서는 반드시 "우리 회사의 보안문화를 어떻게 정의할 것인가?"와 같은 질문을 스스로 해야 합니다. 그렇게 '우리 회사만의 보안문화'를 정의한 이후 이를 전사에 공포해야 합니다.

"우리 회사의 보안문화는 '고객과 임직원 모두의 안전'입니다"

그래야만, 오랜 기간 많은 구성원들이 참여할 수 있고 여러 유형의 갈등과 이해관계의 충돌 과정에서도 구성원 간에 어렵게 쌓아올린 합의의 결과물인 보안문화를 지속시킬 수 있을 것입니다. 위처럼 보안문화를 정의하여 이를 전사에 공개한다면, 생각보다 많은 선순환적 효과가 나타나게 됩니다. 이에 관해서는 469쪽의 제5부 '정보보호 최고책임자의 보안 의지: 보안문화 정의하고 공개하기' 부분에서 상세하게 말씀드리겠습니다.

보안문화 만들기: 기회 활용하기

우리 주변에는 기업 내에서 보안문화를 만드는 데 활용할 수 있는 아주 좋은 기회들이 있습니다. 예를 들면 정보보호 관리체계 인증을 의무적으로 취득해야 하는 상황이나 외부에서 발생한 보안사고 사례 전파 상황 그리고 정부 주도 보안 훈련이나 보안 점검에 참여하는 상황 등이 그러합니다. 이와 같은 기회를 활용한다면 임직원 개개인의 생각 속에 있는 '보안인식'을 업무 현실에서 '행동의 형태'로 표출할 수 있게 됩니다.

「정보통신망법」에 의하면 대부분의 기업은 의무적으로 정보보호 관리체계 인증을 취득하거나 유지해야 합니다. 이런 경우에는 인증 심사를 준비하는 시기와 결함 이행 조치를 하는 시기가 임직원의 보안인식 수준을 높일 수 있는 아주 좋은 기회가 될 수 있습니다.

특히 「정보통신망법」에 의해서 의무적으로 정보보호 관리체계 인증을 취득해야만 하는 기업의 경우에는 '인증 취득 그 자체'가 대표이사의 주요한 관심사이기 때문에, 정보보안 부서가 주관하는 보안통제에 대해서 다른 실무 부서가 저항할 수 있는 상황이 전혀 아닙니다. 따라서, 정보보호 관리체계 인증 심사를 준비하는 시기 또는 심사 후 결함 이행 조치를 하는 시기는 '보안문화 구축의 교두보'를 확보할 수 있는 가장 좋은 기회라고 할 수

있습니다.

정보보호 관리체계 인증을 취득하기 위해서는 수많은 통제 항목의 요건을 충족해야 합니다. 이 과정도 보안인식의 수준을 높일 수 있는 좋은 기회가 될 수 있습니다. 왜냐하면 평소에는 정보보호에 관심이 없던 임직원도 인증 심사 준비 및 결함 이행 조치 기간에는 통제 항목의 요건을 충족시키는 데 참여하거나 업무를 지원해야 하기 때문입니다. 이러한 과정을 거치는 동안 보안인식과 업무 방식의 접점도 자연스럽게 식별될 수 있을 뿐만 아니라 이 접점의 수준도 상당 부분 높아집니다.

한편, 인증 심사에서 '결함 사항이나 권고 사항'을 활용하는 것도 보안통제에 대한 저항을 극복할 수 있는 좋은 기회가 될 수 있습니다. 예를 들어 평소에 적용하려고 했으나 임직원의 저항이 커서 못하고 있던 보안통제가 있는데 인증 통제 항목에서 '결함'을 받게 될 수 있습니다. 이에 대해서는 결함 이행 조치 기간에 반드시 보완 조치를 적용을 해야만 합니다. 이는 결국 실행하지 못하고 있던 보안통제를 의무적으로 실행해야만 한다는 의미가 됩니다. 이렇게 된다면 해당 보안통제는 더 이상 '저항의 대상'이 아니라 '수용의 대상'으로 변하게 됩니다.

이와 같이 어떤 보안통제를 의무적으로 적용해야 하는 상황을 활용한다면, 보안통제에 대한 저항을 한번에 극복할 수 있습니다. 뿐만 아니라 인식이 문화가 되기 위한 세 가지 조건 중에서 셋째 조건인 시간을 극복하게 해주는 극적인 효과도 있습니다.

보안사고 사례 전파 및 대응 방안 전파

우리 주변에는 매우 많은 보안사고 사례들이 있습니다. 예를 들면, 보안사고에 관한 언론기사나 전문가 논평, 수사 결과, 판례 등이 있습니다. 이러한 사례들 중에서 임직원들에게 공유할 필요가 있는 보안사고 사례를 선별하여 전사에 전파한다면 임직원의 보안인식 수준을 높이고 보안문화를 만드는 데 도움이 될 수 있습니다.

다만, 보안사고 사례를 전파하는 경우에는 회사의 정보보호 관리체계를 유지하는 데 경각심을 주는 사례뿐만 아니라 '임직원 개인의 안전'에도 도움이 되는 사례 역시 함께 선별하여 전파해야 합니다. 보안인식의 수준은 사람의 생각 영역에 있고, 보안문화는 사람이 생활하는 환경에서 만들어지는 것임을 감안해야 하기 때문입니다.

따라서 먼저 임직원 스스로 안전을 추구하려는 생각을 하도록 만들어야만 합니다. 그래야 이러한 생각이 보안인식의 형태로 점진적으로 쌓이고, 시간이 누적되면서 보안문화가 되기 위한 조건이 만들어집니다. 한마디로 정리하면, 생각이 바뀌어야 행동이 바뀌고, 행동이 바뀌어야 문화가 됩니다.

예를 들어, 랜섬웨어 보안사고 사례와 대응 방안을 전사 임직원에게 전파한다고 가정해보겠습니다. 이때 회사에서 사용하는 업무용 컴퓨터와 시스템을 보호할 수 있는 대응 방안뿐만 아니라, 임직원의 자택에서 사용하는 개인용 컴퓨터와 스마트폰을 보호할 수 있는 방법도 함께 전파하는 것입니다.

이처럼 보안사고 사례를 전파할 때는 기업 관점의 대응 수단뿐만 아니라 임직원 개인의 안전에 필요한 대응 수단도 함께 기재하여 전파하는 방법을 지속적으로 활용하는 것이 좋습니다. 이렇게 하면, 정보보호 관리체계와 보안통제가 기업의 안전뿐만 아니라 임직원 개인의 안전과도 직결되어 있다는 사실을 임직원 스스로 인식하게 될 것입니다.

한편, 보안사고 사례를 전파하는 경우에는 내용을 가능한 한 간결하게 정리해야 합니다. 내용이 너무 길거나 이해하기 어렵다면 읽지 않는 경향이 있기 때문입니다. 따라서 전파 내용 자체를 간결하게 기재하고, 전체 내용을 아우를 수 있는 간결한 보안인식 메시지로 마무리하는 것이 좋습니다. 예를 들면 이런 간결한 보안인식 메시지 말입니다. "안심하는 사람은 안전할 수 없습니다."

정부 주도 훈련/점검

매년 정부 기관에서는 언제 발생할지 모르는 사이버 공격에 대비하고 정보보호 관리체계의 강화를 위하여 실제와 같은 모의 훈련 및 보안 점검을 실시하고 있습니다. 민간 기업도 이러한 정부 주도 모의 훈련에 참여할 수 있는데, 정보보안 부서는 기업의 보안문화를 만들기 위해서 이러한 훈련이나 점검에 참여하는 기회를 활용할 수 있습니다.

특히 정부가 주도하는 모의 훈련은 실제 사이버 공격과 유사한 방식으로 진행되기 때문에, 사이버 공격의 위험성과 정보보호 관리체계의 필요성 그리고 보안통제의 존재 의미를 임직원들에게 인식시키는 아주 좋은 기회가 될 수 있습니다.

정부 기관이 주관하는 보안 점검도 마찬가지입니다. 정보보안 부서에서 정부 기관이 주관하는 보안 점검을 신청하여 수검 대상이 된다면, 보안 점검에 대비하기 위해 일정 기간 정보보호 관리체계를 정비하거나 보안통제를 강화하는 활동을 전사적으로 해야 합니다. 이러한 과정에서 임직원들의 보안인식 수준이 자연스럽게 높아질 수 있을 것입니다.

기업의 가장 큰 목적은 수익 창출이기 때문에 위와 같은 모의 훈련이나 보안 점검에 적극적으로 참여하기가 현실적으로 쉽지 않을 것입니다. 그럼에도 불구하고 실제와 가장 유사한 사이버 공격 환경에서 임직원들이 정보보호의 중요성을 깨달을 수 있는 기회이므로, 가능한 한 정기적으로 정부가 주관하는 모의 훈련과 보안 점검에 참여하시기를 권합니다.

안전이라는 목적을 달성하기 위하여 평소에 정기적으로 실시하는 훈련의 중요성을 일깨워준 사례를 하나 소개하겠습니다. 2001년 9·11 테러 당시 세계무역센터에 입주해 있던 모건스탠리Morgan Stanley의 보안책임자였던 릭 레스콜라Rick Rescorla(1939.5.27 ~ 2001.9.11)가 평소에 3개월마다 한 번씩 모의 대피 훈련을 실시한 사례입니다.[89]

모건스탠리는 세계에서 가장 큰 투자은행이자 글로벌 금융서비스 기업입니다. 투자 업무를 하시는 분들은 잘 아시겠지만, 투자 기업은 1분 1초가 긴장의 연속이고 한 건 한 건의 계약이 수백만 달러의 투자 수익과 직결되는 업무 환경을 가지고 있습니다. 따라서 이런 회사에서 3개월마다 한 번씩 정기적으로 한두 시간씩 소요되는 모의 대피 훈련을 실시한다는 것은 정말로 쉽지 않았을 것입니다. 실제로 관련 기사를 찾아보면 모의 대피 훈련을 하는 것에 임직원들의 엄청난 반발과 저항이 있었다고 합니다.

그 바쁜 시간에 무려 20층이 넘는 사무실에서 계단을 이용하여 지상 1층까지 대피하는 훈련을 했으니, 반발과 저항이 오죽했을까요? 그럼에도 불구하고 릭 레스콜라는 회사의 보안 책임자로서 의지를 굽히지 않고 매뉴얼에 따른 모의 대피 훈련을 정기적으로 실시했다고 합니다.[90]

> "인간이 재난으로 충격에 휩싸여 있을 때 어떻게 행동해야 하는지 뇌를 움직이는 최고의 방법은 '훈련'입니다. 그래서 똑같은 훈련을 반복하는 것입니다. 일보다는 목숨이 더 중요하기 때문에 위기 상황에 대비하는 훈련은 반드시 해야 합니다."
> — 모건스탠리 보안책임자 릭 레스콜라

그러다가 불행히도 9·11 테러가 발생했습니다. 모건스탠리 임직원들은 평소 정기적으로 모의 대피 훈련을 했던 방식 그대로 대피했고, 그 결과

2,687명의 임직원과 250명의 방문객이 무사히 건물을 빠져나올 수 있었습니다. 안타깝게도 릭 레스콜라 본인은 남아 있는 12명의 직원을 찾아서 대피시키기 위해 다시 건물로 들어갔다가 건물이 붕괴되는 바람에 생을 마감하게 되었습니다. 2019년 미국 정부는 평소의 강한 훈련 의지로 많은 인명을 구한 릭 레스콜라에게 사후 훈장을 수여했습니다.

사이버 공격도 언제 어디서 발생할지 모릅니다. 하지만 그렇다고 사업을 접을 수는 없겠지요. 그렇기 때문에 최소한 정기적인 모의 훈련이라도 해야 하는 것입니다. 고객정보의 보호와 기업의 안전은 타협의 대상이 아닙니다!

정보보안 부서의 입장도 릭 레스콜라의 입장과 비슷할 것이라고 감히 생각해봅니다. 바쁜 시간을 할애하여 사이버 공격에 대비하는 모의 훈련을 실시하면 임직원들의 거센 저항과 반발이 있을 것입니다. 그럼에도 정보보안 부서는 모의 훈련을 정기적으로 뚝심 있게 진행해야 합니다. 이렇게 하는 것이 언제 발생할지 모를 사이버 공격으로부터 임직원을 지켜줄 수 있는 유일한 방법이기 때문입니다. 보안은 눈에 보이지 않습니다. 그러나 그것이 무너졌을 때 존재 가치를 실감하게 됩니다.

자체 보안 점검

정보보호 관리체계를 가지고 있는 기업에서는 정기적으로 보안 점검을 실시합니다. 특히 ISMS 인증을 의무적으로 유지해야 하는 기업이라면 연간 정보보호 활동 계획에 따라 최소 월 1회의 정기 보안 점검을 실시하고 있을 것입니다. 이와 같은 기업 자체의 보안 점검 활동도 보안문화를 만드는 기회로 활용할 수 있습니다.

필자의 경우에는 '보안 규정 위반 상황(부정적인 행동)'와 '보안 규정 준수 상황(긍정적인 행동)' 그리고 '보안 점검 결과를 점수로 산정하는 방식' 등을 활용하여 보안문화 조성의 기회를 만들어가고 있습니다.

(1) '보안 규정 위반 상황(부정적인 행동)'을 활용한 보안문화 만들기

'보안 규정을 위반하는 상황'을 활용하여 보안문화를 만드는 과정은 보안 점검을 하는 일반적인 방식을 그대로 적용하면 됩니다. 즉 보안 규정을 위반한 직원을 식별하고 이에 대한 교정 조치를 하는 과정에서 보안인식의 수준을 높이고 결과적으로 보안문화가 만들어지도록 하는 것입니다. 이처럼 '보안 규정 위반 상황'에서의 인식 제고 활동은 한마디로 "부정적인 행동에 대한 교정적 인식 제고 활동"이라고 정의할 수 있습니다.

부정적인 행동에 대한 교정을 목적으로 정보보호 인식제고 활동을 하는 경우는 거의 대부분 정보보호 관련 법률을 위반하는 행위(부정적인 행동)를 정보보호 법률의 방향에 부합하도록 만드는 교정에 목적을 둔 활동이라고 할 수 있습니다. 그러다 보니 뒤에 나오는 '긍정적인 행동에 대한 보상적 인식 제고 활동'에 비해서 효과는 상대적으로 낮고 영역과 범위는 상대적으로 더 넓다는 특징이 있습니다.

특히 '부정적인 행동에 대한 교정적인 인식 제고 활동'은 위험의 방향으로 힘이 작용하고 있던 업무 방식에서 안전이라는 반대 방향의 힘이 더 크게 작용하도록 해야 합니다. 즉 반대 속성을 가진 두 힘이 반대로 작용하는 상황에서 기존의 힘(부정적인 행동)보다 더 큰 힘(정보보호의 방향)이 작용하게 만들어야 하는 것입니다.

이처럼 정보보호의 방향과 반대로 작용하던 힘을 정보보호와 같은 방향으로 작용하도록 만들어야 하기 때문에, '부정적인 행동에 대한 교정적인 인식 제고 활동' 시에는 임직원의 반발과 저항이 크게 나타나는 것입니다. 또한 그렇기 때문에 정보보호 인식제고 활동의 효과는 상대적으로 낮고 영역과 범위가 더 넓어질 수밖에 없습니다.

이러한 이유에서 '부정적 행동에 대한 교정적 인식 제고 활동'을 할 때는 대상자의 저항과 반발을 최소화할 수 있는 신중함과 배려가 필요합니다. 보안 점검 결과 '보안 규정 위반 상황'을 예로 들어서 설명해보겠습니

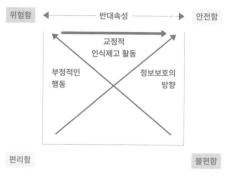

〈부정적인 행동에 대한 교정적 인식 제고 활동 개념〉

다. 전사적인 보안 점검 후 식별된 보안 규정 위반자(부정적인 행동)에 대한 교정 조치(교정적인 인식 제고 활동)를 할 때는 아래와 같이 두 가지 방식을 동시에 적용할 필요가 있습니다.

첫째는 보안 점검 결과를 전사에 공지하는 것입니다. 즉 위반 행위와 위반 규정 그리고 위반으로 인한 예상 위험을 간단하게 정리하여 전사에 공지하는 것입니다.이것은 '위험의 방향'으로 작용하는 힘을 '안전의 방향' 으로 교정하려는 인식 제고 활동입니다.

다만, 이 과정에서 중요한 것은 전사 공지 내용에는 위반 직원을 특정 하여 기재하지 않고, 예를 들면 층별 위반자 인원수, 부서별 위반자 인원수 등으로만 기재하는 것이 좋습니다. 이렇게 하면, 보안 점검 결과에 대해서 층별 또는 부서별 관심도가 증가하고, 위반자가 포함된 층이나 부서에서는 '누가 보안 규정을 위반했는가?'에 관한 궁금증과 '혹시 나 아닌가?'에 관한 약간의 우려가 생기기도 합니다. 이로 인해서 해당 층이나 해당 부서에서 는 다음 보안 점검 때 위반자가 나오지 않도록 하려는 자정의 노력을 하기 도 합니다. 이렇게 하는 것이 '부정적 행동에 대한 교정적 인식 제고 활동' 에 있어서 대상자의 저항과 반발을 최소화하는 정보보호 인식제고 활동입 니다.

둘째는 보안 규정 위반자에게 이메일을 발송하는 것입니다. 이 이메일의 수신자는 당연히 규정 위반자가 되고 수신 참조로 규정 위반자의 차상급자를 지정하여 발송합니다. 그리고 이메일의 본문에는 첫째 방식인 전사 공지 내용을 그대로 기재하고, 재발 방지를 위한 노력을 촉구하는 내용을 추가합니다.

이렇게 하면 보안 규정 위반자 입장에서는 자신의 보안 규정 위반 행위가 전사에 노출되지 않으면서도 자신의 규정 위반 행위를 인지할 수 있다는 장점이 있습니다. 그리고 차상급자가 부서 내 보안 규정 준수를 위한 관리 포인트를 구체적으로 인지할 수 있다는 장점도 있습니다.

이처럼 보안 규정 위반자를 전사에 공지하지 않고 보안 규정을 위반한 해당자에게만 이메일로 발송하는 것은 정보보안 부서의 배려라고도 할 수 있습니다. 이러한 배려가 보안통제에 대한 저항감을 최소화하고 부서 내 보안문화를 만드는 데 아주 중요한 밑거름이 되기도 합니다.

(2) '보안 규정 준수 상황(긍정적인 행동)'을 활용한 보안문화 만들기

'보안 규정 준수 상황'도 보안문화를 만드는 데 활용할 수 있는 아주 좋은 기회가 됩니다. 보안 점검을 하게 되면 거의 대부분은 보안 규정 위반자를 식별하고 이를 교정하는 데 중점을 둡니다. 그렇지만, 보안 점검 과정에서는 보안 규정과 보안통제를 항상 잘 준수하는 직원들도 종종 발견할 수 있습니다.

이런 직원을 발견하게 된다면, 그냥 넘어가지 말고 전사에 귀감이 될 수 있도록 함과 동시에 해당 직원이 긍지를 가질 수 있게 만드는 인식 제고 활동을 하는 것이 매우 좋습니다. 이와 같이 '보안 규정 준수 상황'에서의 인식 제고 활동은 한마디로 "긍정적인 행동에 대한 보상적 인식 제고 활동"으로 정의할 수 있습니다.

일반적으로, '부정적인 행동에 대한 교정적 인식 제고 활동'을 정보보호 인식제고 활동의 중심으로 생각하는 경향이 있습니다. 물론 부정적 행동을 교정하는 것이 정보보호 인식제고 활동의 중요한 목적인 것은 맞습니다. 그렇지만, 인식 제고 활동의 효과라는 관점에서 본다면, '긍정적인 행동에 대한 보상적 인식 제고 활동'이 더 중요한 활동이라고 할 수 있습니다.

'긍정적인 행동에 대한 보상적 인식 제고 활동'에서는 위험과 안전이라는 두 힘이 서로 반대로 작용하지 않습니다. 오히려 기존의 힘(긍정적인 행동)이 정보보호의 방향과 같은 방향으로 작용합니다. 그렇기 때문에 '긍정적인 행동에 대한 보상적 인식 제고 활동'에서는 저항이나 반발은 거의 일어나지 않고 상호 보완적인 힘이 생성됩니다. 그래서 앞에서 본 '부정적인 행동에 대한 교정적 인식 제고 활동'에 비해서 '긍정적인 행동에 대한 보상적 인식 제고 활동'이 상대적으로 효과적이고 수용도가 크다는 특징이 있습니다.

특히 '편리'와 '안전'은 반비례 관계에 있습니다. 이러한 관점에서 볼 때, 긍정적인 행동은 편리함이 이미 줄어들어 있는 행동이므로 결과적으로 안전함이 더 커졌다고 할 수 있습니다. 이러한 이유에서 '긍정적인 행동에 대한 보상적 인식 제고 활동'에서의 인식 제고 효과가 클 수밖에 없는 것입니다.

따라서 보안 점검의 상황에서는 '긍정적인 행동'을 놓치지 말고 식별하

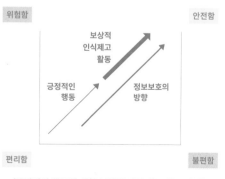

〈긍정적인 행동에 대한 보상적 인식 제고 활동 개념〉

여 이러한 행동에 대한 보상적 인식 제고 활동을 현명하게 전개해보시기 바랍니다. 필자는 이런 경우에 아래와 같이 세 가지의 보상적인 인식 제고 활동을 동시에 하는 편입니다.

첫째, '보안 규정 준수 상황(긍정적인 행동)'을 전사에 공지합니다. 특히 이 공지 내용에는 보안 규정 위반 상황(부정적인 행동)과는 달리 어느 직원이 보안 규정을 잘 준수(긍정적인 행동)했는지를 모두 알 수 있도록 구체적으로 해당 직원을 특정합니다.

둘째, 보안 규정 준수 우수 직원을 수신자로 하고 그 차상급자를 수신참조로 지정하여 이메일을 발송합니다. 이 이메일의 내용에는 '보안 규정 준수(긍정적인 행동)'에 대한 감사의 내용을 기재하고, 회사의 정보보호 관리체계 유지에 기여한 점을 인정하는 내용도 포함시킵니다.

셋째, 회사 내에 정보보호 유공자 제도를 만들어 연말에 정보보호 관리체계 유지에 도움이 되는 제안·기여·공헌(긍정적인 행동)을 한 직원에게 포상을 하는 활동을 합니다. 이렇게 하면, 보안 규정 준수 우수 직원이 전사에 타의 모범이 되는 것은 물론이고, 보안 점검에 대한 거부감도 획기적으로 줄일 수 있습니다.

(3) 보안 점검 결과를 점수화하여 보안문화 만들기

위 '보안 규정 위반 상황(부정적인 행동)'과 '보안 규정 준수 상황(긍정적인 행동)'은 정성적으로는 '잘못한 행위'이거나 '잘한 행위'로 정의할 수 있습니다. 이러한 정성적인 보안 점검 결과를 '정량적으로 수치화'할 수 있다면 보안문화를 만드는 데 매우 활용 가치가 높을 뿐만 아니라 보안문화를 지속적으로 유지하고 개선하는 데도 활용할 수 있습니다. 특히 '보안 점검 결과를 점수화'하는 방식은 보안인식 관리체계와 같은 보안인식 평가·관리 도구가 없는 상황에서도 충분히 활용해볼 수 있는 방식입니다.

예를 들어, 매월 보안 점검 결과, 보안 규정 위반 직원에게는 그 위반 행위(부정적인 행동)의 경중에 따라 감점을 1점~5점으로 부여하고, 보안 규정 준수 직원에게도 규정의 중요도에 따라 그 준수 행위(긍정적인 행동)에 대해 가점을 1점~5점으로 부여하는 것입니다. 매월 보안 점검을 할 때마다 이런 방식으로 위반 행위(부정적인 행동)와 준수 행위(긍정적인 행동)에 점수를 부여한 보안 점검 결과를 수치화하여 관리해보시기 바랍니다.

이렇게 한다면 연말에는 가장 보안 규정을 많이 위반(부정적인 행동)한 결과와 가장 보안 규정을 잘 준수(긍정적인 행동)한 결과를 수치로 환산하여 부서별 혹은 개인별로 산출해낼 수 있습니다. 이렇게 하는 과정에는 정성적 영역이었던 '잘못한 행위'와 '잘한 행위'를 정량적 영역에서 '수치로 표현하고 관리할 수 있게 된다'는 매우 중요한 의미가 포함되어 있습니다.

보안 점검의 결과를 점수화하여 수치로 관리할 수 있다는 것은 '보안인식의 수준을 개선할 수 있다'는 것을 의미하는 것이기도 합니다. 그리고 이러한 보안인식 수준의 개선이 지속적으로 누적되면 결과적으로 보안문화를 만들고 유지하는 데 매우 중요한 지표로 활용할 수 있습니다.

보안문화 유지하기: 공유하기

보안인식의 수준은 직원마다, 업무마다, 그리고 시기마다 달라질 수 있다는 한계가 있습니다. 그럼에도 불구하고 기업에서는 보안문화를 만들어야 하고 또 유지해야 합니다. 보안사고의 발생과 보안사고 예방의 중심에는 사람, 즉 '직원'이 있기 때문입니다. 그리고 이 직원들의 보안인식 수준의 한계를 극복하게 해주는 것이 바로 '보안문화'이기 때문입니다.

보안문화를 유지하기 위해서는 임직원에게 보안통제의 목적과 방법 그리고 기대 효과 등을 지속적으로 공유하고 설명하는 활동을 할 필요가 있습니다. 필자가 생각할 때 보안통제와 관련된 공유 방식은 두 가지로 구분할 수 있습니다. 즉 누가 화자Speaker이고 누가 청자Listener인가에 따라 정보보안 부서가 화자인 '아웃바운드Out-bound 공유'와 정보보안 부서가 청자인 '인바운드In-bound 공유'로 구분할 수 있습니다.

정보보안 부서가 화자인 아웃바운드 공유

아웃바운드 공유는 정보보안 부서가 전사의 모든 임직원을 대상으로 공유하는 방식을 의미합니다. 즉 정보보안 부서가 화자이고 모든 임직원이 청자가 되는 방식입니다. 새로운 보안 정책 시행을 공유하거나 보안사고 사례를 전파하는 것과 같이 모든 임직원이 인지할 필요가 있는 공유라고 생각하시면 됩니다.

이와 같은 아웃바운드 공유는 다양한 채널(그룹웨어, 이메일, 메신저, 보안 교육, 공청회, 화면보호기, 에이전트 팝업 알람 기능 등)을 통해서 전사에 공유할 필요가 있습니다. 이렇게 하는 이유는 정보보호 공유 사항에 임직원이 크게 관심을 가지지 않는 현실을 감안해 공유 사항을 가능한 한 많이 노출시키기 위함입니다.

임직원들의 업무와 관련이 많거나 임직원들이 많은 관심을 가지고 있는 공유 사항에 대해서는 공청회 등과 같이 화자와 청자가 대화할 수 있는 환경을 만들어 활용하는 것이 좋습니다. 이 환경에서 공유 사항에 대한 질문과 대답의 과정을 거치는 것입니다. 이러한 과정을 거치면서 보안통제에 대한 수용의 시간을 갖게 되고, 결과적으로 보안통제에 대한 저항을 미리 줄일 수 있기 때문입니다.

공청회 등에서 공유해야 할 사항이 다수인 경우에는 저항이 클 것으로 예상되는 보안통제부터 먼저 공유하는 것이 보안통제 수용의 측면에서 유리합니다. 앞선 보안통제에 비해서 저항이 작은 보안통제는 비교적 쉽게 수용하기 때문입니다.

공청회 등의 자리에서는 새롭게 시행 예정인 보안통제에 가장 크게 저항하는 부서나 임직원에게 보안통제의 목적과 방법 그리고 기대 효과 등을 먼저 설명하고 설득하는 것이 현명한 방법입니다. 이렇게 하면, 다른 부서나 직원들의 저항감도 반감시킬 수 있습니다. 이 과정에서 중요한 것은 가장 강력하게 저항하던 부서나 직원이 보안통제를 이해하게 되면 그 보안통제를 가장 잘 준수하는 조력자가 되기도 한다는 것입니다. 왜냐하면, 오해가 해소되었기 때문입니다. 이해가 안 되면 오해를 합니다.

한편, 정보보안 부서에서 전사에 적용할 새로운 보안통제를 공유하는 경우 '적용 이전 단계'에서는 공유를 여러 번 하는 반면 '적용 이후 단계'에서는 해당 보안통제에 대한 전사적인 공유를 하지 않는 경향이 있습니다. 그렇지만, 전사적 공유는 회사 내 모든 부서에 제공하는 일종의 서비스라는 관점으로 보아야 합니다. 그래서 정보보안 부서는 새로운 보안통제의 '적용 이전 단계'뿐만 아니라 해당 보안통제가 '적용 중 단계' 그리고 '적용 완료 시점'에도 거듭 전사 공유를 할 필요가 있습니다.

이처럼 새로운 보안통제에 대해 '적용 이전 단계'와 '적용 중 단계' 그리고 '적용 완료 단계'에서 전사 공유를 한다면, 각 단계에서 보안통제를 이해하거나 받아들이거나 준수하는 임직원이 점점 늘어나게 될 것입니다. 그리고 이러한 임직원들의 보안인식 수준이 일정한 기간 누적됩니다. 이렇게 하면, 새로운 보안통제에 많은 임직원들이 동참하고 있다는 사실을 전사의 모든 임직원에게 인식시킬 수 있다는 장점도 있습니다.

결국 이러한 모든 인식과 모든 숫자와 모든 시간은 '인식이 문화가 되기 위한 세 가지 조건'을 더 많이 충족하게 해줍니다.

문화의 조건 = 사람의 인식 × 같은 인식을 가진 사람의 숫자 × 같은 인식이 유지되는 시간

정보보안 부서가 청자인 인바운드 공유

인바운드 공유는 특정 부서 또는 특정 임직원이 정보보안 부서에 공유하는 방식을 의미합니다. 즉 특정 부서나 특정 임직원이 화자이고 정보보안 부서가 청자가 되는 방식입니다. 특정 부서나 특정 임직원이 부서 업무 및 개인적 관심사와 관련된 보안 이슈를 정보보안 부서에 문의하는 것과 같이 실무 부서에서 발생하는 보안 이슈를 정보보안 부서에 공유하는 것이라고 생각하시면 됩니다.

이처럼 부서 업무 및 자신의 관심사와 관련하여 정보보안 부서에 문의하는 임직원이라면, 정보보호 관리체계나 보안통제의 필요성에 대해서도 다른 임직원들에 비해 잘 이해하고 있을 가능성이 높습니다.

따라서 인바운드 공유를 해오는 임직원에게는 정보보호 규정에 있는 보안통제 기준만 설명할 것이 아니라 정보보호 규정을 위반하지 않으면서도 '안전하게 업무를 실행할 수 있는 방법'도 함께 찾아주는 노력을 할 필요가 있습니다. 이와 같은 과정을 통해서 정보보안 부서가 실무 부서를 통제만 하는 것이 아니고 실무 부서의 문제를 함께 해결하기 위해 노력하는 부서라는 인식을 심어줄 수 있습니다.

다만, '안전하게 업무를 실행할 수 있는 방법'을 찾을 때 주의할 점이 하나 있습니다. 그것은 정보보호 관점에서 찾아낸 안전한 방법이 혹시 실무 부서에게는 새로운 불편을 야기하는 이슈가 될 수 있는지 여부를 꼭 확인해보아야 한다는 것입니다. '안전하게 업무를 실행할 수 있는 방법'이라는 것은 안전함의 관점에서 찾아낸 방법이기 때문입니다. 만약 실무 부서의 업무 현실에서 수용되지 못할 정도의 새로운 불편함을 야기한다면 오히려 안전한 방법에 대한 저항감이 더 커질 수 있습니다.

정보보안 부서가 찾아낸 '안전하게 업무를 실행할 수 있는 방법'에 대해서는 정보보안 부서에 문의한 그 임직원과 함께 먼저 논의해보는 것이 좋습니다. 그리고 이 안전한 방법이 해당 부서의 업무에 큰 거부감이나 저항감 없이 수용될 수 있는지 반드시 미리 판단해보아야 합니다.

보안문화 개선하기: 보안인식 평가체계 수립 및 활용하기

미국의 경영학자 피터 드러커Peter Drucker는 "측정할 수 있으면 관리할 수 있고, 관리할 수 있으면 개선할 수 있다"고 말했습니다. 이 개념을 보안문화에 대입하면, "보안문화의 수준을 '측정'할 수만 있다면, 보안문화의 수준을 '관리'도 할 수 있고 '개선'도 할 수 있다"라고 할 수 있습니다.

따라서 임직원의 보안인식 수준을 측정해서 이를 지속적으로 관리해나가면 결과적으로 보안문화의 개선으로 이어질 수 있습니다. 이를 위해서는 먼저 사람의 생각 영역에 존재하고 있는 보안인식의 수준을 어떻게 객관적으로 정량화할 것인가에 대한 답을 먼저 찾아야만 합니다.

이하에서는 생각 영역에 있는 보안인식의 수준을 객관적인 수치로 산출하고, 이와 같은 과정을 통해서 보안문화를 지속적으로 개선할 수 있는 방법에 대해서 설명하겠습니다.

물론 이 책에서 소개하는 방법이 모든 기업에 보편적으로 적용될 수 있는 방법은 아닐 수도 있습니다. 그럼에도 불구하고 소개하는 이유는 보안인식의 수준을 수치로 산출하는 방식으로 평가하고 이를 통해서 보안문화를 만드는 데 활용할 수 있는 방법론을 다른 곳에서는 찾아볼 수 없기 때문입니다.

그러니 이 책에서 소개하는 보안인식의 수준을 정량적으로 평가하고 보안문화를 만드는 방법이 '보안인식(생각) 수준'을 객관적으로 정량화할 수 있는 최초의 방법론이라는 사실과 '정량화된 수치를 기반으로 보안문화를 관리하고 개선'하는 데 적용할 수 있는 최초의 방법론이라는 사실에 의미와 가치를 부여해주시면 감사하겠습니다.

업무 방식 기반 보안인식 평가·관리체계: 보안인식 관리체계

제4부 제1장 259쪽 '정보보호 인식제고 기법의 용어 정리' 부분에서 정보보호 인식제고 활동을 "정보보호에 대한 인식 수준을 정기적으로 평가하여 그 수준을 높이는 활동"이라고 정의했습니다. 이러한 정의에서 기업의 정보보호 인식제고 활동에 필수적으로 요구되는 세 가지 중요한 속성이 도출될 수 있습니다.

첫째 속성: 정보보호를 위해 적용 중인 보안통제
둘째 속성: 모든 구성원의 평균적인 인식 수준의 평가
셋째 속성: 평균적인 수준을 높이는 것, 즉 개선하는 것

여기서 '정보보호를 위해 적용 중인 보안통제'는 쉽게 식별할 수 있습니다. 하지만 둘째 속성과 셋째 속성은 식별이 쉽지 않습니다. 그 와중에 둘째 속성인 '모든 구성원의 평균적인 인식 수준을 평가'하는 것이 매우 중요합니다. 모든 구성원의 '평균적인 인식 수준의 평가'가 선행되지 않는다면 셋째 속성인 '평균적인 수준을 개선'한다는 것이 불가능하기 때문입니다.

현재 수준에 대한 평가 없이 개선을 하는 것은 한마디로 '실체가 없는 개선 활동'이 됩니다. 따라서 '모든 구성원의 평균적인 보안인식 수준을 평가할 수 있는 방법'은 정보보호 인식제고에 있어서 최우선으로 찾아야 할 방법입니다.

그렇다면 어떤 방법을 활용하여 모든 구성원들의 보안인식 수준을 평가할 수 있을까요? 보안인식이라는 것이 사람의 생각 영역에 있는 것이기 때문에 그 수준을 평가한다는 것이 불가능하다고 생각할 수도 있습니다. 그렇지만 필자는 '업무 방식에 기반하는 보안인식 수준 평가 방식'을 적용하고 있는 보안인식 관리체계를 활용하여 보안인식 수준을 충분히 객관적이고 합리적으로 평가할 수 있다고 판단합니다.

이 시점에서 강조하고 싶은 것은 인식을 평가할 수 있는 '보안인식 평가체계'만 있다면 모든 구성원들의 '보안인식 수준을 평가할 수 있다'는 것입니다.

필자는 앞서 살펴보았던 보안인식 관리체계를 '보안인식 평가체계'로 활용하여 보안인식 수준을 정량적으로 평가하고 있습니다. 특히 이 보안인식 관리체계를 활용하여 보안인식 수준을 정량적으로 평가한 결과는 '보안인식 점수화' 방식과 '보안인식 등급화' 방식으로 산출할 수 있습니다.

이하에서는 보안인식 관리체계를 활용하여 '보안인식 점수'를 산출하는 방식과 '보안인식 등급'을 산출하는 방식을 각각 말씀드리겠습니다.

보안인식 관리체계의 보안인식 점수화 방식

보안인식 관리체계를 활용하여 보안인식 수준의 기준선을 점수화하는 방식으로 보안인식 수준을 정량적으로 산출할 수 있습니다. 이는 평가 대상 부서나 평가 대상 직원의 보안인식 수준 기준선이 위치하고 있는 좌표 지점을 중심으로 업무 방식(수평 방향)과 보안인식(수직 방향)의 합계 점수로 보안인식 수준을 수치로 표현하는 것입니다.

또한 정보보호 인식제고 활동의 결과로 보안인식 수준의 기준선이 달

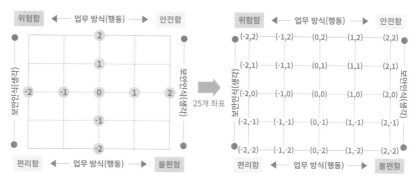

〈보안인식 관리체계의 5분할 구성과 25개의 좌표〉

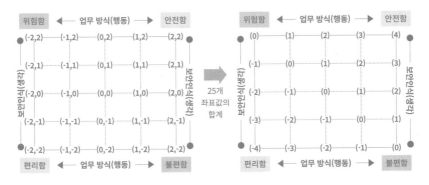

〈보안인식 관리체계의 5분할 구성과 정량적 점수 체계〉

라지게 되면, 달라진 그 좌표 지점을 중심으로 업무 방식(수평 방향)과 보안인식(수직 방향)의 합계 점수로 보안인식 수준의 변화 추세도 정량적 수치로 표현할 수 있습니다.

기본적으로 업무 방식(수평 방향)과 보안인식(수직 방향)은 각각 -2, -1, 0, 1, 2로 5분할된 수치가 적용되어 있고, 각 좌표는 25개의 좌표(x, y)로 구분되어 있습니다. 그리고 25개의 각 좌표(x, y)는 업무 방식(수평 방향)과 보안인식(수직 방향)을 각각 표현하고 있습니다. 따라서 각 좌표에 있는 두 수치, 즉 업무 방식(수평 방향)의 수치와 보안인식(수직 방향)의 수치를 합산하면 25개의 각 좌표(업무 방식, 보안인식)의 합계가 산출됩니다. 이 방식이 보안인식 관리체계에서 보안인식 수준 기준선의 좌표 지점을 기반으로 보안인식의 수준을 점수로 산출하는 방식입니다.

예를 들어 설명해보겠습니다. 보안인식 관리체계를 활용하여 A 부서와 B 부서 그리고 C 부서의 보안인식 수준을 평가한다고 가정해보겠습니다. 각 부서가 표시된 좌표 지점은 각 부서의 보안인식 수준의 기준선입니다. 그리고 이 좌표 지점을 중심으로 업무 방식(수평 방향)과 보안인식(수직 방향)의 수치를 합산하면 그 점수가 바로 현재의 보안인식 수준을 나타내는 점수가 되는 것입니다.

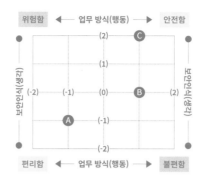

〈보안인식 관리체계를 활용한 보안인식 평가 점수화(예시)〉

A부서는 업무 방식(수평 방향)이 -1점이고 보안인식(수직 방향)도 -1점이므로, 두 점수를 합한 점수인 -2점이 A부서의 보안인식 점수가 됩니다. B부서의 경우에는 업무 방식(수평 방향)이 +1점이고 보안인식(수직 방향)은 0점이므로, 두 점수를 합한 점수인 +1점이 B부서의 보안인식 점수입니다. 마지막으로 C부서의 경우에는 업무 방식(수평 방향)이 +1점이고 보안인식(수직 방향)은 +2점이므로, 두 점수를 합한 점수인 +3점이 C부서의 보안인식 점수입니다. 이 예시에서 보안인식 점수를 기준으로 보면, 보안인식의 수준은 C부서(+3점)가 가장 높고 A부서(-1점)가 가장 낮다는 것을 알 수 있습니다.

이처럼 보안인식 수준을 평가하는 보안인식 관리체계를 활용한 평가 결과는 '수치를 적용하여 산출한 결과 값'이므로 정량화된 결과 값이 됩니다. 이와 같이 정량화된 결과 값은 '업무 방식을 기반으로 보안인식을 평가하는 보안인식 평가체계'로 충분히 활용할 수 있습니다.

물론 모든 정량적인 평가 기법에는 정성적인 평가 결과가 필수적으로 반영될 수밖에 없다는 점은 다시 한번 말씀드립니다. 위 예시에서 적용된 정성적인 평가 결과는 각 부서의 보안인식 수준 기준선입니다. 보안인식 관리체계에 반영되는 정성적인 평가 대상에 대해서는 제4부 제1장 291쪽

'보안인식 관리체계에 반영되는 정성적 입력치' 부분과 293쪽 '보안인식 관리체계를 활용한 보안인식 수준의 정성적 평가 방법' 부분을 참고해주시기 바랍니다.

결론적으로 업무 방식을 기반으로 보안인식의 수준을 평가하는 보안인식 관리체계를 활용한다면 비록 사람의 생각 영역에 존재하고 있는 보안인식 수준이라고 하더라도 이를 수치화하고 정량적인 기법으로 점수화할 수 있습니다.

그리고 정보보호 인식제고 활동에서 가장 중요하면서 가장 어려운 속성인 '모든 구성원의 평균적인 보안인식 수준'을 보안인식 관리체계를 활용하여 측정하고 나면, 그다음부터는 피터 드러커의 개념을 정보보호 인식제고 활동에 본격적으로 적용할 수 있게 됩니다. "보안인식 수준을 '측정'할 수 있으면 이를 '관리'할 수 있고, 결과적으로 보안인식 수준을 '개선'할 수 있습니다."

보안인식 관리체계의 보안인식 등급화 방식

보안인식 관리체계를 활용하면 '보안인식 점수화' 외에도 보안인식의 수준을 등급으로 산출할 수도 있습니다. 특히 보안인식 관리체계에서는 보안인식 수준의 등급화를 위해서 9등급 체계를 적용하고 있습니다. 즉 25개로 구분되어 있는 각 좌표(업무 방식, 보안인식)의 합계인 '보안인식 점수'를 기준으로 점수별로 9등급으로 구분된 체계가 적용됩니다.

이와 같이 보안인식 관리체계에 9등급 체계를 적용하면 각 사분면에 존재하는 각각의 좌표에 대한 등급 부여가 가능합니다. 다만, 위험 구간(2사분면)의 등급에 비해서 편리 구간(3사분면)의 등급이 왜 더 낮은지 의문이 있을 수가 있습니다.

그 이유는 위험 구간(2사분면)의 경우에는 위험을 인지(생각)하고 있는 상태에서 위험한 업무 방식을 실행하고 있으며, 따라서 업무 방식만 안전

〈보안인식 관리체계를 활용한 보안인식의 9등급 체계〉

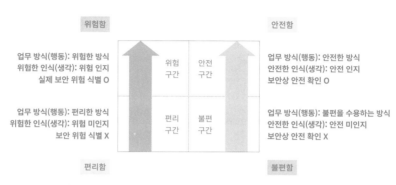

〈보안인식 관리체계에서 위험 구간과 편리 구간의 보안인식 비교〉

한 방식으로 변화한다면 보안인식 등급이 상향될 수 있기 때문입니다. 즉 편리 구간(3사분면)보다 보안인식의 수준은 높고 업무 방식만 위험한 구간이 위험 구간(2사분면)이라는 것입니다.

이에 반해서 편리 구간(3사분면)은 위험을 인지(생각)하지도 못하고 게다가 편리한 업무 방식만을 추구합니다. 그래서 이 구간의 보안인식 등급이 상향되려면 보안인식 수준도 높이고 업무 방식도 변화해야 합니다.

이러한 이유에서 위험 구간(2사분면)의 보안인식 등급이 편리 구간(3사분면)의 보안인식 등급보다 더 높은 등급으로 부여되는 것입니다. 그리고 이 개념은 앞에서 본 보안인식 점수에도 똑같이 반영되어 있습니다.

한편 식별된 보안인식 수준의 기준선이 '어느 좌표'에 있든 상관없이 이 기준선의 궁극적인 이동 방향은 '보안인식 1등급의 방향'입니다. 즉 수치로

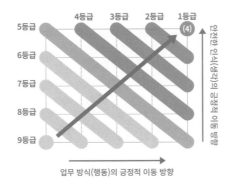

〈보안인식 관리체계에서 보안인식 수준 기준선의 궁극적인 수렴 지점〉

산출된 보안인식의 등급은 안전 구간에 있는 '1등급 = (+)4 지점'으로 수렴하도록 하는 것이 정보보호 인식제고의 궁극적인 목표입니다.

또한 식별된 보안인식 수준 기준선이 '어느 구간'에 있든 기준선이 단계적으로 안전 구간에 있는 '1등급, 즉 (+)4 지점' 방향으로 이동하도록 만드는 것이 정보보호 인식제고 활동이라고 할 수 있습니다. 물론 기준선이 존재하는 구간의 특성에 따라 정보보호 인식제고 영역과 대상이 구체적으로 달라져야 한다는 점은 이미 말씀을 드렸습니다.

보안인식 수준의 기준선을 궁극적인 수렴 지점으로 이동시키는 과정에서 특히 주의할 사항이 있습니다. 보안인식 수준의 기준선이 단계적인 이동(위험 구간→편리 구간→불편 구간→안전 구간 단계로 이동)의 과정을 거쳐야 한다는 것입니다.

위험 구간(2사분면)에서 식별된 보안인식 수준의 기준선을 바로 안전 구간(1사분면)으로 이동할 수 있게 만들 예정이라고 가정해보겠습니다. 이 경우는 정보보호 인식제고의 궁극적인 이동 방향을 고려할 때 가장 빠른 방법이기는 합니다. 그렇지만, 사실 이 경우는 업무 현실에서 보안 저항감이 가장 커지는 경우입니다.

이러한 이유에서 보안인식 수준의 기준선이 단계적으로 이동(위험 구간

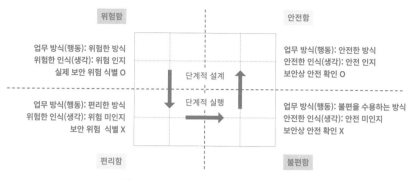

〈정보보호 인식제고 활동의 단계적 설계·실행〉

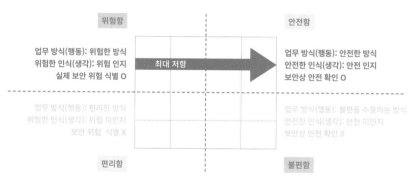

〈보안 저항감이 최대가 되는 정보보호 인식제고 활동 방향〉

→편리 구간→불편 구간→안전 구간 단계로 이동)하도록 한 후 최종적으로 '1등급, 즉 (+)4의 꼭짓점'으로 이동하도록 단계적으로 설계하고 실행할 필요가 있습니다. 상세한 내용은 제1장 312쪽 보안인식 관리체계를 활용한 단계적 조치 적용 시 두 가지 주의할 사항' 부분을 참고하시기 바랍니다.

이 시점에서 잠깐 '수렴'이라는 수학적 개념을 간단하게 정의하고 다음 설명을 이어가겠습니다. 수렴이란 n값이 한없이 커질 때마다 일정한 값에 한없이 가까워지는 때를 말합니다. 이 개념을 보안인식 관리체계를 활용한 보안인식에도 그대로 적용할 수 있습니다. 보안인식의 수렴이란, 정보보호 인식제고 활동이 지속될 때마다 보안인식과 업무 방식이 '1등급, 즉 (+)4의 꼭짓점'에 가까워지는 것입니다.

여기서 보안인식이 '1등급, 즉 (+)4의 꼭짓점에 수렴된다'는 의미는 보안통제대로 안전하게 업무를 하려는 인식이 커진다는 것을 의미합니다. 그리고 업무 방식이 '1등급, 즉 (+)4의 꼭짓점에 수렴된다'는 의미는 업무 현실에서 불편함에 대한 저항이 줄어들어서 안전한 방식으로 업무를 실행(행동)하게 된다는 의미가 됩니다. 필자는 이와 같은 '보안인식의 수렴'의 의미를 보안인식 관리체계에 적용했습니다.

보안인식 수준 평가의 적용 대상

보안인식 관리체계를 활용하여 보안인식의 수준을 평가할 때는 임직원 개인의 보안인식 수준이 해당 임직원이 소속된 부서에도 반영되도록 해야 합니다. 즉 '임직원 개인'의 보안인식 점수와 등급이 소속 부서의 보안인식 점수와 등급에도 반영되어야 한다는 것입니다. 그 이유는 여러 사람의 생각이 모여 조직의 문화를 만드는 특성을 반영해야 하기 때문입니다.

따라서 처음부터 '사람(임직원)'과 '조직(부서 단위)'으로 카테고리를 나누어서 보안인식 수준을 평가해야 합니다. 예를 들어 어느 직원의 보안인식 수준 평가(점수와 등급) 결과가 산출되면, 그 결과를 사람(임직원) 카테고리에 반영함과 동시에 이 직원이 소속된 부서의 계층적 편제(파트, 팀, 실, 본부 등의 부서 단위)의 보안인식 수준(점수와 등급)에도 순차적으로 반영하는 것입니다.

이렇게 한다면, 임직원 개개인의 보안인식 평가 결과(점수와 등급)를 수집·관리하기가 매우 용이하게 됩니다. 그리고 계층적 편제에 순차적으로 포함되어 있는 모든 임직원의 보안인식 평가 결과(점수와 등급)를 평균으로 나누어 해당 부서의 보안인식 평가 결과(즉 점수화와 등급화)도 편리하게 산출할 수 있다는 장점이 있습니다.

이뿐만 아니라 어느 직원이 부서를 이동하더라도 이 직원 개인의 보안인식 평가 결과(점수와 등급)를 새로 옮긴 부서의 보안인식 수준(점수와 등급)에도 손쉽게 반영할 수 있게 됩니다. 이렇게 하면 인사 이동에 따라서 달라지는 보안인식 수준의 점수와 등급을 계층적 편제에 바로 적용할 수 있다는 장점도 있습니다.

보안인식 수준 평가 결과의 유효 기간

위와 같이 보안인식 관리체계를 활용하여 점수화 내지는 등급화 방식으로 보안인식의 수준 평가를 한번 산출했다고 해서 보안인식에 대한 수준 평가가 모두 끝나는 것은 아닙니다. 보안인식은 사람의 생각 영역에 있기 때문에 언제든 변화될 수 있습니다. 이 변화에는 보안인식의 수준이 낮아지는 변화뿐만 아니라 높아지는 변화도 포함됩니다.

이러한 이유에서 보안인식 관리체계로 산출한 보안인식 점수나 보안인식 등급에는 유효 기간이 필요합니다. 유효 기간을 어느 정도로 하느냐는 기업의 환경마다 다를 수 있습니다. 필자의 경우 보안인식 평가 결과(점수와 등급)의 유효 기간을 1년으로 잡았습니다.

다만, 이 1년의 시점과 종점은 기업의 선택에 따라 지정할 수 있습니다. 예를 들면 매년 1월 1일을 시점으로 하고 12월 31일을 종점으로 하는 방식을 선택할 수 있습니다. 아니면 직원 개개인별로 입사월을 시점으로 하고 이듬해 입사 전월을 종점으로 적용할 수도 있습니다.

여기서 필자가 보안인식 평가 결과에 대한 유효 기간을 '1년'만 적용하고 그다음 기간으로 이월하지 않는 데는 두 가지 특별한 이유가 있습니다. 첫째 이유는 사람은 누구나 환경에 적응할 시간이 필요하고, 또 적응 과정에서 누구나 시행착오와 실수를 하기 때문입니다. 처음에는 어색하고 불편하더라도 시간이 지나면서 개선되고 향상될 수 있다는 인간 본성을 수용한 것입니다. 이러한 이유에서 직전 1년 동안의 보안인식 평가 결과를 다음 1년으로 이월시키지 않도록 한 것입니다.

〈보안인식 평가 등급의 유효 기간의 두 가지 방식(예시)〉

　따라서 다음 1년의 시점이 되면 직전 1년 동안의 모든 평가 대상의 보안인식 평가 결과(점수와 등급)는 제로(가운데 중심좌표) 지점에서 다시 시작하게 됩니다. 이렇게 하면, 직전 1년 동안 시행착오와 실수를 했던 임직원들에게 새롭게 다음 1년이라는 기회를 줄 수 있습니다.

　보안인식 평가 결과에 유효 기간을 '1년'만 적용하는 둘째 이유는, 보안인식 평가 결과를 기간별로 구분하여 누적 관리를 하기 위함입니다. 만약에 이를 기간별로 구분하지 않고 직전 1년 기간의 보안인식 평가 결과를 다음 1년 기간으로 계속 포함하면서 이월한다면 모든 기간 동안의 보안인식 수준이 하나의 숫자 안에 희석될 수 있습니다. 이렇게 되면 기간별 보안인식 평가 결과의 추세를 확인할 수 없게 됩니다.

　보안 등급을 기준으로 예를 들어보겠습니다. 어느 직원의 보안인식 평

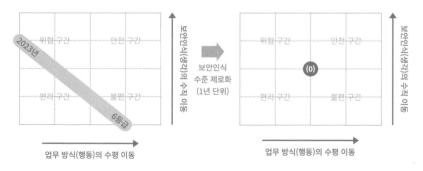

〈보안인식 관리체계의 평가 결과에 대한 유효 기간: 보안인식 수준의 제로화(예시)〉

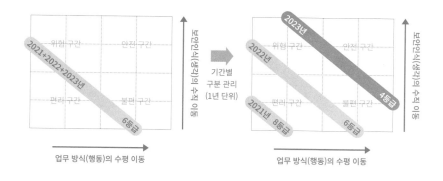

〈보안인식 관리체계의 평가 결과에 대한 유효 기간: 기간별 구분 관리(예시)〉

가 등급이 2021년도에는 8등급이었고 2022년도에는 6등급 그리고 2023년
도에는 4등급이었다고 가정해보겠습니다.

이러한 경우에 만약 유효 기간의 구별 없이 전체 평가 기간을 통합하여
하나의 숫자로 표현한다면 이 직원의 보안 등급은 6등급(3개년도 등급의 합÷
3)이 됩니다. 즉 전체 평가 기간에 포함된 각각의 평가 등급이 평균화된 하나
의 숫자로 산출되는 것입니다.

이와 달리, 보안인식 평가 결과의 유효 기간을 1년 단위로 정하고, 각각
의 유효 기간별로 구분해보겠습니다. 이렇게 한다면 이 직원의 기간별 보
안인식 평가등급을 식별할 수 있음은 물론이고, 기간별 보안인식 평가 등
급에 대한 누적 관리도 가능하다는 장점이 있습니다. 한마디로, 유효 기간
별로 보안인식 평가 등급의 추세 변화를 한 눈에 알 수 있도록 하기 위해
유효 기간을 '1년 단위'로 구분하여 관리하는 것입니다.

보안인식 수준 평가 결과의 주기적인 관리

보안인식이 사람의 생각 영역에 존재한다는 점을 감안하면, 보안인식
은 매우 다양한 요인에 의해서 언제든 변화됨을 알 수 있습니다. 따라서 생
각을 평가한 결과인 보안인식 수준 평가(점수와 등급) 결과는 주기적으로 관

리되어야 합니다. 이하에서는 보안인식 수준 평가 결과를 관리할 수 있는 방법을 설명하겠습니다.

이 내용 중에 (1)~(4)의 방법은 보안인식 관리체계를 활용하는 방법이며, (5)의 방법은 보안인식 관리체계가 없을 때 활용할 수 있는 방법입니다.

(1) 보안인식 관리체계를 활용한 '회사 내 모든 부서'의 보안인식 수준 평가 결과 누적 관리하기

보안인식 관리체계를 활용한다면 기업 내 모든 부서의 보안인식 수준 평가 결과를 관리할 수 있습니다. 예를 들어 보안인식 수준 평가의 유효 기간이 1년 단위이므로, 유효 기간의 종점 시기에 기업 내 모든 부서의 보안인식 수준 평가 결과를 점수화하거나 등급화하여 순위를 매기는 방식을 적용하는 것입니다.

다음 쪽의 위 그림을 기준으로 설명해보겠습니다. 어느 기업의 3개 부서에 대한 2023년 보안인식 수준 평가 결과가 산출되었습니다. 먼저 '보안인식 평가 점수'를 기준으로 보면, A 부서는 -2점(-1, -1)이고 B 부서는 1점(1, 0) 그리고 C 부서는 3점(1, 2)입니다. 따라서 이 기업에서 2023년 동안 '보안인식 평가 점수'가 가장 높은 부서는 C 부서가 되고 가장 낮은 부서는 A 부서가 됩니다. 이와 같은 방식으로 회사 내 모든 부서에 대해서 점수화된 보안인식 수준 평가 결과를 관리할 수 있습니다.

'보안인식 평가 점수'를 '보안인식 평가 등급'으로 환산하면 A 부서는 7등급이 되고, B 부서는 4등급, C 부서는 2등급이 됩니다. 이와 같은 방식으로 회사 내 모든 부서에 대해서 등급화된 보안인식 수준 평가 결과를 관리할 수 있습니다.

(2) 보안인식 관리체계를 활용한 '부서별' 및 '개인별' 보안인식 수준 평가 결과 누적 관리하기

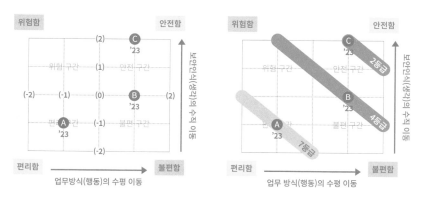

〈보안인식 관리체계를 활용한 2023년 보안인식 평가 점수(좌)와 보안인식 평가 등급(우)〉

보안인식 관리체계를 활용하여 부서 또는 개인별로 매 평가 기간(즉 1년)의 보안인식 수준 평가 결과를 누적적으로 관리할 수도 있습니다. 즉, 지난 몇 년간의 보안인식 평가 점수와 보안인식 평가 등급의 추이를 보안인식 관리체계에서 산출하여 평가 대상 부서 또는 평가 대상 직원별로 보안인식 수준을 누적하여 관리할 수 있다는 것입니다.

다음 그림을 기준으로 설명해보겠습니다. A부서(또는 A 직원)의 2021년 보안인식 평가 점수는 -2점(-1, -1)이고, 2022년에는 1점(1, 0), 그리고 2023년에는 3점(1, 2)입니다. 이처럼 평가 기간별로 누적 관리하는 보안인식 평

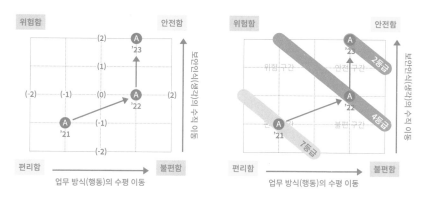

〈보안인식 관리체계를 활용한 A부서의 보안인식 점수(좌)와 보안인식 등급(우)〉

가 점수의 추이 분석을 통해서 A 부서(또는 A 직원)는 매년 보안인식의 수준이 높아지고 있음을 알 수 있습니다.

그리고 '보안인식 평가 점수'를 '보안인식 평가 등급'으로 환산하면 A 부서(또는 A 직원)의 2021년의 보안인식 평가 등급은 7등급이 되고, 2022년에는 4등급 그리고 2023년에는 2등급이 됩니다. 이와 같은 보안인식 등급의 누적 관리와 추세 분석을 통해서 A 부서(또는 A 직원)의 보안인식 등급이 매년 상승하고 있음을 한눈에 알 수 있습니다.

(3) 보안인식 관리체계를 활용한 '구간별 특성'에 맞는 정보보호 인식제고 활동 설계·적용하기

보안인식 관리체계에는 각각의 사분면에 해당하는 구간별 특성이 있습니다. 이 특성을 활용하여 각 구간의 특성에 맞도록 최적화된 정보보호 인식제고 활동을 다양하게 설계하여 적용할 수 있습니다.

다음 쪽의 예시를 기준으로 설명해보면, 1사분면은 안전한 인식의 수준과 안전한 업무 방식이 모두 우수한 '안전 구간'이고, 2사분면은 위험한 인식(인식)의 수준이 높고 위험한 방식으로 업무를 수행함으로써 실제로 보안 위험이 존재하는 '위험 구간'입니다. 그리고 3사분면은 위험한 인식(인식)의 수준은 낮지만 편리한 업무 방식만을 추구하는 '편리 구간'이고, 4사분면은 안전한 인식의 수준은 낮으나 보안통제 준수를 위한 불편한 업무 방식을 수용하고 있는 '불편 구간'이 됩니다.

이처럼 보안인식 관리체계에서 각 사분면을 구간으로 나누어 관리하는 데는 두 가지 이유가 있습니다. 첫째 이유는, 임직원의 보안통제에 대한 저항을 최소화하기 위함입니다. '위험 구간'에 있는 부서나 직원들이 어떠한 정보보호 인식제고 활동에 의해서 한순간에 '안전 구간'으로 들어오는 드라마틱한 경우는 거의 없습니다. '위험 구간'은 위험한 줄 알면서도(인식) 위험한 업무 방식을 실행하는 구간이기 때문입니다. 그렇다 보니 '위험

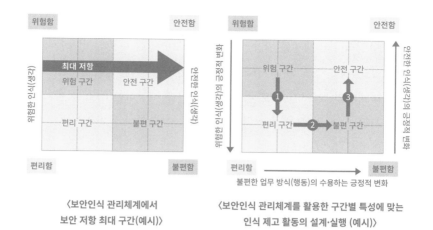

〈보안인식 관리체계에서
보안 저항 최대 구간(예시)〉

〈보안인식 관리체계를 활용한 구간별 특성에 맞는
인식 제고 활동의 설계·실행 (예시)〉

구간'에 있는 부서나 직원을 대상으로 '안전 구간'으로 바로 들어올 수 있는
보안통제를 적용한다면 아마도 보안통제에 엄청난 저항을 받게 될 것입니
다. 따라서 각 구간에 맞는 수준으로 정보보호 인식제고 활동을 함으로써,
보안 저항을 최소화하기 위해 구간을 나누어 관리하는 것입니다.

둘째 이유는, 모든 부서와 임직원의 보안인식 수준이 순차적으로 '안전
구간'으로 들어올 수 있도록 만들기 위함입니다. 이는 구간별 보안인식의
수준이 순차적으로 목표 구간에 부합하도록 정보보호 인식제고 활동을 설
계 및 실행함으로써 보안인식의 수준이 각 구간의 최종 목적지인 '안전 구
간'으로 수렴되도록 하려는 것입니다.

위의 그림과 같이 보안인식 수준의 목표 구간을 설정하고 목표 구간의
특성에 맞게 순차적으로 보안인식 수준이 높아지도록 정보보호 인식제고
활동을 진행한다면, 보안통제에 대한 저항을 줄이면서도 보안인식 수준이
한 구간씩 높아지게 할 수가 있습니다. 특히 보안인식 수준에 따른 구간별
단계적 관리가 가능해집니다.

(4) 보안인식 관리체계를 활용한 '구간별 비율' 누적 관리하기

보안인식 관리체계를 활용하여 구간별 보안인식 수준의 비율을 관리할 수도 있습니다. 즉 모든 부서나 직원의 보안인식 수준이 식별되면, 보안인식 관리체계의 각 구간에 모든 부서나 직원에 해당하는 좌표를 찍어서 전체 부서별 또는 전체 재직 인원별로 비율을 산출하여 보안인식 수준의 비율을 관리할 수 있습니다.

예를 들어, 기업의 전체 재직 임직원에 대한 보안인식 수준 평가 결과를 전부 산출하여 이를 보안인식 관리체계의 각 사분면 좌표에 점을 찍는 것입니다. 이렇게 찍힌 각각의 점들은 임직원의 보안인식 수준 평가 점수를 의미합니다. 그리고 이러한 각각의 점들은 보안인식 관리체계의 각 사분면에 찍힌 것이므로, 전체 사분면 대비 각 사분면에 찍혀 있는 점들의 비율을 산출할 수 있습니다.

아래 예시를 부서별로 비율을 나누었다고 가정해보면, '안전 구간'에 해당하는 부서는 회사 내 전체 부서에서 15%에 해당하고, '불편 구간'에 해당하는 부서는 20%, '편리 구간'에 해당하는 부서는 55% 그리고 마지막으로 '위험 구간'에 해당하는 부서는 10%에 해당합니다.

이처럼 보안인식 수준 평가 결과를 구간별 비율로 계산해낸다면, 내

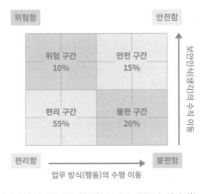

〈보안인식 관리체계를 활용한 구간별 비율 관리(예시)〉

년도 보안인식 수준의 관리 중점 목표를 도출하는 데 매우 유용하게 활용할 수 있습니다. 예를 들어, 내년도에는 '위험 구간을 5% 이내로 한다'거나 '편리 구간을 40%로 줄이고 불편 구간을 35%로 증가시킨다'는 방식으로 말입니다. 이렇게 구간별 보안인식 수준의 비율을 관리하게 해주는 보안인식 관리체계는 모든 임직원의 보안인식 수준 관리를 총괄해야 하는 정보보호 최고책임자에게 매우 유용한 도구가 될 것입니다.

(5) 보안인식 관리체계를 활용하지 않는 보안인식 수준 평가 방법

보안인식 관리체계가 있다면 보안인식의 수준을 정량화된 수치로 관리하는 것이 수월할 수 있습니다. 하지만, 때로는 이러한 수준 평가 및 관리 도구 없이 보안 지표에 대한 점수를 감점하거나 가점해야 하는 경우도 있습니다. 이럴 때 활용할 수 있는 보안 지표 관리 방법이 있습니다. 여기서 말하는 보안 지표는 '보안인식 지표'와 '보안 준수 지표'입니다. 이 두 지표를 구분하여 수집하고 이를 활용함으로써 보안인식의 수준을 평가할 수 있습니다.

보안인식 지표의 예로는 보안 교육 이수 여부, 보안 신고 건수, 보안 이슈에 대한 개인적 공유 내용, 보안 가이드 요청 건수, 보안 규정 위반 시도 건수 등을 들 수 있습니다. 이 예시의 항목들은 모두 가점 또는 감점을 부여할 수 있는 지표들입니다. 예를 들어 어느 직원이 보안 교육을 이수했다면 가점을 부여하는 것이고 만약에 어떠한 이유로든 보안 교육을 이수하지 않았다면 감점을 부여하는 방식입니다.

보안 준수 지표의 예로는 대표적으로 보안 규정 준수 건수, 보안 규정 위반 건수 등이 있습니다. 이 예시의 항목들도 모두 가점 또는 감점 부여할 수 있는 지표들입니다. 예를 들어 매월 정기적으로 수행하는 보안 점검에서 어느 직원이 보안 규정을 잘 준수하고 있다면 가점을 부여하는 것이고, 반대로 보안 규정을 위반하고 있다는 것이 확인된다면 감점을 부여하는 방식입니다. 다만, 이 책에서 말하는 보안 지표(보안인식 지표와 보안 준수 지표)는 예시로 든 것일 뿐입니다. 그러니 회사에서 최대한 수집할 수 있는 보안 지표를 지정하여 수집하시면 됩니다.

한편, 보안인식 지표와 보안 준수 지표는 많으면 많을수록 객관적인 정량화가 가능해지기 때문에 일정 기간 동안 가능한 한 많은 지표를 수집하는 것이 매우 중요합니다. 필자의 경험에 비추어볼 때, 보안인식 지표와 보안 준수 지표의 다양성과 객관성을 유지하기 위해서는 최소한 1년 동안 지표를 수집하는 것이 좋습니다.

이처럼 보안인식 관리체계 없이 보안인식 지표와 보안 준수 지표를 기반으로 보안인식을 평가하는 경우에는 정해져 있는 특정 시점(연초 또는 입사시)에 기본적으로 100점을 부여합니다. 그런 다음에 특정 종점(연말 또는 퇴사시)까지 긍정적 보안 지표에 대해서는 가점(+)을 부여하고 부정적 보안 지표에 대해서는 감점(-)을 부여하여 최종적인 점수를 산출하는 방식으로 보안 지표를 누적 관리할 수 있습니다.

여기서 말하는 긍정적인 보안 지표는 정보보호의 방향에 부합하며, 보안통제나 정보보호 규정을 잘 준수하는 것을 의미합니다. 그리고 부정적인 보안 지표는 정보보호의 방향에 부합하지 않으며 보안통제나 정보보호 규정을 위반하는 것이라고 생각하시면 됩니다. 다만 이 방법을 활용하기 위해서는 어떤 경우에 가점을 몇 점 부여하고 또 어떤 경우에는 감점을 몇 점 부여할 것인가에 대한 기준이 정보보호 규정 등에 문서의 형태로 미리 갖추어져 있어야 합니다.

즉 어떠한 지표에 대해서 가점 또는 감점을 부여하기 위해서는 가점 또는 감점에 해당하는 지표가 어떤 것인가에 대한 정의가 미리 규정되어 있어야 합니다. 그래야만 규정에 근거해서 객관적이고 공정한 가점 또는 감점을 부여할 수 있기 때문입니다. 필자는 이를 '가감 규정주의'라고 정의합니다.

앞서 살펴본 것처럼 보안인식 관리체계를 활용하든 보안인식 지표와 보안 준수 지표를 수집하는 방식을 활용하든, '보안인식 점수'나 '보안인식 등급'은 일정한 기준에 따라서 정량화된 수치로 산출될 수 있습니다. 그리고 산출된 '보안인식 점수'나 '보안인식 등급'은 전사에 공개함과 동시에 해당 부서와 해당 직원에게도 공유되어야 보안인식 수준의 개선을 기대할 수 있습니다.

아래에서는 보안인식 수준 평가의 결과를 공유하는 방법에 관해서 말씀드리겠습니다. 특히 보안인식 수준 평가 결과를 공개하거나 공유하는 과정에서도 전사 임직원의 보안인식 수준을 높일 수 있는 노하우 중심으로 말씀을 드리겠습니다.

(1) 해당 부서장에 먼저 공유하기

어느 부서의 보안인식 수준 평가 결과가 산출되면, 전사에 공유하거나 대표이사에게 보고하기 전에 그 결과를 해당 부서의 부서장에게 가장 먼저 알리는 것이 좋습니다. 특히 '보안인식 점수'나 '보안인식 등급'에 영향을 끼친 부정적인 이슈가 있던 부서의 보안인식 수준 평가 결과는 반드시 해당 부서의 부서장에게 가장 먼저 알려야 합니다.

이렇게 하면 부서장의 입장에서는 자신이 관리하는 부서의 보안인식 수준을 직접적으로 인지할 수 있고, 다음 해에는 자신이 관리하는 부서 구성원들의 보안인식 수준을 높이려는 관리적인 감독 노력을 기울일 것을 기대할 수 있기 때문입니다.

(2) 보안인식 수준 평가 결과는 매년 대표이사에게 보고하기

한 해의 보안인식 수준 평가 결과가 집계되면 그 내용을 반드시 대표이사에게 보고해야 합니다. 이렇게 하는 데에는 두 가지 이유가 있습니다.

첫째 이유는, 이 평가 결과에 대표이사도 포함되어 있기 때문입니다. 따라서 대표이사가 자신의 '보안인식 점수'와 '보안인식 등급'을 보면서 스스로 경각심을 가질 수 있는 기회를 만들어주어야 합니다. 다시 한번 강조하지만, 정보보호에 관해서는 대표이사가 가진 보안철학의 수준을 넘는 직원은 현실적으로 존재하지 않습니다. 회사의 보안 수준은 회사의 대표이사가 보안에 대해서 생각하는 수준을 넘을 수가 없습니다.

둘째 이유는 보안인식 수준 평가 결과를 전사에 공개하기 위함입니다. 이 결과를 전사에 공개하기 전 대표이사의 승인을 받기 위해 평가 결과를 대표이사에게 보고하는 것입니다. 특히 '보안인식 수준 평가 결과에 대해서 대표이사가 승인을 했다'는 의미는 회사의 모든 임직원에게 보안통제 준수 의무를 강조할 수 있는 아주 강력한 메시지가 될 수 있습니다. 뿐만 아니라 '보안인식 수준 평가 결과에 대한 대표이사의 승인'은 임직원이 자신의 보안인식 수준을 스스로 높이게 만드는 매우 강력한 원동력이 될 수 있습니다.

(3) 부서별·개인별 보안인식 수준 평가 결과를 전사 공개하기

보안인식 수준 평가 결과에 대해서 대표이사의 승인을 받았다면, 이제는 회사의 모든 부서와 모든 임직원 개개인에 대한 보안인식 수준 평가 결과를 공개해야 합니다. 여기서 말하는 보안인식 수준 평가 결과란 보안인식 관리체계를 활용한 경우에는 '5분할 점수 체계에 의한 보안인식 점수(-4점부터 +4점까지)'와 '9등급 체계에 의한 보안인식 등급(1등급부터 9등급까

보안인식 점수 전사 공지			
부서 점수	기획팀	(+)2점	3/35개 팀
개인 점수	홍길동	(+)3점	2/23명 11/598명

보안인식 등급 전사 공지			
부서 등급	기획팀	3등급	3/35개 팀
개인 등급	홍길동	2등급	2/23명 11/598명

〈보안인식 관리체계를 활용한 보안인식 점수 및 보안인식 등급 전사 공개(예시)〉

지)'으로 산출된 결과입니다.

부서별/개인별 보안인식 수준 평가에 관한 예를 들어서 설명해보겠습니다. 어느 회사의 전체 재직 인원은 598명이고, 운용 부서는 35개 팀이 있다고 가정해보겠습니다. 그리고 이 회사는 지난 1년 동안 보안인식 관리체계를 활용하여 부서별 그리고 개인별 보안인식 점수와 보안인식 등급을 산출했다고 해보겠습니다.

그 결과 기획팀의 보안인식 점수는 (+)2점으로 나왔으며 이 점수는 전사 35개 팀 중에서 3위에 해당하는 점수입니다. 그리고 보안인식 등급은 3등급이며 이 등급 역시 전사 35개 팀 중에서 3위에 해당하는 등급입니다. 그래서 기획팀은 전사 35개 부서 중에서 3위에 해당하는 보안인식의 수준을 갖추고 있다고 할 수 있습니다.

그리고 기획팀 소속의 홍길동이라는 직원 개인의 보안인식 점수는 (+)3점이고 이 점수는 기획팀 전체 재직 인원(23명) 중 2위에 해당하는 점수이며, 전사 재직 인원(598명) 중 11위에 해당하는 점수입니다. 한편 홍길동 직원 개인의 보안인식 등급은 2등급으로, 기획팀 23명의 구성원 대비 2위에 해당하며 전사 임직원 대비 11위에 해당합니다.

반면에 보안인식 관리체계를 활용하지 않고 '보안인식 지표'와 '보안 준수 지표'를 기업 자체적으로 수집하여 보안인식 수준을 평가할 수도 있습니다. 이 경우의 평가 결과는 특정 시점에 100점을 기준으로 시작하고 보안인식 수준 평가 결과는 '가감 규정주의'에 따라서 1년 동안 가점 또는 감점된 수치의 결과로 산출된 것입니다.

재직 인원과 운용 부서는 위와 동일하지만, 보안인식 관리체계를 활용하지 않고 기업 자체의 '보안인식 지표'와 '보안 준수 지표'를 수집하여 이를 평가하는 기업이 있다고 가정해보겠습니다. 다음 쪽의 예시를 기준으로 설명해보면 기획팀의 보안인식 점수는 98점으로, 전사 35개 부서 대비 3위에 해당합니다. 그리고 이 기획팀 소속의 홍길동이라는 직원 개인의 보안

보안인식 점수 전사 공지

부서 점수	기획팀	98점	3/35개 팀	
개인 점수	홍길동	99점	2/23명	11/598명

〈보안 지표를 활용한 부서별 개인별 보안 점수
전사 공개(예시)〉

인식 점수는 99점으로, 기획부서 전 구성원 대비 2위에 해당하며 전사 임직원 대비 11위에 해당하게 됩니다.

정보보호 인식제고 관점에서 볼 때, 이처럼 회사의 모든 부서와 모든 직원을 대상으로 보안인식의 수준을 점수화하고 순위화하는 방법은 임직원들의 보안인식 수준을 높이는 데 활용할 수 있는 '가장 강력하고 권위 있는 방법'이라고 할 수 있습니다.

보안인식 수준 평가 결과에 대한 보상 방안과 보완 방안

앞에서 본 것처럼 보안인식 관리체계와 같은 보안인식 수준 평가·관리체계를 활용하여 보안인식 수준 평가 결과와 그 순위가 집계되면, 상위 순위에 상응하는 보상 방안과 하위 순위에 상응하는 보완 방안이 만들어져야 합니다.

이렇게 해야만 개인의 생각 속에 있는 보안인식 수준을 일정한 수준 이상으로 유지하고, 모든 구성원이 어렵게 쌓아 올린 합의로 조성된 보안문화의 지속성을 보장할 수 있기 때문입니다.

필자의 경험에 비추어볼 때, 보안인식 평가 결과에 대한 보상 방안과 보완 방안을 동시에 해결할 수 있는 하나의 묘안이 있습니다. 그것은 보안인식 수준 평가 결과(점수와 등급)를 개인 KPI 내지는 인사 제도로 연계하는 것입니다.

예를 들어, 보안인식 등급이 3등급 이상이거나 보안인식 점수가 (+)2점 이상인 경우에는 부서장이 해당 직원의 개인 KPI에 가점(+)을 부여하도록 하는 것입니다. 반면에 보안인식 등급이 7등급 이하이거나 보안인식 점수가 (-)2점 이하인 직원에게는 개인 KPI에 감점(-)을 부여하는 방식입니다.

KPI에 가점(+) 또는 감점(-)을 부여하는 방식에서 한 걸음 더 나아갈 수

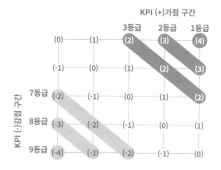

〈보안인식 점수 내지 보안인식 등급에 대한 KPI 반영 체계(예시)〉

도 있습니다. 즉 승진 대상자의 경우에는 보안인식 점수가 (+)2점 또는 보안인식 등급이 3등급 이상이어야 차기 승진에서 배제되지 않는다는 인사제도를 수립하는 것도 가능합니다.

이렇게 한다면 정량화된 수치를 기반으로 객관적인 인사 관리를 할 수 있게 되기 때문에, KPI를 평가하는 실무 부서의 부서장뿐만 아니라 회사의 인사 관리를 담당하는 인사 부서에서도 상당히 선호하는 보상 및 보완 방안이 될 것입니다. "보안문화 개선의 필수 자원은 '보안인식에 대한 객관적인 지표'입니다."

"보안문화란 보안 관점에서 옳고 그름을 판단하는 데 구성원 간에 받아들여진 합의된 기준입니다."

제6장
보안인식 위험
관리하기

모든 보안통제에는 잔여 위험이 존재합니다. 이 잔여 위험은 비용과 시간 그리고 노력을 아무리 많이 들인다 하더라도 완전히 제거할 수 없습니다.

일반적으로, 기술적 보안통제나 관리적 보안통제 등과 관련된 위험 관리 기법에서는 잔여 위험을 관리하는 방법론이 잘 정립되어 있습니다. 이를 간단하게 설명하면, 고유 위험Inherent Risk 상태에 있는 위험에 대해서 이 위험을 완화할 수 있는 여러 통제를 적용하고, 그럼에도 불구하고 남아 있는 잔여 위험에 대해서는 업무 연속성 및 재해복구계획(BCP/DRP)에 반영하여 잔여 위험을 관리하고 있습니다.

이 지점에서 필자는 한 가지 질문을 하고 싶습니다. 기존의 위험 관리 기법에서 보안통제를 적용하고도 여전히 있는 잔여 위험에 '보안인식'이 포함되어 있을까요?

필자가 생각건대 고유 위험의 수준을 '수용 가능한 위험 수준(ARL)'까지 낮추기 위한 보안통제 적용 과정에서는 보안인식이 반영되어 있을 것입니다. 왜냐하면 이 과정에서 정보보호교육이나 보안 캠페인 등과 같은 정보보호 인식제고 활동이 이루어지기 때문입니다.

하지만, 잔여 위험을 관리하는 기존의 위험 관리 기법에는 보안인식이 포함되어 있지 않습니다. 왜냐하면, '보안인식의 잔여 위험'을 관리할 수 있는 방법이 기존의 위험 관리 기법에 포함되어 있지 않기 때문입니다.

사이버 공격의 주요 경유지와 보안 위험의 발생 경유지가 사람의 생각 영역이라는 설명은 앞에서 많이 했으니, 여기서는 더 이상 강조하지 않겠습니다. 다만, 필자가 강조하고 싶은 것은 사람의 생각 영역에 남아 있는 위험, 즉 '보안인식의 잔여 위험'도 이제는 위험 관리 대상에 포함시켜야 하고, 특히 이를 지속적으로 관리할 수 있는 방법이 마련되어야 한다는 것입니다.

보안인식의 잔여 위험을 관리하지 않으면 '모든 구성원들이 긴 시간 동안의 경험과 반성을 통해서 어렵게 쌓아올린 합의'인 보안문화가 한순간에 무너지는 원인이 될 수 있기 때문입니다.

한편, 예기치 않은 상황에서 보안사고가 실제로 발생하는 경우에는 먼저 급한 보안 조치와 법적 의무사항을 이행한 뒤 반드시 책임 소재를 파악해서 법적 처벌과 손해배상의 단계로 접어들게 됩니다. 여기서 만약 보안사고의 발생 원인이 보안인식의 수준이 낮은 직원에 있다면 어떤 상황이 전개될까요? 그리고 이 경우에 기업은 어떤 입증 책임을 지게 될까요?

이번 장에서는 보안인식의 잔여 위험 관리 방법과 보안인식이 낮은 임직원에 대한 기업의 관리·감독 방법 등에 대해서 이야기해보겠습니다.

보안인식 위험 관리 방법

기술적 보안 위험이나 관리적 보안 위험을 관리하는 위험 관리 기법은 이미 정보보호 업계에서 많이 활용되고 있습니다. 특히 정보보호 관리체계 인증을 의무적으로 취득해야 하는 기업의 경우에는 매년 최소 1회씩은 위험 평가를 하거나 새로운 위험이 식별될 때마다 위험 평가를 통한 위험 관리도 하고 있습니다.

그런데, 혹시 '보안인식'을 대상으로 위험 관리를 할 수는 없을까요? 필자는 기존의 위험 관리 기법을 응용한다면 충분히 가능하다고 생각합니다. 위험 관리의 주요 방법론인 위험 제거, 위험 회피, 위험 전가, 위험 감소, 위험 수용을 그대로 활용하되, 그 대상에 '보안인식'을 대입하는 것입니다. 그리고 보안인식 위험에 대한 ARL을 대표이사가 결정을 하고 그 수준을 유지할 수 있도록 관리한다면 이것이 '보안인식에 대한 위험 관리'가 되는 것이라고 봅니다.

예를 들어보겠습니다. 보안인식 수준의 너무 낮은 직원에 대해서는 처음부터 채용하지 않거나 보안인식 수준이 높은 직원으로 변경하는 것이 '위험 회피'에 해당합니다. 그리고 보안인식 수준이 낮은 직원에 의한 보안사고 발생에 대비하는 보험을 가입하거나 보안인식 수준이 낮은 직원이 담당하던 업무를 아웃소싱하는 것이 '위험 전가'에 해당합니다.

하지만 대부분의 기업에서는 보안인식 수준이 낮은 직원이라 하더라도 이 직원의 보안인식 수준을 높여서 업무를 계속 수행하도록 할 것입니다. 여기서 적용되는 것이 바로 정보보호교육이나 보안 포스트 경진대회 같은 정보보호 인식제고 활동입니다. 그리고 이러한 정보보호 인식제고 활동이 바로 '위험 감소'에 해당합니다.

여기서 잠깐 위험 감소를 위해 소요되는 보안 대책 비용에 관한 일반적 개념을 보겠습니다. 보안 대책 비용에 비해서 예상 손실 비용이 큰 경우에는 보안 대책 비용을 반드시 집행해야 합니다. 그럼에도 만약에 보안 대책 비용을 집행하지 않는다면, 이는 앞서 뽕뿌 판례의 판시[91]와 같이 '매우 중대한 위반'에 해당할 수 있습니다.

반면에 어떤 경우에는 예상 손실 비용에 비해서 보안 대책 비용이 너무 커서 보안 대책을 적용할 엄두도 내지 못할 수도 있습니다. 예를 들면, 회사의 임직원 숫자가 5명 미만인데 보안 대책 비용이 수십억 원이 드는 경우입니다. 이런 경우에는 해당 위험을 수용할 수밖에 없습니다. 이처럼 예상 손실 비용에 비해서 보안 대책 비용이 큰 경우는 '보안 솔루션을 대규모로 도입하거나 보안 인력을 대규모로 채용'하는 경우일 것입니다. 즉 '보안인식'의 위험 관리와는 직접적인 관련이 없습니다.

따라서 사람의 생각 영역에 있는 '보안인식 수준을 높이는 데 필요한 보안 대책 비용'이 예상 손실 비용보다 높은 경우는 거의 없다고 볼 수 있습니다. 이러한 이유에서 '보안인식의 고유 위험'은 위험 수용의 대상이 될 수 없습니다. (다만, '보안인식 잔여 위험'의 경우에는 위험 수용의 대상이 될 수 있습니다.)

결국 보안인식의 위험 관리에서 보안인식과 관련된 거의 모든 위험은

구분	내용	예	비용 대비 효과성 판단 기준	미적용 시 판례
위험 제거	완전 제거는 현실적으로 불가능	-	-	-
위험 회피	위험이 발생할 수 있는 요인을 근본적으로 제거	채용 포기, 직원 변경 등	-	-
위험 전가	잠재 손실의 결과를 제3자에게 이전	보험 가입, 아웃소싱 등	-	-
위험 감소	보안 대책을 적용하여 취약성을 제거	보안인식 수준 관리 및 인식제고 활동 등	예상 손실 비용 ≥ 보안 대책 비용 (보안 대책 비용 승인 및 집행)	개인정보보호 비용 절감 = 매우 중대한 위반
위험 수용	위험을 받아 들임	보안 대책 없음	예상 손실 비용 ≤ 보안 대책 비용	-

〈보안인식 위험 관리 방법(예시)〉

'위험 감소'의 대상이라고 할 수 있습니다. 여기서 보안인식의 위험 감소는 보안인식의 수준과 반비례 관계에 있습니다. 한마디로 보안인식의 위험 감소는 곧 보안인식의 수준 향상이라고 할 수 있습니다. 그래서 정보보호 인식제고 활동이 위험 감소 조치에 해당하는 것입니다.

앞의 그림을 보면, 이 회사의 대표이사는 보안인식 고유 위험에 대해서 '7' 수준을 ARL으로 했습니다. 그렇다면 이제부터 정보보안 부서는 이 ARL '7'을 넘어서는 보안인식 고유 위험을 ARL '7'이하로 낮출 수 있는 정보보호 인식제고 활동을 수행하면 됩니다.

그리고 ARL '7' 이하에서는 보안인식의 위험도를 감소시키기 위한 정보보호 인식제고 활동을 수행하면 됩니다. 다만 앞에서 말씀드린 바와 같이 아무리 정보보호 인식제고 활동을 한다고 하더라도 보안인식 잔여 위험은 언제나 존재할 수밖에 없습니다.

여기서 말하는 정보보호 인식제고 활동이란 정보보호교육을 포함하여 앞에서 설명한 보안인식 관리체계를 활용한 보안인식 수준 기준선 식별과 정보보호 인식제고 방향 식별 그리고 보안인식 평가 지표를 활용한 보안인식 점수(-4점~+4점) 및 보안인식 등급(9등급~1등급) 산출 등을 의미합니다. 결국 이 책에 수록된 다양한 정보보호 인식제고 활동들을 보안인식의 위험을 감소시키는 위험 관리 방법으로 활용할 수 있습니다.

보안인식의 잔여 위험 관리 방법

앞에서도 강조한 바와 같이 최근의 보안 위험은 기존의 보안통제 영역을 침투하는 식으로 발생하지 않고, 사람의 생각 영역을 경유하여 발생하고 있습니다. 그래서 사람이 보안 위협 요인이 되는 비율이 무려 73.8%나 되는 것입니다.

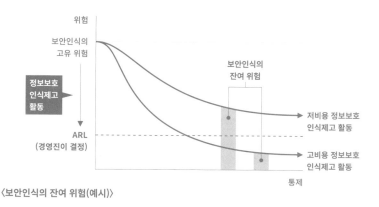

〈보안인식의 잔여 위험(예시)〉

    게다가 앞에서 살펴본 것처럼, 정보보호 인식제고 활동과 보안인식 위험 관리를 통해 보안인식 수준을 아무리 높인다고 하더라도 직원들의 생각 속에는 잔여 위험(여전히 보안인식 수준이 낮은 부서나 직원)이 존재할 수밖에 없습니다.

    이러한 이유에서 보안인식 고유 위험을 ARL 이하로 낮추기 위한 정보보호 인식제고 활동을 했는데도 그 위험 수준이 ARL 이하로 수렴되지 되지 않는 위험에 대한 특별한 관리 방법이 필요할 수밖에 없습니다. 뿐만 아니라 보안인식 위험 감소를 위한 정보보호 인식제고 활동을 했는데도 보안인식의 수준이 높아지지 않거나 오히려 보안통제에 더 많은 저항을 하는 부서 내지 임직원의 잔여 위험을 관리할 수 있는 특별한 방법도 필요할 수밖에 없습니다.

    잘 아시다시피, 정보보호 인식제고 활동 이후에도 여전히 남아 있는 보안인식의 잔여 위험을 관리하는 데 활용할 만한 도구나 방법을 찾기가 쉽지 않은 것이 정보보호 업계의 현실입니다. 그렇다면, 보안인식 수준이 낮은 부서나 직원으로 인해 발생할 수 있는 보안사고 위험을 관리할 수 있는 방법은 없을까요? 특히 기존의 보안통제(기술적 보안통제와 관리적 보안통제 그리고 보안 컴플라이언스 통제)를 적용했는데도 보안통제를 준수하는 안전한 방식으로 업무를 수행하지 않고 여전히 편리한 방식이나 위험한 방식으로 업무를 수행하려는 인식, 즉 '보안인식의 잔여 위험'을 관리할 방법은 없을까요?

필자의 오랜 경험을 바탕으로 볼 때, 보안인식 관리체계를 활용하면 보안인식의 잔여 위험을 충분히 관리할 수 있습니다. 즉 기존의 위험 관리 기법에 보안인식 관리체계를 접목하는 방식으로 보안인식의 잔여 위험을 관리할 수 있다는 것입니다.

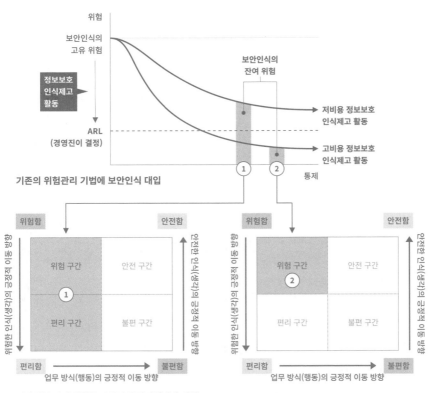

〈보안인식 관리체계를 활용한 보안인식의 잔여 위험 관리 방법(예시)〉

사례를 들어 설명해보겠습니다. 어느 회사에서 야심 차게 정보보호 인식제고 활동을 전개한다고 가정해보겠습니다. 이 회사는 고비용을 들이는 경우와 저비용을 들이는 경우로 정보보호 인식제고 활동을 하고자 하는데, 각각의 경우 어느 정도의 보안인식 잔여 위험이 존재하고 이 잔여 위험을 어떻게 관리하고 완화할 것인가에 대한 전략적 방안이 필요하다고 합니다.

이 예시를 보면 보안인식의 잔여 위험은 두 가지 경우로 나타나게 됩니다. 먼저 ①번 잔여 위험은 저비용으로 정보보호 인식제고 활동을 했기 때문에 비교적 큽니다. 이에 반해서 ②번 잔여 위험은 고비용으로 정보보호 인식제고 활동을 했기 때문에 비교적 작습니다.

이 두 가지 유형의 잔여 위험을 보안인식 관리체계에 대입하면, ①번 잔여 위험은 '편리 구간'과 '위험 구간'을 잔여 위험으로 정의할 수 있습니다. 여기서 '편리 구간'은 정보보호 인식제고 활동을 했는데도 보안 위험을 인지(생각)하지 못하고 여전히 편리한 업무 방식을 추구함으로써 보안인식의 잔여 위험이 있습니다. 그리고 '위험 구간'의 경우에는 정보보호 인식제고 활동을 통해서 보안 위험을 인식할 수 있을 정도의 수준으로 높아지기는 했으나, 그럼에도 여전히 위험한 업무 방식을 유지함으로써 보안인식의 잔여 위험이 있습니다.

한편 ②번 잔여 위험의 경우에는 '위험 구간'을 잔여 위험으로 정의할 수 있습니다. 즉 정보보호 인식제고 활동을 통해서 보안인식의 고유 위험이 기업이 원하는 수준(ARL)보다 더 낮아지기는 했습니다. 여기서 보안인식의 고유 위험 수준이 ARL보다 더 낮아졌다는 것은 보안인식의 수준이 높아졌다는 것을 의미합니다. 그러나, 높아진 보안인식 수준에 의해서 보안 위험을 인지(생각)할 수 있게 되었는데도 여전히 위험한 업무 방식을 유지하려는 생각이 보안인식의 잔여 위험으로 남아 있는 것입니다. 보안인식의 잔여 위험을 '정의'할 수 있다면, 이를 '관리'할 수도 있습니다.

이처럼 보안인식의 잔여 위험이 '정의'될 수만 있다면, 이제부터는 이

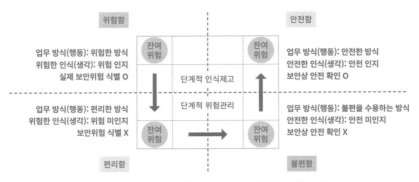

〈보안인식 관리체계를 활용한 단계적인 보안인식 잔여 위험 관리〉

보안인식의 잔여 위험을 '관리'하기가 매우 수월해집니다. 예시로 돌아가서, ①번 잔여 위험의 경우에는 현재의 잔여 위험 구간(위험 구간과 편리 구간)에서 '불편 구간'을 거쳐 최종적으로 '안전 구간'으로 보안인식의 수준이 이동하도록 하는 데 위험 관리 목표를 두고 보안인식의 잔여 위험을 관리하면 됩니다.

보안상의 안전을 인지(생각)하지는 못하더라도 불편을 수용하는 업무 방식으로 긍정적 변화를 만드는 정보보호 인식제고 활동을 한다면, ①번 잔여 위험은 기존의 크기에 비해서 상당히 줄어든 형태로 '불편 구간'으로 이동할 수 있습니다. 그리고 여기에 머무르지 않고 보안상의 안전을 인지(생각)하면서 안전한 업무 방식으로 변화를 만드는 정보보호 인식제고 활동을 한다면 ①번 잔여 위험은 궁극적으로 '안전 구간'으로 이동할 수 있습니다.

반면에 ②번 잔여 위험은 현재의 잔여 위험 구간(위험 구간)에서 '편리 구간'과 '불편 구간'을 거치고 최종적으로 '안전 구간'으로 보안인식이 이동할 수 있도록 단계적으로 보안인식의 잔여 위험을 관리하면 됩니다. 특히 위험 구간은 실제로 보안 위험이 식별되는 구간이므로, 이 구간 내에서 식별된 보안 위험을 제거하고, 위험한 인식에 대한 긍정적 변화를 만드는 정보보호 인식제고 활동을 해야 합니다. 이렇게 한다면, ②번 잔여 위험은 '편리 구간'에서 존재하는 잔여 위험이 됩니다.

그리고 나서 보안상의 안전을 인지(생각)하지는 못하더라도 불편을 수용하는 업무 방식으로 긍정적인 변화를 만드는 정보보호 인식제고 활동을 한다면, ②번 잔여 위험은 '불편 구간'에서 존재하게 됩니다. 최종적으로는 보안상의 안전을 인지(생각)하면서 안전한 업무 방식을 실행하도록 만드는 정보보호 인식제고 활동을 하면 됩니다.

보안인식이 낮은 임직원에 대한 관리·감독 방법

앞에서 살펴본 것처럼, 보안 위협 요인의 73.8%는 사람입니다. 이 말은 사람으로 인해서 보안사고가 발생할 가능성이 상당히 높다는 것을 의미합니다. 여러분은 재직하고 있는 회사에서 만에 하나라도 보안사고가 발생한다면, 어떤 상황들이 전개될지 생각해보신 적이 있나요?

물론 상상하고 싶지도 않은 생각입니다만, 다른 것은 차치하고, 보안인식이 낮은 직원에 의해서 보안사고가 발생하는 경우 회사가 직면하게 될 상황을 중심으로 말씀드리겠습니다.

보안인식의 수준이 낮은 직원에 의해서 보안사고가 발생하더라도 거의 대부분 보안사고의 원인을 즉시 파악할 수 없을 것입니다. 그래서 일단은 회사가 책임을 지는 식으로 모든 상황이 전개될 것입니다. 경영진이 대국민 사과를 하고, 회사의 이미지는 실추되고, 고객의 손해를 배상하고, 어떤 경우에는 고객이 이탈하거나 시장점유율을 일정 부분 상실하는 결과로 이어질 수 있습니다.

그런 다음에는 보안사고에 대한 사법적 판단을 받아야 하는 상황으로 이어지게 됩니다. 이 과정에서 회사는 보안사고의 원인을 심층적으로 파악하게 됩니다. 그 결과 이 과정에서 어느 직원이 기술적 보안통제를 우회하고 보안 컴플라이언스 통제를 위반하는 말 그대로 '개인적인 일탈 행위'를 한 것이 보안사고의 원인이라는 결론에 도달했다고 가정해보겠습니다.

이제부터는 보안사고를 바라보는 양상이 완전히 달라지게 됩니다. 회사가 책임을 지던 사고 초기의 상황과는 완전히 다른 관점에서 보안사고의 원인을 바라보게 된다는 것입니다. 특히 보안사고의 원인에 대한 사법적 판단 과정에서는 그 원인이 '회사의 관리·감독 소홀'로 인한 것인지, 아니면 원인 행동을 한 '직원 개인의 일탈 행위'로 인한 것인지에 대한 상호 간의 공방으로 이어지게 될 것입니다.

일반적인 관점에서 보면, 회사는 '관리·감독을 충실히 했다'고 주장할 것입니다. 이에 반해서 일탈 행위를 한 직원은 '회사가 관리·감독을 충실히 하지 않았다'고 주장할 것입니다. 이와 같은 상황에서는 다음의 질문이 매우 중요한 쟁점이 됩니다. "회사가 임직원의 보안인식의 수준을 높이기 위해서 평소에 어떤 관리·감독을 했는가?"

만약 여러분이 회사의 입장이라면 어떤 자료와 증거를 가지고 평소 임직원의 보안인식 수준을 높이는 활동(관리·감독)을 충실히 했음을 입증할 수 있을까요? 아마도 특별한 입증 수단이 없는 한 정보보호교육 출석부상의 교육 이수 서명이나 보안 교육 자료 내용, 보안 캠페인 그리고 보안 공지 내용 등의 자료를 법원에 제출할 수밖에 없을 것입니다. 물론 이러한 자료들도 임직원을 대상으로 정보보호 인식제고 활동을 했다는 사실을 입증하는 자료이기는 합니다.

다만, 이러한 자료들은 임직원의 보안인식 수준을 평소 '충실하게' 관리·감독했음을 입증하는 증명력이 부족할 수 있습니다. 이런 경우에는 재판부의 판단에 따라 임직원의 보안인식 수준 관리에 회사가 충실하지 않았다는 결론이 날 수도 있습니다. 이렇게 되면 보안사고의 책임은 원인 행위를 한 직원이 아니라 회사가 지게 되는 겁니다.

만약 회사가 임직원의 보안인식 수준을 높이기 위해 평소에 관리·감독을 '충실하게 실행했다'는 것을 입증할 수 있는 '특별한 수단'이 있다면 재판의 결과가 어떻게 달라질까요? 특히 이 '특별한 수단'이 재판부에 의해서 증거로 받아들여진다면 말입니다. (아마도 이렇게 된다면 보안사고로 인해 회사가 입은 피해에 대해서 일정 부분은 원인 행동을 한 직원에게 회사가 민법상의 구상권을 행사할 수도 있게 될 것입니다.)

여기서 말하는 '특별한 수단'으로, 보안인식 관리체계를 충분히 활용할 수 있습니다. 즉 보안사고의 원인 행위를 한 직원의 보안인식 수준을 높이기 위해 회사가 평소 어떠한 관리·감독 업무를 충실하게 실행했는지에 대한 결과를 제시하고 직접적인 자료를 제출하는 데 보안인식 관리체계를 활용할 수 있다는 것입니다. 그 자료는 다음과 같습니다.

1. 해당 직원의 기간별 보안인식 평가 점수/평가 등급 내역
2. 해당 직원의 기간별 보안인식 수준 구간에 대한 공유 내역
3. 해당 직원의 보안인식 수준을 단계적으로 높일 목적으로 실행한 맞춤형 정보보호 인식 제고 활동 내역(예: 보안인식 메시지 발송 내역, 보안 캠페인, 보안 공지 안내, 보안성 검토 내역, 차상급자와의 논의 이메일 등)
4. 해당 직원의 보안인식 점수와 등급을 해당 직원과 차상급자에게 정기적으로 공유한 내역 등

보안인식 평가 점수/평가 등급 내역

2020년	홍길동	(-)1점 / 6등급	16/23명	591/598명
2021년	홍길동	(-)2점 / 7등급	27/29명	493/560명
2022년	홍길동	0점 / 5등급	11/25명	344/636명
2023년	홍길동	(-)4점 / 9등급	34/34명	680/687명

〈1. 홍길동 직원의 연간 보안인식 점수 및 보안인식 등급 내역(예시)〉

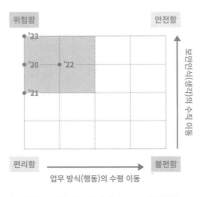

〈2. 홍길동 직원의 보안인식 수준 구간(예시)〉

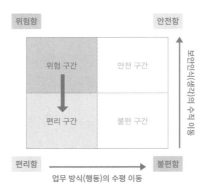

〈3. 홍길동 직원의 보안인식 수준을 높이기 위한 정보보호 인식제고 활동(예시)〉

회사는 임직원의 보안인식 수준을 평소에도 관리·감독할 수 있어야 합니다. 이뿐만 아니라 보안사고와 관련한 법적 분쟁이 발생하는 경우를 대비해서 평소 임직원의 보안인식 수준에 대한 관리·감독을 충실히 했음을 입증할 수 있는 특별한 방법을 마련해두어야 합니다. 여기서 말하는 특별한 방법으로 보안인식 관리체계를 충분히 활용할 수 있습니다.

한편 보안인식 관리체계는 단지 회사의 입장에서만 유용한 것이 아니라 임직원에게도 큰 도움이 될 수 있습니다. 왜냐하면, 보안인식 관리체계 같은 보안인식 수준 평가/수준 관리체계를 회사에서 적용하고 있다는 이유만으로도 임직원 스스로 자신의 생각을 '정보보호의 방향에 부합하는 방향'으로 맞추고, 그 결과 자신의 '행동을 교정'하는 긍정적인 결과를 얻을 수 있기 때문입니다.

이는 마치 운전자가 과속운전을 하던 와중에 도로 위에 '속도제한 카메라'가 있다는 것을 인식하는 것만으로 제한속도 아래로 속도를 줄이는 '행동'을 하는 것과 같습니다. 즉 '속도제한 카메라'는 일종의 '즉각적인 행동 교정의 효과'가 있는 것입니다. 이렇게 되면 운전자가 「도로교통법」을 준수할 수 있을 뿐만 아니라 자신의 과속운전으로 인한 교통사고의 위험을 미리 방지할 수 있는 긍정적인 결과를 기대할 수 있습니다. 정보보호는 사람의 생각에서 시작해서 사람의 행동으로 실행되어야 합니다.

"생각이 바뀌면 세상이 달라집니다!"

제5부

보안인식의 한계를
넘어서는 방법

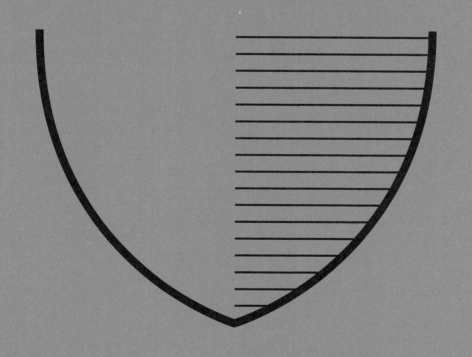

제4부에서는 정보보호 인식제고를 위해 보안인식과 업무 방식의 접점을 식별하고, 이 접점을 기준으로 보안인식 수준을 단계적으로 높이는 방법 그리고 보안문화를 조성하고 유지하는 방법에 대해서 알아보았습니다.

"문화Culture는 전략Strategy을 잡아먹는다"고 말한 피터 드러커의 말처럼, 보안문화를 만드는 것은 그 어떤 보안통제 전략보다 효과적인 정보보호 인식제고 방안일 것입니다.

그렇지만, 정보보호 인식제고의 최종 목적지인 보안문화의 단계에 이르렀다고 하더라도 이 문화가 일정한 수준으로 유지되거나 일관된 형태로 지속될 것이라고 보장할 수는 없습니다. 모든 문화가 그러하듯이 보안문화 역시 시간의 흐름과 환경의 변화 그리고 구성원의 변경 등에 따라서 그 수준과 형태가 언제든 달라질 수 있기 때문입니다.

따라서 '긴 시간 동안의 경험과 반성을 통해 모든 구성원이 어렵게 쌓아올린 합의'로 만들어낸 보안문화임에도 불구하고 내재적인 한계가 있다는 점을 받아들일 수밖에 없습니다. 보안문화에 이러한 내재적인 한계가 존재할 수밖에 없는 이유는 보안문화의 근원지가 바로 사람의 생각 영역이기 때문입니다.

정보보호 관리체계를 유지하고 개선하기 위해서는 보안문화를 조성해야만 합니다. 이러한 이유에서 많은 노력의 결과로 조성해낸 보안문화의 내재적 한계를 극복하고 보안문화를 유지하는 특별한 방법이 필연적으로 요구됩니다.

이를 위해서는 가장 먼저 사람의 생각 영역에 있는 보안인식의 한계를 정확히 이해해야 합니다. 그런 다음에 보안문화의 내재적인 한계를 극복할 수 있는 방법을 찾아야 합니다. 제5부에서는 보안인식의 내재적 한계와 이러한 한계를 넘어설 수 있는 정보보호 인식제고 활동 방안에 대해서 이야기하겠습니다.

제1장
보안인식의 한계

보안인식은 사람의 생각 영역에 존재합니다. 일반적으로 시스템이나 보안 솔루션 등에서는 특정한 정책을 강제하거나 자동화하는 것이 가능합니다. 하지만, 사람의 생각 영역에 있는 보안인식은 타인이 정한 수준 이상으로 끌어올리거나 유지하도록 만드는 강제화 내지 자동화 자체가 불가능합니다.

그런데, 아이러니하게도 정보보호 관리체계에 적용되는 모든 보안통제(기술적 보안통제, 관리적 보안통제, 보안 컴플라이언스 통제)를 한순간에 무력화시킬 수 있는 위협 요인은 바로 사람입니다. 이 말은 임직원의 보안인식을 일정한 수준 이상으로 유지하지 못한다면 기업의 정보보호 관리체계가 언제든 한순간에 무너질 수밖에 없다는 의미가 됩니다.

이러한 문제들을 해소하려면 다양한 정보보호 인식제고 활동을 통해서 사람의 생각 영역에 있는 보안인식의 수준을 단계적으로 높여야 합니다.

〈보안인식 수준이 낮은 사람에 의해 무너질 수 있는 정보보호 관리체계〉

그러고 나서 일정 수준의 보안인식들을 긴 시간 동안 쌓아서 보안문화로 만들어가야 합니다.

그렇지만, 아무리 정보보호 인식제고 활동을 적극적으로 실행한다 하더라도 사람의 생각 영역에 있는 보안인식에는 어쩔 수 없는 내재적 한계가 있습니다. 여기서 필자가 '어쩔 수 없는'이라는 표현을 쓴 이유는, 정보보호 인식제고 활동을 주관하는 자가 아무리 강력한 의지를 가지고 있다고 하더라도 타인의 생각 영역에 있는 보안인식에는 한계가 있기 때문입니다.

제1장에서는 이러한 보안인식의 내재적 한계에 대해서 이야기하겠습니다. 제1장의 내용은 2020년 과학기술정보통신부와 한국인터넷진흥원이 공동 발간한 「정보보호 최고책임자 길라잡이 -기본편-」 중에서 필자가 집필한 'Ⅳ 직원들에 대한 인식 제고' 편을 참고하고 이를 대폭 수정·보완한 것임을 밝혀둡니다.

생각 영역에 존재하는 보안인식: 타인의 생각 영역에서 작동되어야 하는 내재적 한계

정보보호 관리체계를 유지해야 하는 정보보안 부서 입장에서는 모든 보안통제를 한순간에 무너뜨리는 가장 큰 위협이 임직원, 특히 임직원의 생각이라는 사실을 간과할 수 없습니다. 그래서 임직원의 생각 영역에 있는 보안인식의 수준을 높이고자 정보보호 인식제고 활동을 지속적이고 반복적으로 수행하는 것입니다.

그렇지만 누군가가 타인의 생각을 바꾸게 만든다는 것은 정말 어려운 일입니다. 엄청난 깨달음을 주거나 충격적인 상황을 알게 해주는 등 말 그대로 거부할 수 없는 변화 요인이 작용하지 않는 이상 타인의 생각을 바꾸는 것은 정말 쉽지 않습니다.

그래서 타인의 생각을 바꾸는 것은 어쩌면 인간의 영역이 아니라 신의 영역일 수도 있습니다. 타인의 생각 영역에서 무언가를 작동시킨다는 것이 쉽지 않다는 특성, 이것은 모든 사람의 생각에 존재하고 있는 내재적인 특성입니다.

보안인식도 타인의 생각 영역에서 작동되는 메커니즘이기 때문에 이것을 누군가가 의도적으로 바꾼다는 것은 쉽지 않습니다. 비록 누군가가 강력한 의지를 가지고 아무리 지속적이고 반복적으로 그리고 다양하게 정보보호 인식제고 활동을 하더라도 '타인의 보안인식 수준에 변화가 생기지 않을 수도 있다는 한계', 이것이 바로 보안인식에 내재되어 있는 첫 번째 한계입니다.

일관성을 유지할 수 없는 보안인식: 사람, 환경, 시기에 따라 달라지는 한계

보안인식의 수준은 여러 요인에 의해서 달라집니다. 특히 사람마다 다르고, 환경에 따라 다르며, 시기마다 너무나 쉽게 달라질 수 있습니다. 순서대로 예를 들어보겠습니다. 같은 부서라고 하더라도 구성원(보안 교육 이수 여부, 보안사고 경험 여부 등)에 따라 보안인식 수준이 다를 수 있습니다. 동일한 직원이 같은 업무를 하더라도 업무를 수행하는 환경(사무실이냐 집이냐)에 따라 보안인식 수준이 달라질 수 있습니다. 그리고 같은 환경에서 같은 업무를 수행하는 동일한 직원이라고 하더라도 시기(3년 전과 3년 후)에 따라 보안인식의 수준은 크게 달라질 수 있습니다. 이것이 보안인식에 내재되어 있는 두 번째 한계입니다.

강제화·자동화가 불가능한 보안인식: 사람의 생각 영역에 존재하는 근본적인 한계

기술적 보안통제를 적용하고 유지할 때 당연히 요구되는 기능은 바로 해당 솔루션 내에서 적용하고자 하는 보안통제를 강제화하거나 자동화하는 기능입니다. 이러한 강제화·자동화 기능이 있기 때문에 특정한 보안통제를 회사의 모든 대상에게 누락 없이 적용할 수 있는 것입니다. 예를 들면 업무용 컴퓨터나 서버 등을 대상으로 보안 시스템에서 특정한 보안 정책을 강제적·자동적으로 설정하는 것이 그러합니다.

그렇지만 보안인식은 기술적 보안통제처럼 강제화하거나 자동화할 수 없습니다. 그 이유는 보안인식이 사람의 생각 영역에 존재하고 있다는 근본적인 한계 때문입니다. 그렇다 보니 정보보호 관리체계를 유지해야 하는 관점에서는 정보보호 인식제고가 매우 중요한 보안 활동인데도 실현하기는 어려운 난제로 분류되고 있는 것입니다. 이것이 보안인식에 내재되어 있는 세 번째 한계입니다.

편리함으로의 회귀 본능이 강한 보안인식: 환경의 영향에 취약한 한계

보안인식만큼 환경의 영향을 잘 받는 영역도 없을 것입니다. 특히 어렵게 '안전 구간'으로 들어온 보안인식의 수준이 한순간에 '편리 구간'으로 회귀하고자 하는 관성의 힘이 크게 작용하는 것이 바로 보안인식입니다. 왜냐하면 보안인식은 여타의 안전 인식과 유사하게 '불편함의 수용'을 전제로 하고 있기 때문입니다.

예를 들어보겠습니다. 어느 회사에서 지속적이고 단계적인 노력의 결과로 특정 부서의 보안인식 수준을 '안전 구간'으로 높여놓았다고 가정해 보겠습니다. 이 부서는 이제 보안상의 안전을 인지하면서 업무 방식도 안전한 방식을 추구하게 되었습니다. 그런데 어느 날 이 부서에 새로운 경력직 직원이 입사한 후 이런 말을 한다면 어떨까요? "내가 전에 다녔던 회사는 안 이랬는데, 여기는 업무하기 불편하게 되어 있네요!"

이 직원의 불평 한마디는 그동안 힘들게 수준을 올려놓은 기존 직원들의 보안인식을 한순간에 무너뜨릴 수 있습니다. 사람은 누구나 편리한 방식을 선호하기 때문입니다. 이와 같이 아무리 보안인식의 수준이 '안전 구간'에 존재한다고 하더라도 편리함으로 회귀할 수 있는 기회나 환경에 가장 빠르게 호응하는 것이 사람의 생각입니다. 이것이 바로 보안인식에 내재되어 있는 네 번째 한계입니다.

고객 요청에 흔들리는 보안인식: 고객의 견인력에 끌려가는 한계

정보보호의 관점에서 볼 때, 사용자는 기업이고 이용자는 고객입니다. 여기서 직원의 입장이 사용자(기업)의 입장에 있을 때는 보안인식의 수준이 기업이 요구하는 수준까지 점진적으로 우상향하게 됩니다. 하지만 이용자(고객)가 정보보호 관리체계의 불편함과 불평을 호소하는 경우에는 직원의 보안인식이 급격하게 하향 곡선을 그리는 경우가 많습니다.

예를 들어 안전한 비밀번호 사용 정책에 따라 고객의 비밀번호를 최소 8자리 이상, 최소 6개월 단위로 주기적으로 변경하여 사용하도록 권고하는 회사가 있다고 가정해보겠습니다. 그래서 이 회사의 모든 직원은 고객의 비밀번호를 안전하게 지키고자 하는 회사의 정보보호 정책에 따라서 고객들에게 비밀번호의 복잡성과 변경 주기를 설명하게 될 것입니다. 그런데 어느 직원이 고객으로부터 이런 말을 듣게 된다면 어떨까요? "비밀번호를 너무 복잡하게 만들게 하고 너무 자주 바꾸게 해서 불편해요!"

만약 이런 고객의 불평을 듣게 된다면, 이 직원의 보안인식에 급격한 변화가 생기게 됩니다. 그리고 이러한 보안인식의 변화는 결국 자신이 회사에서 사용하고 있는 업무용 비밀번호까지도 불편하게 보이는 '생각의 확장 현상'이 나타나게 됩니다. 심지어 업무용 비밀번호 관련 정책은 권고사항이 아니라 의무사항임에도 말입니다. '업무용 컴퓨터에 설정되어 있는 비밀번호 규정도 너무 불편한 거 아니야?'

이처럼 직원의 보안인식 수준은 고객이 생각하는 방향으로 끌려가는 특성이 있습니다. 결국 이러한 특성으로 인해 평소에는 보안인식 수준이 높았던 직원도 어느 순간에 또는 어떤 상황에서는 보안통제에 저항하거나 보안통제를 우회하려는 행동을 하기도 합니다. 이것이 보안인식에 내재되어 있는 다섯 번째 한계입니다.

가장 약한 부분부터 뚫리는 보안인식: 무지와 무경험의 한계

아무리 전문가라 하더라도 모든 분야에서 최고가 될 수는 없습니다. 그래서 전문가에게도 알지 못하는 부분이나 경험하지 못한 부분이 언제나 존재하기 마련입니다.

보안인식의 경우에도 마찬가지입니다. 아무리 보안인식의 수준이 높은 직원이라고 하더라도 지금껏 전혀 몰랐거나 경험해보지 못한 사이버 공격이 있을 수 있습니다. 이러한 상황에서는 이 직원이 가지고 있던 기존의 보안인식이 방패의 기능을 충실하게 하지 못할 가능성이 매우 높아집니다. 알지 못했던 부분이나 경험하지 못했던 부분이 이 직원에게는 가장 약한 부분이기 때문입니다. 그리고 이것이 보안인식에 내재되어 있는 여섯 번째 한계이자 가장 심각한 한계입니다.

한편으로 보면, 정보보호 인식제고 활동이 지속적이고 단계적으로 그리고 무엇보다도 다양하게 실행되어야 하는 이유가 여기에 있기도 합니다. 한마디로 직원마다 가장 약한 부분이 다르다는 것입니다. 그렇기 때문에 모든 직원의 약한 부분을 보완해서 보안인식의 수준을 높이려면 정보보호 인식제고 활동이 지속적이고 단계적이어야 하며 무엇보다 다양하게 실행되어야 합니다.

특히 최근에 급부상하고 있는 랜섬웨어나 보이스피싱 같은 범죄도 '사람의 가장 약한 보안인식의 한 지점'을 뚫는 사이버 공격이라는 것을 상기할 필요가 있습니다. 그러므로, 직원들의 다양한 약한 부분을 강화할 수 있도록 정보보호 인식제고 활동을 다양하게 실행해야 합니다. 그리고 이러한 활동을 통하여 사이버 공격에 대한 임직원들의 무지나 무경험을 최소화함과 동시에 임직원들의 생각 속에 '강한 보안인식'을 갖출 수 있는 기회를 만들어주어야 하는 것입니다.

"사건에는 언제나 사람이 있습니다."

제2장
보안인식의 한계를 넘어서는 정보보호 인식제고 활동

제1장에서 살펴본 것처럼, 보안인식에는 한계가 내재되어 있다는 점을 받아들여야 합니다. 왜냐하면 보안인식은 사람의 생각 영역에 있기 때문입니다. 보안인식의 한계는 곧 정보보호 인식제고의 한계로 이어집니다. 이 말은 결국 정보보호 인식제고라는 목표에 도달하기 위해서는 보안인식의 한계를 극복하는 데서 출발해야 함을 의미합니다.

그렇다면 어떻게 해야 보안인식의 한계를 극복할 수 있을까요? 아마도 다양한 방법과 전략이 있을 것입니다. 그러나 보안인식의 한계를 극복하는 방법에 관하여 필자가 강조하고 싶은 것은 바로 이것입니다. 보안인식에는 한계가 있다는 사실을 인정하고 받아들이는 데서 출발해야 합니다!

정보보호교육을 하고 보안 캠페인을 하고 보안 점검을 하고 보안문화를 만들었어도 보안인식의 수준은 다양한 원인에 의해서 언제든 변화할 수 있다는 한계를 먼저 받아들여야 합니다. 그래야 그 한계를 극복하는 방법을 찾을 수 있습니다. 이러한 한계가 있기 때문에 정보보호 인식제고 활동이 중요한 것입니다. 이뿐만 아니라 보안인식에는 이러한 한계가 있기 때문에 지속적인 수준 평가와 관리체계가 중요할 수밖에 없는 것입니다.

'보안인식에는 한계가 존재한다'는 사실을 받아들였다면, 이제 남은 것은 사람의 생각 영역에 존재하는 보안인식의 한계라는 현실적인 문제를 극복하는 것입니다. 이러한 현실적인 문제를 지속적으로 극복하고 보완해나가는 것이 바로 정보보호 인식제고입니다. 그리고 이러한 과정에서 보안인식 수준을 평가하고 그 수준을 높이는 것이 정보보호 인식제고 활동입니다. 그래서 필자는 정보보호 인식제고 활동을 이렇게 정의합니다.

정보보호에 대한 인식 수준을 정기적으로 평가하여 그 수준을 높이는 활동

이하에서는 보안인식의 한계를 극복하거나 보완할 수 있는 정보보호 인식제고 활동 방법에 대해 이야기하겠습니다. 제2장의 내용은 2020년 과학기술정보통신부와 한국인터넷진흥원이 공동 발간한「정보보호 최고책임자 길라잡이 -기본편-」중에서 필자가 집필한 'Ⅳ 직원들에 대한 인식 제고' 편을 참고하고 이를 대폭 수정·보완한 것임을 밝혀둡니다.

생각의 간접 지표를 활용한 지속적인 모니터링

정보보호 인식제고를 위해서는 임직원의 보안인식 수준을 평가하고 이를 지속적으로 관리할 수 있어야 합니다. 그런데 만약에 앞에서 보았던 보안인식 관리체계와 같은 보안인식 수준 평가·관리 도구가 없는 경우에는 어떻게 보안인식 수준을 평가하고 관리할 수 있을까요? 필자는 이 문제의 해답을 다음과 같은 사람의 특성에서 찾을 수 있다고 생각합니다. "사람은 자신이 생각하는 대로 행동합니다."

일반적으로 사람은 자신이 생각하는 대로 행동하게 됩니다. 다행스러운 것은 기업에서는 임직원이 실행한 거의 모든 행동의 결과가 시스템에 남아 있다는 것입니다. 즉 회사에 출근해서 업무용 컴퓨터를 로그인하고

인터넷에 접속을 하며 문서를 열람 및 생성하는 과정에서 임직원의 행동이 로그 등의 형태로 시스템에 남게 된다는 것입니다.

이처럼 임직원이 자신의 생각대로 행동한 결과가 로그 등의 형태로 남아 있는 시스템의 예로는 네트워크접근제어(NAC)나 정보유출방지(DLP), 보안 USB, 개인정보 필터 솔루션, 유해사이트 차단 솔루션, 자료전송 시스템, 방화벽(F/W), 백신(V3), 문서보안솔루션(DRM), 출력물 보안 시스템 등이 있습니다. 물론 기업의 크기나 사업의 특성에 따라서 이보다 더 다양한 시스템에서 임직원의 행동이 로그 등의 형태로 남아 있을 것입니다.

이와 같은 시스템을 운용하는 목적은 주로 기업의 정보보호 관리체계를 유지하는 것입니다. 그런데 이러한 시스템에는 임직원의 생각이 행동으로 현출된 지표, 즉 생각을 확인할 수 있는 간접 지표들도 매일 매시간 로그의 형태로 누적됩니다. 여기서 말하는 '생각의 간접 지표'는 아주 기본적으로 접속 로그 기록, PC 전원 온오프 시간, 악성 코드 감염 현황, 정보 저장 내역, 개인정보 이용 내역, 유해 사이트 접속 시도 및 접속 내역, 자료전송 내역, 문서 출력 내역 등을 들 수 있습니다.

이와 같은 '생각의 간접 지표'를 활용하여 임직원의 보안인식의 변화를 지속적으로 모니터링해야 합니다. 그리고 이러한 생각의 간접 지표를 모니터링하다 보면 보안인식 위험이 ARL을 넘어서는 심각한 문제가 식별될 수도 있습니다. 예를 들어서 어느 직원이 접속이 금지된 웹사이트에 접속해 악성 코드에 감염되는 경우 또는 어느 직원이 다크웹에서 해킹 도구를 다운로드해 회사에서 실행하는 경우 등이 그러합니다. 이러한 경우는 기업에 심각한 보안 위협이 될 수 있습니다.

따라서 보안 시스템 등에 로그 형태로 누적된 여러 '생각의 간접 지표'를 활용하여 임직원의 업무 방식과 습관 그리고 행동을 분석해야 합니다. 그리고 분석 결과 보안 위협이 될 가능성이 높거나 보안 규정의 위반이 명백해진다면, 모니터링 단계에서 보안 감사 단계로 반드시 전환해야만 합니다.

왜냐하면, 보안 시스템 등에 누적된 생각의 간접 지표가 상시적으로 모니터링되고 있으며, 경우에 따라서는 보안 감사로 전환될 수 있다는 사실이 임직원들의 보안인식에 매우 중요한 영향을 끼치기 때문입니다. 예를 들어 어느 직원이 접속 불가 웹사이트에 접속하려고 '생각'을 하다가도 자신의 행동이 모니터링되거나 보안 감사를 받을 수 있다는 '생각'을 하게 되는 것이 인지상정입니다. 그 결과로 모니터링되거나 보안 감사를 받을 수 있는 '행동'을 스스로 하지 않으려는 '생각'을 하게 되는 것입니다. 이와 같은 순간이 바로 아래와 같은 사람의 특이한 기질이 발현되는 순간입니다. "사람은 생각하는 대로 행동합니다."

보안인식 관리체계를 활용한 지속적 모니터링과 주기적 수준 평가·관리

사람의 생각은 언제든 달라질 수 있다는 전제 아래 임직원들의 보안인식 수준을 지속적으로 모니터링하고 주기적으로 평가·관리해야 합니다. 이 과정에서 보안인식 관리체계가 있다면 보안인식 수준의 모니터링과 평가·관리가 훨씬 수월할 수 있습니다. 만약 기업에서 운용하는 모든 시스템에 실시간으로 기록되는 다양한 로그 등의 정보인 간접 지표를 보안인식 관리체계와 연동하여 활용한다면, 임직원의 보안인식 수준 변화에 대한 실시간 모니터링이 가능할 수도 있습니다.

한편, 기업에서 보안인식 관리체계와 같은 보안인식 수준 평가·관리 도구를 운용하고 있다는 사실도 여전히 사람의 특이한 기질 발현에 매우 의미 있는 영향을 끼치게 됩니다. 즉 임직원 자신의 보안인식 수준이 정량화된 수치로 평가되고, 이 결과가 지속적으로 관리된다는 사실을 인지하고 있는 임직원은 스스로 '보안통제에 부합하도록 노력하려는 생각'을 하게 되고, 그 결과 '생각대로 행동'을 하게 된다는 것입니다.

따라서 주기적으로 보안인식 수준을 평가하고 관리하는 것은 단순히 임직원의 보안인식 수준을 점수화하는 것에 그치지 않습니다. 이는 언제든 달라질 수 있는 보안인식의 수준을 일정하게 유지해주는, 아주 의미 있는 정보보호 인식제고 활동입니다. 이러한 이유에서 보안인식 수준을 평가하고 관리하는 것은 보안인식의 한계를 넘어설 수 있는 매우 효과적인 정보보호 인식제고 활동이라고 할 수 있습니다.

의사결정의 계층적 단계에서 보안인식 확인 절차 적용

보안인식을 일정한 수준으로 유지하도록 만든다는 것이 쉬운 일은 아닙니다. 그렇지만, 조직 체계에서의 '의사결정 과정'을 활용한다면 예상보다 어렵지 않게 보안인식 수준을 유지할 수가 있습니다. 한마디로 각 의사결정 과정에서 '보안통제 규정 및 보안성 검토 결과 반영 여부'를 반드시 확인하는 절차를 만들어서 전사의 모든 의사결정 프로세스에 적용하는 것입니다.

예를 들어서 어느 부서에서 마케팅을 위한 고객 설문조사 업무를 기안하고 있다고 가정해보겠습니다. 이 기안에 대한 의사결정 과정에서 부서장이 업무 기안자에게 아래와 같이 지시하는 절차를 만들어서 의사결정 과정에 반영하는 것입니다. "이와 관련된 보안통제 규정을 확인하고 필요하다면 정보보안 부서에 보안성 검토를 요청하세요."

그리고 만약 업무 기안 과정에서 기안자가 보안통제 규정을 확인했거나 정보보안 부서의 보안성 검토를 이미 거쳤다고 가정해보겠습니다. 그렇다면 부서장은 이 기안에 대한 최종 결재를 하는 과정에서 아래와 같은 확인 절차를 한 번만 더 거치면 됩니다. "기안문에 보안성 검토 결과가 반영되어 있나요?"

이렇게 한다면, 업무 기안자는 실무적인 관점에서 보안통제 규정과 보안성 검토 결과를 반영할 수 있게 됩니다. 그리고 의사결정자인 부서장은 업무 관리 관점에서 기안자의 보안인식을 확인할 수 있을 뿐만 아니라 부서장 자신의 보안인식도 확인할 수 있게 됩니다. 그리고 이와 같은 보안인식 확인 절차를 모든 의사결정의 계층적 단계(기안자→부서장→실장→본부장→대표이사)에서 동일하게 적용한다면, 각 단계의 의사결정권자도 자신이 결재해야 하는 업무와 관련된 보안인식을 확인할 수 있게 됩니다.

이처럼 모든 의사결정의 계층적 단계에서 의사결정권자가 '결재 대상 업무와 관련된 보안통제 규정과 보안성 검토 결과 반영 여부'를 확인하는 절차를 의무적으로 거치도록 했을 때 나타나는 가장 긍정적인 효과는 바로 '실무 직원의 보안인식 수준 유지'라고 할 수 있습니다. 그리고 이와 같은 방식으로 만들어낸 긍정적인 효과는 실무 직원이 변경되거나 업무가 변경되어도 동일하게 유지될 수 있습니다. 따라서 의사결정의 계층적 단계에서 보안인식을 확인하는 절차를 적용하는 것은 보안인식의 한계를 넘어서는 매우 효과적인 정보보호 인식제고 활동이 될 수 있습니다.

보안평판조회 제도 도입

평판조회Reference Check는 일반적으로 이직 과정에서 활용되는 인재 검증 방법입니다. 이 방법을 정보보호 관리체계를 유지·개선하고 보안인식의 한계를 극복하는 데도 충분히 활용할 수 있습니다. 즉 일정한 상황에서 대상자의 보안 평판을 조회하는 것을 기업 내에서 제도화하는 것입니다. 예를 들어서 정보보안 부서에서 보안 평판을 조회할 필요가 있다고 판단되는 대상에 대해서 정보보호 규정 준수 여부와 보안인식의 수준에 관해 주변 직원들에게 문의하는 평판조회 제도를 만드는 것입니다.

필자는 이것을 '보안평판조회Security Reference Check'라고 부릅니다. 여기서 보안 평판을 조회할 필요가 있는 대상의 예로는 의사결정권자로의 승진 대상자나 민감 정보를 다루는 부서로의 이동 대상자 그리고 보안 점검 결과 정보보호 규정 위반을 자주 하는 직원, 다른 회사에서 근무하다가 입사한 경력직 직원 등이 될 수 있습니다.

보안평판조회 방법을 간단하게 설명해보겠습니다. 먼저 정보보호 규정에 '사내에서의 보안평판조회'에 관한 근거 규정을 신설합니다. 그리고 이 규정에는 보안평판조회가 필요한 조회 대상자, 조회 방법 그리고 조회 결과의 활용 등에 관해서 미리 구체적으로 정의하고 대표이사의 승인을 받거나 정보보호 최고책임자가 승인을 합니다.

그리고 난 후 보안평판조회 대상자가 식별되면, 정보보안 부서에서는 대상자에게 보안평판조회를 할 예정이라는 사실을 미리 고지하고, 평판조회에 대한 동의를 받습니다. 그리고 누구누구에게 평판조회를 하면 될지, 즉 평판조회 응답자를 미리 대상자에게 물어보고 대상자가 지정한 응답자들에게 대상자에 대한 보안 평판을 조회하는 것입니다.

여기서 보안 평판을 조회하는 방식은 설문지나 점수 체크 등과 같은 '정량적 방식' 또는 대상자의 보안 평판에 관한 의견을 듣고 기록하는 '정성적 방식' 모두 활용이 가능합니다. 정량적 방식이라면 보안평판조회 결과가 수치로 집계될 것이고, 정성적 방식이라면 보안평판조회 결과가 적합/부적합, 충족/부족, 찬성/반대 등으로 집계될 수 있습니다.

이처럼 보안평판조회를 기업 내에서 제도화한다면 보안인식 수준을 유지하고 보안인식의 한계를 극복하는 데 큰 도움이 될 수 있습니다. 특히 이 보안평판조회 제도에는 보안인식의 수준 유지와 향상에 엄청난 도움이 되는 세 가지 장점이 있습니다.

첫째 장점은 평판 조회 대상자가 될 수 있는 직원에게 정보보호 규정과 보안통제를 준수하려는 인식을 가지도록 만들 수 있다는 것입니다. 사람은 생각대로 행동하며, 따라서 자신이 보안평판조회 대상자가 될 수 있다는 '생각'만으로도 스스로 보안통제를 준수하려는 '행동'을 할 가능성이 매우 높아지기 때문입니다.

둘째 장점은 평판 조회 응답자로 지정된 직원도 보안인식의 수준을 유지할 수 있다는 것입니다. 응답자는 조회 대상자인 타인의 보안인식에 대한 평가를 하는 입장이기는 하지만 응답자 스스로에게도 '보안통제를 잘 준수해야지' 하는 생각이 자리를 잡기 때문입니다. 이러한 생각이 모여 보안인식의 수준이 높아질 수 있습니다.

셋째 장점은 기업 내에 보안 평판을 조회하는 제도가 존재한다는 사실 자체만으로도 보안인식의 한계를 극복하고 보안문화의 마지노선을 지킬 수 있다는 것입니다. 보안인식의 한계는 사람마다 환경마다 시기마다 달라질 수 있습니다. 그로 인해 보안문화 역시 언제든 흔들릴 수 있습니다. 그런데 기업 내에서 보안평판조회 제도를 만들어서 운용한다면, 임직원 상호 간에 보안인식을 자극하고 그 수준을 유지하도록 만들 수 있습니다. 그리고 이와 같은 과정을 통해서 사람의 집단 속에 '흔들리지 않는 보안문화'를 만들어갈 수 있습니다.

따라서 보안인식의 한계를 극복하고 보안문화를 일정한 수준으로 유지할 수 있게 해주는 아주 효과적인 장치인 보안평판조회 제도의 활용을 적극적으로 검토해보시기 바랍니다.

정보보호 최고책임자의 보안 의지: 보안문화 정의하고 공개하기

보안문화란 "보안 관점에서 옳고 그름을 판단하는 데 구성원 간에 받아들여진 합의된 기준"입니다. 그리고 이러한 보안문화는 기업마다 고유한 특징을 반영하여 재정의해서 활용할 수 있습니다. 다만 보안문화는 기업 전체의 업무 방식에 영향을 미치는 기준이므로, 정보보호 최고책임자의 의지가 있어야만 이를 정의하고 구축할 수 있습니다. 만약 정보보호 최고책임자가 보안문화를 구축하고자 하는 의지가 있다면, 회사의 문화와 사업특성에 맞게 정의한 후 전사에 공개적으로 게시해보시기 바랍니다.

보안문화를 정의하여 이를 전사에 공개한다면, 생각보다 많은 긍정적인 효과가 나타나게 됩니다. 첫째로 사람이나 환경 또는 시기 등이 변한다해도 보안인식의 수준이 달라지지 않고 기업의 보안문화가 정해놓은 일정한 방향으로 임직원의 보안인식이 수렴되는 효과가 있습니다.

둘째로 기업의 특성에 맞게 정의된 보안문화에는 곧 대표이사의 철학이나 정보보호 최고책임자의 의지가 반영된 것이므로, 통제 부서와 실무부서 간의 의견이 충돌하는 상황에서 보안통제에 대한 임직원의 저항을 줄일 수 있는 효과도 있습니다.

셋째로 보안문화를 정의하고 유지하고 개선하는 모든 활동이 실질적인 정보보호 인식제고 활동이 됩니다. 이러한 활동 과정에서도 보안인식 수준을 높일 수 있는 긍정적인 결과를 얻을 수 있습니다.

보안문화란 보안 관점에서 옳고 그름을 판단하는 데 구성원 간에 받아들여진 합의된 기준입니다. 따라서, 임직원으로 하여금 보안문화에 위배되는 행동을 하지 않으려는 생각을 지속적으로 유지하는 효과도 기대할 수 있습니다.

그러니 보안인식의 한계를 극복할 수 있는 정보보호 인식제고 활동을 계획하고 있는 기업은 사업의 특성을 반영하는 보안문화를 명확하고 간결하게 정의해보시기 바랍니다. 그런 다음에 정의된 보안문화를 전사에 공개하기 바랍니다.

대표이사의 보안철학: 보안선언문 서명하고 게시하기

정보보호에 관한 대표이사의 철학 수준을 넘을 수 있는 직원은 없습니다. 대표이사가 회사의 최고 의사결정권자라는 사실을 그 어떤 임직원도 부정할 수 없습니다. 그렇기 때문에 이러한 권한을 가지고 있는 대표이사의 보안철학은 모든 임직원의 보안인식에 엄청난 영향을 끼칠 수밖에 없습니다.

한마디로 대표이사가 가지고 있는 보안철학은 임직원에게는 '보안인식 수준의 불문율'과 같은 강력한 메시지가 됩니다. 그리고 이러한 메시지는 임직원 자신이 업무를 수행하는 과정뿐만 아니라 타인의 업무 수행 과정을 판단하는 경우에도 매우 중요한 기준으로 작용하게 됩니다.

이처럼 대표이사가 가지고 있는 보안철학을 전사의 모든 임직원에게 공유하고 업무 과정에서 중요한 판단 기준으로 작용하도록 하는 방법이 있다면, 사람마다 환경마다 시기마다 달라질 수 있는 보안인식의 수준을 유지할 수 있는 아주 강력한 정보보호 인식제고 활동이 될 것입니다.

대표이사의 보안철학을 전사에 공식적으로 현출顯出하는 방법으로, '보안선언문Security Statement'을 활용하는 것을 추천합니다. 즉 대표이사의 생각 속에만 있던 보안철학을 '보안선언문'이라는 장치를 활용하여 모든 임직원이 준수해야 하는 중요한 판단 기준으로 전환시키는 것입니다.

대표이사의 윤리의식이나 철학을 반영하여 회사에 적용할 몇 가지 보안철학을 선언문 형태로 작성한 후 하단에 대표이사가 서명을 합니다. 그러고 나서 이 선언문을 액자에 넣은 후, 각 사무실과 모든 회의실에 부착하는 것입니다. 이렇게 한다면 대표이사의 보안철학은 '불문율'의 수준을 넘어서게 되고, 대표이사가 작성하고 서명한 보안선언문은 회사 내에서 명시적인 문서의 힘을 갖는 그야말로 '헌법'과 같은 역할을 하게 됩니다.

이렇게 하고 나면 회사 내 모든 임직원은 대표이사가 작성하고 서명한

《(주)0000 보안선언문》

- 우리 회사는 보안 문제를 고객에게 전가하지 않습니다
- 정보보호도 고객에게 제공해야 하는 서비스 중 하나입니다
- 정보보호는 우리가 지켜야 하는 최소한의 약속입니다
- 정보보호에 예외는 없습니다

2024년 1월 1일 (주)0000
대표이사 홍길동　(서명)

〈보안선언문(예시)〉

보안선언문을 준수하고 이행하는 방향으로 자신의 업무 역량을 발휘하고 조직을 관리하며 업무적 갈등을 해소하게 될 것입니다.

　사람이라면 누구나 자신의 경험과 반성으로 깨달은 윤리와 철학을 가지고 살아갑니다. 특히 윤리와 철학의 대상이 정보보호에 관한 것이고 그 주체가 대표이사라면, 이 윤리와 철학이 기업 내에서 발휘하는 힘과 실행력은 가히 엄청날 것입니다. 보안선언문은 임직원의 생각 속에 있는 보안인식의 한계를 극복하고 보완하는 데 가장 효과적인 정보보호 인식제고 활동이 될 것입니다. 정보보호의 최대 수준이자 최대 한계는 정보보호에 관한 대표이사의 철학입니다.

　"보안문화, 기술보다 사람의 의지가 우선해야 합니다."

글을 마치며:
보안인식의 회복탄력성 유지하기

이제 이 책을 마무리해야 하는 시점에 와 있습니다. 보안인식의 단계적 수준을 향상시키기 위하여 정보보호 인식제고 활동을 성공적으로 수행했다고 하더라도 보안인식 수준은 언제든 다시 낮아질 수 있다는 점은 아무리 강조해도 지나치지 않습니다. 정보보호 관리체계가 잘 유지되고 있고 좋은 정보보호 인식제고 활동을 한다고 하더라도 보안인식과 업무 현실의 불일치 현상과 보안통제 우회 현상 그리고 보안통제에 대한 저항 현상은 언제든지 다시 고개를 들 수 있습니다.

이러한 현상이 나타날 수밖에 없는 이유는 보안인식이 사람의 생각 영역에 있기 때문입니다. 즉 사람의 생각 속에서 서로 반비례 관계에 있는 '편리함에 대한 인식'과 '안전함에 대한 인식' 간에 힘의 변화가 생기면, 그 인식의 뒤를 따라서 보안인식도 언제든 달라집니다.

보안인식은 사람의 생각을 추종합니다. 그래서 이 책의 대부분의 내용이 사람의 생각이 바뀜에 따라서 언제든지 보안인식도 달라질 수 있다는 것을 전제로 하고 있는 것입니다.

여러분은 혹시 어떠한 대상에 대한 생각이 '상황이나 시기'에 따라 달라진 경험을 해보신 적이 있는지요? 예를 들면 평소에는 밥을 많이 먹고 싶다고 생각하지만 다이어트를 할 때는 밥을 적게 먹어야 한다고 생각하는 경우 또는 평소에는 모자를 쓰고 싶다는 생각을 전혀 하지 않지만, 한여름 햇볕에는 모자를 쓰고 싶다는 생각을 하는 경우 말입니다. 이러한 경험은 아마도 누구에게나 있을 것입니다. 이런 경우에 둘 다 선택할 수 있으면 더할 나위 없이 좋겠지만, 대부분 둘 중 하나의 선택을 하게 됩니다.

이런 순간에 '선택을 하는 기준'과 '선택을 하는 방식'에 대해서 필자는 많은 고민을 보았습니다. 그 결과 선택의 기준과 선택의 방식은 일반적으로 아래와 같다고 결론을 내렸습니다.

◆ 선택 기준: 선택 당시 생각의 중심
◆ 선택 방식: 생각의 중심에 따른 양자택일

예를 들어서 다이어트를 위한 '밥의 양'를 두고 선택을 해야 한다고 가정해보겠습니다. 이 경우 다이어트를 위해서 밥을 적게 먹어야 한다는 '선택 당시 생각의 중심'이 선택의 기준으로 작용합니다. 그리고 선택 방식은 많은 밥의 양과 적은 밥의 양을 두고 '생각의 중심에 따라서 둘 중 하나를 선택'하는 방식이라는 것입니다.

'선택 당시 생각의 중심'과 '생각의 중심에 따른 양자택일'에 기반하여 선택을 하는 모습은 마치 어느 중심에 매달려서 양쪽을 반복해서 이동하는 진자 운동과 비슷합니다. 진자 운동은 무게중심을 두고 양쪽으로 최대한 이동(속력이 '0'이 되는 지점)하지만, 결국은 다시 무게중심 방향으로 돌아오면서 속력이 최대가 되는 운동을 합니다.

〈진자 운동의 무게중심〉 그림을 보면 진자 운동의 최대 속력이 되는 지점은 C 지점이고 속력이 '0'이 되는 지점은 A 지점과 E 지점이 됩니다. 이를 운동의 기준으로 보면 진자의 속력이 최대가 되는 지점(C)을 지나 그 속력이 '0'이 되는 지점(A나 E)까지 이동합니다. 그러고는 다시 속력이 최대가

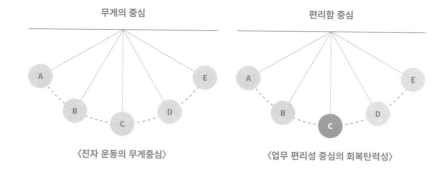

〈진자 운동의 무게중심〉   〈업무 편리성 중심의 회복탄력성〉

되는 지점(C)으로 돌아오려는 힘이 작용하는 것입니다. 한마디로 '무게의 중심을 기준으로 하는 회복탄력성'을 가지고 있습니다.

이와 같은 진자 운동의 개념이 보안인식에도 그대로 적용될 수 있습니다. 대부분 임직원의 생각 속에는 안전함보다는 편리함이 중심을 차지하고 있을 것입니다. 그러다 보니 같은 업무를 하더라도 '더 편리한 방법'과 '덜 편리한 방법'을 두고 선택하게 됩니다. 왜냐하면, 선택의 기준이 '편리함 중심'이어서 선택의 대상은 '어느 것이 더 편리한가'로 귀결되기 때문입니다.

〈업무 편리성 중심의 회복탄력성〉 그림을 보면 편리함을 가장 크게 추구하는 지점이 C 지점이고, 그나마 편리함을 덜 추구하는 지점이 A 지점과 E 지점입니다. 여기서도 진자 운동의 특성상 그 힘이 '0'이 되는 지점(A와 E)까지만 이동하고 결과적으로 다시 그 힘이 가장 커지는 지점(C)으로 돌아오는 회복탄력성을 가지고 있습니다.

따라서 편리함을 중심으로 구성된 조직에서는 '더 편리하거나 덜 편리하거나'로 어떤 대상을 구분하는 조직문화를 가지고 있을 가능성이 높습니다. 그리고 이러한 조직문화에서는 '덜 편리한 것'을 불편한 것으로 인식하고 있을 가능성도 매우 높습니다.

정보보호 관리체계 관점에서 보면, 사람이 어떤 생각을 하느냐에 따라 기존의 보안통제가 지켜질 수도 있고, 반대로 한번에 무너질 수도 있습니

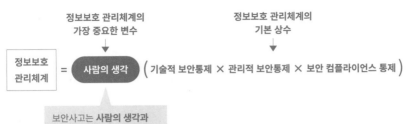

<정보보호 관리체계 가장 중요한 변수인 사람의 생각>

다. 그렇기 때문에 정보보호 관리체계에서 사람의 생각이 가장 중요한 변수가 될 수밖에 없는 것입니다.

따라서 보안인식의 수준을 높이기 위한 모든 정보보호 인식제고 활동은 '생각의 진자 운동 개념'을 활용하여 임직원이 '안전함 중심'에서 자신의 행동을 선택하도록 만들 수 있어야 합니다. 즉 임직원이 어떤 업무를 수행함에 있어서 '더 안전한 방법'과 '덜 안전한 방법' 중에서 하나를 선택할 수 있는 문화를 만들어야 한다는 것입니다.

<안전함 중심의 회복탄력성> 그림을 보면, 안전함을 가장 크게 추구하는 지점이 C 지점이고, 그나마 안전함을 덜 추구하는 지점들이 A 지점과 E 지점입니다. 여기서도 진자 운동의 특성상 그 힘이 '0'이 되는 지점(A와 E)까지만 이동하고 결과적으로 다시 그 힘이 가장 커지는 지점(C)으로 돌아오는 회복탄력성을 가지고 있습니다.

따라서 '안전함을 중심'으로 구성된 조직은 '더 안전하거나 덜 안전하거나'로 어떤 대상을 구분하는 조직문화를 가지고 있을 가능성이 높습니다. 그리고 이러한

안전함 중심

<안전함 중심의 회복탄력성>

조직문화에서는 '덜 안전한 것'을 위험한 것으로 인식할 가능성이 매우 높습니다.

정보보호 인식제고를 통한 보안문화를 조성하기 위해서는 이와 같은 생각의 진자 운동의 특성을 반드시 고려해야 합니다. 그리고 정보보호 인식제고 활동에는 기존의 정보보호교육이나 보안 캠페인이라는 좁은 범위를 뛰어넘어 임직원들의 선택 기준이 '편리함 중심'에서 '안전함 중심'으로 이동하도록 만드는 모든 활동이 포함되어 있어야 합니다. 예를 들면, 보안 인식 수준 평가 및 관리체계 적용, 보안문화 조성, 보안 지표 모니터링, 의사결정의 각 단계에서의 보안인식 확인 절차 적용, 보안평판조회, 보안문화 정의 및 공개, 보안선언문 게시 등 이 책에서 소개된 모든 소재와 활동들을 말하는 것입니다.

이러한 정보보호 인식제고 활동을 통해서 임직원들로 하여금 '안전함을 중심으로 하는 생각의 회복탄력성'을 유지시키는 것이 사람의 생각을 경유하는 사이버 공격에 대비하는 진정한 정보보호 인식제고 활동이라고 할 수 있습니다. 특히 사이버 공격으로부터 임직원을 보호해야 한다는 관점에서 보면, 보안인식이 임직원을 지켜주는 최후 방어선이라는 매우 중요한 역할을 한다는 사실을 꼭 기억하시기 바랍니다.

기업의 임직원은 시간이 흐르면 이직과 이동을 합니다. 그리고 임직원의 생각은 시간이 흐름에 따라 달라집니다. 무엇보다 사람의 생각은 그 중심에 있는 생각의 범위를 여간해서는 벗어나지 못합니다. 이러한 특성을 고려하여 임직원의 보안인식 수준을 높이고 정보보호 관리체계를 안전하게 유지하기 위한 정보보호 인식제고 활동을 해야 합니다. 이러한 이유에서 보안인식 관리체계와 같은 '보안인식 수준 평가 및 관리체계'를 활용하여 상시적으로 보안인식 수준을 평가하고 관리할 필요가 있습니다. 이와 같은 과정을 거친다면 구성원이 변경되거나 또는 생각이 변하더라도 '안전함 중심의 회복탄력성'이 유지되는 보안문화를 만들 수 있습니다.

계속 강조했듯이 이 책은 정보보호 규정과 보안통제를 바라보는 '사람의 생각'에 관해서 쓴 책입니다. 그래서 정보보호의 여러 가지 업무 영역 중에서 정보보호 인식제고와 보안문화의 영역에 관하여 집중적으로 다루었습니다.

정보보호 관리체계를 유지하고 개선하는 데 기술적, 관리적, 보안 컴플라이언스 영역에서의 업무도 매우 중요합니다. 다만, 이 책의 목적이 정보보호 인식제고와 보안문화에 대한 것인 만큼 기술적 보안통제 담당자와 관리적 보안통제 담당자 그리고 보안 컴플라이언스 담당자의 업무에 대해서는 많이 다루지 못했습니다.

이 책에 소개된 내용들이 정보보호 인식제고와 보안문화 조성의 정답이 아니며 또한 정보보호 인식제고와 보안문화에 관한 모든 내용을 담고 있지는 않습니다. 다만, 이 책에 소개된 소재들과 방법론을 통해 정보보호 인식제고와 보안문화를 만들고자 하는 모든 분들이 이 책보다 더 좋은 방법을 스스로 찾을 수 있는 통찰력을 갖추길 바랄 뿐입니다. 생각이 달라지면 행동이 달라집니다.

"생각이 바뀌면 행동이 바뀌고, 행동이 바뀌면 문화가 됩니다"

보안인식
관리체계에 관한
안내

이 책에서 처음 소개된 보안인식 수준 평가 및 관리 도구인 '보안인식 관리체계(SAMS)는 필자가 직접 고안하고 개발한 고유한 사상이자 유일한 개념 체계입니다.

특히 보안인식 관리체계는 임직원을 대상으로 정보보호에 관한 인식을 제고하고 기업 내 보안문화를 조성하는 데 효과적으로 활용할 수 있는 최초의 개념 체계입니다. 필자는 이 보안인식 관리체계가 임직원에 대한 정보보호 인식제고 활동뿐만 아니라 기업의 보안문화 조성과 유지에 더 의미 있고 더 가치 있게 활용되기를 바라는 마음입니다.

현재 보안인식 관리체계는 '보안인식평가 방법 및 그 장치Security Awareness Estimation Method and Apparatus'라는 명칭으로 특허청에 특허출원한 상태에 있습니다. 국내의 정보보호 업계는 물론 해외의 정보보호 업계에서도 보안인식 관리체계의 활용도는 매우 높을 것이라고 예상하고 있습니다. 특히 업무 방식을 기반으로 보안인식의 수준을 평가하고 관리하는 보안인식 관리체계는 그 개념 체계 자체만으로도 '신규성'과 '진보성'을 가지고 있을 뿐만 아니라 '산업적 이용 가능성'이 충분합니다.

다만, 이 책을 읽는 과정에서 보안인식 관리체계에 대해서 궁금하거나 문의할 내용을 가진 독자가 있을 수도 있다는 생각이 들었습니다. 그래서 이 보안인식 관리체계에 대해서 실무적이고 실용적인 소통을 할 수 있는 채널이 필요하다는 생각을 했습니다.

이러한 이유에서 보안인식 관리체계에 관한 소통 채널을 아래와 같이 공개합니다. 이 소통 채널을 통해서 보안인식 관리체계에 관한 다양한 의견과 조언 그리고 실현 가능한 미래에 대해서 보다 구체적인 소통이 이루어지기를 바랍니다.

감사합니다.

◆ 보안인식 관리체계에 대한 소통채널: bullet100@naver.com

주석

1. 「CISSP CBK로 살펴본 정보보호와 정보보안」,《보안뉴스》, 2016. 04. 01.
2. 「도로교통법」 제29조(긴급자동차의 우선 통행).
3. 「도로교통법」 제30조(긴급자동차에 대한 특례).
4. 「도로교통법」 시행령 제3조(긴급자동차의 준수 사항).
5. 「개인정보보호법」 제65조(고발 및 징계권고).

   ② 보호위원회는 이 법 등 개인정보보호와 관련된 법규의 위반 행위가 있다고 인정될 만한 상당한 이유가 있는 때에는 책임이 있는 자(대표자 및 책임 있는 임원을 포함한다)를 징계할 것을 해당 개인정보처리자에게 권고할 수 있다. 이 경우 권고를 받은 사람은 이를 존중해야 하며 그 결과를 보호위원회에 통보해야 한다.
6. 2011년 네이트 개인정보 3,500만 명 유출 사건에 대한 2018년 대법원 판결.
7. 2015년 뽐뿌 개인정보 200만 건 유출 사건에 대한 2018년 서울행정법원 행정14부판결.
8. 모든 기업이나 모든 사람에게 적용되는 것이 아닌 특정 기업이나 특정 사람에게만 적용되는 법.
9. 모든 기업이나 모든 사람에게 적용되는 법.
10. 2024년 3월 15일부터 시행된 「개인정보보호법」 시행령 제32조 제6항 제2호(신설조항)에 의하면, 개인정보처리자는 '개인정보보호책임자가 연 1회 이상 정기적으로 대표자 및 이사회(이사회가 없는 경우에는 대표자에 한한다)에 직접 보고를 할 수 있는 체계'를 구축해야 함.
11. 정보통신망 이용촉진 및 정보보호 등에 관한 법률 제45조의 3(정보보호 최고책임자의 지정 등) 제1항, 정보통신서비스제공자는 …정보보호최고책임자를 지정하고…신고해야 한다. 제4항 제1호, 정보보호 최고책임자는 다음 각호의 업무를 총괄한다.

    가. 정보보호 계획의 수립·시행 및 개선

    나. 정보보호 실태와 관행의 정기적인 감사 및 개선

    다. 정보보호 위험의 식별 평가 및 정보보호 대책 마련

    라. 정보보호교육과 모의훈련 계획의 수립 및 시행
12. 정보보호 업무 총괄(1명): 정보보호 최고책임자.

    관리적 보안통제(1명): 정보보호 계획의 수립·시행·개선, 정보보호교육, 보안관리 대책 마련.

    기술적 보안통제(1명): 정보보호 위험의 식별평가 및 정보보호 대책 마련, 모의훈련 계획·시행.

    보안 감사(1명): 정보보호 실태와 관행의 정기적인 감사 및 개선.

    보안 컴플라이언스 통제(1명): 「개인정보보호법」 등 정보보호 관련 법률준수 통제.
13. 「정보통신망 이용촉진 및 정보보호 등에 관한 법률」 시행령 제36조의7 제1항 제1호.
14. 「개인정보보호법」 제15조(개인정보의 수집·이용)

    ① 개인정보처리자는 다음 각 호의 어느 하나에 해당하는 경우에는 개인정보를 수집할 수 있으며 그 수집 목적의 범위에서 이용할 수 있다.

    4. 정보 주체와 체결한 계약을 이행하거나 계약을 체결하는 과정에서 정보 주체의 요청에 따른 조치를 이행하기 위해 필요한 경우
15. 「2021년 정보보호 실태조사」, 과학기술정보통신부, 2022년, 47p.
16. 「국내 CISO 83%, 퇴사자가 데이터 유출 사고 원인」,《IT WORLD》, 2023. 05. 18.
17. 「2021년 정보보호 실태조사」, 과학기술정보통신부, 2022년, 47p.
18. 「2023년 랜섬웨어 피해자들이 낸 돈은 11억 달러」,《보안뉴스》, 2024. 02. 23.

19. 「소포스, 2020년 보안 위협 전망 보고서」,《데일리시큐》, 2019. 11.14.

20. 「2021년 하반기 사이버 위협 동향 분석…랜섬웨어에서 Log4j까지」,《데일리시큐》, 2021. 12. 30.

21. 「2022년 하반기 사이버 위협 동향은? 독하게 활동한 '랜섬웨어' 전성시대」,《보안뉴스》, 2023. 01 .01.

22. 「안랩, '2023년 5대 사이버 보안 위협 전망' 발표」,《IT DAILY》, 2022. 12. 25.

23. 「안랩, "머신러닝으로 지능형 위협대응 시야 넓혀야"」,《데일리시큐》, 2017. 05. 22.

24. 「전 세계서 2초마다 랜섬웨어 공격,,, 올해 피해액 24조원」,《조선일보》, 2021. 10. 18.

25. 「전 세계에서 61개 조직은 매주 랜섬웨어 공격을 받는다」,《보안뉴스》, 2021. 10. 26.

26. 「코인 먹고 큰 랜섬웨어,,, 9·11 테러만큼 위험」,《머니투데이》, 2021. 07. 18.

27. 「의료기관 해킹을 막아라… 병원 25곳 해킹 등 랜섬웨어 공격 당해」,《한스경제》, 2021. 10. 26.

28. 「국내 랜섬웨어 70%가 인터넷 통해 감염」,《매일경제》, 2017. 07. 30.

29. 「비트코인 열풍 속 랜섬웨어 위험 '눈덩이'」,《시사저널e》, 2018. 02. 02.

30. 정보통신망 이용촉진 및 정보보호 등에 관한 법률 제45조의3(정보보호 최고책임자의 지정 등),「개인정보보호법」제31조(개인정보보호책임자의 지정 등).

31. 정보통신망 이용촉진 및 정보보호 등에 관한 법률 시행령 제36조의7 제4항 및 제6항,「개인정보보호법」시행령 제32조 제2항 및 제3항.

32. 「개인정보보호법」제65조(고발 및 징계권고) 제2항.

33. 「개인정보보호법」제64조의2(과징금의 부과) 제1항.

34. 「마크 저커버그 "페이스북 신뢰 저버렸다" 사과 광고」,《미디어오늘》, 2018. 03. 26.

35. 「정보 유출 카드 3사, 일주일 새 53만 명 고객 이탈」,《뉴스카페》, 2014. 01. 24.

36. 「카드 3사, 정보 유출로 최소 1조 손실」,《뉴스카페》, 2014. 01. 21.

37. 「고객정보 유출자 고용한 KCB…"584억 원 배상하라」,《뉴시스》, 2020. 01. 04.

38. 「개인정보 유출 KCB… 2심도 624억 배상하라」,《헤럴드경제》, 2023. 11. 16.

39. 「5,378만 개인정보 유출 KCB, KB국민카드에 623억원 배상 판결 확정」,《보안뉴스》, 2024. 03. 17.

40. 「개인정보보호법」제26조(업무위탁에 따른 개인정보의 처리 제한) 제4항,「개인정보보호법」제28조(개인정보취급자에 대한 감독),「개인정보보호법」제31조(개인정보보호책임자의 지정) 제1항 제6호,「개인정보보호법」제74조(양벌규정) 각 항의 단서조항.

41. 「개인정보보호법」제15조(개인정보의 수집·이용) 제1항 제4호.

42. 「개인정보보호법」제22조(동의를 받는 방법) 제3항에 따른 추가적인 법적 조치

    i) 동의없이 처리할 수 있는 개인정보 및 동의를 받아 처리하는 개인정보를 구분하는 조치

    ii) 동의없이 처리할 수 있는 개인정보에 대한 항목과 처리의 법적 근거를 개인정보처리방침에 공개하거나 전자우편 등을 활용하여 정보 주체에게 알리는 조치

    iii) 동의 없이 처리할 수 있는 개인정보라는 입증책임은 개인정보처리자가 부담

43. 한국인터넷진흥원 정보보호 공시 종합포털 정보보호 공시현황의 정보보호 공시통계.

44. 「경제금융용어 700선」107쪽, 한국은행, 2023.

45. 「정보통신망법」제45조의3(정보보호 최고책임자의 지정 등) 제4항.

46. 「개인정보보호법」제31조(개인정보보호책임자의 지정 등) 제3항, 제6항.

47. 2011년 네이트 개인정보 3,500만 명 유출 사건에 대한 2018년 대법원 판결.

48. 2015년 뽐뿌 개인정보 200만 건 유출 사건에 대한 2018년 서울행정법원 행정14부 판결.

49. 「CISO, 사이버 보안 예산 확보하려 고군분투 중」,《CIO Korea》, 2023. 09. 27.

50. 기업의 고의·과실로 개인정보가 분실·도난·유출된 경우 기업이 자신의 고의·과실 없음을 입증하지 못하는 한, 300만 원 이하의 범위에서 상당한 금액을 손해액으로 배상해야 하는 제도(「개인정보보호법」

제39조의 2).

51. 징벌적 손해배상제도에 따라 기업이 부담해야 하는 손해배상의 규모가 기존에는 실제 피해액의 '3배' 였으나, 개정을 통하여 실제 피해액의 '5배'로 증가되었고(2023년 개정 「개인정보보호법」 제39조), 과징금의 최대금액도 기존 법령에서는 '관련' 매출액의 3%였으나, 「개인정보보호법」 개정을 통하여 '전체' 매출액의 3%로 증가됨(2023년 개정 「개인정보보호법」에서 제64조의2 신설).

52. 「보안 까막눈은 사업도 못하는 때가 온다」, 《보안뉴스》, 2017. 06. 10.

53. 기본적으로 '경영상의 보안 수준'은 정보보안 부서의 위험 평가 결과로 산출된 '수용할 수 있는 위험수 준(DOA: Degree Of Acceptance 또는 ARL: Acceptance Risk Level)'에 대해서 대표이사가 승인함 으로써 결정됩니다. 이렇게 대표이사가 결정한 '수용할 수 있는 위험수준'은 이 회사에서 위험을 관리 하는 기준으로 기능합니다.

향후 이 위험 관리 수준을 넘어서는 새로운 위험이 발생할 경우에는 정보보안 부서에서 새로운 위험 에 대한 위험 평가를 다시 실시하게 됩니다. 그리고 나서 위험 평가의 결과를 대표이사에게 보고하게 됩니다. 이 위험 평가 보고서에서 기존의 수용할 수 있는 위험 수준을 유지할지(즉 통제 활동 유지) 아 니면 새로운 위험을 수용할 지(즉 위험이 있는 수익 활동 진행) 여부를 대표이사가 결정합니다.

만약 위험 평가에 대한 의사결정 시에 예상된 위험이 향후에 실제로 발생한다면, 위험 평가에 대한 대 표이사의 의사결정은 '위험의 발생과 회사의 법적 책임 간의 인과관계' 판단 과정에서 회사의 고의·과 실 존재 여부를 입증하는 매우 중요한 자료로 활용될 수 있습니다.

54. 「보안 까막눈은 사업도 못하는 때가 온다」, 《보안뉴스》, 2017. 06. 10.

55. 「한경연, 285개 경제법률 2,657개 처벌항목 중에서 83%가 CEO 처벌 가능」, 《M이코노미뉴스》, 2019. 11. 13.

56. 「CEO되면 2,205개 처벌 조항 예비 범법자 되는 셈」, 《동아일보》, 2019. 11. 14.

57. 「국내 기업 CEO, 2,205개 법률항목으로 처벌 받을 수 있어」, 《미디어펜》, 2019. 11. 14.

58. 「정보통신망법」 제45조의3(정보보호 최고책임자의 지정 등) 제1항.

59. 「정보통신망법」 시행령 제36조의7(정보보호 최고책임자의 지정 및 겸직금지 등) 제1항 각 호.

60. 「정보통신망법」 시행령 제36조의7(정보보호 최고책임자의 지정 및 겸직금지 등) 제1항 제3호.

61. 「정보통신망법」 제45조의3(정보보호 최고책임자의 지정 등) 제4항.

62. 「개인정보보호법」 제31조(개인정보보호책임자의 지정 등) 제1항.

63. 「개인정보보호법」 제31조(개인정보보호책임자의 지정 등) 제2항.

64. 예를 들면, 기술'최고책임자'(CTO), 재무'최고책임자'(CFO), 운영'최고책임자'(COO) 등

65. 정보통신망 이용촉진 및 정보보호 등에 관한 법률 제45조의3(정보보호 최고책임자 지정 등) ① 정보 통신서비스 제공자는 …정보보호 최고책임자를 지정하고…신고해야 한다.

66. 정보통신망 이용촉진 및 정보보호 등에 관한 법률 제45조의3(정보보호 최고책임자의 지정 등) 제1항 단서 조항.

67. 정보통신망 이용촉진 및 정보보호 등에 관한 법률 시행령 제36조의7(정보보호 최고책임자의 지정 및 겸직 금지 등) 제3항.

68. 「해커들이 해킹하고자 하는 건 사람 그 자체」, 《보안뉴스》, 2019. 11. 10.

69. 2011년 네이트 개인정보 3,500만 명 유출 사건에 대한 2018년 대법원 판결.

70. 불법도박 사이트에 접속하는 행위, 다크웹에서 다운로드 받은 해킹도구를 실행시키는 행위, 고객의 개인정보를 허가없이 복제하는 행위, 고객 개인정보를 SNS 등에 노출시키는 행위, 고객 개인정보를 수집하여 개인 이메일로 전송하는 행위, 재택근무 중에 노트북을 공공장소에 방치하여 분실하는 행 위, 업무용 ID와 PW를 타인에게 공유하는 행위 등과 같이 정보보호 법률에 기반하는 정보보호 정책이

나 보안통제를 위반하는 모든 행위.

71. 「지난 10년간 23만 건 발생한 보이스피싱, 3조 2천억 피해 입혔다」,《보안뉴스》, 2021. 09. 08.

72. [형법 제250조(살인, 존속살해)] ① 사람을 살해한 자는 사형, 무기 또는 5년 이상의 징역에 처한다. ② 자기 또는 배우자의 직계존속을 살해한 자는 사형, 무기 또는 7년 이상의 징역에 처한다.

73. 「렌치 이탈리아 총리, 경제 살리려면 정치적 리더십이 최우선」,《매일경제》, 2015. 01. 21.

74. 'Certified Information Systems Security Professional Common Body of Knowledge'의 약자로, 국제적으로 공인된 정보시스템 보안전문가(CISSP) 자격증을 취득하는 데 필요한 필수적이고 기본적인 정보보호 지식체계.

75. "Security awareness can be defined as helping establish in understanding of the importance and how to comply with security policies within the organization". 「OFFICIAL (ISC)² GUIDE TO THE CISSP® CBK」 Fourth Edition, 167p. (ISC)². 2015.

76. "Security awareness training is a method by which organization can inform employees about their roles and expectations surrounding their roles, in the observance of information security requirements". 「OFFICIAL (ISC)² GUIDE TO THE CISSP® CBK」 Fourth Edition, 167p. (ISC)². 2015.

77. 'Certified Information Systems Security Professional-Information Systems Security Management Professional Common Body of Knowledge'의 약자로, 국제적으로 공인된 정보시스템 보안 전문가 중에서 관리적 분야에 숙련된 정보시스템 보안관리전문가(CISSP-ISSMP) 자격증을 취득하는 데 필요한 필수적이고 기본적인 정보보호 지식체계.

78. "Awareness is a learning process that sets the stage for training by changing individual and organizational attitudes to realize the importance of security and the adverse consequences of its failure". 「OFFICIAL (ISC)² GUIDE TO THE CISSP-ISSMP® CBK」 Second Edition, 77p. (ISC)². 2015.

79. 「2021년 정보보호 실태조사」, 47쪽, 과학기술정보통신부, 2022년.

80. 「2021년 정보보호 실태조사」, 47쪽, 과학기술정보통신부, 2022년.

81. 「2021년 정보보호 실태조사」, 47쪽, 과학기술정보통신부, 2022년.

82. [정보통신망 이용촉진 및 정보보호 등에 관한 법률 제45조의 3]
④ 정보보호최고책임자의 업무는 다음 각호와 같다.
1. 정보보호최고책임자는 다음 각 목의 업무를 총괄한다.
라. 정보보호교육과 모의 훈련계획의 수립 및 시행
[「개인정보보호법」 제31조]
② 개인정보보호책임자는 다음 각호의 업무를 수행한다.
5. 개인정보보호교육 계획의 수립 및 시행

83. [전자금융감독규정 제19조의2(정보보호교육계획의 수립 시행)]
① 정보보호 최고책임자는 임직원의 정보보호 역량강화를 위하여 필요한 교육 프로그램을 개발하고, 다음 각 호의 기준에 따라 매년 교육계획을 수립·시행해야 한다.
1. 임원: 3시간 이상(단, 정보보호 최고책임자는 6시간 이상)
2. 일반직원: 6시간 이상
3. 정보보호 기술부문업무 담당직원: 9시간 이상
4. 정보보호업무 담당직원: 12시간 이상
② 최고경영자는 정보보호교육을 실시한 후 대상 임직원에 대한 평가를 실시해야 한다.

84. 특별법이란 특정한 사람·장소·사항·행위에만 적용되는 법이며, 일반법이란 사람·장소·사항·행위 등에 관한 어떠한 제한 없이 모든 사람에게 일반적으로 효력을 미치는 법률을 말한다.

85. 「[데스크 시각] 횡단보도 Vs 육교」, 《서울신문》, 2018. 03. 19.

86. 「몸뻬바지 유래는? 일제시절 몸뻬 입지 않은 여성은 버스·전차 금지」, 《아주경제》, 2019. 07. 24.

87. 「"한국IP캠 영상 팝니다"…가정집 사생활 영상 4500여건 무더기 유출」, 《뉴시스》, 2024. 01. 03.

88. 「정보통신망법」 제45조(정보통신망 안정성 확보 등) 제2항.

89. 「모건 스탠리의 기적!! 9.11테러를 예측한 릭 레스콜라」(https://hsj8404.tistory.com/782).

90. 「뚝심의 사나이 릭 레스콜라, 9.11테러로부터 모건 스탠리 직원을 지키다」. 네이버블로그.

91. 2015년 뽐뿌 개인정보 200만 건 유출 사건에 대한 2018년 서울행정법원 행정14부판결에서, "비용 절감 때문에 개인정보보호 조치를 하지 않았다면 이는 매우 중대한 위반에 해당한다"고 판시.

감사의 글

지난 시간 동안 정보보안 전문가로 살아오면서 너무나 많은 분께 잊을 수 없는 가르침과 도움 그리고 격려와 질책을 받았습니다. 그들이 없었다면 지금의 제가 없다고 해도 과언이 아닐 것입니다. 이 책을 빌려 그 모든 분께 진심으로 감사의 인사를 드리고 싶습니다. 다만, 지면의 한계 탓에 모든 분들의 성함을 기재하지 못함에 대해서 너그러이 이해해주시기를 부탁드립니다.

정보보호에서 사람이 가장 중요하다는 가르침을 주신 동국대학교 국제정보보호대학원의 이재우 석좌교수님 그리고 법률과 통제는 언제나 적법하고 정확해야 한다고 가르쳐주신 성균관대학교 법학전문대학원 민만기 교수님께 진심으로 감사의 말씀을 올립니다.

한국ISLA수상자협의회Korean ISLA Awardee Council(KISLAA)에서 따뜻한 경청과 넓은 포용으로 중심을 잡아주시는 《보안뉴스》 최정식 회장님, 언제나 든든한 격려와 진정한 응원을 해주시는 《보안뉴스》 최소영 대표님, 존중과 배려 그리고 귀 기울임으로 최고의 정보보안 전문가로서 갖추어야 할 미덕을 보여주시는 역대 ISLA 수상자 선배님들과 후배님들께 깊은 감사의 말씀을 드립니다.

기업 정보보호의 진정한 의미를 일깨워주신 국가안보실 신용석 사이버안보비서관님, 엄중했던 시기에 금융기업의 전사 정보보호 인식제고 교육을 믿고 맡겨주셨던 (주)안랩 전성학 연구소장님, 기업 정보보호의 중요성을 그 누구보다 먼저 인지하고 중책을 맡겨주셨던 (주)부릉 김형설 대표님, AI 기반 법률 솔루션Legal Solution의 엄청난 가치와 비전을 보여주신 (주) BHSN 임정근 대표님, 시간을 초월하는 건축으로 사람이 함께 사는 세상을 행동으로 만들어 가시는 (주)건축집단엠에이 유병안 대표님께 진심으로 감사의 말씀을 올립니다.

지난 시간의 모든 발걸음을 필자와 함께 걸어주셨던 법무법인 화우 백재환 박사님과 언제나 필자를 믿어주고 응원해주시는 법무법인 화우 이규춘 박사님, 한결같이 필자를 위한 기도를 해주시는 특허법인 한성 류상수 파트너 변리사님께 진심으로 감사의 말씀을 드립니다.

보안 위협이 가장 드라마틱하게 변화하는 서비스 영역에서 자신의 맡은 무거운 소임을 묵묵하게 수행하면서도 힘든 내색을 보이지 않으시던 (주)부릉 이종선 엔지니어링 실장님, 개발과 디지털포렌식 등에 대한 폭 넓은 지식을 가지고 계시며 무엇보다 이 책의 제목을 정하는 데 결정적 인사이트를 주신 (주)플레인비트 김범진 이사님, 힘들고 지쳐 보이는 동료를 그냥 지나치지 않고 언제나 재미있는 대화와 즐거운 분위기로 동료를 격려하고 도와주는, 필자가 만나본 최고의 DBA 장홍순 님께 진심으로 감사하다는 말씀을 드립니다.

노련한 애자일Agile 전문가로서 수준 높은 문제 해결 능력과 현안에 대한 통찰력으로 개발 부서 구성원들의 보안 인식에 엄청난 긍정적 혜안을 발휘해주신 카카오페이 이명선 매니저님, 전사 보안 수준 강화와 서비스 보안 품질 보장을 위한 보안 통제에 공감해주며 필자의 고민을 이해해주신 메타Meta 박동현 비즈니스 엔지니어링 총괄님께 진심으로 감사하다는 말씀을 드립니다.

기업 정보보호 관리체계를 책임져야 하는 그 많은 긴장과 갈등의 상황 속에서도 부족한 필자를 믿어주고 든든하게 지원해주었으며 무엇보다 자신의 위치에서 가장 책임감 있고 가장 믿음직하게 보안 전문가로서의 업무를 감당해주신 (주)크몽 정명기 팀장님께 특별한 존중과 존경의 마음을 담아 감사의 말씀을 드립니다.

　필자의 모든 생각과 모든 행동과 모든 시간을 함께해주고 지켜봐주며 늘 그 자리에서 기다려준 아내 김나영 님에게 깊은 진심을 담아 고맙고 사랑한다는 말씀을 드립니다. 그리고 이 책을 쓰는 동안 아버지에게 시간을 온전히 양보해준 멋진 아들 진우와 예쁜 딸 진희에게도 고맙다는 말을 전하고 싶습니다. 마지막으로 필자에 대한 인정과 이해 그리고 당신의 경험과 지혜로 필자의 삶에 의미 있는 등대가 되어주시는 장인어른 김형범 님께 특별히 깊은 감사의 말씀을 올립니다.

정보보호 인식제고를 위한 간결한 보안 인식 메시지 150선

아래의 간결한 보안 인식 메시지는 필자가 오랫동안 고민을 거듭하면서 차곡차곡 기록해놓은 의미 있는 메시지들입니다. 정보보호교육, 전사 보안 공지, 보안 점검 결과 공지, 정보보호 포스터 등 다양한 정보보호 인식제고 활동에 활용하시기 바랍니다

---

001 정보보호의 시작과 끝은 사람입니다.

002 고객의 개인정보는 고객의 것입니다.

003 정보보호는 모든 임직원에게 분산화된 법적 책임입니다.

004 예외가 앞서면 원칙이 무너집니다.

005 불필요한 개인정보는 자산이 아니라 리스크입니다.

006 우리 회사는 보안 문제를 고객에게 전가하지 않습니다.

007 안전벨트의 불편함은 결정적인 순간에 안전함으로 바뀝니다.

008 브레이크가 없는 스포츠카는 속도를 자랑해서는 안 됩니다.

009 개인정보보호도 고객에게 제공해야 하는 서비스 중 하나입니다.

010 공격자는 당신을 연구하고 있습니다, 당신은 공격자를 연구하고 있습니까?

011 사람의 생각을 흔드는 공격, 당신의 방어 수단은 무엇입니까?

012 보안은 눈에 보이지 않습니다. 그러나 그것이 무너졌을 때 존재가치를 실감하게 됩니다!

013 안심하는 사람은 안전할 수 없습니다.

014 보안문화는 보안 관점에서 옳고 그름을 판단하는 데 구성원 간에 받아들여진 합의된 기준입니다.

015 정보보호는 이익의 관점이 아니라 생존의 관점에서 보아야 합니다.

016 정보보호가 나와는 상관없다고 생각하는 사람에게 '정보보호가 내 문제가 될

수 있구나!'를 알게 해주는 것이 정보보호교육입니다.

017 수익 창출을 위해 투자가 필요하듯, 보안을 위해서도 투자가 필요합니다.

018 내 문제가 아니라고 생각하면 어느새 내 문제가 되는 것이 정보보호입니다.

019 보안 인식 없이 업무를 수행하는 것은, 눈을 감고 자동차를 운전하는 것과
     같습니다.

020 정보보호는 정보보안 부서 담당자만의 업무가 아니라 우리 모두가 함께
     지켜야만 하는 '공동의 가치'입니다.

021 공격자를 과소평가하지도 말고 스스로를 과대평가하지도 마세요.

022 정보보호 인식제고, 사람에서 시작하면 답을 찾을 수 있습니다.

023 보안 사고 예방은 기초와 기본에서 출발해야 합니다.

024 시스템이 아무리 잘 구축되어 있다고 하더라도 보안 인식이 없다면, 경주용
     자동차를 눈감고 운전하는 것과 같습니다.

025 정보보호는 '불편'을 야기하는 프로세스가 아니라, '안전'을 확보하는
     프로세스입니다.

026 조직의 정보보호 수준은 그 조직에서 가장 약한 부분으로 평가됩니다.

027 편리함과 안전함, 둘 중에 하나만 선택할 수는 없습니다.

028 우리는 모두를 막아야 승리하지만, 해커는 하나만 뚫어도 성공하는 겁니다.

029 '불편함'을 '안전함'으로 바꾸는 스위치는 바로 '당신의 생각'입니다.

030 공격 시도에는 '뚫린다'는 전제하에서 보안 통제와 대책을 강구해야 합니다.

031 위협은 혼자 대응할 수 없습니다.

032 비밀번호만 잘 관리해도 보안의 80% 수준은 달성할 수 있습니다.

033 보안에 예외는 없습니다.

034 정보보호 관리체계에서 가장 중요한 변수는 '사람'입니다.

035 최소한의 불편을 외면하다가 최대의 위험에 직면할 수 있습니다.

036 정보보호의 성공과 실패는 결국 '사람의 생각'과 '사람의 행동'에 달려
     있습니다.

037 개인정보보호 책임으로부터 자유로울 수 있는 직장인은 존재하지 않습니다.

038 보안 체계에 1%의 구멍만 있어도, 보안은 없는 것과 같습니다.

039 찰나刹那, 불교에서 시간의 최소 단위이자 해커에 의해 보안이 뚫리는
     시간입니다.

040 보안 경영이란 모든 경영 활동에서 안전하고자 하는 인식을 가지는 것입니다.

041 보안 사고는 반드시 발생합니다.

042 예상되는 부정적 결과가 발생하지 않도록 노력하는 것이 '예방'입니다.

043 기준에 맞춰서 방법을 변경하는 것이지, 방법에 맞춰서 기준을 변경하는 것이 아닙니다!

044 보안 인식은 당신을 지켜주는 최후 방어선입니다.

045 규정과 원칙을 지키기 위해서는 값비싼 비용이 듭니다. 그렇지만 규정과 원칙을 지키지 않으면 더 비싼 비용이 듭니다.

046 안전함과 편리함…관점이 다르면 결과도 정반대가 됩니다.

047 볼 수 없으면 막을 수 없습니다. 하지만, 보았으면 막아야 합니다.

048 우리에게는 소중한 정보입니다. 그렇지 않나요?

049 Social Engineering! 사람의 심리를 이용하는 해킹입니다.

050 '불편하지만 준수하는 것'은 안전을 위한 최소한의 비용입니다.

051 정보보호는 모든 임직원에게 부여되어 있는 책임입니다. 보안 통제를 주관해야 하는 정보보안 부서는 '통제 책임'이 있고, 보안 통제를 준수해야 하는 실무 부서는 '준수 책임'이 있습니다.

052 브레이크가 없는 스포츠카, 여러분이라면 속도를 내시겠습니까?

053 편리함의 대가가 '회사의 위기'라면, 그 편리함은 누리지 말아야 합니다.

054 '개인'보다는 '우리'일 때 가장 강해질 수 있습니다.

055 안전이 먼저 확보된 상태에서 수익을 생각해야 합니다.

056 보안 사고를 막을 수 있다고 생각하는 것은 우리의 착각입니다.

057 자동차에서 빠른 속도가 중요하다면 그 속도에 상응하는 브레이크도 중요합니다.

058 모든 전쟁의 공통적인 패전 원인은 '상대방에 대한 과소평가' '스스로에 대한 과대평가'입니다. 현재 우리는 해커와 전쟁 중입니다.

059 지금 우리의 선택이 미래의 우리를 바꿉니다.

060 가고자 한다면 못 갈 곳이 없고, 하고자 한다면 못 해낼 일이 없습니다. 중요한 것은 '우리의 의지'입니다.

061 사람은 자신의 경험과 반성으로 깨달은 윤리와 기준을 갖고 살아야 합니다. 당신의 윤리와 기준은 무엇입니까?

062 존재의 가치는 그것이 사라지는 순간에 비로소 알게 됩니다.

063 공격 기법이 진화하면, 방어 기법도 진화해야 합니다.

064 보안 법률의 준수는 기업 생존의 필수 조건입니다.

065 세 번의 보안성 검토, 두 번의 보안 법령 확인, 한 번의 보안 통제 실행

066 정보보호는 하면 좋은 것이 아니라 반드시 해야 하는 것입니다.

067 정보보안 전문가의 궁극적인 목적은 사람을 지키는 것입니다. 사람들이
    우리를 좋아하든 미워하든 상관없습니다. 우리는 사람을 지켜야 하고
    이 목적을 위해 우리가 존재하는 것입니다.

068 보안 컴플라이언스는 목적지가 아니라 출발선입니다.

069 정보보호는 사람의 생각에서 시작해서 사람의 행동으로 끝나야 합니다.

070 보안 사고 책임으로부터 자유로울 수 있는 유일한 방법은 스스로 높은 수준의
    보안 인식을 갖추고, 회사 내 검토 체계와 보고 체계를 준수하는 것입니다.

071 안전함이 담보되지 않은 편리함만큼 위험한 것은 없습니다.

072 편리한 방식을 선택한 결과에 대한 책임은 그 방식을 선택한 자가 지는
    것입니다.

073 문제에 대한 책임 소재가 불분명한 상태에서 편리함을 추구하는 것은
    무책임한 것입니다.

074 정보보호를 위협하는 요인의 70% 이상은 사람의 생각 영역에 존재합니다.

075 기업 정보보호에 대한 최종책임은 사업주와 대표자에게 있습니다.

076 정보보호의 방향과 업무적 관성을 일치시켜야 합니다.

077 정보보호… 우리가 지켜야 하는 '최소한의 약속'입니다.

078 존재하는 모든 것에는 끝이 있습니다. 편리함도, 불편함도.

079 법률이 행위자에게 책임을 묻는 것은 '행위자의 행동에 대한 책임'을 묻는
    것이지, 행위자가 법률을 알고 있었는지 여부에 따른 책임을 묻는 것이
    아닙니다.

080 완벽한 보안은 없습니다.

081 원칙을 지키기는 어렵습니다. 그러나 누군가는 지켜야 합니다.

082 사건에는 언제나 사람이 있습니다.

083 개인정보보호, 고객의 가치를 높이는 가장 효과적인 방법입니다.

084 법 아래 '선한 예외'나 '좋은 위반'이란 없습니다.

085 문제가 생기는 순간 비로소 알게 되는 것이 바로 '원칙의 가치'입니다.

086 나뭇가지가 아닌 바람을 보아야 합니다.

087 무단횡단을 못하는 이유는 「도로교통법」 때문이지, '교통경찰관' 때문이
아닙니다.

088 브레이크도 자동차 주행의 필수장치입니다.

089 공격 방식이 변화되면 방어 수단도 변화되어야 합니다.

090 규정을 준수하는 방식으로 업무를 수행하는 것이 진짜 업무 실력입니다.

091 대형 사고는 언제나 사각지대에서 발생합니다.

092 보안문화, 기술보다 '사람의 의지'가 우선되어야 합니다.

093 이해가 안 되면, 오해를 합니다.

094 안전한 위반이란 없습니다.

095 싸우는 자에게 가장 중요한 것은 '싸우는 이유'입니다.

096 사소한 무질서에 '방치와 방임'이 더해지면, 무질서는 결국 '권리'가 됩니다.

097 조직에 '원래 그런 것'은 없습니다.

098 규정의 무지가 행위의 변명이 될 수 없습니다.

099 상식 밖의 행위를 규정 위반이라고 합니다.

100 정보보호의 최대 수준이자 최대 한계는 정보보호에 관한 대표이사의
철학입니다.

101 내 생각이 바뀌면 내 세상이 달라집니다.

102 생각이 바뀌면 행동이 바뀌고 행동이 바뀌면 문화가 됩니다.

103 고객정보의 보호와 기업의 안전은 타협의 대상이 아닙니다!

104 사람은 생각하는 대로 행동합니다.

105 개인정보보호도 기업의 관리·감독 책임입니다.

106 대부분의 정보 유출은 퇴사자에 의해서 발생합니다.

107 당신은 무엇을 모르고 있는지를 모르고 있습니다.

108 1평이건 100평이건 집을 구성하는 최소한의 구성 요소가 필요하듯, 기업이
크건 작건 보안조직을 구성하는 최소한의 구성 요소가 필요합니다.

109 빠른 속도는 브레이크가 있기 때문에 그 성능을 발휘할 수 있는 것입니다.

110 안전한 조직이란, 정보보호의 방향과 업무적 관성을 일치된 조직입니다.

111 데이터 유출 사고의 70%는 사람의 실수에서 발생합니다.

112 명분이 있다면 지는 싸움도 합니다. 정보보호의 명분을 지켜주세요!

113 '안 하고 싶은 이유'와 '안 해도 되는 이유'는 다릅니다. '안 하고 싶은 이유'는 '안 해도 되는 이유'가 될 수 없습니다.

114 안전함이 보장되지 않은 편리함의 동의어는 '위험'입니다.

115 문서는 단순한 종이가 아니라 경영 정보이자 개인정보입니다.

116 모두의 안전은 한두 명의 작은 실천에서 시작됩니다.

117 사람의 생각은 언제든지 변화할 수 있습니다. 좋은 쪽이든 나쁜 쪽이든. 선택은 당신의 몫입니다.

118 정보보호는 법률입니다.

119 편리함의 이면에는 위험함이 있습니다.

120 당신이 알고 있던 모르고 있던, 공격자는 여전히 당신을 노리고 있습니다.

121 정보보호는 결국 여러분을 보호합니다.

122 정보보호법률 안에는 기업의 임직원에게 요구하는 의무와 그에 따른 책임이 포함되어 있습니다.

123 기업의 모든 정보보호 업무는 법률에 기반하는 업무입니다.

124 정보를 이용하는 기업의 편리보다 정보 주체의 안전이 우선되어야 합니다.

125 정보보호 부서는 회사 전체의 보안을 통제하는 부서입니다.

126 ISMS는 정보보호의 목적지가 아니고 출발선입니다.

127 기업을 위험하게 만드는 위협의 대부분은 임직원의 생각과 행동입니다.

128 정보보호에 있어서 가장 약한 연결고리는 언제나 '사람'입니다.

129 사람은 정보보호를 중요하게 '생각'하면서도, 실제로는 위험하게 '행동'합니다.

130 공격자는 네트워크나 단말기를 사용하고 있는 '사람의 취약점'을 이용하여 공격을 합니다.

131 사람의 생각을 경유하는 사이버 공격, 여러분은 스스로를 방어할 자신 있습니까?

132 공격자가 가장 좋아하는 목표는 '보안 인식 수준이 낮은 사람'입니다.

133 정보보호라는 사슬은 언제나 가장 약한 사슬부터 끊어집니다.

134 보안 인식이 없는 사람의 눈으로 보안 취약점을 찾아야 합니다.

135 사람의 선의를 전제로 하는 대응 방식으로 새로운 보안 위협을 막아낼 수 없습니다.

136 CEO와 주요 C-레벨 경영진은 언제나 사회공학 공격의 핵심 교두보입니다.

137 통제 책임은 준수 책임보다 우선 이행되어야 합니다! 그리고 준수 책임은 여러분들의 몫입니다.

138 우리 회사는 업무 수행을 할 때 통제 규정을 먼저 준수합니다.

139 의사결정권을 가진 부서장의 보안 인식 수준이 그 부서의 보안 수준입니다.

140 보안 사고 대응 수준이 그 회사의 보안 수준입니다.

141 대표이사의 보안 철학 수준을 넘을 수 있는 직원은 없습니다.

142 직장인에게 '높은 보안 인식 수준'은 엄청난 경쟁력입니다.

143 보안 사고는 '0'아니면 '1'입니다. 즉 '예방' 아니면 '발생'입니다.

144 큰 편리함의 이면에는 큰 위험이 존재합니다.

145 보안 사고의 예방은 지나치다 싶을 정도로 해야 합니다.

146 보안 비용은 생존 세금입니다.

147 대표이사와 경영진은 보안을 보는 시야를 가져야 합니다.

148 해커가 노리는 해킹 대상은 '사람의 생각'과 이 생각이 발현되는 '사람의 습성'입니다.

149 사회통념상 합리적으로 기대가능한 보호 조치는 법률적인 의무입니다.

150 보안 인식의 수준이 떨어지는 것은 창문에서 떨어지는 것처럼 한순간이지만, 올라가는 것은 계단으로 올라가는 것과 같이 오랜 시간 동안 많은 노력이 듭니다.

THINK CHANGE : AI 시대 정보 보호

초판 1쇄 발행 2025년 3월 25일

지은이 백제현

책임편집 이현은
편집 정일웅
디자인 정승현
제작·마케팅 이태훈
경영지원 김도하
인쇄·제본 재원프린팅

펴낸곳 주식회사 잇담
펴낸이 임정원
주소 서울특별시 강남구 언주로 201, 11층 1108호
대표전화 070-4411-9995
이메일 itdambooks@itdam.co.kr
인스타그램 @itdambooks

ISBN 979-11-94773-00-9 03000